# Guido Knopp
# Stalingrad
## Das Drama

In Zusammenarbeit mit Rudolf Gültner

Redaktion: Mario Sporn

**GOLDMANN**

3. Auflage
Taschenbuchausgabe Januar 2006
Wilhelm Goldmann Verlag, München,
in der Verlagsgruppe Random House GmbH
Copyright © der Originalausgabe 2003
by C. Bertelsmann Verlag, München,
in der Verlagsgruppe Random House GmbH
Umschlaggestaltung: Design Team München
Umschlagfoto: Ullstein
KF · Herstellung: Str.
Druck und Bindung: CPI – Clausen & Bosse, Leck
Printed in Germany
ISBN 978-3-442-15372-5

www.goldmann-verlag.de

Liebe Mama, brauchst keine Angst zu haben.
Der Kessel ist groß, da sind mindestens 200 000 Mann darin.
Und da wird schon alles gemacht,
dass wieder alles in Ordnung geht.
Liebe Mama, ich mache ja alles gerne mit,
wenn ich nur wieder gesund heimkehren kann.
Dann bin ich glücklich auf dieser Erde.

*Feldpostbrief eines jungen Gefreiten aus Stalingrad*
*(7. Januar 1943)*

# Inhalt

Vorwort 9

**Die tödliche Weisung**
-13-

**Die versuchte Eroberung**
-65-

**Das lange Sterben der 6. Armee**
-175-

**Anstelle eines Nachworts**
-309-

Ausgewählte Literatur 311

Register 313

Abbildungsnachweis 320

# Das Drama Stalingrad

Kaum ein anderer Ort ist in unseren Köpfen so fest mit dem Zweiten Weltkrieg verknüpft wie Stalingrad. Kaum ein Ereignis der gesamten Kriegsgeschichte hat sich so traumatisch ins Bewusstsein eingeprägt wie die Katastrophe an der Wolga.

Stalingrad, das sprichwörtliche Massengrab der Wehrmacht, blieb im Zweiten Weltkrieg nicht das einzige. Doch es war aus deutscher Sicht das erste. Schockartig machte es den Menschen an der Front und in der Heimat klar, dass die Entscheidung, wer den Krieg gewinnen würde, jetzt gefallen war.

Strategisch war die Schlacht vor Moskau im Dezember 1941 Wendepunkt des Weltkriegs. Taktisch war die Panzerschlacht von Kursk der »point of no return«. Psychologisch war die Schlacht von Stalingrad der tiefste Einschnitt. Nach ihr begann das blinde Vertrauen der Deutschen in ihre Führung zu schwinden. Fortan konnten nur die Märchen von den neuen Wunderwaffen die verstörten Volksgenossen bei der Stange halten. Moskau 1941 markierte das Ende des Anfangs, Stalingrad 1943 war der Anfang vom Ende.

Spätestens seit Heiligabend 1942 war die »Schlacht« von Stalingrad nur noch ein Schlachten. Hitlers Generalstab war entmachtet, der Diktator, angefüllt mit eitler Hybris, mehr denn je entschlossen, diese ominöse Stadt am Wolgaufer freiwillig nicht preiszugeben, koste es auch hunderttausende Soldatenleben.

Dieses Buch berichtet von den Folgen jenes Starrsinns. Es zeigt, wie Hitler hoch dekorierte Generäle zu beflissenen Befehlsempfängern degradierte, die am Ende nichts mehr waren als willige Lametta- und Bedenkenträger, hoch qualifizierte Fachleute für den technischen Vollzug eines verbrecherischen Plans.

In den zwölf Monaten des Jahres 1942, zwischen Moskau und Stalingrad, trat immer deutlicher zutage, dass sich hinter der Figur des »größten

Feldherrn aller Zeiten« nichts anderes verbarg als ein gewissenloser Scharlatan, der vorher heillos Glück gehabt hat. Trotz der Winterkatastrophe wollte der Diktator für den Sommer unbedingt am ursprünglichen Plan des Ostfeldzugs festhalten, ihn sogar forcieren, die Entscheidung auf einmal erzwingen. Ein Jahr nach Beginn des »Unternehmens Barbarossa« schlug die Wehrmacht wieder los. Es sah am Anfang fast so aus, als ob es diesmal gelingen könnte. Die deutschen Divisionen konnten ihren Angriffsschwung bis zum Kaukasus und an die Wolga halten. Dann waren sie erschöpft. Mehr war nicht möglich.

Ihr Gegner hat sie buchstäblich ins Leere laufen lassen. Die Rote Armee wollte sich diesmal partout nicht stellen, einkesseln und, »melde gehorsamst«, vernichten lassen. Sie wich einfach zurück. Die deutsche Front glich einem Luftballon kurz vor dem Platzen – vor allem wegen Stalingrad, das militärisch überhaupt nicht wichtig war. Die Unterbrechung der Transporte auf der Wolga? Die Rettung der Truppen am Kaukasus? Aber nein, es war der Name, das Symbol, das Hitler reizte und immer mehr zum Äußersten herausforderte. Jetzt ließ er sich in seinem Starrsinn nichts mehr sagen – und er ahnte das eigene Scheitern. Um es abzuwenden, suchte er sein Heil in einem sturen Dogmatismus und in der bedingungslosen Entscheidung, alles oder nichts zu wählen.

Nichts? Früh schon, im November 1941, hatte er, der Außenseiter aus dem Innviertel, ein Fremder in der deutschen Nationalgeschichte, kühl erklärt, wenn alles schief ginge, dann werde er dem deutschen Volke keine Träne nachweinen. Dieses Volk war für den Usurpator nur ein Werkzeug seines Herrschaftstriebs.

Nach dem Scheitern seines Blitzkriegplans vor Moskau gab es für ihn nur noch eine Wahl: Weltmacht oder Untergang. Es war Vabanquespiel, Wettlauf mit der Zeit, in einer neuerlichen Kraftanstrengung die Entscheidung im Osten vielleicht doch noch erzwingen zu können und dann im Westen fünf vor zwölf einen »Siegfrieden« mit England zu erreichen. Und wenn das nicht gelang? Dann eben der totale Untergang.

Warum jedoch, fragt Elie Wiesel, macht das Volk der Täter so viel Aufhebens um Hunderttausende Verhungerter, Erfrorener, Erschossener in Stalingrad, wenn gleichzeitig in Auschwitz, Sobibor, Majdanek, Treblinka und anderswo Millionen brutal ermordet wurden? Weil es seine eigenen Toten waren? Eher wohl, weil sich ihr sinnloses Massensterben vor den Augen der Welt abspielte – im Gegensatz zum Rassenmord von Auschwitz.

Die Berichte vom Kampf der Hunderttausende ums Überleben – sie erschüttern. Und es sind nicht nur die Erinnerungen Deutscher, die in diesem Buch zu Worte kommen. Unfassbar groß war auch die Zahl der russischen Soldaten, die das Massengrab von Stalingrad barg. In die Hunderttausende geht ebenfalls die Zahl der Zivilisten, die der Schlacht zum Opfer fielen.

Zu Beginn des 21. Jahrhunderts, 60 Jahre nach den schrecklichen Ereignissen, ist es wohl das letzte Mal, dass Überlebende von beiden Seiten befragt werden konnten. Und es ist zugleich das erste Mal, dass russische Archive ihre Tore so weit öffneten, dass auch die letzten Lücken unseres Wissens über Stalingrad gefüllt werden können. Wissen über eine Schlacht, die zeigt, was Krieg vor allem ist und immer war: kein Kartenspiel der Generäle, ausgeführt von gut gedrillten Helden, sondern Dreck und Blut und Tod.

Die Botschaft, die von Stalingrad ausgeht, hat nichts von ihrer Aktualität verloren. Überall auf Erden sterben heute Menschen – in Dutzenden von Kriegen. Können Völker Lehren auch aus der Geschichte anderer ziehen? Sie ziehen sie bestenfalls aus bitteren Erfahrungen der eigenen Geschichte.

Im Januar 1943 schrieb ein deutscher Oberleutnant in Stalingrad an seinen Vater, einen Oberst im Generalstab: »Die Hölle an der Wolga soll euch Warnung sein. Ich bitte euch, schlagt diese Erkenntnis nicht in den Wind.«

Dieser Brief erreichte seinen Empfänger ebenso wenig wie eines jener Schreiben, die erst 50 Jahre nach der Schlacht von Stalingrad in russischen Archiven entdeckt worden sind: »Ich habe damals mit euch Heil Hitler gebrüllt und muss nun verrecken oder nach Sibirien. Das wäre ja nicht das Schlimmste. Aber dass man weiß, dass alles für eine völlig sinnlose Sache vor sich geht, treibt das Blut in den Kopf.«

Auf dem Piskarow-Friedhof, der Ruhestätte Hunderttausender von Bürgern Leningrads, die während der Blockade jämmerlich verhungerten, findet sich eine Inschrift: »Möge keiner vergessen. Möge nichts vergessen werden.« Dies gilt auch für die russischen und deutschen Toten Stalingrads. Ihnen ist das Buch gewidmet.

# Die tödliche Weisung

Die »alten Kameraden« johlten, als ihr Idol mit seinem jüngsten Erfolg prahlte. »Ich wollte zur Wolga kommen, und zwar an einer bestimmten Stelle!«, rief Adolf Hitler am 8. November 1942

> Für Stalingrad trage ich allein die Verantwortung!
> Adolf Hitler, 6. Februar 1943

im Münchener Bürgerbräukeller. Von hier aus war er fast 20 Jahre zuvor aufgebrochen, um die Macht in Deutschland zu erobern – und dabei kläglich gescheitert. Doch hartnäckig hatte er weitergekämpft, bis er am 30. Januar 1933 an der Spitze des Deutschen Reiches stand. Seit dieser »Machtergreifung« feierte der Diktator den Jahrestag des »Marschs zur Feldherrnhalle« und gedachte an historischer Stätte der »heldenhaften Opfer« des 9. November 1923, der Anfänge der nationalsozialistischen Partei, seiner Mission, seiner Erfolge und seiner Ziele.

Der »Führer« versuchte sich in Ironie, als er auf die Stadt zu sprechen kam, deren Name im Spätherbst 1942 die Schlagzeilen beherrschte: Stalingrad. »Zufälligerweise trägt sie den Namen von Stalin selber. Aber denken Sie nur nicht, dass ich aus diesem Grund dorthin marschiert bin – die Stadt könnte auch ganz anders heißen –, sondern deshalb, weil dort ein ganz wichtiger Punkt ist. Den wollte ich nehmen.« Und dann erklärte er mit gespielter Beiläufigkeit: »Wissen Sie, wir sind bescheiden, wir haben ihn nämlich.«

Nichts daran entsprach der Wahrheit. Hitler war auf diesen »Punkt« zunächst nicht erpicht, und als er ihn mit geballtem militärischen Einsatz erobern wollte, bekam er ihn nicht.

»Ich wollte zur Wolga kommen« – doch aus strategischer Sicht war Stalingrad zunächst kein besonders wichtiges Ziel. In den ursprünglichen Planungen der deutschen Heeresführung hatte die Stadt an der Wolga keine zentrale Rolle gespielt. Erst im Verlauf veränderter Vorgaben ihres obersten Befehlshabers konzentrierte sich die

> Stalingrad war für Hitler wahrscheinlich eher ein psychologisches Ziel, weil es eine Stadt war, die nach Stalin hieß, und die Eroberung von Stalingrad für ihn ein psychologischer Erfolg gewesen wäre.
> Ulrich de Maizière, Generalstabsoffizier

**Die Ausgangslage: Der Frontverlauf Ende 1941.**

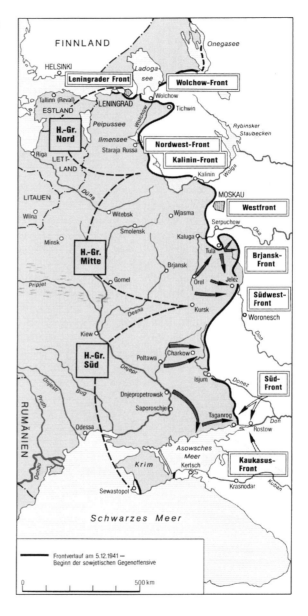

Wehrmacht auf die Metropole im Süden der Sowjetunion. Der Name »Stalingrad« fiel am 17. Juli zum ersten Mal in einem Bericht des Oberkommandos der Wehrmacht – drei Wochen nach dem Beginn der Sommeroperationen am 28. Juni. Erst danach wurde das Ziel Stalingrad fast täglich beschworen – in den Mitteilungen der Wehrmacht ebenso wie in der Berichterstattung der gleichgeschalteten NS-Presse. Zugleich geriet die Einnahme der Stadt für Hitler zur fixen Idee, zu einer Frage des Prestiges: »Die Eroberung ist aus psychologischen Gründen dringend notwendig«,

> **Wir hatten damals den Eindruck, dass es Hitler bei Stalingrad auch um die politische Bedeutung des Namens »Stalingrad« ging.**
> Winrich Behr, Hauptmann der 6. Armee

> **Man hat hier wahrscheinlich nur aus Prestigegründen die Front halten wollen und das Ende des Krieges verzögern wollen.**
> Arthur Kurth, dessen Bruder in Stalingrad kämpfte

erklärte er Anfang Oktober 1942 Generaloberst Paulus, dem Oberbefehlshaber der 6. Armee, die Stalingrad einnehmen sollte: »Der Kommunismus muss seines Heiligtums beraubt werden.« So wurde Stalingrad für Hitler zu einem Phantom, dem er, je länger die Kämpfe dauerten, immer verbissener nachjagte.

Einfache Soldaten wie Günter Wolff, der als Versorgungsflieger im Winter 1942/43 die Stadt an der Wolga ansteuerte, spürten: »Stalingrad war für Hitler ein Prestige-Unternehmen. Für Majakowska oder Kalinowka hätte man nicht das gemacht, was man mit Stalingrad gemacht hat. Stalingrad war seine Vision. Er glaubte: Wenn ich Stalingrad zerstöre, zerstöre ich Stalin.«

»Wir haben ihn«, brüstete sich der Kriegsherr am 8. November gegenüber einer auserlesenen Schar alter Kampfgefährten der NSDAP. Zum Jahrestag des Putschversuchs von 1923 ging es nicht um irgendeinen weiteren ordinären Sieg. Und es sollte nicht irgendein Erfolg werden. Mit seiner vorzeitigen Ankündigung der sowjetischen Niederlage in der Entscheidungsschlacht um Stalingrad wollte Hitler den endgültigen Triumph im Osten ankündigen.

Auch diese Erfolgsmeldung war falsch. Trotz aller Anstrengungen war es den Deutschen bis dahin nicht gelungen, die Stadt gänzlich zu erobern. Die 6. Armee hatte sie an diesem 8. November nicht völlig unter Kontrolle – und sie sollte sie auch nie erhalten.

»Es sind nur ein paar ganz kleine Plätzchen da«, bagatellisierte der oberste Befehlshaber der Wehrmacht die sowjetischen Verteidigungsstellungen, welche seine Truppen in den vergangenen drei Monaten trotz massiven Einsatzes aller Kräfte nicht ausschalten konnten. 2500 Kilometer weiter östlich verfolgten Soldaten der 6. Armee die Rede Hitlers im Radio. Einige schüttelten den Kopf, als sie die Prahlereien ihres Kriegsherrn anhörten.

»Nun sagen die anderen: Warum kämpfen Sie denn nicht schneller? Weil ich dort kein zweites Verdun haben will, sondern es lieber mit ganz kleinen Stoßtrupps mache. Die Zeit spielt dabei gar keine Rolle.«

In Wirklichkeit drängte Hitler darauf, die »ganz kleinen Plätzchen« möglichst schnell zu erobern. »Er zwang uns, die kleinen Ecken, die noch auf dem Westufer von den Russen gehalten wurden, zu beseitigen. Selbst die Fahrer der Panzerdivisionen und motorisierten Einheiten wurden zur Beseitigung dieser russischen Widerstandsnester eingesetzt – was dann nicht gelungen ist«, berichtete Winrich Behr, Erster Ordonnanzoffizier im Kommandostab der 6. Armee. Überdies ließ das Oberkommando der Wehrmacht (OKW) noch im November 1942 auf Anweisung Hitlers fünf Pionierbataillone nach Stalingrad einfliegen, um die letzte Gegenwehr zu ersticken. Wozu die für den Häuserkampf ungeeigneten Panzertruppen nicht in der Lage waren, das sollten nun Spezialisten erledigen. Hitler befahl sogar, »dass für den letzten Stoß selbst Panzerfahrer zur Infanterie eingeteilt werden sollten«, kritisierte ein Unteroffizier der 371. Division die Einscheidung des »größten Feldherrn aller Zeiten«. Es war eine Verschwendung personeller Ressourcen, die fatale Folgen haben sollte.

Viele Soldaten in Stalingrad erlebten eine Wirklichkeit, die nicht zum Pathos Hitlers passte. Frierend und hungernd kauerten sie in ihren Stellungen. Anfang Oktober war bereits der erste Schnee gefallen – und wieder traf die Kälte die Deutschen nahezu unvorbereitet. Umso hitziger tobten die Kämpfe in den zerstörten Straßen der Stadt, wo Einheiten der 6. Armee an den gegnerischen Verteidigungsstellungen aufgerieben wurden. Der deutsche Angriff hatte sich in einem erbarmungslosen Graben- und Häuserkampf festgefahren. Die sowjetische Propaganda sprach längst von einem »roten Verdun«. Und wie in einem »zweiten Verdun«, das Hitler unter allen Umständen hatte vermeiden wollen, suchten die deutschen Soldaten Schutz in notdürftig ausgebuddelten Erdmulden. Starr vor Kälte hockten sie in kleinen Schützenlöchern – denn Schützengräben, wie in Schlachten an der Westfront des Ersten Weltkriegs, gab es nicht. Die Männer wagten nicht, den Kopf zu heben oder gar aufrecht zu gehen. Die Wenigen, die so leichtsinnig gewesen waren, waren sofort von der Kugel eines russischen Scharfschützen getroffen worden.

»Wir haben ihn, den Platz!«, tönte Hitler in der aufgeheizten Atmosphäre des Münchener Bierkellers. Tatsächlich war die Schlacht um Stalingrad Anfang November 1942 keineswegs zu Ende, sondern strebte ihrem ersten dramatischen Höhepunkt zu. Mehr als 2000 Kilometer östlich von Berlin und fast 1000 südlich von Moskau ging es an der Wolga auch um ein Duell zweier Diktatoren, um ein Ringen zweier Tyrannen, die sich gegenseitig zu vernichten suchten – und die stellvertretend für den verhassten und doch unerreichbaren Todfeind ganze Armeen verschlissen.

> Hitler hatte im Bürgerbräukeller in München getönt: »Wo der deutsche Soldat einmal steht, da bleibt er stehen.« Aber in Wahrheit hatte zu Hause niemand, auch nicht die militärischen Stellen, eine Ahnung, was wirklich vorging.
> Gottfried von Bismarck, Leutnant der 6. Armee

»Sie dürfen versichert sein – und ich wiederhole es mit voller Verantwortung vor Gott und der Geschichte –, dass wir Stalingrad nie wieder verlassen werden!« Für Zehntausende deutscher Soldaten, die im Kessel von Stalingrad starben, wurde dieses »Versprechen« zur bitteren Wahrheit. Für hunderttausende Deutsche und Russen hatte die Ankündigung unbeschreibliche Entbehrungen zur Folge. Für Millionen Menschen in der ganzen Welt ging von dieser Schlacht eine enorme psychologische Wir-

»Wir haben ihn schon«: Hitler verkündet am 8. November 1942 im Münchner Bürgerbräukeller die Einnahme des »wichtigen Punktes« Stalingrad.

> *Hitler hatte eine kaum zu beschreibende, bezwingende, überwältigende, faszinierende Ausstrahlungskraft, wie ich sie sonst noch bei keinem anderen Menschen erlebt habe und der sich zu entziehen nur ganz wenigen Menschen gelungen ist. Diese verband sich mit einer krankhaften hypertrophen Selbstüberschätzung. Ich habe es selbst aus seinem Munde gehört, dass Hitler sich selbst mit dem deutschen Volke identifizierte. Und er war subjektiv überzeugt, dass mit seinem Ende oder mit dem Ende seiner Ideologie das deutsche Volk keine Überlebensmöglichkeit haben würde, untergehen würde.*
> Ulrich de Maizière, Generalstabsoffizier

kung aus. Wohl kaum ein Ereignis der Kriegsgeschichte prägt sich ähnlich in das Bewusstsein in Ost und West ein.

Der Name der Stadt an der Wolga löste traumatische Folgen in Deutschland aus, wo »Stalingrad« Symbol und Menetekel zugleich wurde. Für die Menschen in der Heimat war das Massengrab an der Wolga Symbol für massenhaftes Sterben. Die NS-Propaganda missbrauchte die Opfer zur Beschwörung eines fragwürdigen Mythos – von heldenhaftem Soldatentum, von freudiger Opferbereitschaft. Der Verlust einer ganzen Armee galt als das »größte Heldenlied der deutschen Geschichte«. Das Sterben wurde zum freudigen Opfertod uminterpretiert, das Gemetzel zum heroischen Kampf stilisiert. Zugleich war es Hinweis auf die drohende Niederlage, das Ende aller nationalsozialistischen Weltmachtfantasien.

Und schließlich war die Entscheidung an der Wolga auch ein Anfang: der Auftakt zu einer sowjetischen Siegesserie, die von Stalingrad bis nach Berlin führen sollte. Zum ersten Mal gelang es der Roten Armee, die Angreifer nicht nur zum Rückzug zu zwingen, sondern ihnen darüber hinaus eine verheerende Niederlage beizubringen. Doch es war ein teuer erkaufter Sieg. Der militärische Triumph wurde mit dem Leben Hunderttausender sowjetischer Soldaten und dem Sterben ebenso vieler Zivilisten bezahlt.

## Ruhe vor dem Sturm

Die Front war im Frühsommer 1942 noch weit entfernt, doch auch in Stalingrad waren die Zeichen des Krieges schon allerorten deutlich zu erkennen. Die Menschen der Stadt fieberten mit den Soldaten der Roten Armee, die das angegriffene Mutterland verteidigten. Landkarten, wie sie die Studenten der Technischen Universität aufgehängt hatten, um darauf mit kleinen roten Fähnchen den Frontverlauf zu kennzeichnen, gab es überall. Die eigenen Fähnchen waren im Sommer 1941 immer weiter nach Osten versetzt worden, weil die Deutschen die sowjetischen Verteidiger zurückdrängten. Das Unbehagen wuchs, als die Wehrmacht im Süden große Teile der Ukraine eroberte; es wich der Erleichterung, als die Rote Armee den Angreifer im Winter 1941/42 zurückdrängen konnte – und wechselte wieder zur

> **Es war eine junge Stadt, denn in den großen Industriewerken arbeiteten viele junge Leute. An den Wochenenden fuhren wir in die Erholungsgebiete östlich der Wolga. Abends kehrten wir zurück, setzten uns in einen der zahlreichen Parks, in dem immer Orchester spielten. Also, ich fand die Stadt wunderschön.**
>
> Nikolai Orlow, damals in Stalingrad

Sorge, als im Frühsommer die eigene Offensive ins Stocken geriet. So prägte der Krieg, der viele hundert Kilometer weiter westlich tobte, im Sommer 1942 auch das Leben in der Metropole an der Wolga. Seit dem 22. Juni 1941, dem Tag, an dem die deutsche Wehrmacht mit einer gigantischen Streitmacht die Sowjetunion überfallen hatte, arbeitete ein Großteil der städtischen Bevölkerung für den Sieg der Roten Armee. Allein in der Stahlgießerei »Roter Oktober« waren 20 000 Arbeiter damit beschäftigt, das notwendige Material für den Abwehrkampf herzustellen. Daneben stand die von Amerikanern gebaute riesige Traktorenfabrik »Dserschinski«, in deren Hallen nun statt friedlicher Landmaschinen monatlich 250 Panzer vom Typ T 34 produziert wurden. Nachschub für die Rote Armee kam auch aus der Geschützfabrik »Rote Barrikaden«. Die bedeutendsten Ölraffinerien des Landes lieferten Treibstoff für die Fronten. Die vielfach verzweigten Gleisanlagen des Bahnhofs waren bereits ins Visier von Görings Luftaufklärern gerückt. »Tennisschläger« nannten die deutschen Piloten den Knotenpunkt nahe der riesigen Tanklager aufgrund dessen markanter Form.

Aus der Luft bot Stalingrad, die Metropole an der Wolga mit fast einer halben Million Einwohner, ohnehin ein eigentümliches Bild: Mehr als 30 Kilometer lang, aber nur fünf Kilometer breit, zog sich die Stadt als schmales Band an den Ufern der Wolga entlang, die an dieser Stelle bis zu 2000 Meter breit war. Brücken über den Fluss gab es nicht, das Ostufer war nur dünn besiedelt, alle wichtigen Gebäude lagen am westlichen Ufer, das mancherorts bis zu 150 Meter steil zum Strom abfiel. Holzhäuser in schachbrettartigen Wohnsiedlungen prägten das

> **Die große, weit ausgedehnte Stadt hat sich eng an den Fluss geschmiegt. Eine Ansammlung von neuen Steinhäusern, die von weitem sehr schön wirken. Wie eine kleine weiße Insel zeichnen sie sich im Meer der sie rings umgebenden hölzernen Bauten ab.**
>
> Viktor Nekrassow,
> sowjetischer Schriftsteller

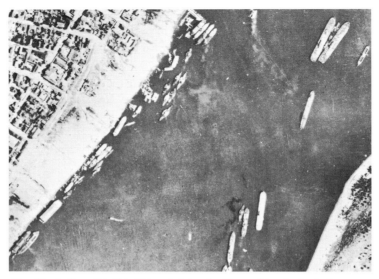

»Die ruhige, breite und friedliche Wolga«: Zwischen dem West- und dem Ostufer des Stroms herrscht reger Schiffsverkehr.

Stadtbild, Steinbauten fanden sich in den Arbeiterbezirken nahe den militärischen Produktionsanlagen. Ein anderes Wahrzeichen der Stadt waren die überdimensionalen Getreidesilos, welche die Silhouette im Süden Stalingrads prägten. Sie waren von Generaloberst Paulus als Motiv für eine Armplakette ausgewählt worden, mit der die Soldaten der 6. Armee ausgezeichnet werden sollten – nach dem geplanten Sieg.

Dieser weithin sichtbare Gebäudekomplex war nur ein weiteres Indiz dafür, dass das industrielle Herz im Süden der großen Sowjetunion in Stalingrad schlug. Die Stadt am Wolgaknie war nicht nur ein Zentrum der Schwerindustrie, sondern auch ein wichtiger Verkehrsknotenpunkt. Weizen aus den Kornkammern der Ukraine, Erz und immer wieder Öl von den Feldern um Baku oder den Quellen um Grosny passierten die Wolga in Richtung Norden – für die Versorgung der Hauptstadt und der Armeen an den ausgedehnten Fronten.

Ihre strategische Lage hatte die Gründung Iwans des Schrecklichen schon früh zu einem wichtigen Handelsposten werden lassen. Bereits im 16. Jahrhundert musste die Stadt vor den Angriffen feindlicher Eroberer wie der Tataren geschützt werden.

Auch zu Beginn des 20. Jahrhunderts war Zarizyn, die »Stadt der Zarin«, wie Stalingrad vor der kommunistischen Revolution hieß, Schauplatz entscheidender Kämpfe, in denen die Weiße Garde unter Anton Iwanowitsch Denikin vergeblich versuchte, sich der Stadt zu bemächtigen.

> Ich glaube, dass Stalin nicht mit friedlichen Absichten die Weltrevolution erreichen wollte, er war kein friedlicher Mensch.
> Winrich Behr, Hauptmann der 6. Armee

Kurz darauf belagerten kaukasische Nationalisten unter Ataman Pjotr Nikolajewitsch Krasnow die Stadt an der Wolga, um den Getreidenachschub in die neue Hauptstadt Moskau auf dem Wasserweg zu blockieren. Der Mann, der damals die Verteidigung Zarizyns organisierte und damit zum Erfolg der Roten Armee beitrug, hieß Jossif Wissarionowitsch Dschugaschwili, genannt Stalin. Zu seinen Ehren wurde die Stadt 1924 in Stalingrad umbenannt. Für den sowjetischen Diktator war es deshalb 1942 auch eine Frage des persönlichen Renommees, dass »seine« Stadt nicht in deutsche Hände fiel. Während Stalingrad für den sowjetischen »Woschd« schon immer ein Prestigeobjekt besonderen Ranges war, hatte es im Frühjahr 1942 noch den Anschein, als würde den deutschen »Führer« die Stadt, die den Namen seines Gegners trug, nicht sonderlich interessieren.

Noch konnten die Stalingrader den gut erhaltenen Tatarenwall, der sich vom Donknie bei Katschalinskaja über den Mamai-Hügel zog, als beliebtes Ausflugsziel für den Spaziergang am Sonntagnachmittag ansteuern. Dass das Bollwerk gegen längst vergessene Angreifer schon bald zu einem Zentrum blutiger Kämpfe werden würde, ahnten die Spaziergänger freilich nicht.

## Der »Fall Blau«

Im Frühsommer 1942 wurden die Weichen gestellt, um die deutsche Angriffsmaschinerie immer näher an die Wolga heranzuführen. In der »Wolfsschanze«, seinem Hauptquartier nahe dem ostpreußischen Rastenburg, studierte Adolf Hitler am 28. März das Kartenmaterial, das ihm seine Strategen im Rahmen ihrer Planung für die Fortführung der Kämpfe im Osten vorgelegt hatten.

Die militärische Lage hatte sich nach dem gescheiterten Angriff auf Moskau und dem Desaster im russischen Winter 1941/42 wieder etwas entspannt. Die Offensive des Gegners war gestoppt, die eigenen Linien konnten stabilisiert werden. Vor allem aber wurde mit dem Wetter auch die Versorgung besser. Der »Winter des Unheils« war vorbei. Die Wehr-

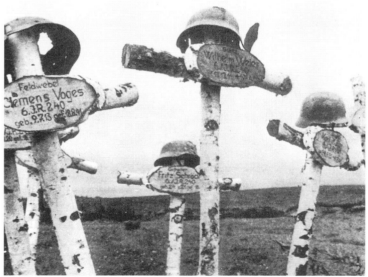

**Oben: Erste Kriegswende: Die Niederlage der Deutschen vor Moskau stärkte das Selbstbewusstsein der Roten Armee. Russische Infanterie im Kampf.**
**Unten: »Fehlstellen des Ostheeres«: Die deutsche Wehrmacht erlitt bereits 1941/42 schwere Verluste, die ihre Kampfkraft entscheidend schwächten.**

macht bereitete sich darauf vor, mit einer zweiten Großoffensive das zu erreichen, woran sie im ersten Anlauf gescheitert war. »Es dauert nur acht Wochen«, hatte der an schnelle Siege gewöhnte Kriegsherr geprahlt, als das »Unternehmen Barbarossa« am 22. Juni 1941 begann. Doch von einem »Blitzkrieg« konnte im Feldzug gegen die Sowjetunion längst keine Rede mehr sein. Und die Aufgabe für die Wehrmacht war nach einem Jahr keineswegs einfacher geworden. Allen Beteiligten in der deutschen Führung war klar: Auch die sowjetische Seite bereitete sich auf einen Angriff vor. Und der Vorteil würde bei dem liegen, der zuerst die Initiative ergriff. Ein Wettlauf begann. Die Zeit drängte. Hitlers Maxime lautete deshalb: so schnell wie möglich heraus aus der Defensive. Doch an welcher Stelle? Und mit welchen Mitteln?

> **Anfangs hatten wir ein starkes Überlegenheitsgefühl. Wobei ich dazu sagen muss, wir haben die Tapferkeit der russischen Soldaten unterschätzt.**
> Albert Schnez, Generalstabsoffizier

> **Ich hatte einen ziemlichen Bammel, wie das losging. Ich war mir klar über die Größe der russischen Armee. Es war klar: Wenn das nicht bis zum Herbst erledigt ist, dann wird das ganz schlimm werden.**
> Philipp von Boeselager, Generalstabsoffizier

Von der Barentssee bis zum Kaspischen Meer kämpfte die deutsche Wehrmacht gegen die Rote Armee. Auf einer Frontlänge von 5000 Kilometern waren dabei 196 deutsche Divisionen im Einsatz, die von 68 Divisionen der Verbündeten verstärkt und unterstützt wurden. In dem seit mehr als einem Jahr andauernden Russlandfeldzug vermeldete die Wehrmacht bis zum August 1942 insgesamt 336 000 Gefallene, 1 127 000 Verwundete und 75 900 Vermisste. Das deutsche Ostheer verfügte nur noch über 60 Prozent seiner ursprünglichen Personalstärke. Jeder dritte deutsche Soldat, der im Juni 1941 die Grenzen zur Sowjetunion überschritten

---

*Kampf zweier Weltanschauungen gegeneinander. Vernichtendes Urteil über Bolschewismus, ist gleich asoziales Verbrechertum.*
*Kommunismus ungeheure Gefahr für die Zukunft. Wir müssen von dem Standpunkt des soldatischen Kameradentums abrücken. Der Kommunist ist vorher kein Kamerad und nachher kein Kamerad. Es handelt sich um einen Vernichtungskampf. Wenn wir es nicht so auffassen, dann werden wir zwar den Feind schlagen, aber in 30 Jahren wird uns wieder der kommunistische Feind gegenüberstehen. Wir führen nicht Krieg, um den Feind zu konservieren.*
Tagebucheintrag von Generalstabschef Franz Halder über einen Vortrag Hitlers, 30. März 1941

hatte, war nicht mehr einsatzfähig – verwundet oder vermisst, gefangen oder tot. Diese Ausfälle konnten nur unzureichend mit neuen Rekruten und genesenen Verwundeten ausgeglichen werden, auch der personelle Nachschub aus den besetzten Gebieten Westeuropas vermochte die Verluste nicht vollständig zu ersetzen. Die Diskrepanz zwischen Ist- und Sollstärke des Ostheeres war riesig. Das Dokument »Wehrkraft 1942«, eine Zusammenstellung des Wehrmachtsführungsstabes, zog eine schonungslose Bilanz: »Fehlstellen des Ostheeres am 1. Mai 1942: 625 000 Köpfe. Volle Auffüllung der Verluste des Winters ist nicht möglich. Wehrkraft geringer als im Frühjahr 1941.«

Nicht nur der Verlust an Menschen war enorm. Auch auf der Materialseite gab es ernüchternde Zahlen. Lediglich die Hälfte der Flugzeuge, die im Mai 1941 zur Verfügung standen, war im Frühjahr 1942 noch einsatzfähig. Zu Lande hatte der hohe Ausfall an Fahrzeugen und Pferden die Beweglichkeit erheblich eingeschränkt. Und auch hier bestand keine Aussicht auf wesentliche Besserung. Die Versorgung lief nur stockend, denn die Produktionszahlen waren gemessen an den gestellten Aufgaben und dem erforderlichen Bedarf viel zu gering. Jetzt rächte es sich, dass man eine planmäßige Rationalisierung der Rüstungswirtschaft seit Kriegsbeginn versäumt hatte. Die 1942 endlich anlaufenden Mobilisierungsmaßnahmen kamen für die Sommeroffensive viel zu spät. Zudem gefährdeten Fehlentscheidungen Hitlers die Aufrechterhaltung des Qualitätsvorsprungs der deutschen Waffentechnologie. Den Bau der dringend benötigten neuen Panzertypen, der von Porsche und Henschel entwickelten »Tiger« und »Panther«, genehmigte der »Führer« erst, als die Sommeroffensive bereits in vollem Gang war. Die Langrohrgeschütz-Version des Panzers III verfügte lediglich über eine Fünf-Zentimeter-Kanone, deren Granaten die Panzerung der sowjetischen Tanks nur auf kurze Entfernung durchschlagen konnten. »Türklopfer« nannten die Landser sarkastisch ihre eigenen Waffen, die oft nicht in der Lage waren, die feindlichen T 34 zu zerstören.

**Die großen Umfassungsschlachten, die Hunderttausende von Gefangenen, die gemacht wurden – ich selbst habe in einem Feldpostbrief an meine Mutter im September geschrieben: »Der Krieg ist in wenigen Wochen zu Ende.«**
Ulrich de Maizière, Generalstabsoffizier

Umso erstaunlicher fiel das Urteil aus, das die Wehrmachtführung am Ende ihrer Bilanzierung in »Wehrkraft 1942« zog: »Ausgleich zu erwarten durch höhere Einbußen des Gegners, überlegene deutsche Führung und soldatische Einzelleistung, Güte der Waffen.« Diese Einschätzung bestätigte, was Hitler schon immer glaubte und nun auch hören wollte. Sie hatte nur einen Fehler: Sie stand

»Trügerischer Zahlenrausch«:
Die eigenen Fehlschläge wurden von der Propaganda verschwiegen.

in krassem Widerspruch zur Realität. Denn die Situation auf Seiten der Roten Armee gestaltete sich ganz anders, als es sich die deutsche Führung mit ihrer am Wunschdenken Hitlers orientierten Einschätzung eingestehen wollte. Zwar erreichten die sowjetischen Verluste in absoluten Angaben ein Mehrfaches der deutschen Zahlen. So mussten allein vier Millionen Rotarmisten im ersten Kriegsjahr den Weg in die deutsche Gefangenschaft antreten. Dennoch standen der sowjetischen Militärführung nach Schätzungen der Abwehr-Abteilung »Fremde Heere Ost« im Sommer 1942 etwa 790 Divisionen zur Verfügung – viermal so viele wie dem Oberkommando der Wehrmacht. Beim Material gestaltete sich das Verhältnis ebenso zu Gunsten der Roten Armee, die ihre Verluste nicht nur durch eine erhöhte Eigenproduktion ausgleichen konnte, sondern für die nun auch der amerikanisch-britische Nachschub rollte. Jeden Monat verließen 1200 Panzer sowjetischer Produktion die Fabrikhallen in Richtung Schlachtfeld, schlug die deutsche Abwehr Alarm. Hitler wischte solche Meldungen vom Tisch. Fakten, die nicht in das Bild passten, das er sich von der Lage machte, wollte er nicht zur Kenntnis nehmen. Er berauschte sich stattdessen an den riesigen Verlusten des Gegners und ignorierte dessen Reserven. »Die immer schon vorhandene Unterschätzung der feind-

»Der alliierte Nachschub rollte ...«: Britische und amerikanische Schiffe löschen im Hafen von Murmansk ihre Fracht, 1942.

> *Die Hauptschuld an dieser Katastrophe war die Überschätzung der eigenen Möglichkeiten. Es wurde immer gesagt, wir wären hoch gerüstet gewesen, und das war Unsinn. Wir waren nicht hoch gerüstet, die anderen hatten viel mehr. Und das war die Überschätzung der eigenen Möglichkeiten. Das halte ich für einen der größten Fehler.*
>
> Joachim Matthies, Bordmechaniker

lichen Möglichkeiten nimmt allmählich groteske Formen an«, notierte Halder in seinem Tagebuch. Derart offen äußerte sich Halder allerdings nur im stillen Kämmerlein. Offiziell behauptete er, die sowjetischen Divisionen seien »nicht mehr viel wert« oder: »Der Russe hat einen wesentlichen Teil seiner verfügbaren Kräfte bereits verbraucht« – ganz so, wie es Hitler von seinen Generälen erwartete.

Im gleichen Maß, wie Hitler die Kampfkraft des Gegners unterschätzte, ignorierte er den Aderlass bei den eigenen Truppen. Stattdessen glaubte er fest an die schier unbegrenzte Leistungsfähigkeit der deutschen Soldaten. »Fanatischer Wille« – nur das allein zählte für ihn.

Es war eine neue militärische Führung, die sich an die Lösung der von Hitler gestellten Aufgabe gemacht hatte. Denn nach dem gescheiterten Angriff auf Moskau hatte Hitler Sündenböcke gesucht – und gefunden. Fast die gesamte militärische Spitze hatte er ausgetauscht: Auch der Oberbefehlshaber des Heeres, Generalfeldmarschall Walther von Brauchitsch, musste gehen. Der »Führer« persönlich übernahm den Oberbefehl über das Heer: »Das bisschen Operationsführung kann jeder machen«, lautete sein kurzer Kommentar, in dem er seine ganze Geringschätzung der Fähigkeiten der obersten Generalität zum Ausdruck brachte. Elf von 18 Feldmarschällen wurden nach dem fehlgeschlagenen Angriff auf Moskau abgelöst. An allen drei Frontabschnitten hatten neue Oberbefehlshaber das Sagen. Der Befehlshaber der Heeresgruppe Mitte, Generalfeldmarschall Fedor von Bock, wurde ebenso seines Postens enthoben wie Generalfeldmarschall Gerd von Rundstedt, der bis dahin die Heeresgruppe Süd befehligt hatte. Wilhelm Ritter von Leeb, der Oberbefehlshaber der Heeresgruppe Nord, bat von sich aus um seine Ablösung. Damit nicht genug, entließ Hitler seine bislang erfolgreichsten Heerführer: Generaloberst Heinz Guderian – seines Postens enthoben. General-

> **Es gab auch Befehlshaber, die [...] sich über das hinwegsetzten, was Hitler gefordert hatte, aber solche sind scharf von ihm zurechtgewiesen worden.**
>
> Philipp von Boeselager, Generalstabsoffizier

»Das bisschen Operationsführung«: Hitler bei den Planungen für den »Fall Blau« mit Generaloberst Weichs am Kartentisch. Hinten die Generäle Heusinger und Paulus.

> *Ich kannte Graf Sponeck aus der Vorkriegszeit. Ich habe es deswegen außerordentlich bedauert, dass Sponeck dann – ganz wider Willen von Manstein – von diesem abgelöst wurde. Manstein hat auch keinesfalls ein Kriegsurteilverfahren gegen Sponeck beantragt, sondern im Gegenteil: Er hat versucht, ihn zu stützen. Sponeck hat vielmehr ein Kriegsgerichtsverfahren gegen sich selbst eingeleitet, mit dem Erfolg, dass er zwar nicht zum Tode verurteilt wurde, aber auf eine Festung verlegt wurde und im Laufe des Krieges noch von der SS ermordet worden ist.*
> Raban von Canstein, Offizier der Wehrmacht

oberst Erich Hoepner – wegen »Ungehorsams und Feigheit« aus der Wehrmacht ausgestoßen. Ein ganz besonderer Fall ereignete sich auf der Krim: Hier wurde General Hans Graf von Sponeck von einem Kriegsgericht unter Führung Hermann Görings zum Tode verurteilt, dann begnadigt, schließlich nach dem 20. Juli 1944 doch noch von der SS ermordet. Ihre Vergehen: Sie alle hatten gewagt, den unsinnigen Halte-Befehlen Hitlers zu widersprechen, um ihre Soldaten vor größerem Schaden zu bewahren. Als »Feiglinge und Nichtskönner« beschimpfte der »Führer« die höchsten deutschen Offiziere, die sich – mehr oder weniger deutlich – gegen seine Weisungen mit dem Hinweis auf militärische Notwendigkeiten gewandt hatten. Doch Hitler duldete keine Gegenargumente – mochten diese noch so berechtigt und begründet sein. Was er schätzte, waren militärische Berater, die den »größten Feldherrn aller Zeiten« in dessen vorgefasster Meinung bestätigten – Männer wie Generalfeldmarschall Wilhelm Keitel, der Chef des Oberkommandos der Wehrmacht. Er behielt, wie auch Alfred Jodl, der Chef des Wehrmachtsführungsstabs, sowie Franz Halder, der Generalstabschef des Heeres, seinen Posten. Insbesondere auf den Rat Keitels wollte Hitler nicht verzichten, denn dieser entsprach dem Ideal eines Offiziers, wie der Diktator ihn sich vorstellte: »Die Generale haben genauso zu gehorchen wie der kleine Musketier. Ich führe, und da haben sich alle bedin-

> »Lakeitel«, dieser Spitzname stimmte sogar. Es war einfach sehr lakaienhaft. Einmal standen wir mit Hitler am Lagetisch, Keitel stand weiter hinten im Raum und sprach mit irgendjemandem. Vorne am Tisch gab es eine Meinungsverschiedenheit. Als Keitel das mitkriegte, rief er, ohne überhaupt zu wissen, worum es ging: »Jawohl, mein Führer, Sie haben ganz Recht!«
> Johann Graf Kielmannsegg, Generalstabsoffizier

> Ich habe immer den Eindruck gehabt, dass Hitler die guten Nachrichten immer eher glaubte als die schlechten. Und dadurch dann immer ein Bild hatte, das positiver war, als es wirklich war. Und ich weiß auch nicht, ob er gegen seine Überzeugung redete – aber er verbreitete immer Siegeszuversicht.
> Albert Schnez, Generalstabsoffizier

gungslos unterzuordnen. Mit Stumpf und Stiel werde ich jede andere Auffassung ausrotten.« Keitel gehorchte so sehr, dass ihn selbst Offizierskollegen wegen seiner untertänigen Art gegenüber seinem »Führer« als »Lakeitel« verspotteten. »Am unerträglichsten ist die urteilslose Rederei von Keitel«, notierte Halder wenig schmeichelhaft in sein Tagebuch.

Die »alte« Spitze in den militärischen Planungsstäben sollte mit einer »neuen« operativen Führung an der Front das umsetzen, was Hitler wollte. Der »Führer« bestimmte nun nicht mehr nur wie bisher die »großen Ziele« der Kriegführung, sondern er behielt sich von jetzt an auch die Entscheidung in operativen Fragen vor. Die Offiziere der Wehrmacht degradierte er zu bloßen Erfüllungsgehilfen. Hitler hatte Ziel und Zielrichtung vorgegeben: Es gelte, »die den Sowjets noch verbliebene lebendige Wehrkraft endgültig zu vernichten und ihnen die wichtigsten kriegswirtschaftlichen Kraftquellen so weit als möglich zu entziehen«. Dabei schien auch der oberste Befehlshaber Lehren aus dem bisherigen Verlauf des Feldzugs im Osten gezogen zu haben. Hatten die Planungen im Fall »Barbarossa« noch drei verschiedene Ziele – Leningrad im Norden, Moskau in der Mitte sowie Kiew und Rostow im Süden – gleichzeitig vorgesehen, so gab es diesmal nur einen Schwerpunkt des Angriffs. Die Hauptoperation sollte im Süden der langgezogenen Frontlinie stattfinden. Mit der hier konzentrierten Offensivkraft sollten die Kräfte der Roten Armee zwischen Donez und Don vernichtet, die Kaukasuspässe gewonnen und die Ölgebiete am Kaspischen Meer erobert werden. »Wenn wir Maikop und Grosny nicht bekommen, dann muss ich den Krieg liquidieren«, teilte Hitler seinen Generälen mit.

Die Pläne, die Hitler am 28. März von Generalstabschef Halder vorgelegt wurden, beruhten auf einer durchdachten Strategie. Zunächst sollte die notwendige Logistik für den Angriff bereitgestellt werden. Dabei galt es, eine Zersplitterung der Truppen zu vermeiden. Zumindest theoretisch wollten die Strategen am Grünen Tisch nun einem Aderlass, wie ihn die deutschen Truppen im bisherigen Verlauf des Feldzugs erlitten hatten, vorbeugen. Die ausgeklügelte Planung Halders sah eine Reihe von Teiloffensiven vor, die sorgfältig aufeinander abgestimmt waren. Damit sollten sowjetische Frontvorsprünge, die in die deutschen Linien hineinragten, beseitigt werden. So sollten die notwendigen Voraussetzungen geschaffen werden, um dann den anschließenden Hauptangriff zu führen. Die deutsche Offensive sollte in einzelnen Schritten ablaufen: Verbände der 4. Panzerarmee unter Generaloberst Hermann Hoth sollten aus dem Raum Orel und Kursk über Woronesch den Don entlang angreifen und sich dann mit den Kräften der 6. Armee unter Generaloberst Paulus, die aus dem Raum Charkow vorstießen, zum Aufmarsch in Richtung Wolga vereinigen. Weiter südlich sollten deutsche Verbände über Rostow nach Osten vordringen und sich bis an die Wolga herankämpfen. Das Zusammentreffen der beiden Heeresgruppen war im Raum Stalingrad geplant, wo sich eine riesige Zange schließen sollte, um die Einkesselung der sowjetischen Hauptstreitmacht zu vollenden, die im Raum zwischen Don und Donez erwartet wurde. Nächster großer Schritt war dann der weitere Vorstoß in den Kaukasus. Generaloberst Ewald von Kleist sollte mit der 1. Panzerarmee über Proletarskaja vorstoßen und gemeinsam mit der 17. Armee unter Generaloberst Ruoff, die aus dem Raum Rostow vorrückte, den Angriff auf Maikop am Schwarzen Meer durchführen.

Der Generalstab des Heeres hatte ein gigantisches Militärunternehmen entworfen, eine diffizile Aneinanderreihung verschiedener Schritte – mit Zielen, die aufeinander aufbauten. Es war eine gewagte Operation, die aber in sich logisch strukturiert war, als konsequente Abfolge komplizierter Aktionen, die mit den vorhandenen Kräften die beiden vorgegebenen Ziele zu erreichen versuchte: die Vernichtung der gegnerischen Kräfte an der Wolga und den Vorstoß in den Kaukasus.

Natürlich gab es offene Fragen: Würde der Feind abwarten und zusehen, bis die deutschen Angriffskeile ihre Zangenbewegung abgeschlossen hatten? Immerhin hatte die Rote Armee unter Führung von Marschall Semjon Timoschenko den ganzen Winter über versucht, Charkow zurückzuerobern. Auch wenn die deutsche Führung nicht wusste, was die sowjetische STAWKA exakt plante – niemand durfte sich der Illusion hingeben, die Rote Armee würde untätig bleiben. »Meine schwere Sorge, dass der Russe uns mit einem Angriff zuvorkommt, ist nicht geringer geworden«, notierte der zunächst entlassene, dann wieder rehabilitierte und zu alten militärischen Ehren gekommene Generalfeldmarschall Fedor von Bock als Kommandeur der Heeresgruppe Süd noch am 8. Mai in sein Tagebuch.

Wären dann die deutschen Flügel und die Einheiten der verbündeten Armeen stark genug, um einen Gegenangriff abwehren zu können? Immerhin würde bei einem Vorstoß die Front zwischen Woronesch am Don und Noworossisk am Schwarzen Meer auf eine Länge von rund 2000 Kilometern ausgedehnt – genügend Angriffsfläche für gegnerische Durchbruchsversuche. Und selbst wenn die Linien der Wehrmacht halten sollten – würde der deutsche Nachschub in der Lage sein, die Angriffslinien auch 500 Kilometer weiter östlich zu versorgen? Welche Reserven mussten bereitgehalten werden?

Auf alle Fragen gab es nur eine Antwort: »Der Feind hat schwerste Verluste an Menschen und Material erlitten. In dem Bestreben, scheinbare Anfangserfolge auszunützen, hat er auch die Masse seiner für spätere Operationen bestimmten Reserven in diesem Winter weitgehend verbraucht.« Mit diesen Einschätzungen begannen die Befehle zur geplanten deutschen Offensive. Sie entsprachen der prinzipiellen und wiederholt geäußerten Geringschätzung, die Hitler gegenüber der Roten Armee empfand. Die deutsche Generalität übernahm diese grobe Fehleinschätzung der gegnerischen Kräfte und machte sie zur Grundlage künftiger Angriffsaktionen. Es war blankes Wunschdenken.

Nach einer mehr als dreistündigen Diskussion der Planungen erklärte sich Hitler mit dem Konzept Halders, das den Schwerpunkt der Angriffsaktionen an der Ostfront eindeutig der Heeresgruppe Süd zuwies, einverstanden – zumindest im Grundsatz. Allerdings behielt er sich vor, die Papiere des Generalstabschefs noch einmal »selbst durchzuarbeiten«, bevor er die Befehle für den endgültigen Operationsplan unterschreiben wollte.

Was dann am 5. April 1942 als »Weisung Nummer 41« vom Kriegsherrn abgesegnet wurde, wich in mehreren Punkten von den ursprünglichen Plänen Halders vom 28. März ab. Die Änderungen der »geheimen Kommandosache« betrafen zum einen reine Äußerlichkeiten, zum anderen waren sie aber auch substanzieller Natur. Hitler hatte es sich nicht nehmen lassen, den endgültigen Operationsplan »mit wesentlichen, von ihm selbst verfassten neuen Teilen zu versehen«, wie es das Kriegstagebuch des OKW unter dem Datum des 5. April festhielt.

Es begann bereits mit der Bezeichnung der Aktion. Die deutsche Sommeroffensive sollte ursprünglich unter dem Decknamen »Fall Siegfried« durchgeführt werden. Hitler wollte als Erstes die Umbenennung. Zwar war Siegfried in der deutschen Sage ein Held so ganz nach dem Geschmack der NS-Führung: groß, blond, blauäugig. Doch der scheinbar unverwundbare Drachentöter aus dem Nibelungenlied wurde in der germanischen Sage vom finsteren Hagen hinterrücks ermordet. Das war nicht das Ende, das sich Hitler für seinen großen Entscheidungsschlag im Osten vorstellte. Ohnehin hatte der »Führer« angesichts des bisherigen Verlaufs des »Unternehmens Barbarossa« von den Helden der deutschen Geschichte genug. »Hitler scheute nach ›Barbarossa‹ immer davor zurück, große Namen aus der deutschen Sage und Geschichte mit dem Risiko militärischer Operationen zu verbinden«, schildert der stellvertretende Chef des Wehrmachtführungsstabs, Walter Warlimont, die Abneigung seines obersten Vorgesetzten. Und weil der »größte Feldherr aller Zeiten« abergläubisch war, kehrte er zurück zur Nomenklatur der Farben, die im bisherigen Kriegsverlauf so große Erfolge verzeichnet hatte. Die Farbenspiele hatten mit dem »Fall Weiß« begonnen, der Operation gegen Polen, welche die Phase der deutschen »Blitzkriege« eingeleitet hatte. Der »Fall Gelb« umschrieb die erfolgreiche Offensive im Westen, der »Fall Rot« den endgültigen Triumph über Frankreich. Nun sollte eine Farbe auch an der Ostfront das Glück zurückbringen. »Blau« lautete das Codewort für die geplante Sommeroffensive im Süden Russlands.

Die Weisung Nummer 41 umfasste 14 maschinengeschriebene Seiten – sie war damit länger als die Weisungen zum Fall »Barbarossa«, obwohl sie im Wesentlichen nur die geplanten Angriffsaktionen eines Teilbereichs der Ostfront abhandelte. Die Ausführlichkeit hatte einen einfachen Grund: Neben allgemeinen Absichten und Zielen hatte Hitler in der Weisung 41 detaillierte Beschreibungen einzelner Operationen mit exakten Anweisungen zur Ausführung festhalten lassen. Dieses Vorgehen war neu. Bei allen früheren Aktionen hatte die Heeresführung die Gesamtstrategie festgelegt und die zu erreichenden Ziele vorgegeben. Über die operative Taktik, mit der die Ziele erreicht werden sollten, hatten bis dahin die Frontoffiziere entschieden. Das Führungsprinzip der Auftragstaktik beruhte auf einer simplen Logik: Es ermöglichte den Befehlshabern an der Front, auf die aktuellen Ereignisse im Kampfverlauf reagieren zu können. Rücksprachen mit der nächsthöheren Befehlsebene waren nur bei Grundsatzentscheidungen erforderlich. Das verkürzte nicht nur die Befehlswege, sondern war auch eine Grundvoraussetzung für flexible Gefechtsführung. Der moderne Krieg erforderte blitzschnelle Entscheidungen, die nur möglich waren, wenn die Truppenführer vor Ort die erforderliche Weisungsbefugnis hatten. Genau diese wollte Hitler seinen Frontgenerälen nehmen. Es war die Schlussfolgerung, die Hitler aus dem Verlauf der Kämpfe im Winter 1941/42 zog. Hatten ihm nicht während der Schlacht vor Moskau seine Generäle mehrfach widersprochen, seine Befehle kritisiert und in letzter Konsequenz sogar eigenmächtig den Rückzug veranlasst? Seither misstraute der »Führer« den militärischen Fähigkeiten seiner höchsten Offiziere. Und die Rache des Weltkriegs-Gefreiten folgte in der Weisung 41: Anders als in der ursprünglichen Planung des Generalstabs vorgesehen, war der Entscheidungsspielraum der Frontoffiziere nun stark eingeengt. Hitler wollte keine elastischen Aufträge mehr, die den Offizieren freie Hand gelassen hätten. Stattdessen trachtete der »Führer« danach, seine oberste Befehlsgewalt unter allen Umständen und in allen Situationen gewährleistet zu sehen.

Während die Aktionen des Heeresgruppe Nord mit der »endgültigen Eroberung Leningrads« nur kurz abgehandelt wurden, beschäftigte sich die Weisung Nummer 41 ausführlich mit den Aufgaben der Heeresgruppe Süd. Es galt, »die den Sowjets noch verbliebene lebendige Wehrkraft endgültig zu vernichten und ihnen die wichtigsten kriegswirtschaftlichen Kraftquellen so weit als möglich zu entziehen«. So weit, so gut – diese Art Zielvorgabe entsprach militärischen Gepflogenheiten. Auch die grundsätzliche Erläuterung, dass die Aktion »in einer Reihe von nacheinander folgenden, aber untereinander im Zusammenhang stehenden bzw. sich ergänzenden Angriffen durchgeführt« werden solle, orientierte sich noch an der ursprünglichen Planung des Generalstabs. Nichts Außergewöhnliches war dann der Anfang: »Die Einleitung der Gesamtoperation hat mit einem umfassenden Angriff bzw. Durchbruch aus dem Raum südlich Orel in Richtung auf Woronesch zu beginnen.« Doch dann beschrieb Hitler detailliert, wie die große Umfassungsoperation durchzuführen sei, und gab einen exakten Ablauf vor.

Der Angriff war in vier Phasen vorgesehen: Zwei Armeegruppen sollten die sowjetische Hauptstreitmacht im Raum zwischen Don und Donez einschließen. Gleichzeitig würde eine Armeegruppe weiter südlich aus dem Raum Orel und Kursk über Woronesch den Don entlang vorstoßen (Phase I) und sich mit Kräften aus dem Raum Charkow vereinigen (Phase II). Nach Abschluss dieser Operationen sollte in der nächsten Phase der weitere Vormarsch nach Osten beginnen, wo die Vereinigung mit den deutschen Verbänden erfolgen sollte, die sich von Südosten über Rostow bis an die Wolga vorgekämpft hatten. Im Raum Stalingrad sollte sich die riesige Zange um die Rote Armee schließen. Nach Vernichtung der eingekesselten Kräfte hätte Phase IV begonnen: der weitere Vorstoß in den Kaukasus. Die Eroberung von Baku am Kaspischen Meer und Batumi an der sowjetisch-türkischen Grenze war das allfällige Endziel dieser Operation. Hitler brauchte das Öl für seinen Krieg. Doch benannt wurde dieser Hauptgesichtspunkt vorsichtshalber nicht.

Manches ähnelte dem ursprünglichen Konzept, das Halder am 28. März vorgestellt hatte. Doch während Halder ein Nacheinander verschiedener Aktionen vorgeschlagen und die Möglichkeit flexibler Reaktionen eingebaut hatte, sah der Operationsplan nach Hitlers »Einarbeitungen« eine zeitlich gestaffelte, insgesamt vierteilige Vernichtungsschlacht vor, in der verschiedene parallel laufende Aktionen in ein starres zeitliches Konzept eingepasst waren.

Sogar die Festlegung, welche Verbände in welcher Stärke das vorgegebene Ziel erreichen sollten, fand sich in der Weisung 41: »Von den beiden zur Umklammerung angesetzten Panzer- und Mot-Verbänden hat der nördliche stärker zu sein als der südliche. Das Ziel dieses Durchbruchs ist die Besetzung von Woronesch selbst.« Doch damit ließ es Hitler nicht bewenden. »Während es nun die Aufgabe eines Teiles der Infanteriedivisionen ist, zwischen dem Ausgangspunkt des Angriffs von Orel in Richtung auf Woronesch sofort eine starke Verteidigungsfront aufzubauen, haben die Panzer- und Mot-Verbände den Auftrag, von Woronesch aus, mit ihrer linken Flanke, angelehnt an den Don, nach Süden den Angriff fortzusetzen zur Unterstützung eines zweiten Durchbruchs, der etwa aus dem allgemeinen Raum von Charkow nach Osten hingeführt werden soll.« Statt präziser Befehle gab es ausschweifende Prosa. Statt knapper Zielbeschreibung fanden sich detaillierte Durchführungsbestimmungen und Verhaltensregeln. Weisung Nummer 41 war für jedes militärische Lehrbuch ein abschreckendes Beispiel.

In dem ausführlichen Stil ging es weiter: Hitler beschäftigte sich damit, was die Truppenführer an der Front zu tun hätten, wenn die Brücken bei Rostow nicht erobert werden könnten; er legte fest, welcher Flügel durch welche Truppen zu welchem Zeitpunkt in welchem Abschnitt zu verstärken sei, um jeweilige Reaktionen des Gegners zu verhindern. Alle Anweisungen benutzten zwar militärische Fachterminologie, doch waren sie in ihrem geistigen Gehalt ausgesprochen unmilitärisch abgefasst. Später zog die Aufmarschanweisung wegen ihrer unprofessionellen Art harsche Kritik der Militärhistoriker auf sich – 1942 akzeptierten die Militärs die Vorschläge Hitlers widerspruchslos. Generalstabschef Halder versteckte seinen Frust lediglich in Briefen. Generaloberst Paulus schrieb er von seiner »entsagungsvollen Tätigkeit« im Oberkommando des Heeres.

Die militärische Führung beugte sich dem absoluten Führungsanspruch Hitlers und begann, einen Aufmarschplan umzusetzen, der bei aller Detailversessenheit in der Beschreibung des geplanten Angriffs in bestimmten Punkten außergewöhnlich unverbindlich blieb. Sogar das Endziel der Operation, das Einrücken in den Kaukasus als letztes und eigentliches Eroberungsobjekt, blieb vage. Auf eine genauere Definition wollte sich der oberste Kriegsherr nicht festlegen. Eher beiläufig erwähnte er auch die Stadt an der Wolga. Stalingrad war in der Weisung 41 keineswegs das eindeutige Ziel, als das es später von Hitler immer wieder dargestellt wurde. Im Gegensatz zu den obligatorischen Vorgaben ließ er es völlig offen, ob deutsche Truppen die Stadt erreichen oder sie einnehmen sollten. So hieß es in der Weisung 41: Aufgabe der Heeresgruppe Süd sei es, Stalingrad zu erreichen oder »es zumindest so unter die Wirkung unserer schweren Waffen zu bringen, dass es als weiteres Rüstungs- und Verkehrszentrum ausfällt«.

Die Einnahme der Stadt erachtete Hitler zu Beginn des »Falls Blau« also nicht als notwendig. Der Name der Stadt an der Wolga war in den Planungen nur einer von vielen auf der Landkarte. Niemand ahnte, dass dieser Name, der im April 1942 eine marginale Rolle spielte, später zum Synonym für eine Katastrophe werden sollte, welche die endgültige Wende des Krieges einleitete.

## Der Aufmarsch

Hatte Hitler bereits den grundsätzlichen Planungen der Sommeroffensive seinen Stempel aufgedrückt, so sollte es auch während ihrer Durchführung nicht lange dauern, bis der »größte Feldherr aller Zeiten« erneut in das Geschehen eingriff: noch deutlicher, noch direkter – und folgenschwerer.

»Trappenjagd«, »Störfang«, »Wilhelm« und »Fridericus« – so lauteten die Tarnbezeichnungen für die Operationen, die zur Vorbereitung des Hauptangriffs erforderlich waren. Hinter den scheinbar harmlosen Begriffen standen militärische Herausforderungen, die bei nüchterner Betrachtung schwierig, in manchen Fällen gar nicht zu bewältigen schienen. Dass es dennoch gelang, diese Aufgaben zu lösen, bestätigte Hitler in seiner Einschätzung, die Rote Armee habe ihre Kräfte weitgehend verbraucht. Sie festigten seinen Glauben, den Sieg im Süden der Sowjetunion bereits sicher zu haben.

Da war zum Beispiel die als »Trappenjagd« verkappte Eroberung der Halbinsel Kertsch. Die kaum 20 Kilometer breite Landenge war durch sowjetische Minenfelder, Stacheldrahtverhaue, Panzersperren und gut ausgebaute Verteidigungsstellungen gesichert. Bis dahin hatte die Rote Armee mit einem geschickt gestaffelten Abwehrfeuer jedes deutsche Vordringen verhindern können. Kertsch war der sowjetische Sperrriegel, der den deutschen Einheiten auf der Krim den Weg nach Osten verlegte. Zudem war die deutsche 11. Armee auf der Schwarzmeer-Halbinsel durch starke sowjetische Verbände gebunden und stand für den Marsch in den Kaukasus vorerst nicht zur Verfügung. Des-

**In Kertsch standen wir einmal einer mit Maschinengewehren bewaffneten russischen Einheit gegenüber. Plötzlich schossen diese hunderte Maschinengewehre zur gleichen Zeit, und wir mussten hilflos zusehen, wie unsere Leute reihenweise starben.**

Hellmuth Hampe,
Hauptmann der Wehrmacht

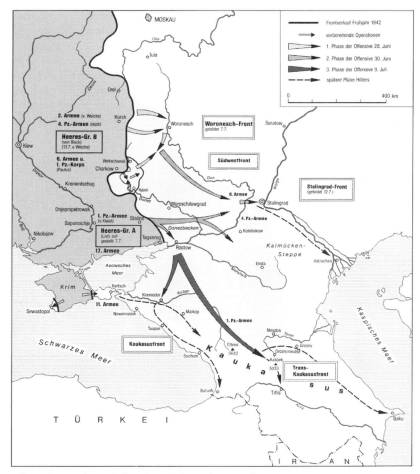

»Alles, und zwar sofort«: Die deutsche Frühjahrs- und Sommeroffensive 1942.

halb hatte Hitler in der Weisung 41 gefordert: »Die nächsten Aufgaben sind es, auf der Krim die Halbinsel Kertsch zu säubern und Sewastopol zu Fall zu bringen.«

Nachdem Generaloberst Erich von Manstein am 8. Mai um 3.15 Uhr den Befehl zur »Trappenjagd« erteilt hatte, brachte es die deutsche 11. Armee in weniger als zehn Tagen mittels geschickter Scheinangriffe fertig, die

> **Manstein hatte ein ganz hohes Ansehen. Er war ein großer Soldat, der sich nicht gescheut hat, ganz vorne zu sein, wenn es drauf ankam. Wir waren fest überzeugt, dass Manstein einer der besten militärischen Führer war, wenn nicht der beste Führer.**
>
> Ernst Rebentisch, Soldat in der 17. Panzerdivision
>
> **Manstein war kein Politiker und wollte es auch nicht sein. Er war nur Soldat.**
>
> Philipp von Boeselager, Generalstabsoffizier

Verteidiger zu täuschen und die sowjetischen Linien an den relativ schwachen Flanken zu durchstoßen. Kaum eine Woche nach Beginn der Offensive standen die deutschen Spitzen in Kertsch. In der Folge gelang es den Verbänden der 11. Armee nicht nur, drei sowjetische Armeen einzukesseln – noch viel wichtiger war, dass es den Deutschen glückte, einen Rückzug der Sowjets über das Schwarze Meer zu verhindern. 170 000 Rotarmisten gerieten in Gefangenschaft – die triumphalen Kesselschlachten aus der Anfangsphase des »Unternehmens Barbarossa« schienen sich fortzusetzen. Die erste Vorbereitungsschlacht war erfolgreich geschlagen. Die deutschen Verluste stellten sich dabei als vergleichsweise gering heraus: 8000 Tote, Verwundete oder Vermisste wurden gemeldet. Hitler jubelte. Erich von Manstein, der eigentlich von Lewinski hieß, bis er von einer wohlhabenden Gutsbesitzerfamilie adoptiert wurde, hatte bereits im Westfeldzug seine planerischen Fähigkeiten unter Beweis gestellt, als er maßgeblich am Operationsentwurf für den Angriff auf Frankreich mitwirkte. Im Ostfeldzug erwies er sich nicht nur als begabter Theoretiker, sondern auch als erfolgreicher Praktiker. Am 7. März 1942 hatte ihn Hitler zum Generaloberst befördert – und mit der Eroberung der Halbinsel Kertsch bedankte sich der unpolitische Offizier Manstein bei seinem obersten Befehlshaber nachträglich dafür. Kertsch war das Sprungbrett, von dem aus die deutschen Truppen den Angriff auf die südlich von Rostow operierenden starken Verbände der Roten Armee führen sollten, um

> *Die Niederlage unserer Truppen bei Kertsch erschwerte die Situation der Verteidiger von Sewastopol. Nach der Besetzung von Kertsch ging das deutsche Kommando mit allen Kräften gegen die Stadt Sewastopol vor. Am 4. Juli 1942 musste Sewastopol nach neun Monaten Belagerung, nach monatelangen erbitterten Gefechten, von unseren Truppen geräumt werden. Die Krim war nun vollständig verloren, was für uns die Gesamtlage wesentlich verkomplizierte und sie für unseren Gegner entsprechend erleichterte, der dadurch eine kampffähige Armee und bedeutende Verstärkungsmittel freibekam.*
>
> Georgi K. Schukow, stellvertretender Oberbefehlshaber der Roten Armee

nach der Vernichtung des Gegners das Tor zum Kaukasus aufzustoßen. Zunächst aber galt es, den Rücken für diese Aktion frei zu bekommen.

Nach der Eroberung von Kertsch hatte die 11. Armee die Krim fast völlig unter Kontrolle. Doch im Süden der Halbinsel hatten sich etliche Einheiten der Roten Armee in Sewastopol verschanzt und bildeten so im Rücken der deutschen Linien eine gefährliche Verteidigungsbastion, die starke deutsche Kräfte band. Die Hafenstadt auf der Krim galt als stärkste Festung der Welt. Im Rahmen des »Unternehmens Störfang« sollte dieses vermeintlich uneinnehmbare Bollwerk mit seiner Fülle von Verteidigungswällen erobert werden. Die geografischen Bedingungen begünstigten die Verteidiger: Eine Vielzahl kleiner Schluchten erschwerte den Angriff von der Landseite. Über den Zugang zur See konnte die Schwarzmeerflotte den Nachschub der Festungsbesatzung gewährleisten. Und dann waren da die gut ausgebauten Verteidigungsanlagen: Betonbunker, befestigte Granatwerferstellungen, geschickt gestaffelte Minenfelder, unterirdische Befestigungen, Lager, ein ausgeklügeltes und weit verzweigtes Gangsystem. Hier waren sieben Schützendivisionen, unterstützt von zwei Panzerbataillonen, zwei Schützenbrigaden und einer kleinen Luftstreitmacht, in Stellung gegangen. Weit über 100000 Rotarmisten standen zahllose Geschütze und Granatwerfer zur Verfügung, um die Angreifer abzuwehren.

> Manstein war ein Offizier der alten Schule. Er war einer jener Kommandeure, die mit einer traditionellen Umsicht Kommandos gaben. Er versuchte seine Ziele mit einem Mindestmaß an Opfern zu erreichen.
>
> Gottlob Bidermann, Soldat der Wehrmacht

Am 3. Juni begann die erste Artillerieschlacht des Zweiten Weltkriegs. Aus insgesamt 1300 Rohren feuerten die Deutschen auf die schwer gepanzerten Befestigungsanlagen. Den stärksten Mauern hatten die Deutschen die mächtigsten Geschütze entgegengesetzt, welche die Wehrmacht aufbieten konnte. »Dora«, »Thor« und »Odin« hießen die Giganten aus der deutschen Waffenschmiede. Der Mörser »Thor« hatte ein Kaliber von 60 Zentimetern und war doch ein kleines Kaliber im Vergleich zum größten Riesen der Zerstörungskunst »made in Germany«: Das Eisenbahngeschütz »Dora« brachte es auf ein Kaliber von 80 Zentimetern. 4000 Mann waren notwendig, um das von den Landsern als »schwe-

> Die Stimmung war nicht schlecht, wir haben ja nicht voraussehen können, was da auf uns zukommt. Für uns war die Krim eine Art »Wunderland«. Aus der Schule wussten wir, das es dort Palmen gibt und es aussehen soll wie in Griechenland.
>
> [...]
>
> Vor Sewastopol war ein tief eingeschnittenes Tal, da hatten die Russen mehrere Gräben mit Öl gefüllt, die sie dann ansteckten, sodass es sehr schwer war, über diese Ölgräben rüberzukommen.
>
> Gottfried Götzenauer, Soldat der Wehrmacht

Oben: »Kampf bis zum letzten Mann«: Deutsche Infanteristen stürmen die Höhen bei Sewastopol.
Unten: »Gewaltige Feuerkraft«: Mit riesigen Mörsern vom Typ »Thor« beschoss die Wehrmacht die Krimfestung Sewastopol.

rer Gustav« bezeichnete Ungetüm zu bedienen. Fünf Wochen hatte es gedauert, bis dieser Koloss in Stellung gebracht war, dann verließen drei Geschosse pro Stunde das Rohr. So gering die Schussfolge war, so enorm war die Wirkung. Mochte eine Stellung auch 30 Meter unter der Erde liegen, der Feuerkraft aus dem 32 Meter langen Rohr konnte sie nicht standhalten. Unterstützt von den Bombern des VIII. Fliegerkorps, die täglich bis zu 2000 Einsätze flogen, pflügte der Dauerbeschuss die Erde um. Sewastopol versank in Schutt und Asche. Tausende Menschen wurden von Treffern zerfetzt, tausende starben an den Folgen der Druckwellen detonierender Granaten, tausende fielen dem Feuergewitter der Artillerie zum Opfer. Ein fünftägiges mörderisches Dauerfeuer, das teuflische Pfeifen und Heulen der Geschosse sollte die Verteidiger demoralisieren. Doch als die deutsche Infanterie zum Sturm auf die Bunker von Sewastopol ansetzte, stieß sie auf zähe Gegenwehr der Überlebenden. Die sowjetische Parteiführung hatte einen »Kampf bis zum letzten Mann« gefordert. Die deutschen Angreifer mussten erfahren, dass es sich nicht um eine leere Propagandaformel handelte. Auch in noch so aussichtsloser Situation dachten viele sowjetische Soldaten nicht daran, sich zu ergeben. Jeder Bunker, jedes MG-Nest, jede Stellung leistete hartnäckigen Widerstand. Von den über 1000 Rotarmisten, die das Fort »Maxim Gorki« verteidigten, fielen ganze 40 in die Händ der Deutschen, alle waren schwer verwundet. »Es war wohl der zäheste Feind, den wir je erlebt haben«, hieß es voller Hochachtung im Gefechtsbericht der 2. Infanteriedivision.

Die Löcher, die deutsche Granaten in die Befestigungsmauern gerissen hatten, füllten die Überlebenden mit den Leichen der Getöteten. Die vorstürmenden deutschen Infanteristen mussten nicht nur aufgeschüttete Erdhügel, sondern buchstäblich auch Leichenberge erklimmen, die von den Verteidigern aufgetürmt waren, um die Angreifer aufzuhalten. Die Widerstandsaktionen waren zu diesem Zeitpunkt längst sinnlos geworden – ebenso wie die Opfer, welche die Kämpfe in der Endphase forderten. Da-

> Am ersten Tag gab es noch ein großes »Hurra« bei uns, denn die ersten Verteidigungslinien der Russen wurden vollkommen platt gewalzt. Doch der Widerstand der Russen war danach gewaltig.
> Gottfried Götzenauer, Soldat der Wehrmacht

> Am 21. Juni setzte unsere Einheit zum Sturm auf die Bunker des Nordforts der Festung von Sewastopol an. Hier befanden sich, tief in den Fels gesprengt, riesige Munitionslager und Vorratsräume der sowjetischen Schwarzmeerflotte. Die Zugänge zu den Stollen und Berghallen waren durch Panzertore gesichert. Der Gegner dachte natürlich gar nicht daran, diese mächtigen Anlagen unverteidigt zu lassen.
> Willi Winkler, Soldat der Wehrmacht

> Ich habe gewaltige Leichenberge gesehen. Vor einem Stacheldrahthindernis lagen die Leichen turmhoch, das müssen viele hundert gewesen sein auf engstem Raum.
> Gottfried Götzenauer, Soldat der Wehrmacht

Oben: »Stärkste Festung der Welt bezwungen«: Die Propaganda berauschte sich an der Eroberung Sewastopols.
Unten: »Begabter Theoretiker und erfolgreicher Praktiker«: Hitler gratuliert Manstein zu dessen Ernennung zum Generalfeldmarschall.

bei traf es nicht nur Soldaten, sondern vor allem auch die Zivilbevölkerung. Sprengte ein Parteifunktionär einen unterirdischen Stollen, so wurden zwar einige deutsche Angreifer getötet, aber auch Hunderte von Frauen und Kindern, die hier Schutz vor dem deutschen Artilleriebeschuss gesucht hatten oder in den unterirdischen Munitionsfabriken arbeiteten. Infanterist Walter Winkler erlebte die Situation beim Sturm auf die Bunker des Nordforts: »Der wohlgemeinte Versuch, die Besatzung zur Aufgabe zu bewegen – schon wegen der vielen Zivilisten in den Stollen –, schlug fehl. Ein junger Freiwilliger ließ sich vom Felsrand abseilen, um mit einer geballten Ladung einen der Eingänge aufzusprengen. Doch noch während er am Seil hing, ereignete sich eine gewaltige Explosion: Die Besatzung dieses Stollens hatte sich mit 1400 Zivilpersonen in die Luft gesprengt.«

> **Sewastopol gefallen! Abends Sondermeldung und meine Beförderung zum Feldmarschall. Sehr dankbar gegen Gott und alle, die für diesen Sieg geblutet haben.**
> Erich von Manstein, Kriegstagebuch, 1. Juli 1942

> **Die Ostlage hat durch die Einnahme Sewastopols eine grundlegende Änderung erfahren. Der Fall Sewastopols bildet natürlich für die Weltöffentlichkeit die große Sensation. […] In 25 Tagen also haben wir die schwerste Festung der Welt bezwungen und damit eine einmalige Heldentat unserer Waffen vollbracht.**
> Joseph Goebbels, Tagebucheintrag, 3. Juli 1942

Es kam zu wahren Schreckensszenen. »In die unterirdischen Bunker, in denen die Menschen Schutz gesucht hatten, ließen sie Gas einströmen, das sich rasch ausbreitete. Panik brach aus. Die Kinder weinten, riefen ihre Mütter zu Hilfe. Vier kleine Kinder konnten wir gerade noch bis zum Ausgang schleppen, doch dann starben sie in unseren Armen. Dieses Bild zu beschreiben, bin ich außerstande. Mögen die massiven steinernen Wände der Bunker alles erzählen«, notierte Unterleutnant A. I. Trofimenko in sein Tagebuch.

Am 3. Juli fand das blutige Gemetzel ein Ende. Der sowjetische Oberbefehlshaber General Iwan J. Petrow, der seine Soldaten und die Zivilbevölkerung zum »Kampf bis zum letzten Mann« aufgefordert hatte, brachte sich über den Seeweg in Sicherheit. Zwei sowjetische Armeen waren vernichtet. Sewastopol, die stärkste Festung der Welt, befand sich in deutscher Hand. Die 11. Armee hatte nun den Rücken frei. »Die Krim war vollständig verloren, was für uns die Gesamtlage wesentlich komplizierte und sie für unseren Gegner entsprechend erleichterte, der dadurch eine kampffähige Armee und bedeutende Verstärkungsmittel frei bekam«, musste Generaloberst Georgi Schukow, damals stellvertretender Oberbefehlshaber der Roten Armee, einsehen. Die NS-Propaganda, die lange Zeit keine Siege aus dem Osten hatte vermelden können, feierte die »Beute von

Sewastopol« enthusiastisch. »Bolschewistische Front in einer Breite von 300 Kilometern aufgerissen«, triumphierte der *Völkische Beobachter*. Hitler war zufrieden. Er ernannte Generaloberst von Manstein nach dem Sieg in Sewastopol zum Generalfeldmarschall.

## Helfershelfer

Während Mansteins Truppen in Sewastopol keinen Stein auf dem anderen ließen, liefen 600 Kilometer weiter nördlich die letzten Vorbereitungen für den »Fall Blau«. Es sollte die erste große Bewährungsprobe des neuen Kommandeurs der 6. Armee werden. Friedrich Paulus hatte den Oberbefehl über die 6. Armee erst kurz zuvor übernommen. Sein Vorgänger, Walter von Reichenau, war im Dezember 1941 von Hitler zum neuen Oberbefehlshaber der Heeresgruppe Süd ernannt worden und sollte auf dessen Wunsch auch das Kommando der 6. Armee behalten. Reichenau galt als Prototyp des »politischen Soldaten«. Schon vor der nationalsozialistischen »Machtergreifung« hatte er Kontakt zum Führer der NSDAP aufgenommen und damit auf die richtige Karte gesetzt. Reichenau war Karrierist und alles andere als ein sympathischer Mann – ihm wurde eine Rücksichtslosigkeit nachgesagt, die herkömmliche Normen sprengte. Hitler schätzte den Generalstabsoffizier, weil er als einer der wenigen hochkarätigen Offiziere im Grunde innerlich ein »Nazi« war. Kein Wunder, dass der Kriegsherr Reichenau als Nachfolger des geschassten von Rundstedt auserkoren hatte. Der neue Oberbefehlshaber der Heeresgruppe Süd überzeugte Hitler jedoch, dass eine solche Doppelaufgabe nicht zu bewältigen war, und schlug seinen früheren Stabschef Friedrich Paulus als Nachfolger an der Spitze der 6. Armee vor. Der kannte die ihm nun anvertrauten Einheiten noch unter ihrem alten Namen. Als 10. Armee hatten sie atemberaubende Siege in Polen, Belgien und Frankreich errungen. Ihr Kommandeur war damals schon Generaloberst Walter von Reichenau gewesen, der Chef des Generalstabs hieß Friedrich Paulus. Hitler zögerte zunächst, dem Vorschlag Reichenaus zu folgen. Der 1890 geborene Paulus galt im deutschen Generalstab als Mann des Schreibtischs, als talentierter Planer, dem aber jede Praxis als Truppenführer fehlte. Im Generalstab des Heeres hatte er als Oberquartiermeister und stellvertretender Stabschef ganz unterschiedliche Planungsaufgaben erfüllt. Das Kommando über ein Regiment, eine

**Reichenau war ein unüberlegter Draufgänger. Er hat sich am liebsten vorne bei der Truppe aufgehalten.**

Josef Schaaf, Offizier der 6. Armee

Division oder gar ein Armeekorps hatte er bis dahin nicht inne gehabt. Auch lag seine letzte Fronterfahrung bereits 18 Monate zurück. Und nun sollte dieser Mann eine Truppe befehligen, die als kampfstärkster Verband der deutschen Wehrmacht galt?

> **Paulus war das direkte Gegenteil. Schon als jungen Offizier nannte man ihn im Kameradenkreis »Cunctator«, den Zauderer.**
> Wilhelm Adam, Adjutant der 6. Armee unter Paulus

Erst auf wiederholtes Drängen Reichenaus hin überwand Hitler seine ursprünglichen Bedenken. Am Neujahrstag 1942 beförderte er Paulus zum General der Panzertruppe und übertrug ihm am 6. Januar auch das Kommando über die 6. Armee. Sein Vorgänger konnte ihn nicht mehr in den neuen Posten einführen. Reichenau starb am 17. Januar 1942 an den Folgen eines Schlaganfalls, als sein Flugzeug eine Bruchlandung hinlegte.

Paulus hatte ein schweres Erbe übernommen – in doppelter Hinsicht. Da war zum einen die militärische Erfolgsbilanz mit einer beeindruckenden Reihe glänzender Siege. Reichenaus 6. Armee hatte sich als »Bezwingerin der Hauptstädte« Warschau, Brüssel und Kiew auszeichnen können. Doch die militärische Erfolgsbilanz war nur eine vergleichsweise geringe Hypothek, an der sich der neue Kommandeur messen lassen musste. Schlimmer wog die Belastung durch Aktionen, die sich im Umfeld der Kämpfe abgespielt hatten. Die militärische weiße Weste der 6. Armee hatte im Verlauf des Russlandfeldzugs schmutzige Flecken erhalten.

Der oberste Kriegsherr hatte für die 6. Armee, wie für die gesamte Wehrmacht, im »Unternehmen Barbarossa« Aufgaben vorgesehen, die weit über die bis dahin üblichen militärischen Belange hinausgingen. Von Anfang an war der Kampf im Osten eine neue Art von Krieg. Hitler betrachtete die Wehrmacht auch als Vollstrecker der NS-Vernichtungspolitik. »Es handelt sich um einen Kampf der Weltanschauungen und rassischen Gegensätze. Er ist daher mit nie da gewesener erbarmungsloser

> *Friedrich Paulus war [...] im Grunde genommen ein hoch intelligenter, sehr schmaler, geistvoll aussehender Mann, der mit leiser Stimme sprach, der ein ganz anderer Typ war als der normale Frontoffizier, der also mehr draufgängerisch ist und der nicht so lange überlegen kann und muss, wie es ein Generalstabsoffizier eben muss. Er war immer jemand, der für Anständigkeit, Ordentlichkeit, Gerechtigkeit, anständige Behandlung der Truppen sorgte.*
> Winrich Behr, Hauptmann der 6. Armee

Härte zu führen«, hatte der Kriegsherr bereits am 30. März 1941 den Oberbefehlshabern der drei Wehrmachtteile sowie den Truppenkommandeuren klargemacht. Was seine perfiden Vorstellungen anbetraf, so erklärte er unumwunden: »Alle Offiziere werden sich überlebter Anschauungen entledigen müssen.« Für die meisten Offiziere war der Krieg gegen Russland zunächst eine »normale« militärische Auseinandersetzung. Ihnen kam es darauf an, den militärischen Gegner unter Einhaltung gewisser Bestimmungen, die beispielsweise durch die Haager Landkriegsordnung festgelegt waren, zu besiegen. Hitler hingegen erachtete den Überfall auf die Sowjetunion als einen Kreuzzug zur Ausrottung des Kommunismus, als eine Auseinandersetzung, in der es keine Regeln gab: »Wir führen nicht Krieg, um den Feind zu konservieren. Es handelt sich um einen Vernichtungskampf.« Alle Regeln, die ein Mindestmaß an Humanität auch im Krieg hätten gewährleisten können, setzte er für den Feldzug gegen Russland außer Kraft. Es war »sein« Krieg, frei von jeder Rücksichtnahme auf die Bindungen der Zivilisation.

»Hass wider Hass«: Deutsche Opfer eines Partisanenüberfalls. Einigen Soldaten wurden die Augen ausgestochen.

In dieser Auseinandersetzung gab es drei Gruppen potenzieller Opfer, drei Arten verschiedener Akteure und drei unterschiedliche Verhaltensweisen.

Zu den Opfern zählten die regulären Soldaten der Roten Armee, die Politkommissare als Vertreter der kommunistischen Führung sowie auch Zivilisten, soweit sie als tatsächliche oder vermeintliche Gegner in Erscheinung traten. Sie alle wurden mit einem jeweils speziellen Instrumentarium auf unterschiedlicher »Rechtsgrundlage« verfolgt. Die Akteure in diesem Prozess waren vor allem Angehörige spezieller Einheiten, der so genannten Einsatzgruppen, die in erster Linie für die Erledigung dieser Aufgabe zusammengezogen worden waren. Zu den Akteuren müssen aber ebenso Angehörige der Wehrmacht – normale Soldaten, aber vor allem auch Offiziere – gezählt werden. Dabei war das Verhalten der Wehrmachtsangehörigen keineswegs einheitlich. Es reichte vom Wegsehen und Schweigen über das Kritisieren und Abschwächen bis zum Unterstützen und Mitmachen. Die 6. Armee war dabei erschreckend beispielhaft.

Die Vorstellungen Hitlers über die Kriegsziele und Kriegführung im »Unternehmen Barbarossa« schlugen sich zuerst in Richtlinien für die Truppe nieder, die Generalfeldmarschall Keitel am 19. Mai 1941 erließ. Unmissverständlich hieß es dort: »Dieser Kampf verlangt rücksichtsloses und energisches Durchgreifen gegen bolschewistische Hetzer, Freischärler, Saboteure, Juden und restlose Beseitigung jedes aktiven und passiven Widerstands.« In der OKW-Richtlinie vom 6. Juni 1941, dem so genannten »Kommissarbefehl«, wurde festgelegt: »Die Kommissare sind Träger einer dem Nationalsozialismus strikt entgegengesetzten Weltanschauung. Daher sind die Kommissare zu liquidieren. Kommissare und GPU-Leute sind Verbrecher und müssen als solche behandelt werden.« Neben Zivilisten und politischen Funktionären waren es schließlich auch die regulären Soldaten der Roten Armee, die mit völlig neuen Methoden ihres Gegners rechnen mussten.

---

**1. Der Bolschewismus ist der Todfeind des nationalsozialistischen deutschen Volkes. Dieser zersetzenden Weltanschauung und ihren Trägern gilt Deutschlands Kampf. 2. Dieser Kampf verlangt rücksichtsloses und energisches Durchgreifen gegen bolschewistische Hetzer, Freischärler, Saboteure, Juden und restlose Beseitigung jedes aktiven oder passiven Widerstandes.**

Aus den »Richtlinien für das Verhalten der Truppe in Russland« vom 19. Mai 1941

**Wenn es uns nicht gelingt, […] dass diese Befehle zurückgenommen werden, dann hat Deutschland endgültig seine Ehre verloren. Das wird sich in Hunderten von Jahren noch auswirken, und zwar wird man nicht Hitler allein die Schuld geben, sondern Ihnen und mir, Ihrer Frau und meiner Frau, Ihren Kindern und meinen Kindern, dieser Frau, die gerade über die Straße geht, und dem Jungen, der da Ball spielt.**

Oberst Henning von Tresckow, Erster Stabsoffizier der Heeresgruppe Mitte, im Mai 1941 zu Major i.G. Rudolf-Christoph Freiherr von Gersdorff

> *Im Kampf gegen den Bolschewismus ist mit einem Verhalten des Feindes nach den Grundsätzen der Menschlichkeit oder des Völkerrechts nicht zu rechnen. Insbesondere ist von den politischen Kommissaren aller Art als den eigentlichen Trägern des Widerstandes eine hasserfüllte, grausame und unmenschliche Behandlung unserer Gefangenen zu erwarten.*
>
> *Die Truppe muss sich bewusst sein:*
>
> *1. In diesem Kampf ist Schonung und völkerrechtliche Rücksichtnahme diesen Elementen gegenüber falsch. Sie sind eine Gefahr für die eigene Sicherheit und die schnelle Befriedung der eroberten Gebiete.*
>
> *2. Die Urheber barbarischer asiatischer Kampfmethoden sind die politischen Kommissare. Gegen diese muss daher sofort und ohne weiteres mit aller Schärfe vorgegangen werden.*
>
> *Sie sind daher, wenn im Kampf oder Widerstand ergriffen, grundsätzlich sofort mit der Waffe zu erledigen.*
>
> »Richtlinien für die Behandlung politischer Kommissare«, 6. Juni 1941

»Der bolschewistische Soldat hat jeden Anspruch auf Behandlung als ehrenhafter Soldat und nach dem Genfer Abkommen verloren«, lautete der Einsatzbefehl Nummer 14, den das Oberkommando des Heeres (OKH) am 29. Oktober 1941 herausgab. Das war ein Freibrief zum Mord – etwa an Kriegsgefangenen. »Rücksichtslos und energisch« – das waren die beiden am häufigsten benutzten Vokabeln, die sich in Berichten finden, die den Umgang mit gefangen genommenen Rotarmisten schildern. Bei geringsten Anzeichen von Widerstand sollten die deutschen Soldaten von der Schusswaffe Gebrauch machen – rücksichtslos und energisch. Auf flüchtende Kriegsgefangene sei ohne vorherige Warnung sofort zu schießen – rücksichtslos und energisch.

Damit kein Soldat befürchten musste, für hartes Vorgehen im Sinne dieser Anweisung im Nachhinein bestraft zu werden, hatte die Rechtsabteilung im OKH bereits am 13. Mai 1941 erklärt: »Für Handlungen, die Angehörige der Wehrmacht [...] gegen feindliche Zivilpersonen begehen, besteht kein Verfolgungszwang, auch dann nicht, wenn die Tat zugleich ein militärisches Verbrechen oder Vergehen ist.« Das war ein Freibrief zum Völkerrechtsbruch – mehr noch: Es war eine Aufforderung zum Mord. Doch würden sich die Offiziere an der Front bereitwillig zu Werkzeu-

---

**Neue, schreckliche Befehle werden gegeben, und niemand scheint etwas dabei zu finden. Wie soll man die Mitschuld tragen?**

Helmuth Graf von Moltke,
Brief an seine Frau, 21. Oktober 1941

gen machen lassen, die jedem militärischen Ehrenkodex widersprachen? Würden die Soldaten in vorderster Linie nicht nur die militärische Auseinandersetzung bewältigen, sondern auch die ideologische Rache vollziehen?

Um bereits im Vorfeld eventuelle Bedenken seiner Generäle zu zerstreuen, suchte Hitler das brutale Vorgehen als reine Notwehrmaßnahme darzustellen: »Die Truppe muss sich mit den Mitteln verteidigen, mit denen sie angegriffen wird«, hieß es in der Begründung zum Kommissarbefehl. Dennoch rechnete der »Führer« damit, dass die Wehrmacht die von ihm geforderten Terrormaßnahmen gegen russische Soldaten und Zivilisten nicht in dem von ihm gewünschten Umfang umsetzen würde. Deshalb erteilte er Heinrich Himmler, dem »Reichsführer SS«, den Auftrag, die politische Verwaltung in Russland zu organisieren. In den »Richtlinien auf Sondergebieten zur Weisung Nr. 21 (Fall Barbarossa)« hieß es: »Im Operationsgebiet des Heeres erhält der Reichsführer SS zur Vorbereitung der politischen Verwaltung Sonderaufgaben im Auftrage des Führers, die sich aus dem endgültig auszutragenden Kampf zweier entgegengesetzter politischer Systeme ergeben. Im Rahmen dieser Aufgaben handelt der Reichsführer SS selbstständig und in eigener Verantwortung.« Als Mittel

»**Vernichtungskrieg**«: Bewacht von Wehrmachtssoldaten, schaufeln als »Partisanen« verdächtigte Zivilisten im Juli 1941 ihr eigenes Grab.

»Riesige Leichenberge«: Ermordete Zivilisten in Kertsch, Januar 1942.

zur Durchführung dieser »Sonderaufgaben« fungierten vier Einsatzgruppen, alphabetisch mit A, B, C und D bezeichnet. Diese Organisationseinheiten waren die effektiven Instrumente zur Umsetzung des Völkermords.

Unmittelbar hinter der kämpfenden Front rückten die Sonderkommandos in Russland ein, um die befohlenen »heftigen Schläge gegen reichsfeindliche Elemente« auszuführen. Die Liste dieser »Elemente« war lang: Parteifunktionäre, Juden, Volkskommissare und »sonstige« Radikale. Die Einsatzgruppen hatten Anweisung, alles zu »exekutieren« was ihnen »suspekt« schien. Und als besonders »suspekt« sollten ihnen die zwei Millionen sowjetischen Juden erscheinen. Ihr Schicksal vollzog sich in den von der Wehrmacht eroberten Gebieten auf die immer gleiche Weise: Kaum hatten die deutschen Truppen auf ihrem Vormarsch eine Ortschaft hinter sich gelassen, traten die Einsatzgruppen in Aktion.

Die Mörder hielten ihre Taten akribisch für die Akten fest. Ordentlich wurden Meldungen geschrieben. »Die Exekution verlief planmäßig und ohne Zwischenfälle«, heißt es in einem Protokoll, welches das eigentlich Unbeschreibliche beschrieb. Es sind Dokumente, die in einer sachlichen und nüchternen Formulierung von unvorstellbaren Grausamkeiten berichten: Teilnahmslos wurden in einer technokratischen Sprache die technischen Details des Massenmords festgehalten – vom Aussuchen des Exekutionsplatzes (»sehr günstig, Flucht kaum möglich«) über die Qualität des Bodens (»erleichtert das Graben der Gruben«) bis hin zu Angaben über den Zeitaufwand (»das Erschießen geht sehr schnell, 100 Mann in 40 Minuten«). Die Opfer kamen aus allen Bevölkerungsschichten und aus allen Altersgruppen. Die Täter aus den Einsatzgruppen waren ehemalige Angehörige von Gestapo, Kriminalpolizei, Waffen-SS und dem Sicherheitsdienst (SD) der SS. Der Mann, der diesen Massenmord mit tödlicher Perfektion organisierte, war SS-Obergruppenführer Reinhard Heydrich. Der Chef des Reichssicherheitshauptamts hatte mit der Wehrmacht ein »Abkommen zwischen Heer und SS« getroffen und damit gewährleistet, dass die Einsatzgruppen ihre Aufgaben »in eigener Verantwortlichkeit« wahrnehmen konnten. Heydrich sicherte das die volle Handlungsfreiheit bei der Umsetzung seines Vernichtungsauftrags. Umgekehrt war das Abkommen für die obersten Militärs die willkommene Befreiung von der Verantwortung für die Ereignisse, die sich im Rücken der Front abspielen sollten: den tausendfachen Mord an der russischen Zivilbevölkerung.

Doch konnte die Weste der Wehrmacht so weiß bleiben, wie es sich viele Offiziere wünschten und ebenso viele im Nachhinein glauben machen wollten? Das Bild von der »sauberen« Wehrmacht hat mittlerweile manche Schrammen bekommen. Es gibt etliche stichhaltige Belege für die Verstrickung von Soldaten in die NS-Vernichtungsaktionen.

Nur einige der deutschen Heerführer hatten Keitels fatale »Richtlinien für die Truppe« kritisiert, und dies auch meist lediglich hinter vorgehaltener Hand. Wer vorsichtig zwar, aber doch offen Kritik übte, dem beschied Hitler jovial: »Wir sollten uns durch diese Geschehnisse nicht von unse-

> **Im eigentlichen Sinne waren wir Mörder, aber uns wurde eingeprägt, dass wir das für das Vaterland tun müssten. Der Kommunismus, der Bolschewismus müsse bekämpft werden.**
> Walter Loos, Soldat der 6. Armee

> **Sie sind aus den Häusern gezerrt worden, wurden abgeführt und mussten einen Spaten mitnehmen und ihr eigenes Loch graben. Dann kam die Feldgendarmerie und hat sie erschossen.**
> Willi Hein, Soldat der Wehrmacht

> *In einem Dorf hat ein deutscher Soldat einen russischen Kommissar hinter dem Ofen hervorgeholt, der hatte noch die blaue Hose an mit den roten Biesen. Dann hat unser Hauptmann den Kommissar sein Grab schaufeln lassen, ihn an den Rand gestellt und dann erschossen.*
> Erhard Linsenmeyer, Soldat der Wehrmacht

ren operativen Aufgaben ablenken lassen.« Oder es erging den Kritikern wie dem Generalobersten Johannes Blaskowitz, der nach dem Polenfeldzug die Aktionen der SS im Rücken der Front in mehreren Denkschriften angeprangert hatte. Hitler hatte dies damals mit den Worten abgetan: »Mit Heilsarmee-Methoden führt man keinen Krieg.« Wo Kritik nicht weiterhalf, versuchte Generalfeldmarschall von Brauchitsch, mit einem »Disziplinarerlass« willkürlichen Ausschreitungen durch Wehrmachtsangehörige vorzubeugen. Aus »Sorge um die Kampfmoral der deutschen Soldaten« schlug er am 6. Juni 1941 vor: »Die Erledigung der politischen Kommissare bei der Truppe hat nach ihrer Absonderung außerhalb der eigentlichen Kampfzone unauffällig auf Befehl eines Offiziers zu geschehen.« Die deutschen Soldaten sollten offensichtlich nicht miterleben, dass Armee-Einheiten als Henkersknechte Hitlers, Himmlers und Heydrichs missbraucht wurden.

Doch bei den meisten Generälen war der Gehorsam stärker als der Mut. Ulrich von Hassel, Diplomat und Oppositioneller gegen Hitler, nannte Halder und von Brauchitsch »hoffnungslose Feldwebel«, die das »Odium der Mordbrennerei von der bisher allein belasteten SS auf das Heer« über-

»Fotografieren verboten!«: Mancher Landser schoss dennoch Bilder von Hinrichtungen für das Familienalbum.

tragen halfen. Immerhin gab es hohe Offiziere, die in ihrem Befehlsbereich etliches taten, um eine Verstrickung der Wehrmacht in den von der NS-Führung angeordneten Völkermord zu vermeiden. General Franz von Roques etwa, Befehlshaber der rückwärtigen Heeresgebiete Nord, erstattete schon am 8. Juli 1941 Bericht über Massaker von SS-Truppen beim Oberbefehlshaber der Heeresgruppe Nord und forderte Wilhelm Ritter von Leeb auf, »jedes eigenmäch-

> **Sie haben einfach aus der Zivilbevölkerung soundso viele Männer erschossen, die noch vorhanden waren, oder Frauen. An jeden Alleebaum der Straße wurde dann ein Toter gehängt, zur Abschreckung für Partisanentätigkeit unter der Zivilbevölkerung.**
> Edith Gehlert, Krankenschwester in der 6. Armee

tige Erschießen von Landeseinwohnern, auch von Juden, durch einzelne Soldaten sowie jede Beteiligung an Exekutionsmaßnahmen der SS- und Polizeikräfte [...] als Ungehorsam mindestens disziplinarisch zu ahnden«. Andere Truppenführer verhängten gegen Soldaten, die sich nicht an Brauchitschs Direktive hielten, strenge Strafen.

Generalleutnant Karl Strecker, der Kommandeur des XI. Armeekorps, das zur 6. Armee gehörte, war einer der hohen Offiziere, die in ihrem Verantwortungsbereich darauf achteten, dass ihre Soldaten »sauber blieben«. Da er die Befehle, die Soldaten zu Werkzeugen des ideologischen Rassenkampfs machten, nicht widerrufen konnte, sorgte er zumindest dafür, dass seine Offiziere seine Meinung dazu kannten, um so die Umsetzung zu verhindern.

Doch es gab auch andere Vorgesetzte in der Wehrmachtshierarchie. Walter von Reichenau war einer dieser hohen Offiziere, die sich nicht nur das NS-Vokabular zu Eigen gemacht hatten, sondern auch im Geiste des Hitlerschen Vernichtungswahns handelten. Erschütternder Beleg dafür war Reichenaus Verhalten im Fall des Ortes Bjelaja Zerkow. Hier kam es zu einem furchtbaren Massaker. Die Männer der 295. Infanteriedivision hatten wochenlange schwere Kämpfe hinter sich, als sie Mitte August 1941 in Bjelaja Zerkow einrückten – zur Auffrischung, wie es hieß. Doch von Ruhe konnte dort keine Rede sein. In dem jüdisch besiedelten Ort, 70 Kilometer südlich von Kiew, hörten die Soldaten Schüsse. Franz Kohler, ein Funker der Division, wollte sich persönlich vergewissern, was in dem nahe gelegenen Wald vor sich ging. Als er zum Schießplatz der örtlichen Kaserne kam, traute er seinen Augen nicht: »Stehen da eine Reihe von Leuten und machen gleichzeitig einen Purzelbaum. Was soll das, hab ich gedacht. Ich bin näher rangegangen, bis ich gesehen habe, dass die alle erschossen werden. Die sind alle in die Grube gefallen.« Ein Teil des Sonderkommandos 4a, ein Zug der Waffen-SS und ukrainische Miliz

**Hier handelt es sich um die Vernichtung einer Weltanschauung.**
Wilhelm Keitel, 23. September 1941

waren dabei, mehrere hundert jüdische Männer und Frauen zu ermorden. Kohler sah Entsetzliches: »Da waren ein älterer Mann und zwei Frauen, es müssen seine Töchter gewesen sein, das waren die letzten drei. Der hat die Frauen in den Arm genommen, dann kam ein SS-Mann und hat sie mit der Pistole erschossen, mit Genickschuss.« Auf die erschütterte Frage von Franz Kohler, was denn mit den Kindern dieser Menschen passiere, antwortete einer der Schützen: »Das geht uns nichts an. Wir erschießen nur von 14 bis zum Opa. Mit den Kindern haben wir nichts zu tun.«

Erst einige Tage später erfuhren die Soldaten der 295. Division, was mit den Kindern von Bjelaja Zerkow geschehen war. Die SS hatte sie eingesperrt – in einem Gebäude am Stadtrand – ohne Wasser, ohne Brot. Nach einer Woche holten Lastwagen die ersten Jungen und Mädchen ab – zum Erschießen. Etwa 90 Kinder blieben übrig. In erbärmlichen Umständen vegetierten sie vor sich hin, bewacht von ukrainischer Miliz. Das Wimmern und Weinen der Eingesperrten war in der ganzen Nachbarschaft zu hören. Bald sprach sich die Lage der Kinder unter den im Ort stationier-

»Der Bericht wäre besser unterblieben«: Oberstleutnant Helmuth Groscurth legte vergeblich Protest gegen die Erschießung der Kinder von Bjelaja Zerkow ein.

»Ausrottung der jüdischen Frauen und Kinder dringend erforderlich«: Feldmarschall Walther von Reichenau, Befehlshaber der 6. Armee.

ten Soldaten herum. Am Nachmittag des 20. August saßen der katholische Kriegspfarrer Ernst Tewes und sein evangelischer Kollege Gerhard Wilczek im Offizierskasino beim Mittagessen, als ein völlig verstörter Unteroffizier die beiden Geistlichen über das Schicksal der jüdischen Kinder informierte und sie bat, Abhilfe zu schaffen. Das fragliche Gebäude wurde begutachtet, der katholische Divisionspfarrer erstattete auf dem Dienstweg folgenden Bericht darüber: »Wir fanden in zwei Räumen etwa 90 [...] Kinder im Alter von wenigen Monaten bis zu 5, 6 oder 7 Jahren. [...] Die beiden Räume, in denen die Kinder untergebracht waren, waren in schmutzigstem Zustand. Die Kinder lagen oder saßen auf dem Boden, der von ihren Ausscheidungen bedeckt war. Fliegen saßen zum großen Teil auf den teilweise nur halb bekleideten Kindern auf Beinen und Unterleib. Einige größere Kinder (2, 3, 4 Jahre) kratzten den Mörtel von der Wand und aßen ihn. Die Luft war abscheulich verpestet, die kleinen Kinder, besonders die, die erst einige Monate alt waren, weinten und wimmerten dauernd.« Weiter wurde ihnen mitgeteilt, dass dies Kinder bereits erschossener Juden und Jüdinnen seien, die jetzt nur noch auf ihre Erschießung warteten.

Entsetzt über die Tatsache, dass Kinder ermordet werden sollten, ergriff der 1. Generalstabsoffizier, Oberstleutnant Helmuth Groscurth, die Initiative. Umgehend wandte er sich an seinen Vorgesetzten, Feldmarschall von Reichenau. Der für den Ort zuständige Feldkommandant hatte vorher erklärt, dass er die »Ausrottung der jüdischen Frauen und Kinder für dringend erforderlich halte, gleichgültig, in welcher Form diese erfolge«. Groscurths Hoffnung, die Kinder doch noch retten zu können, wurde allerdings schnell zunichte gemacht. Reichenau antwortete Groscurth und ordnete an: »Grundsätzlich habe ich entschieden, dass die einmal begonnene Aktion in zweckmäßiger Weise durchzuführen ist.« Und dann wetterte der deutsche Feldmarschall gegen seinen Untergebenen, der geschrieben hatte, dass diese »Maßnahmen gegen Frauen und Kinder« sich in nichts von den »Gräueln des Gegners« unterschieden, die »fortlaufend der Truppe bekannt gegeben werden«: »Ich muss diese Feststellung als unrichtig und in höchstem Maße ungehörig und unzweckmäßig bezeichnen. Sie steht zudem in einem offenen Schreiben, das durch viele Hände geht. Der Bericht wäre überhaupt besser unterblieben.« So viel zur Moral des Feldmarschalls von Reichenau. Der Oberbefehlshaber der 6. Armee billigte und befahl die Ermordung jüdischer Kinder.

Hitlers kriminelle Vorgaben, im Krieg gegen

> **Das sind politische Auseinadersetzungen, die uns nicht interessieren; das heißt, sie interessieren schon, aber wir dürfen nichts unternehmen, diese Dinge gehen uns nichts an.**
> Generaloberst Ernst Busch, Kommandeur der 16. Armee, Herbst 1941

> *Im weiteren Verlauf der Besprechung versuchte der Feldkommandant, die Angelegenheit auf das weltanschauliche Gebiet zu ziehen und eine Diskussion über grundsätzliche Fragen herbeizuführen. Er erklärte, dass er die Ausrottung der jüdischen Frauen und Kinder für dringend erforderlich halte, gleichgültig, in welcher Form dies erfolge. [...] Eine anderweitige Unterbringung der Kinder wurde vom Feldkommandanten und vom Obersturmführer für unmöglich erklärt, wobei der Feldkommandant mehrfach erklärte, diese Brut müsse ausgerottet werden.*
> Aus dem Bericht von Oberstleutnant Helmuth Groscurth, 21. August 1941

Russland alle Hemmungen gegenüber dem Gegner fallen zu lassen, wurden von Offizieren wie Walter von Reichenau ohne Zögern umgesetzt. Der Befehlshaber der 6. Armee erklärte überdies in einem berühmt-berüchtigten Befehl vom 10. Oktober 1941: »Der Soldat ist im Ostraum nicht nur ein Kämpfer nach den Regeln der Kriegskunst, sondern auch Träger einer unerbittlichen völkischen Idee und der Rächer für alle Bestialitäten, die deutschem und artverwandtem Volkstum zugefügt wurden. Deshalb muss der Soldat für die Notwendigkeit der harten, aber gerechten Sühne am jüdischen Untermenschentum volles Verständnis haben.«

So wünschte sich Hitler seine Generäle. Als er Kenntnis von der Anordnung Reichenaus erhielt, war der »Führer« voll des Lobes über diesen »ausgezeichneten« Befehl. Unverzüglich wies er den Oberbefehlshaber des Heeres an, diesen Befehl an alle Verbände im Osten zu versenden. Die Begeisterung des »Führers« war verständlich. Reichenaus Erlass – das war Hitler pur, ideologisch begründeter Rassenhass verbrämt in Form eines militärischen Befehls. Reichenau hatte ein völlig neues Bild des deutschen Soldaten gezeichnet:

»Fern von allen politischen Erwägungen der Zukunft hat der Soldat zweierlei zu erfüllen:

> *Das wesentlichste Ziel des Feldzuges gegen das jüdisch-bolschewistische System ist die völlige Zerschlagung der Machtmittel und die Ausrottung des asiatischen Einflusses im europäischen Kulturkreis. Hierdurch entstehen auch für die Truppe Aufgaben, die über das hergebrachte einseitige Soldatentum hinausgehen.*
> Aus dem Befehl Reichenaus vom 10. Oktober 1941

1. Die völlige Vernichtung der bolschewistischen Irrlehre des Sowjetstaates und seiner Wehrmacht,

2. die erbarmungslose Ausrottung artfremder Heimtücke und Grausamkeit und damit die Sicherung des Lebens der deutschen Wehrmacht in Russland.«

> **Das habe ich erlebt und gesehen, dass Kommissare herausgesucht wurden und einfach auf blanker Straße erschossen wurden.**
>
> Willi Hannusch,
> Soldat der Wehrmacht

Es gab natürlich zahlreiche Angehörige der Wehrmacht, die von den völkerrechtswidrigen Befehlen nichts wussten, denen die gezielten Übergriffe auf die Zivilbevölkerung entgingen und die deshalb zum geplanten Massenmord nichts sagen konnten. Für die Führung der 6. Armee kann eine solche Entschuldigung nicht gelten. Bereits am 12. Juni 1941 berief Reichenau seinen Stab zu einer Besprechung des Kommissarbefehls ein und ordnete an, dass die entsprechenden Informationen bis zur Bataillonsebene weitergegeben werden sollten. Die verbrecherischen Befehle waren bekannt, und die Offiziere handelten entsprechend.

Es gibt eine Reihe von Belegen, denen zufolge Einheiten, die der 6. Armee unterstellt waren, den Kommissarbefehl rigoros befolgten. Bereits am 23. Juni 1941, einen Tag nachdem das »Unternehmen Barbarossa« begonnen hatte, meldete die Panzergruppe 1 an das Oberkommando der 6. Armee (AOK 6), dass bei zwei Einheiten »je 1 politischer Kommissar gefangen und entsprechend behandelt« worden war. Auch für die nächsten Tage sind entsprechende Fälle dokumentiert, in denen politische Kommissare »nach den Richtlinien behandelt« wurden. Mal waren es »5 Politkommissare bei der 62. I.D.«, mal war es »ein Politkommissar bei der 298. Infanteriedivision«. Nach den »Richtlinien behandelt« hieß: erschossen. Waren es zu Beginn noch einzelne Meldungen, so ging man später dazu über, Sammelmeldungen zu verfassen. Die Zahlen erklären, warum: »Meldung an LI. AK über erledigte Kommissare: 122«, hieß es am 4. Oktober 1941 im Tätigkeitsbericht des Ic-Offiziers der 44. Infanteriedivision. Das Erschießen von gefangen genommenen Kommissaren war inzwischen schon zu einer fatalen Routineangelegenheit geworden.

Ebenso gehorsam und bereitwillig schienen bei der 6. Armee die »Richtlinien für das Verhalten der Truppe« befolgt worden sein. Das Perfide an diesen Anordnungen war der große Ermessensspielraum, mit dem »Freischärler und Saboteure« identifiziert werden konnten. Gerüchte, Vermutungen oder auch Denunziationen reichten aus, um das Todesurteil über einen gefangenen Zivilisten zu sprechen und sofort zu vollstrecken. Wo immer bei »Säuberungsaktionen« verdächtige Personen aufgespürt wur-

> *Ganz links sah man Lastwagen heranfahren, aus denen Menschen quollen, die sich dort nackt auszogen und in einer Reihe anstellten, als ob sie auf den Omnibus warteten. Die Reihe war etwa 600, 800, 1000 Meter lang. Und rechts, wo ich diese Gräben gesehen hatte, hörte ich so alle 20 Sekunden Schüsse. Und dann rückte diese Kette von unbekleideten Menschen – Männer, Frauen, Kinder, Greise – einige Meter vor und verharrte. Ab und zu brachen einzelne Menschen aus der Reihe heraus, unbekleidete, versuchten zu entkommen – und brachen im Feuer dieser ukrainischen Miliz zusammen.*
>
> Axel Freiherr von dem Bussche, Offizier der Wehrmacht,
> Zeuge einer Judenerschießung in Russland

den, konnten sie als tatsächliche oder vermeintliche »Freischärler« liquidiert werden. In einer Führungsanordnung vom 10. Juli 1941 wies das AOK 6 die Truppe an: »a) Soldaten in Zivil, meist schon erkenntlich an kurz geschnittenem Haar, sind nach Feststellung, dass sie rote Soldaten sind, zu erschießen. b) Zivilisten, welche in Haltung oder Handlung sich feindlich einstellen, sind als Freischärler zu erschießen. c) Unsichere Elemente sind festzusetzen.« Es bedurfte keines aktiven Widerstands, es genügte bereits der Anschein. Nicht die Handlung, sondern schon die Haltung bedeutete das Todesurteil. Reguläre Angehörige der Roten Armee, kämpfende Zivilisten, politische Funktionäre, Partisanen, Juden, unsichere »Elemente« – alles wurde in einen Topf geworfen. Das ideologische Zerrbild der NS-Propaganda, das »den Juden« als potenziellen Feind darstellte, dessen Existenz allein schon Bedrohung genug war, verfing auch bei Angehörigen der Wehrmacht. So glaubte der Ic-Offizier der 299. Infanteriedivision bereits in den ersten Kriegstagen erkannt zu haben: »In mit Juden besiedelten Ortschaften ist das Freischärlertum besonders groß.« Ein teuflischer Zirkelschluss setzte ein: Ein hoher Judenanteil bedeutete viele potenzielle Saboteure und damit zahlreiche Opfer. Dass Hass nur wieder Hass erzeugte und das Vorgehen der Angreifer den Widerstand erst anstachelte, kam den wenigsten Deutschen in den Sinn.

Neun Tage später erlaubte das AOK 6 auch kollektive Vergeltungsmaßnahmen, falls bei Sabotageanschlägen die Täter nicht ermittelt werden konnten: »Diese können im Erschießen von ortsansässigen Juden oder Russen, Abbrennen von jüdischen oder russischen Häusern bestehen.« Die

**Wo der Partisan ist, ist der Jude, und wo der Jude ist, ist der Partisan.**

Losung eines Lehrgangs zur Partisanenbekämpfung, Ende September 1941

> *Ich möchte das nochmals klar betonen: Die meisten wussten von den Verbrechen der Nazis nichts in dem Ausmaß, wie ich es persönlich gewusst habe. Die hohen Stäbe mussten es wissen und konnten es wissen, aber der Soldat nicht. Ich glaube, auch der Divisionskommandeur nicht – der eine oder andere vielleicht –, aber die Masse der Divisionskommandeure nicht. Aber die oberen Befehlshaber wussten das schon. Manstein wusste es, und die Feldmarschälle wussten, was für Schweinereien passiert waren.*
> Philipp Freiherr von Boeselager, Generalstabsoffizier

Anordnung solcher Kollektivstrafen erfolgte durch einen Offizier, der mindestens den Rang eines Bataillonskommandeurs inne hatte. Ordnung musste sein – auch im tödlichen Chaos.

Wo es dennoch zu eigenmächtigen Exekutionen kam, die nicht von Offizieren angeordnet wurden, mussten die Soldaten nicht mit einer Verfolgung rechnen. In einem Fall wurden die Todesschützen lediglich angewiesen, »[...] im Falle der Erschießung von Gefangenen dies nicht auf der öffentlichen Straße zu machen und dafür zu sorgen, dass die Leichen sofort begraben« würden. Dies schien sich im weiteren Verlauf des Vormarschs mit seinen mörderischen Begleitumständen zu einer der Hauptsorgen der Armeeführung auszuwachsen: dass Wehrmachtsangehörige bei Exekutionen zusahen und fotografierten – dass also Zeugen und Beweismaterial für das begangene Unrecht existierten. »Es wird jede Teilnahme von Soldaten der Armee als Zuschauer oder Ausführende bei Exekutionen, die nicht von einem militärischen Vorgesetzten befohlen sind, verboten«, ordnete der Kommandeur der 6. Armee, Walter von Reichenau, am 10. August 1941 an. Bereits gemachte Aufnahmen mussten dem Vorgesetzten übergeben werden. Damit bestätigte dieser Befehl zum einen, dass die Armeeführung von den Ereignissen im Rücken der Front Kenntnis hatte. Die hohen Offiziere der Wehrmacht wussten, welche Blutbäder die nachrückenden Einsatzkommandos in den eroberten Gebieten anrichteten. Und zum anderen wurde aus dem Befehl zwischen den Zeilen ersichtlich, dass Wehr-

> **Nach der Schlacht bei Kiew, als angeblich eine halbe Million Russen in Gefangenschaft gerieten, hat der spätere Generalfeldmarschall Reichenau einen Appell an die 6. Armee gerichtet. Es gelte nun, den am Boden liegenden Feind völlig zu vernichten. Dieser kämpfe mit asiatischen Methoden; außerdem sei der Krieg gegen Russland mit keinem anderen Krieg, sei es gegen Frankreich oder Polen, auch nur annähernd zu vergleichen.**
> Josef Schaaf, Offizier der 6. Armee

> **Die zuschauenden Landser brüllten: »Langsam, langsam!«, um besser fotografieren zu können.**
> Zeugenaussage eines ehemaligen Wehrmachtssoldaten zu Erhängungen von Juden in Shitomir im August 1941

> **Die Truppe hat also nur dann Zigeuner und Juden zu erschießen, wenn sie als Partisanen oder ihre Helfer festgestellt sind. In allen anderen Fällen sind sie dem SD zu übergeben.**
>
> Generalmajor Georg Hewelcke, Kommandeur der 339. Infanteriedivision, am 8. November 1941 in einem Merkblatt für seine Einheiten

> **Die Wehrmacht ist ja letzten Endes die Institution gewesen, die das alles ermöglicht hat, ohne selbst vielleicht daran beteiligt gewesen zu sein. Sie hat praktisch den Krieg geführt und versucht, die Fronten stabil zu halten, damit hinter der Front all das geschehen konnte.**
>
> Werner Goldberg, Soldat der Wehrmacht, galt als »jüdischer Mischling«

machtsangehörige an den Exekutionen aktiv mitgewirkt hatten – sei es aus eigenem Antrieb oder auf Befehl.

Es ist ein düsteres Fazit, das nach einem Jahr Kampf der 6. Armee in der Sowjetunion gezogen werden muss: Von Anfang an beteiligten sich Angehörige der 6. Armee an den als »Vergeltung« verbrämten Mordaktionen. Dies galt für die Behandlung von Kriegsgefangenen ebenso wie für das Verhalten gegenüber der Zivilbevölkerung. Zu den Opfern zählten Soldaten ebenso wie Zivilisten: Männer, Frauen und sogar Kinder. »In Zusammenarbeit mit dem SD mussten wir die Juden in ihren Wohnungen aufsuchen und ihnen klar machen, dass sie sich am nächsten Tag zu sammeln hätten. Wir mussten die Juden bewachen, bis der SD kam und die Juden übernahm«, berichtet ein Angehöriger der Feldgendarmerie. Verhaftung, Bewachung und Auslieferung – das waren Hilfsdienste, welche die Wehrmacht für die Mordkommandos der Nazis leistete. Sie machte sich zum Komplizen, wenn es um die Ermordung unschuldiger Zivilisten und um Verstöße gegen alle bisherigen Regeln des Kriegshandwerks ging.

Im Verantwortungsbereich der 6. Armee spielte sich während des Marschs durch die Ukraine eines der grausamsten Massaker des ganzen Krieges ab: Babi Yar. Hier zeigte sich, wie präzise die Kooperation zwischen Teilen der Wehrmacht und den Einsatzkommandos der SS funktionierte.

Am 27. September 1941 fand in Kiew eine Besprechung statt, an der Vertreter der Wehrmacht, der Polizei sowie des SD teilnahmen. Auch wenn es scheinbar harmlos um die »Evakuierung« von Juden ging, »so war den Anwesenden bewusst, dass es um Tötungen ging«, gab der Ic-Offizier des XXIX. Armeekorps offen zu.

»Alle Juden der Stadt Kiew und ihrer Umgebung haben am 29. September 1941 gegen 8 Uhr morgens an der Ecke Mjelnikowskaja- und Dochturowskaja-Straße zu erscheinen. Mitzubringen sind: Papiere, Geld, Wertsachen sowie warme Kleidung. Wer von den Juden dieser Anordnung nicht Folge leistet und an einem anderen Ort angetroffen werden sollte, wird erschossen.« So lautete der Text, der in drei Sprachen auf einem der

»Die Leichen wurden regelrecht geschichtet«: In der Schlucht von Babi Yar wurden innerhalb weniger Tage mehr als 33 000 Menschen ermordet.

> Warum soll ich einen Juden mit anderen Augen ansehen als einen russischen Gefangenen? Im Gefangenenlager sterben viele, weil wir durch Juden in diese Lage hineingetrieben sind. Aber was kann ich denn dafür? Warum haben die Juden denn den Krieg angezettelt?
>
> Tischgespräch Hitlers am 25. Januar 1942 in der »Wolfsschanze«

2000 Plakate zu lesen war, die in ganz Kiew an den Wänden hingen. Gedruckt hatte die Plakate die Propagandakompanie 637.

Die Menschen, die sich am angegebenen Tag am angegebenen Ort einfanden, wurden durch die Straßen Kiews zu einer am Stadtrand gelegenen Schlucht geleitet. Die Straßen waren von Einheiten der Polizei, der Waffen-SS und des Sonderkommandos 4a abgesperrt. Niemand störte den Marsch, der über 33 000 Menschen in den Tod führen sollte. Am Eingang der Schlucht registrierten die SS-Männer ihre Opfer, die alle Wertsachen abgeben und sich ihrer Kleider entledigen mussten. Im Laufe des 29. und 30. September verrichteten die Angehörigen des Sonderkommandos 4a dann ihr grausiges Werk: In der Schlucht erschossen sie die wehrlosen Menschen, die in langen Schlangen in den Tod gingen. Das Sonderkommando lobte sich selbst für die »überaus geschickte Organisation«. Gleich nach dem Ende des zweitägigen Massakers sprengten Pioniere die Ränder der

»Wer der Anordnung nicht Folge leistet, wird erschossen«: Jüdische Bewohner von Kiew werden Ende September 1941 aus der Stadt getrieben.

»Tödliche Umklammerung«: In deutsche Kriegsgefangenschaft geratene Rotarmisten ziehen durch ein Dorf vor Stalingrad.

Schlucht. Steine und Erdreich sollten die Spuren eines der grausamsten Ereignisse in dieser noch frühen Phase des Krieges überdecken. Das Muster der Zusammenarbeit zwischen SS-Kommandos und der 6. Armee wiederholte sich: Jeweils unmittelbar nach der Eroberung trafen sich die militärischen Ortskommandanten mit den Führern der SD-Einsatzkommandos, um das weitere Vorgehen zu besprechen, die Propagandaeinheiten druckten die Aufforderungen der militärischen Führung, denen die Bevölkerung Folge zu leisten hatte, SS und Polizei erledigten den tödlichen Rest. So wurden Soldaten der Wehrmacht zu Helfershelfern eines Massenmords.

Auf dem weiteren Marsch nach Stalingrad sind vergleichbare Übergriffe nicht mehr erfolgt. Es

> Der Wohnungsmangel, der besonders in Kiew durch die umfangreichen Brände und Sprengungen fühlbar war, konnte nach Liquidierung der Juden durch Einweisung in die frei gewordenen Judenwohnungen behoben werden.
>
> Lagebericht der Einsatzgruppen vom 31. Oktober 1941

> *Die entkleideten Juden wurden in eine Schlucht geleitet, die die Ausmaße von etwa 150 Meter Länge, 30 Meter Breite hatte und gut 15 Meter tief war. Zu dieser Schlucht führten zwei oder drei schmale Eingänge, durch die die Juden hinuntergeschleust wurden. Wenn sie am Rande der Schlucht ankamen, wurden sie von Beamten der Schutzpolizei ergriffen und auf bereits erschossene Juden gelegt. Dies ging alles sehr schnell. Die Leichen wurden regelrecht geschichtet. Sowie ein Jude dalag, kam ein Schütze von der Schutzpolizei mit der Maschinenpistole und erschoss den Daliegenden durch Genickschuss. Die Juden, die in die Schlucht kamen, waren von dem Anblick dieses grausigen Bildes so erschrocken, dass sie vollkommen willenlos waren. Es soll sogar vorgekommen sein, dass sie sich selbst in Reih und Glied legten und den Schuss abgewartet haben.*
>
> *Es waren nur zwei Schützen da, die die Erschießungen vornahmen. Der eine Schütze war auf dem einen Ende der Schlucht in Aktion und der andere auf dem anderen. Ich sah die Schützen auf den bereits aufgeschichteten Leichen stehen, während sie nacheinander geschossen haben.*
>
> *Sowie ein Jude durch einen Schuss tot war, ging der Schütze auf den Leibern der Erschossenen zum nächsten inzwischen hingelegten Juden und erschoss diesen. So ging das am laufenden Band, ohne Unterschied zwischen Männern, Frauen und Kindern. Die Kinder wurden bei ihren Müttern gelassen und mit ihnen erschossen.*
>
> Fritz Höfer, Kraftfahrer des Sonderkommandos 4a, in einer Aussage vor Gericht über das Massaker von Babi Yar

mag an der Einstellung von Paulus gelegen haben, der Reichenaus Befehl vom 10. Oktober 1941 widerrief und als unpolitischer Offizier im Gegensatz zu seinem von der NS-Ideologie durchdrungenen Vorgänger kein Interesse an einer Verstrickung seiner Soldaten in die nationalsozialistischen Völkermordaktionen hatte. Die Kämpfe des Sommers 1942 nahmen die Kräfte der Armee voll in Anspruch.

# Die versuchte Eroberung

Mit zwei »Wegbereitungsoperationen« sollte die 6. Armee unter der Führung ihres neuen Befehlshabers Generaloberst Paulus das Fundament für die große Sommeroffensive legen und den Aufmarsch vorbereiten. Erstmals zeigte sich dabei, auf welch tönernen Füßen der Ablaufplan der Weisung 41 stand. Im Rahmen der Operation »Fridericus I« galt es, einen sowjetischen Frontkeil bei Barwenkowo, der zwischen Isjum und Charkow in die deutschen Linien hineinragte, zu kappen. Es war dies ein Gebietsgewinn infolge der sowjetischen Winterangriffe, als die Rote Armee die Deutschen zu Beginn des Jahres 1942 weit zurückgeworfen hatte. Der Frontkeil bedrohte seither nicht nur die Vorratslager der 6. Armee in Charkow. Weit größer noch war die strategische Gefahr, die von ihm ausging. Er war die ideale Ausgangsposition für einen sowjetischen Vormarsch auf Dnjepropetrowsk, mit dem die deutschen Verbände am Donez eingeschlossen worden wären. Diese Gefahr sollte der deutsche Angriff Anfang Mai »beseitigen«. Doch dann kam alles ganz anders.

> In der gesamten Lage hebt sich immer deutlicher ab, dass der Koloss Russland mit der ganzen Hemmungslosigkeit, die totalitären Staaten eigen ist, von uns unterschätzt worden ist.
>
> Generalstabschef Franz Halder, Tagebucheintrag, 11. August 1942

Bereits seit März überlegte die sowjetische Führung, an welcher Stelle die Rote Armee ihre Kräfte konzentrieren sollte, um ihre eigene Offensive zu beginnen. Möglichkeiten gab es viele: Marschall Boris Schaposchnikow, der Chef des Generalstabs, schlug die Mitte der Front vor; Georgi Schukow plädierte für den Angriff vor Moskau; den Südwesten bevorzugte der Oberbefehlshaber der Südwest-Front, Semjon Timoschenko. Stalin hingegen forderte Präventivschläge auf breiter Front. Auch er wusste nicht, was genau geschehen sollte – er wusste nur, dass etwas passieren müsse: »Wir können nicht in der Defensive bleiben und auf unseren Händen sitzen, bis die Deutschen den ersten Schlag führen.«

Am 9. Mai, wenige Tage vor dem geplanten Beginn der deutschen Aktion »Fridericus I«, bekamen die Soldaten der 6. Armee zu spüren, für welche

> Die russische Führung hat den Angriff auf Charkow frontal geführt und hatte anfangs damit Erfolg. Durch die erfolgreichen deutschen Gegenmaßnahmen konnte der russische Angriffskeil gefasst und umklammert werden – es entstand eine Kesselschlacht. Das war natürlich eine Schlappe für die sowjetische Führung.
>
> Bernd Freytag von Loringhoven, Generalstabsoffizier

Option sich die Führung in Moskau entschieden hatte. Mit drei Armeen und starken Panzerverbänden traten die Sowjets an, um die Deutschen bei Charkow einzuschließen. Zwei Zangenarme trieben Keile in die deutsche Front und setzten sich bei Isjum im Süden und Woltschansk im Norden in Bewegung. Die Wucht des sowjetischen Vorstoßes auf Charkow war so groß, dass die kräftemäßig weit unterlegenen deutschen Truppen überrumpelt wurden. »Der Krieg nimmt eine neue Wendung«, triumphierte Marschall Timoschenko bereits. Die Unerfahrenheit des neuen deutschen Armeeführers in Fragen der praktischen Führung eines großen Truppenverbands schien sich in den Kämpfen um Barwenkowo zu rächen.

Paulus sah angesichts der gegnerischen Überlegenheit nur eine Möglichkeit, eine Niederlage zu vermeiden: Er wollte im Rahmen einer »Frontbegradigung« bereits erobertes Territorium aufgeben, die Kräfte neu sammeln und dann zum Gegenschlag ausholen. Demgegenüber plädierte Feldmarschall von Bock als Oberbefehlshaber der Heeresgruppe Süd für einen Gegenangriff, mit dem die 1. Panzerarmee in die Südflanke der Roten Armee hineinstoßen sollte. Angriff statt Rückzug – das war eine Lösung ganz im Sinne Hitlers. Mit Unterstützung der schnell herangeführten Panzer aus der Streitmacht des Generalfeldmarschalls von Kleist gelang es der 17. Armee im Süden, die sowjetischen Linien zu durchbrechen.

Nun nahm die Schlacht tatsächlich eine neue Wendung – aber eine andere, als sie Timoschenko vorhergesagt hatte. Jetzt waren es seine Einheiten, die sich der Gefahr einer Einkesselung ausgesetzt sahen, und er musste Stalin telegrafisch um die Erlaubnis zum Rückzug bitten. Lange weigerte sich der rote Diktator, dieser dringenden Bitte zu entsprechen. Als er am 19. Mai sein Einverständnis zum Abbruch der längst festgefahrenen Offensive erteilte, war es für eine Rettung schon zu spät. Die 57., die 9. und die 6. Sowjetische Armee saßen fest. Der Gegenstoß, den die 6. Deutsche Armee von Norden geführt hatte, schloss mit dem südlichen Keil der 17. Armee den Ring um den Gegner. Die »Mausefalle von Barwenkowo« war zugeschlagen. Trotz verzweifelter Ausbruchsversuche gelang es den Sowjets nicht, die tödliche Umklammerung der Deutschen zu durchbrechen. In Moskau fragte ein geschockter Stalin: »Die Deutschen haben gemeldet, dass sie mehr als 200 000 unserer Soldaten gefangen haben. Lügen sie?« Die Deutschen logen nicht. Fast eine Viertelmillion

»Keine Kameraden«: Auch vor Stalingrad gerieten zahlreiche Rotarmisten in deutsche Hand. Viele von ihnen kamen in der Gefangenschaft um.

»Die Stadt wird bis zum letzten Mann verteidigt«: Marschall Timoschenko führte Stalins Order aus.

»Keinen Schritt zurück«: Für Stalin war die Verteidigung der Stadt, die seinen Namen trug, eine Prestigeangelegenheit.

Rotarmisten musste den Weg in die deutsche Gefangenschaft antreten. Timoschenkos Verbände verloren über 2000 Geschütze und fast alle Panzer. Die vorbereitende Aktion der Deutschen wurde so zu einem vollen Erfolg – wenngleich dieser ganz anders zustande gekommen war, als zunächst geplant. Doch wer fragte danach? Keiner schien sich daran zu erinnern, dass Paulus einen ganz anderen Vorschlag gemacht hatte. Stattdessen verlieh Hitler dem neuen Befehlshaber der 6. Armee das Ritterkreuz und würdigte die Erfolge, »die gegenüber dem weit überlegenen Gegner« errungen wurden.

Der 51-jährige Paulus hatte seine heimlichen Kritiker verstummen lassen. Die nationalsozialistische Propaganda feierte den neuen Stern, der am Himmel über der Ostfront aufgegangen war. Die 6. Armee war unter dem Befehl Walter von Reichenaus berühmt geworden. Nun schien sie unter ihrem neuen Befehlshaber ihren Ruf bis ins Mythische zu steigern. Nach dem Sieg bei Charkow zollte ein enthusiastischer Hitler der Elitetruppe allerhöchstes Lob: »Mit der 6. Armee kann ich den Himmel stürmen.«

Auch die beiden kleineren Offensiven verliefen erfolgreich – und diesmal so wie geplant. Mit »Wilhelm« und »Fridericus II« konnten die letzten Vorbereitungsaktionen abgeschlossen werden. In der Zeit vom 10. bis zum 15. beziehungsweise vom 22. bis zum 26. Juni eroberten die Einheiten der 6. Armee eine Brücke über den Donez und errichteten eine zusätzliche Pontonbrücke über den Fluss. »Das Gesetz des Handelns wird von unserer Seite gegeben. Stimmung und Auftrieb der Truppe erfreulich«, notierte Generalstabschef Halder am 20. Juni in sein Tagebuch. Der Aufmarsch war taktisch abgeschlossen, die Versorgungslinien standen, der Angriff konnte beginnen. Der geplante Termin: 28. Juni 1942.

Eigentlich hätten die Sowjets diese Aktivitäten, mit denen die Deutschen den bisherigen Frontverlauf mit seinen Ausbuchtungen und potenziellen Kesselbildungen zu ihren Gunsten verändern konnten, als Hinweise auf deren künftige Absichten interpretieren können. Doch Stalin musste überhaupt nicht spekulieren – er wusste sogar bis ins Detail, was die Deutschen vorhatten.

## Ungenutzte Chancen

Am 19. Juni startete hinter der deutschen Front ein leichtes Flugzeug, das Major Joachim Reichel, den 1. Generalstabsoffizier der 23. Panzerdivision, zu vorgeschobenen Einheiten bringen sollte. Ein Sommergewitter und gegnerisches Artilleriefeuer zwangen den Piloten des Fieseler Storchs jedoch zu einer Notlandung im Niemandsland zwischen den Linien. Der deutsche Stoßtrupp, der sofort aufbrach, um die Besatzung zu retten oder die Leichen zu bergen, fand nur noch ein ausgeräumtes Wrack. Eine Randnotiz im alltäglichen Grauen des Krieges – doch keine Kampfhandlung wie viele andere. Denn dieser Verlust versetzte den Stab des XL. Panzerkorps in helle Aufregung. Das verloren gegangene Flugzeug hatte brisante Ladung an Bord: die Aufmarschpläne mit detaillierten Befehlen für den »Fall Blau«. Wesentliche Teile des gesamten deutschen Kriegsplans befanden sich nun in den Händen der Sowjets. Nach einem strikten Befehl Hitlers durften Operationsanweisungen nur mündlich weitergegeben werden. Doch General Georg Stumme hatte dem Drängen seiner Frontoffiziere nachgegeben und sie schriftlich über die nächsten Planungen der Wehrmacht in Kenntnis gesetzt. Seine Absicht: Die Truppenoffiziere konnten ihre Aktionen erfolgreicher und effektiver durchführen, wenn sie Kenntnis über die mittel- und langfristigen Ziele des Feldzugs hatten. Nun waren genau diese Unterlagen in die Hände des Gegners gefallen. Der Erfolg des gesamten »Falls Blau« schien gefährdet, zumindest der Überraschungseffekt war dahin.

Hitler, der erst mit großer Verspätung vom Verlust der Papiere erfuhr, tobte vor Wut über das vorschriftswidrige Vorgehen. »Der Führer besteht darauf, ein Exempel zu statuieren«, notierte Feldmarschall von Bock am 25. Juni. Stumme wurde auf Anweisung Hitlers vor ein Kriegsgericht gestellt und zu fünf Jahren Festungshaft verurteilt.

Dies befriedigte zwar Hitlers Verlangen nach Vergeltung, änderte aber nichts am Dilemma der deutschen Heeresgruppe Süd. Wenn die Sowjets wussten, wo die Wehrmacht das Schwergewicht ihrer Kräfte einsetzen würde, konnten sie entsprechende Gegenmaßnahmen vorbereiten. Die Folgen für die deutschen Angreifer wären verheerend gewesen. Einige Offiziere drängten schon darauf, den Angriffsbefehl zu ändern. Doch die deutsche Führung hielt am ursprünglichen Plan fest. Man hatte auch kaum eine andere Wahl. Die deutsche Kriegsmaschine war bereits angelaufen, sie wieder zum Stehen zu bringen, wäre nur unter großen Schwierigkeiten möglich gewesen. Doch konnte der »Fall Blau« überhaupt noch mit Erfolg durchgeführt werden – oder war die Offensive gescheitert, bevor sie richtig begonnen hatte? Ein Zufall kam den Deutschen zu Hilfe.

Im Hauptquartier der sowjetischen Südwest-Front hatte man die Brisanz des Inhalts der gefundenen Dokumentmappe sofort erkannt und unverzüglich den Kreml informiert. Die Reaktion von Stalin musste überraschen: Er hielt die Papiere für eine Fälschung! Die Geschichte schien sich zu wiederholen. Schon Anfang 1941, lange vor Beginn des »Unternehmens Barbarossa«, hatte der sowjetische Führer mehrere konkrete Hinweise auf einen bevorstehenden deutschen Angriff auf die Sowjetunion erhalten. Ein deutscher Korrespondent in Tokio namens Richard Sorge hatte detaillierte Informationen nach Moskau geschickt. Der Spion konnte, wie eine Reihe anderer Informanten, Stalin den genauen Angriffstermin für das »Unternehmen Barbarossa« mitteilen. Doch der sowjetische Diktator schenkte allen Warnungen keinen Glauben. Persönlich verfasste er zu einem Zeitpunkt, als die deutschen Truppen bereits längst an der Grenze in Stellung gegangen waren, eine TASS-Meldung, in der es kategorisch hieß: »Alle Gerüchte über Vorbereitungen zu einem Krieg mit Deutschland entbehren jeder Grundlage.« Acht Tage später überschritt die Wehrmacht die deutsch-sowjetische Grenze.

Aus seiner Fehleinschätzung hatte Stalin wenig gelernt. Ein Jahr später zeigte er sich erneut starrsinnig: Die Dokumente seien nicht echt, behauptete er. Die Deutschen würden nicht im Süden angreifen, da war sich Stalin sicher – und der rote Diktator duldete keinen Widerspruch. Auch als der Kommandeur des gefährdeten Frontabschnitts, General Golikow, am 25. Juni, fünf Tage nach dem brisanten Fund, persönlich im Flugzeug nach Moskau eilte, um Stalin von der Echtheit der Dokumente zu überzeugen, wischte der Diktator die Fakten vom Tisch. Erst später gab er dann doch dem beharrlichen Drängen seiner Generäle nach und erlaubte die Vorbereitung eines Präventivschlags, mit dem die Rote Armee dem deutschen Angriff zuvorkommen wollte – ein erneuter Irrtum. Für eine Gegenoffensive war es längst zu spät. Stalins Ignoranz hatte zu einer Zeitverzögerung geführt, die nicht mehr aufzuholen war. Als General Golikow am nächsten Tag an die Front zurückkehrte, um Gegenmaßnahmen einzuleiten, kam er gerade noch rechtzeitig, um den Donner aus den deutschen Geschützen zu hören. Der Angriff der Wehrmacht hatte begonnen. Der »Fall Blau« war angelaufen. Stalins Starrsinn hatte für die Rote Armee katastrophale Folgen.

## Vorwärts – Richtung Don

Am 28. Juni fiel am Nordflügel der Heeresgruppe Süd der Startschuss. Die 2. Armee unter dem Kommando Generalobersts Maximilian Freiherr von Weichs, die 2. Ungarische Armee unter Generaloberst Jány und die von Generaloberst Hoth kommandierte 4. Panzerarmee traten von Norden zur ersten Etappe der neuen Offensive an. Das Ziel hieß Woronesch. Geplanter Termin für die Einnahme der Stadt war der 6. Juli.

Zwei Tage später verließ Paulus mit seiner 6. Armee die Ausgangsstellungen östlich des Donez. Ziel war der Don, wo sich die deutsche Angriffszange um die Rote Armee schließen sollte, um die sowjetischen Kräfte zwischen den beiden großen Flüssen einzuschließen.

»So weit das Auge reicht, rollen Kampfwagen und Schützenpanzer über die Ebene. Staubfahnen schweben in der flimmernden Mittagsluft«, schilderte ein Kriegsberichterstatter den Aufbruch zur ersten Zangenoperation des »Falls Blau«. Und die Angreifer kamen schnell voran. Die 24. Panzerdivision erreichte am 3. Juli Woronesch und erkämpfte am östlichen Ufer des

> In der Ferne sah ich vor der untergehenden Sonne die Silhouetten unserer Panzer. Sie hörten und hörten nicht auf. Da dachte ich: »Dieser Macht kann niemand widerstehen.« Wir waren so siegessicher. Wir hatten bislang immer nur gesiegt. Das war für uns selbstverständlich.
>
> Wilhelm Roes, Soldat der Wehrmacht

> **Ein Soldat machte einen Witz, der typisch war: »Es kommt mir vor, als seien wir auf einem Betriebsausflug«, sagte er. Wir waren motorisiert, wir schwitzten zwar furchtbar und saßen oft in Badehosen in unseren Fahrzeugen. Doch so einen »Spaziergang« hatten wir im Krieg noch nicht erlebt.**
>
> Joachim Porzig, Funker der 6. Armee

»Mit der 6. Armee kann ich den Himmel stürmen«: Vormarsch der Infanterie Richtung Wolga – bei Temperaturen um vierzig Grad.

Don einen Brückenkopf. Schon nach wenigen Tagen war der erste Teil des Vormarschplans erfüllt. Die deutschen Panzer kämpften unter dem Divisionszeichen des »Springenden Reiters« (die 24. Panzerdivision war aus der 1. Kavalleriedivision hervorgegangen), hatten den Don erreicht und begannen am östlichen Ufer Brückenköpfe zu bilden.

»Feind völlig überrascht«, lauteten die Meldungen der Front an das »Führer«-Hauptquartier. Sie schienen die Bestätigung dessen zu sein, was Halder seinem »Führer« am 25. Juni berichtet hatte. Voller Optimismus erklärte der Generalstabschef dem Oberbefehlshaber des Heeres, »dass die russische Widerstandskraft im Vergleich mit dem Vorjahre wesentlich schwächer geworden sei. Deshalb müsse man sich darauf vorbereiten, dass die einzelnen Phasen der ›Operation Blau‹ leichter und schneller durchgeführt werden würden, als bisher angenommen.« Halders optimistische Einschätzng interpretierte die tatsächliche Lage völlig falsch.

Der deutsche Angriff erwischte die Rote Armee in einer Phase der Neuorientierung. Lange hatte Stalin gezögert, bevor er sich bereit erklärte, von seiner bis dahin praktizierten Strategie abzugehen. Nicht mehr ein stupides »Halten um jeden Preis« war jetzt geboten, sondern auch die Möglichkeit zum Rückzug, wenn Widerstand aussichtslos schien und die eigenen Verbände nur solchermaßen der drohenden Einkesselung entgehen konnten. Die Erlaubnis flexiblen Reagierens auf die aktuellen Erfordernisse versetzte die Einheiten der Südwest-Front Timoschenkos in die Lage, sich der drohenden Einkreisung zu entziehen. Damit ermöglichten sie zugleich ein vermeintlich leichtes Vorrücken der deutschen Truppen. Vermeintlich leicht – denn die deutschen Soldaten in den vordersten Linien trafen keineswegs auf einen so geschwächten Gegner, als der er in den offiziellen Darstellungen des deutschen Oberkommandos dargestellt wurde. Die Landser stießen bei ihren Angriffen immer wieder auch auf eingegrabene Panzerabwehrgeschütze und gut getarnte Panzer vom Typ T 34. Die sowjetischen Besatzungen leisteten regelmäßig hartnäckigen Widerstand. Selbst wenn deutsche Verbände die feindlichen Stellungen ausgeschaltet glaubten, erlebten sie beim weiteren Vormarsch, dass die »toten« Gegner in ihrem Rücken plötzlich wieder den Kampf aufnahmen: »Rotarmisten stellten sich tot und lagen bewegungslos da. Wenn man näher kam, schossen sie aus kürzester Entfernung.«

Auch wenn es in den offiziellen Kriegstagebüchern der einzelnen Armee-Einheiten anders klingt: Schon dieser Vormarsch war für die deutschen Soldaten alles andere als ein gefahrloser Spaziergang.

Der hartnäckige und immer wieder aufflackernde Widerstand der sowjetischen Truppen hinderte die Panzerverbände Hoths schließlich an der termingerechten Einnahme von Woronesch. Das Universitätsviertel blieb zunächst in sowjetischer Hand; Teile der 4. Panzerarmee mussten in der Stadt am Don weiterkämpfen, bis nachrückende deutsche Infanterieverbände sie ablösen konnten. Denn das Schwergewicht der Wehrmacht bestand nicht aus komplett motorisierten Einheiten. Die Soldaten stürmten nicht auf Panzern und LKWs Richtung Don oder später an die Wolga. Die Infanteristen zogen zu Fuß nach Osten. Im »Zehn-Kilometer-Tempo« hetzten die Landser den deutschen Panzerspitzen hinterher. Selbst die deutschen Artillerieeinheiten waren nicht motorisiert. Die Geschütze hatten nur wenige PS Zugkraft. Pferde, nicht LKWs bewegten die deutsche Angriffswalze über die Steppe. Die Tiere litten genauso wie die Menschen, die sie vorantrieben.

> **Es war von Anfang an ein ungeheuer mühsames Geschehen. Allein 950 Kilometer bis zum Don zu Fuß zu gehen, das waren erhebliche Strapazen für die Infanterie.**
> 
> Gottfried von Bismarck, Leutnant der 6. Armee

> **Die Soldaten waren im Grunde genommen kerngesund, hochleistungsfähig, aber auch brav, tapfer und einsatzbereit.**
> 
> Ernst Rebentisch, Soldat der 17. Panzerdivision

»Umfassender Angriff Richtung Woronesch«: Deutsche Panzereinheiten auf den Vormarsch Richtung Don, Juli 1942.

»Unterwegs sind uns die Oldenburger Pferde kaputt gegangen, weil sie schon so schwach waren«, berichtete ein deutscher Infanterist. Selbst wer gut motorisiert Richtung Stalingrad zog, dem fielen die Probleme der Infanterie auf: »Die Pferde, die ihre Wagen praktisch seit der Ukraine zogen, waren schon ziemlich abgemagert, weil kaum Futter vorhanden war«, erinnert sich der Augenzeuge Hubert Kremser. »Das Gras war verdorrt. Hin und wieder haben wir auch gesehen, dass Soldaten zurücktransportiert wurden, weil sie die Strapazen nicht aushalten konnten. Bei uns war es weniger der Fall, weil wir motorisiert waren.« Doch auch die motorisierten Einheiten, die nicht auf die Muskelkraft von Pferden angewiesen waren, konnten das geplante Tempo nicht halten. Verantwortlich für den schleppenden Vormarsch war nicht nur der Widerstand der Roten Armee, sondern auch ein hausgemachtes Problem: Der eigene Nachschub bremste den deutschen Vorwärtsdrang. Was nutzte der schnelle Vorstoß der deutschen Panzerdivisionen, wenn die motorisierten Angriffsungetüme

> **Einige Leute sind auf dem Vormarsch auch gestorben, sind einfach liegen geblieben unterwegs, weil sie die Strapazen nicht ausgehalten haben. Jeden Tag 50, 60 Kilometer laufen, durch Steppe und große Hitze.**
> Kurt Palm, Soldat der 6. Armee

»Aus dem Lande leben«: Zunächst konnten die Soldaten dem Nachschubmangel noch aus eigener Kraft begegnen – auf Kosten der Zivilbevölkerung.

im entscheidenden Moment ihren Dienst versagten, weil der Treibstoff ausging?

Versorgungsengpässe gab es auch auf anderen Gebieten, doch diese vermochten die deutschen Soldaten aus eigener Kraft zu lösen. »Mit der Nahrung, das ging noch, denn wenn ein Soldat längere Zeit an der Front steht, dann kann er sich helfen«, schildert Hauptmann Schaaf, Kommandant einer 15-Zentimeter-Haubitzenbatterie, die Selbstversorgung. »Kartoffeln gab es überall, es gab Rüben, es gab alles Mögliche.« Was hier so verharmlosend klingt, bedeutete in der Praxis Ausplünderung der Zivilbevölkerung. Die Soldaten requirierten auf ihrem Vormarsch Rüben, Zwiebeln – alles, was das Feld hergab. »Es gab Landser, die einer Frau morgens die Milch der einzigen Kuh weggemolken haben, und sie hatte dann keine für ihre Kinder«, erinnert sich der Soldat Walter Loos. »Ich war zu Hause so erzogen worden, dass man anderen nichts weg-

> Wir kamen an einen Ort, und da lagen zwei tote Pferde, umringt von Frauen mit Kindern. Und die Frauen haben mit Messern versucht, das Fleisch von den Knochen zu schaben. Wir sahen das mit Verachtung – so etwas Primitives! –, ohne zu wissen oder zu überlegen, dass von dem, was die Kolchosen produziert haben, die deutsche Armee ernährt worden ist und für die Zivilbevölkerung nichts mehr übrig blieb.
>
> Vincenz Griesemer,
> Soldat der 6. Armee

nimmt. Ich habe den Kindern dann ein Paar Bonbons aus meiner Schoko-Cola-Dose angeboten.« In seinem Soldbuch lag ein Zettel mit den biblischen Zehn Geboten. »Ich habe mich bemüht, sie auch damals zu befolgen.« Andere schienen weniger Zeit zu finden, sich in frommer Nächstenliebe zu betätigen. Sie machten sich auf besonders ertragreiche Streifzüge durch die wenigen Dörfer, die wie fruchtbare Oasen die endlose Weite der Steppe unterbrachen. Hier gab es Hühner, Enten, Gänse – jegliches Federvieh war begehrte Kriegsbeute. Auch wenn manche deutsche Offiziere sich vorgenommen hatten, ihre Soldaten, die zu Dieben wurden, zu bestrafen – ihre Sanktionen griffen nicht. »Ich bin einmal zu drei Tagen Bau verdonnert worden, weil ich in einer Kolchose ein Huhn geklaut habe, das sich auf ein Strohdach retten wollte. Die drei Tage habe ich nicht abgesessen. Wir hatten keine Zeit, wir sind einfach weitermarschiert.« Auf diese Art ließ sich die Ordnung nicht aufrecht erhalten. Doch auch wenn die Truppe den Nachschubmangel auf ihre Art zu beheben suchte – die Beute war wenig geeignet, alle Probleme zu lösen. Mit Federn, Hühnerbein und Gänseschmalz ließen sich keine Panzer bewegen.

Der Treibstoffmangel der Wehrmacht und die Handlungsfähigkeit der Roten Armee, die entweder hartnäckigen Widerstand leisten oder sich ge-

»Stalingrad noch kein Thema«: Der Name der Stadt an der Wolga spielte Ende Juli 1942 in der Propaganda noch keine große Rolle.

ordnet zurückziehen konnte, hätten bei der deutschen Führung Zweifel aufkommen lassen müssen: Zweifel, ob die eigenen Offensivkräfte ausreichen würden; Bedenken, ob der Nachschub für die Truppe sicherzustellen war; Skepsis, ob die Einschätzung, man habe es mit einem geschwächten oder gar bereits geschlagenen Gegner zu tun, den Tatsachen entsprach. Doch der oberste Feldherr war kein Mann von Selbstzweifeln. Nachdenken darüber, ob die Annahmen, auf denen die Planungen des Feldzugs beruhten, tatsächlich richtig waren, oder ob sie angesichts neuer Erkenntnisse überprüft werden mussten, war im »Führer«-Hauptquartier nicht üblich. Hitler sah sich durch die Verzögerungen beim Vormarsch vielmehr in seiner Überzeugung bestätigt, wie notwendig die Ölfelder im Kaukasus für seinen Krieg tatsächlich waren. Der schleppende Vormarsch löste freilich eine andere Reaktion aus: Ungeduld.

> Ja, wir haben wirklich mit einer Niederlage rechnen müssen. Unsere Divisionen, manchmal 11 000, 12 000 Mann, waren innerhalb weniger Tage vollständig aufgerieben – sie waren einfach verschwunden.
> Fedor Kutschurin, Soldat der Roten Armee

> Manchmal ging der Vormarsch sehr schnell, und dann hat man gedacht: »Um Gottes willen, wie sollen die langen Nachschubwege je überbrückt werden?«
> Edith Gehlert, Krankenschwester in der 6. Armee

Die Verzögerungen hatten zur Folge, dass die ursprünglichen Zielvorgaben nicht erreicht, der Zeitplan nicht eingehalten werden konnte. Die Schlussfolgerung, die Hitler aus dem bisherigen Verlauf des Feldzugs zog, musste verblüffen.

## Zersplitterung der Kräfte

Verblüffung oder Bluff, Überraschung oder Konsequenz – die Entscheidungen Hitlers Anfang Juli 1942 beinhalteten beides. Einerseits mussten die Schlussfolgerungen, die der Kriegsherr aus dem aktuellen Verlauf des Angriffs zog, die Beobachter überraschen. Bei genauerem Hinsehen stehen sie jedoch in einer traurigen Kontinuität der Entscheidungen, die Hitler im bisherigen Verlauf des Krieges getroffen hatte.

Nach den Siegen über militärisch unterlegene Gegner in Polen, Frankreich und den Benelux-Staaten hatte er den Angriff auf England befohlen – und sein Ziel in der Schlacht um die britische Insel nicht erreicht. Trotz des andauernden Krieges im Westen befahl Hitler 1941 den Überfall auf die Sowjetunion – und der deutsche Angriff blieb vor Moskau stecken. Ungeachtet des militärischen Scheiterns im Dezember 1941 erklärte er den USA den Krieg. Statt des erwarteten Angriffs auf Moskau zur Vollen-

> **Wir Deutsche haben in diesem Ringen um Sein oder Nichtsein nur alles zu gewinnen, denn der Verlust dieses Krieges würde ohnehin unser Ende sein.**
> Adolf Hitler in einer Rede vor dem Reichstag, 26. April 1942

dung der ursprünglichen Vorhaben suchte er sich Anfang 1942 ein neues Ziel im Süden der Sowjetunion. Und was geschah, als dort die ersten Schwierigkeiten auftraten? In seiner stetigen Unstetigkeit änderte Hitler seine ursprünglichen Planungen und zersplitterte die deutschen Kräfte. Ohne seine alten Ziele schon erreicht zu haben, strebte er noch zusätzlich nach neuen. Die ursprünglich vorgesehene Eroberung von Woronesch schob er auf. Voller Ungeduld wollte er die Situation nutzen, um den Sieg durch einen schnellen Vormarsch endgültig zu sichern. »Ich bestehe nicht mehr auf der Eroberung der Stadt. Ich stelle Ihnen frei, sofort nach Süden zu stoßen«, teilte er am 3. Juli dem Oberbefehlshaber der Heeresgruppe Süd mit. Gravierende Folgen sollte eine Entscheidung haben, deren Auswirkungen Generalfeldmarschall von Bock am 7. Juli in seinem Tagebuch prognostizierte: »Damit wird die Schlacht in zwei Teile zerschnitten.«

In der »Weisung Nummer 43« erteilte Hitler am 11. Juli 1942 der 11. Armee den Auftrag, »alle Vorbereitungen für einen Übergang mit der Masse der Armee über die Straße von Kertsch zu treffen mit dem Ziel, beiderseits der Westausläufer des Kaukasus in süd-ostwärtiger und ostwärtiger Richtung vorzustoßen«. Nach den harten Kämpfen auf der Krim sollte sich die siegreiche Armee ohne große Erholungspause der nächsten großen Belastungsprobe aussetzen – aber das ohne ihren erfolgreichen Heerführer. Erich von Manstein, nach der Eroberung von Sewastopol zum Feldmarschall befördert, sollte das gleiche Kunststück nun im Norden wiederholen. In der »Weisung Nummer 44« forderte Hitler am 21. Juli

---

*Die Aktion »Blau« lief programmgemäß, und diese Sache mit Stalingrad kam völlig aus heiterem Himmel zustande, weil sie gar nicht in das Konzept »Blau« passte. Man hätte Stalingrad links liegen lassen können. Die Stoßrichtung war ja mit Maikop und mit dem Durchzug bis unten an die Südgrenze Russlands nach Georgien vorgegeben. Stalingrad wäre eine Sache gewesen, die durch die Luftwaffe hätte zerstört werden können. Doch dann war Hitler Stalingrad ein Dorn im Auge, und deshalb musste die 6. Armee eindrehen auf Stalingrad. Damit war der ganze Vormarsch in zwei Fronten zerlegt. Die Heeresgruppe B hatte jetzt den Auftrag, Stalingrad zu nehmen, und die anderen kamen unten nicht von der Stelle. Es war nun ein völliges Durcheinander.*
Wolf-Dietrich Freiherr von Schenk zu Tautenburg, Generalstabsoffizier

Oben: »Die Italiener hatten immer Angst«: Die Soldaten des Achsenpartners wurden von den Deutschen meist geringschätzig behandelt.
Unten: »Nicht vergleichbar mit der deutschen Armee«: Rumänische Soldaten waren eingesetzt, um die Flanke der 6. Armee zu sichern.

> **Als wir einschwenkten Richtung Süden, kam das Gespräch auf die Ölfelder vom Kaukasus. Wo genau diese Ölfelder lagen, wussten wir nicht, aber bei Maikop sollten sie losgehen. Hinter uns marschierte eine so genannte Erdölbrigade, das waren Spezialisten, die die Ölfelder wieder in Betrieb nehmen sollten.**
>
> Alfons Pauli, kämpfte 1942 im Kaukasus

> **Die Ölfelder unten im Kaukasus am Kaspischen Meer, die waren für uns interessant. Die Sowjets wollten unbedingt verhindern, dass diese in unseren Besitz kommen. Stalingrad haben sie uns deshalb gewissermaßen angeboten, denke ich. Unsere Einheiten sollten dort gebunden werden.**
>
> Ferdinand Wiedemeier, Soldat der 6. Armee

eine neue Offensive gegen Leningrad. Mit den Wunderwaffen, den Riesengeschützen »Thor«, »Odin« und »Dora«, die Sewastopol in Schutt und Asche gelegt hatten, sollte Manstein nun den entscheidenden Schlag an der Newa führen. Für die »Operation Feuerzauber«, welche die Belagerung Leningrads beenden sollte, konnte Manstein auch einen Teil der 11. Armee vom Schwarzen Meer mit an die Ostsee nehmen. Was die »Wegnahme Leningrads« erleichtern sollte, musste die Aufgabe im Kaukasus erschweren. Hitler glaubte offenbar, mit weniger Kräften mehr erreichen zu können – und das in kürzerer Zeit.

Endgültig über den Haufen geworfen wurden die ursprünglichen Planungen zum »Fall Blau« am 23. Juli 1942 in der »Weisung Nummer 45«. Auf Befehl Hitlers wurde die bisherige Heeresgruppe Süd aufgeteilt: Die neue Heeresgruppe A, bestehend aus der 17. Armee, der 1. Panzerarmee sowie der 3. Rumänischen Armee, erhielt den Auftrag, die Ölfelder von Maikop und Grosny zu erobern. Das Kommando über diese so genannte »Kaukasus-Front« erhielt Generalfeldmarschall Wilhelm List. Daneben entstand die Heeresgruppe B mit der 6. und der 2. Armee, der 4. Panzerarmee sowie der 2. Ungarischen und der 8. Italienischen Armee. Sie sollte – zunächst noch unter dem Befehl des bisherigen Kommandeurs der gesamten Heeresgruppe Süd, Feldmarschall von Bock, später unter der Führung von Feldmarschall Freiherr von Weichs – in Richtung Stalingrad vorstoßen. Hitler hatte mit einer organisatorischen Veränderung auch den deutschen Aufmarschplan geändert. Nun sollten zwei Ziele nicht hintereinander, sondern gleichzeitig erreicht werden: die Zerschlagung der Roten Armee bei Stalingrad und – parallel dazu – die Eroberung des Kaukasus. Was Hitler mit dieser Aufteilung versuchte, erkannte auch sein Gegenspieler im Kreml. Stalin war sich bei einer Festsitzung des Moskauer Stadtrats sicher: »Im Ergebnis, indem sie zwei Hasen jagten, sind die deutschen faschistischen Strategen in eine schwierige Lage geraten.«

Aus dem bisherigen Nacheinander wurde ein Nebeneinander. Mit seinen drei »Führer«-Weisungen stellte Hitler das gesamte Vorgehen auf den Kopf. Er wirbelte im Norden und Süden die deutsche Ostfront durch-

»...dann muss ich den Krieg liquidieren«: Noch bevor die deutschen Truppen die Ölfelder im Kaukasus erreichten, wurden die Förderanlagen von der Roten Armee zerstört.

einander und erweiterte das bisher geplante Ausmaß der Operationen beträchtlich. Zusätzliche Kräfte gab es dafür nicht – im Gegenteil: Die zur Verfügung stehenden Streitkräfte splitterte er noch weiter auf. Aus den beiden Zangen des Angriffs waren nun zwei organisatorisch eigenständige Heeresgruppen geworden, die voneinander unabhängige Aufgaben zu erfüllen hatten. Die Heeresgruppe A sollte die feindlichen Kräfte im Raum Rostow einschließen, um sich dann der eigentlichen Aufgabe zu widmen: »Nach der Vernichtung der feindlichen Kräftegruppe ist es die wichtigste Aufgabe, die gesamte Ostküste des Schwarzen Meeres in Besitz zu nehmen. Mit einer weiteren Kräftegruppe ist der Übergang über den Kuban zu erzwingen und das Höhengelände von Maikop und Armavir in Besitz zu nehmen. [...] Zugleich ist der Raum um Grosny zu gewinnen.« Die Ziele der Operation, die unter dem Decknamen »Edelweiß« lief, hätten nur noch wenig kürzer umschrieben werden können: »Ich will alles, und zwar sofort.«

Angesichts der Fülle dieser Aufgaben nahmen sich die Aufträge an die Heeresgruppe B fast bescheiden aus: »Neben dem Aufbau der Donverteidigung [ist] im Vorstoß gegen Stalingrad die dort im Aufbau befindliche feindliche Kräftegruppe zu zerschlagen, die Stadt selbst zu besetzen und die Landbrücke zwischen Don und Wolga sowie der Strom selbst zu sperren.«

Betrachtet man die Entfernungen, die bei der Erfüllung aller Aufgaben zurückgelegt werden mussten, so hätten die Anforderungen von Anfang an als unrealistisch erkannt werden können. Im Nachhinein erklärte Paulus, dessen 6. Armee die Hauptlast der Aufgaben zu tragen hatte: »Mit Erreichen von Stalingrad hatte die Heeresgruppe B die Verteidigung der gesamten Front von südlich Stalingrad bis nördlich Woronesch.« Allein diese Distanz betrug 500 Kilometer. Da gleichzeitig auch die Don-Verteidigung in das Operationsgebiet fiel, kamen hier noch einmal weitere 400 Kilometer hinzu. Insgesamt waren es also 900 Kilometer, die zu sichern waren – mit der Hälfte einer ehemaligen Heeresgruppe. Die gesamte Ostfront hätte sich – ein Erreichen der Zielvorgaben Hitlers vorausgesetzt – über eine Strecke von 4000 Kilometern erstreckt. Ein Jahr zuvor waren drei Millionen Soldaten auf einer Breite von 1600 Kilometern vorgerückt. Nun sollte die Front um ein Vielfaches ausgeweitet werden – obwohl nur noch ein Teil der ursprünglichen Kräfte zur Verfügung stand. Aus ehemals schlüssigen Umfassungsoperationen wurden nun auseinander gerissene einzelne Vorstöße, an die Stelle einer koordinierten Gesamtoperation traten isolierte Expeditionszüge. Auch hier galt der unausgesprochene Anspruch: »Ich will alles, und zwar sofort.« Der Kriegsherr befahl, die Operationen vor Einbruch des Winters abzuschließen – ungeachtet der riesigen Distanzen, ohne Rücksicht auf die klimatischen Bedingungen, ohne die geografischen Bedingungen in Rechnung zu stellen.

Da die neuen Absichten Hitlers wenig mit den ursprünglichen Planungen des »Falls Blau« zu tun hatten, änderte sich folgerichtig auch der Name: Nun hieß das Unternehmen »Braunschweig«. Mit den Weisungen 43 bis 45 gab er endgültig zu verstehen, dass er auch die operative Leitung des Feldzugs übernehmen wollte. Die inhaltliche Einmischung fand dabei ihr äußerliches Zeichen in einem Wechsel des Hauptquartiers. Hitler verlegte seine Kommandozentrale von Ostpreußen näher an die Front im Süden Russlands. In der Nähe der ukrainischen Stadt Winniza bezog er ein Waldlager, das den Namen »Werwolf« erhielt. Von hier aus wollte er die Wehrmacht zum endgültigen Sieg über die sowjetischen Verbände führen – und zwar höchstpersönlich. Die Aufgabe erschien ihm bereits so gut wie gelöst:

»Der Russe ist fertig, er flieht, er ist am Ende«, hatte der »Führer« triumphiert, als er seine bisherigen Pläne komplett umkrempelte. Die militärischen Fachleute waren anderer Auffassung. Zwar war der Generalstabschef am 6. Juli in einer ersten Bilanz noch unentschieden: »Es sind zwei Möglichkeiten gegeben. Entweder der Feind ist von uns überschätzt worden und ist durch den Angriff völlig zerschlagen, oder er setzt sich planmäßig ab, um sich im Jahre 1942 nicht endgültig zerschlagen zu lassen.« Eine Woche später jedoch tendierte er zur zweiten Alternative. Nach einer Lagebesprechung am 12. Juli notierte Halder in seinen Aufzeichnungen: »Sorge wegen Ausweichens nach Osten. Der Feind hat die drohende Umfassungsoperation erkannt.« Kaum mehr als 100 000 Gefangene hatte die Wehrmacht zu diesem Zeitpunkt gemacht – eine enorme Menge, gewiss, doch angesichts der Zahlen aus den ersten Kriegswochen des »Unternehmens Barbarossa« ein bescheidenes Ergebnis.

Zwei Wochen dauerte die neue Offensive der Deutschen am Don nun an, doch immer noch nicht war es der Wehrmacht gelungen, die Rote Armee zur entscheidenden Schlacht zu stellen. In mehreren Gesprächen versuchte Halder, seinen bereits siegessicheren Oberbefehlshaber davon zu überzeugen, dass der entscheidende Schlag gegen die Rote Armee noch geführt werden müsse, weil sich die sowjetischen Verbände in geordnetem Rückzug bislang dem Kampf entzogen hätten. Doch auch wenn die deutsche Luftaufklärung Halders Einschätzung bestätigte und von langen Kolonnen berichtete, in denen die Rotarmisten die bedrohten Gebiete verließen, um sich so der Umklammerung zu entziehen – Hitler interpretierte dieses taktische Manöver anders. Das Ausweichen sei kein planmäßiger Rückzug, sondern ein weiterer Beweis für die offensichtliche Schwäche der Sowjets. Der »Führer« wurde gewarnt, doch er ignorierte diese Hinweise – so wie er alle Meldungen missachtete, die nicht sein Bild von der Lage bestätigten –, um sie verspätet notgedrungen doch zu akzeptieren und zunehmend sprunghafter Befehle zu erteilen, die jene des Vortags widerriefen. »Beim Führervortrag wird heute das, was ich gestern vorgeschlagen habe und was gestern in wenig freundlicher Weise abgelehnt wurde, plötzlich gutgeheißen«, vertraute ein resignierender Generalstabschef seinem Tagebuch an.

Ein Beispiel für sich widersprechende Anordnungen Hitlers, die jedes langfristige strategische Konzept vermissen ließen: Er schickte deutsche Verbände durch die Weite der Donsteppen, um sie zunächst mit dem einen, dann wieder mit einem völlig anderen Auftrag zu betrauen. Am 21. Juli überquerte die 4. Panzerarmee unter Generaloberst Hoth den Don östlich von Rostow, um auf ausdrücklichen Befehl Hitlers die Heeresgruppe A bei der Eroberung der kaukasischen Ölreviere zu unterstützen. Ihr Vormarsch währte nur zehn Tage. Als deutsche Soldaten am 25. Juli nach 50-stündigen blutigen Gefechten in Rostow eindrangen, dauerte es nicht mehr lange, bis die für den Häuserkampf ohnehin ungeeigneten Panzerverbände andere Befehle erhielten. Hitler widerrief seinen ursprünglichen Auftrag. Bis auf ein Panzerkorps mussten die Panzereinheiten wieder nach Nordosten schwenken, um sich der Heeresgruppe B anzuschließen. Das Hin und Her beanspuchte Zeit, es kostete Sprit und verschliss Material. Und es musste den weiteren Vormarsch erschweren – sowohl die Operationen der Heeresgruppe A als auch die der Heeresgruppe B.

Das wusste die militärische Führung im Oberkommando des Heeres, und doch ließ sie es geschehen. Einen Bundesgenossen bei der Herkulesaufgabe, den »Führer« von den Gefahren seiner neuen Strategie zu überzeugen, hatte Generalstabschef Halder zu diesem Zeitpunkt bereits verloren. Der Oberbefehlshaber der bisherigen Heeresgruppe Süd, Feldmarschall von Bock, stand nach der Umorganisation in zwei Teil-Heeresgruppen nur noch kurze Zeit an der Spitze der neuen Heeresgruppe B. Auch er hatte an der neuen Organisation unmissverständlich Kritik geübt – und wurde von Hitler in einem seiner berüchtigten Wutanfälle am 14. Juli seines Postens enthoben. Generaloberst Maximilian Freiherr von Weichs ersetzte ihn. Die Ablösung konnte nicht überraschen: Zum einen duldete der Kriegsherr längst keinen Widerspruch mehr, zum anderen suchte Hitler noch einen Sündenbock, den er für die Verzögerungen bei der Einnahme von Woronesch verantwortlich machen konnte. Ein desillusionierter Generalstabschef Halder kommentierte den Realitätsverlust Hitlers am 23. Juli 1942 in seinem Tagebuch: »Die immer schon vorhandene Unterschätzung der feindlichen Möglichkeiten nimmt allmählich groteske Formen an und wird gefährlich. Es wird immer unerträglicher. Von ernster Arbeit kann nicht mehr die Rede sein. Krankhaftes Reagieren auf Augenblickseindrücke und völliger Mangel an der Beurteilung des Führungsapparats und seiner Möglichkeiten geben dieser so genannten Führung sein [sic!] Gepräge. Unerträgliche Schimpferei über fremde Fehler, die nur Ausführungen der von ihm – Hitler – selbst gegebenen Befehle sind.«

Wie Recht Halder hatte, sollte sich an den Folgen zeigen, welche die Rückgruppierung der 4. Panzerarmee für die Heeresgruppe A hatte. Bei ihrem Vormarsch in den Kaukasus fehlten ihr diese Verbände, die zur gleichen Zeit 500 Kilometer weiter nördlich an der Wolga kämpften.

## Auf Biegen und Brechen

Beim Vorstoß auf Stalingrad kam die Heeresgruppe B nicht zuletzt deshalb langsamer voran, als von Hitler erwartet, weil die Kräfte der 4. Panzerarmee fehlten. Auch ein weiteres Problem war im Verlauf des Angriffs aufgetreten. Zwar hatten deutsche Aufklärungsflugzeuge schnell die Schwachstelle der sowjetischen Linien am Don ausgemacht. Als die Deutschen die vorgezogenen Stellungen der 64. Sowjetischen Armee jedoch mit der ganzen Wucht ihrer verbliebenen Verbände angriffen, machten sie eine unangenehme Erfahrung: Die deutschen Granaten konnten gegen die schweren sowjetischen KV-Panzer wenig ausrichten. »Wir zählten unsere Treffer gegen diese Panzer, aber keiner von ihnen durchdrang die Panzerung«, musste ein deutscher Panzerkommandeur erkennen. »Es war deprimierend, wie sehr unsere Panzergeschütze unterlegen waren.« Die Gegenmaßnahme, welche die Heeresführung den Soldaten in der vordersten Linie empfahl, löste bei diesen bestenfalls Unverständnis, meist jedoch sarkastisches Gelächter aus: »Als die Russen mit ihren Panzern über unsere Schützenlöcher hinweggefahren sind, hat man von uns verlangt, wir sollten beim Überfahren eine Dreiecksmine an den Panzer hängen. Wenn es ging, hinten, wo der Motor war«, schilderte Walter Loos, der in der 79. Infanteriedivision kämpfte, die vorgeschlagene Zerstörungsalternative. Sein Urteil: »Das waren Hirngespinste. Für uns war das unmöglich. Wir waren froh, wenn die Russen über uns hinweggefahren sind. Wir haben gar nicht daran gedacht, so etwas zu versuchen.«

Gerade 100 Kilometer konnten die Divisionen der 6. Armee in den letzten Julitagen zurücklegen – zum einen, weil die Rote Armee mit immer wieder neuen Kräften anhaltenden Widerstand leistete, zum anderen, weil ein großer Teil der motorisierten Verbände und Nachschubtruppen wegen Versorgungsschwierigkeiten nur langsam vorankam. »Die Divisionen schließen nach vorn auf«, hieß es im Lagebericht des Oberkommandos des Heeres (OKH) unter dem Datum des 22. Juli. Im Klartext bedeutete dies: Die Spitzen mussten warten. Die Masse der deutschen Verbände konnte den eigenen Panzerspitzen nicht schnell genug folgen. Der Benzinnachschub war den Truppen der Heeresgruppe A zugewiesen und an die Kaukasus-Front umgeleitet worden. Mehr als zwei Wochen waren die meisten Einheiten der 6. Armee, insbesondere das XIV. Panzerkorps, förmlich lahmgelegt. Immerhin 85 Liter auf 100 Kilometer fraß ein mittlerer Schützenpanzer im Gelände. »Ein weiteres Vorgehen ist vom Nachführen

»Alles andere als ein gefahrloser Spaziergang«: Schuss vor den Bug eines Panzers IV der deutschen Wehrmacht.

von Betriebsstoff und Munition abhängig«, hieß es im Lagebericht des OKH am 29. Juli. Die Zeitverzögerung nutzte die Rote Armee, um die eigenen Verbände neu zu formieren und sich mit frischen Kräften zu verstärken. »Wenn die Deutschen nicht nachrücken, kann die Verteidigung noch westlich des Don formiert werden«, erkannte der sowjetische Oberbefehlshaber dieses Frontabschnitts, Marschall Timoschenko. Natürlich blieb dies auch den Deutschen nicht verborgen. »Im Raum Kalatsch führte der Russe weitere Verstärkung heran«, hieß es im Lagebericht des OKH.

Doch eine Lösung konnte nur von Hitler kommen, der mit seiner Entscheidung zugunsten der Heeresgruppe A die Probleme bei der Heeresgruppe B ausgelöst hatte. Also bemühte sich der Befehlshaber der 6. Armee, General Paulus, am 29. Juli mit Generalmajor Rudolf Schmundt Mitstreiter bei einer erneuten Umgruppierung zu gewinnen: »Die Armee ist für den Angriff auf Stalingrad zu schwach«, beschwor er Hitlers Adjutant. Auf einer anderen Ebene versuchte Generalmajor Arthur Schmidt, der Chef des Generalstabs der 6. Armee, die Notwendigkeit zusätzlicher Unterstützung deutlich zu machen. »Je weiter wir nach Osten kommen, desto schwächer werden wir«, erklärte er gegenüber dem Oberkommando der Heeresgruppe B. Schließlich hatte das Drängen der 6. Armee Erfolg. Hitler machte seinen Befehl über die Abstellung der 4. Panzerarmee in den Kaukasus wieder rückgängig. Der neue Befehl, der am 30. Juli an die Panzerverbände Hoths erging, lautete: schnellstmöglich durch die Kalmückensteppe in Richtung Stalingrad und zur Wolga vorstoßen.

Als die 6. Armee daran ging, den Brückenkopf der 62. Sowjetischen Armee bei Kalatsch zu zerschlagen und damit den Durchbruch nach Stalingrad zu erkämpfen, wurde sie wieder von den Verbänden der 4. Panzerarmee unterstützt.

Nun gelang es den Angreifern, die gegnerischen Linien zu überrollen und im Rücken der Verteidiger enormes Chaos auszulösen. »Die Schlacht hat eine neue, bedrohliche Wendung genommen«, hieß es von offizieller sowjetischer Seite. »Eine feindliche Panzerarmee von bis zu 700 Kampfwagen und vier motorisierte Infanteriedivisionen kämpfen im Gebiet des Zusammenflusses von Tschir und Don.« Bedingt durch schlechte Nachrichtenverbindungen, waren die Einheiten der Roten Armee schon bald völlig isoliert. Taktische Mängel im Einsatz geschlossener Panzerverbände, die der sowjetischen Führung in dieser Phase immer wieder unterliefen, machten auch

> **Die Nacht vor dem Angriff war sternenklar. Der Mond spiegelte sich im blinkenden Wellenspiel des Stromes. Der Wind kam von Südosten, stand also günstig. Auf dem Don lag ein leichter Schleier von Nebel.**
>
> Herbert Selle, Offizier der 6. Armee, zur Überquerung des Don

»Feind völlig überrascht«: Beim Rückzug über den Don mussten die sowjetischen Truppen im Juli 1942 massenweise Kriegsgerät zurücklassen.

die unüberwindlich scheinenden Panzerungetüme vom Typ T 34 angreifbar. Spätestens dann, wenn ihnen die Munition ausging und sie einer nach dem anderen in der weiten Steppe liegen blieben, konnten sie durch konzentriertes Feuer deutscher Artillerie und Panzerabwehr zerstört werden. Gerüchte über eine drohende Einkesselung taten ein Übriges, die Kampfmoral zu schwächen. Nicht wenige Soldaten flohen. Einige sowjetische Kommandanten begingen sogar Selbstmord.

Genüsslich zitierte die gleichgeschaltete deutsche Presse am 9. August einen »Geheimbefehl Stalins«, den Angehörige eines deutschen Panzerkorps beim Vormarsch erbeutet hatten. »Die Miesmacher und Feiglinge müssen auf der Stelle vernichtet werden. Von nun ab muss das oberste Gesetz die Parole sein: ›Keinen Schritt zurück!‹« Die Schlussfolgerung, die der deutschen Öffentlichkeit vermittelt werden sollte: »In diesem Befehl kommen die äußerst schweren militärischen und wirtschaftlichen Besorgnisse der Sowjetgewaltigen ans Tageslicht.« Siegesgewissheit wollte die deutsche Propaganda ausstrahlen, indem sie die tatsächlichen oder angeblichen Probleme bei den

**Jeder weitere Schritt zurück bedeutet das Ende Russlands.**
Aus Stalins Befehl Nummer 227 vom 30. Juli 1942

gegnerischen Armeen schilderte. Tatsächlich bedurfte es jedoch einer Begründung, warum der Vorstoß auf Stalingrad noch immer andauerte, warum die Ziele noch immer nicht erreicht waren. Der als Kriegsbeute gefeierte »Geheimbefehl« Stalins war im Übrigen bei weitem nicht so geheim, wie die Erfolgsmeldung im *Völkischen Beobachter* vermuten ließ. Die *Prawda* gab hoch

> **Die siegreiche Beendigung der großen Vernichtungsschlacht westlich Kalatsch hat große Freude ausgelöst.**
> Aus einem Bericht des SD zur innenpolitischen Lage in Deutschland, 17. August 1942

offiziell und öffentlich am 30. Juli die Tagesparole aus: »Soldaten der Roten Armee! Eure heilige Pflicht vor dem Vaterlande ist es, den Vormarsch der feindlichen Truppen mit allen Mitteln zu stoppen. Keinen Schritt zurück!«

Was hier als allgemeiner Appell verkündet wurde, hatte »Väterchen« Stalin persönlich in seinem Befehl Nummer 227 formuliert, als er die patriotischen Gefühle der Soldaten beschwor: »Jeder weitere Schritt zurück bedeutet das Ende Russlands.« Die sowjetische Führung hatte am 27. Juli einräumen müssen: »Die faschistischen Eindringlinge sind bis auf 120 Kilometer an Stalingrad herangerückt.« Stalin zog seine eigenen Schlussfolgerungen aus der bedrohlichen Situation im Süden der Front. Vor allem die Niederlage bei Rostow, als am 28. Juli sowjetische Soldaten scharenweise die Waffen gestreckt und zahlreiche Einheiten in Panik und völliger Auflösung geflohen waren, hatte bei Stalin große Befürchtungen bezüg-

> *Der Sommer 1942 war sehr heiß. Wir hatten auf diesem Vormarsch zwar das Glück, dass unsere Division keine oder kaum Feindberührung hatte. Aber wir kämpften gegen ganz andere Sachen. Wir kämpften gegen die Hitze, wir kämpften gegen den Durst, wir kämpften gegen die oft fehlende Verpflegung, weil die Nachschubwege nun immer länger wurden. Es war immer schwieriger, Verpflegung heranzuschaffen. Eines Abends wurden wir alle zusammengerufen, und uns wurde erklärt, dass wir am nächsten Morgen den Don überschreiten sollten, die Rote Armee aber das jenseitige Ufer sehr stark mit Bunkern befestigt hätte und mit heftigstem Widerstand zu rechnen sei. In dieser Nacht schlief niemand denn wir hatten große Angst. Besonders Leid taten uns die Pioniere – die mussten ja als Erste rein und zunächst eine Brücke bauen, über die wir rüberfahren konnten. Doch dann kam die große Überraschung: Die Bunker waren zwar alle da, aber sie waren leer. Es war nicht ein Rotarmist da drin. Es fiel kein Schuss beim Übergang. Da waren wir sehr erleichtert.*
> Joachim Porzig, Funker der 6. Armee

lich der Moral und Verteidigungsbereitschaft der Roten Armee ausgelöst. »Eiserne Disziplin« verlangte die politisch-militärische Führung im Kreml. Am 30. Juli redigierte Stalin persönlich den Befehl Nummer 227, der die Ordnung wieder herbeiführen sollte. Angst vor der eigenen Führung sollte die Furcht vor dem Gegner ausgleichen. Panikmacher und Feiglinge müssten auf der Stelle »vernichtet« werden, hieß es unmissverständlich in dem berühmt-berüchtigten Befehl, der durch die schon zitierten drei Worte bekannt wurde, die sich in immer neuen Variationen durch den gesamten Text zogen: »Keinen Schritt zurück!« Jeder, der kapituliere, begehe »Verrat am Mutterland«. Und um diese »Verräter« zu bestrafen, wurden bewaffnete Einheiten aufgestellt, die hinter der Front jeden Soldaten erschießen sollten, der Fahnenflucht begehen wollte. Die Sonderabteilungen wurden später, nach der Schlacht um Stalingrad, unter dem Begriff SMERSH – einer Wortzusammensetzung aus »Smert Shpionam«, »Tod den Spionen« – bekannt. Doch schon im Sommer 1942 fackelten die Angehörigen der Sonderheiten nicht lange, wenn es darum ging, »Feigheit zu bekämpfen«, ganz dem Ansinnen Stalins entsprechend, der unmissverständlich gefordert hatte: »Die Rückzugsmentalität muss mit Entschiedenheit eliminiert werden.«

Allerdings halfen Anfang August 1942 alle Drohungen nicht weiter. Die Zange der beiden deutschen Angriffsarmeen, die von der 16. und der 24. Panzerdivision gebildet wurde, hatte sich bei Kalatsch geschlossen. Der triste Ort mit seinem Provinzbahnhof und seinen primitiven Bretterbuden wurde nun zu einer Falle, in der allein acht sowjetische Schützendivisionen gefangen waren. Der Kampf um die nur 60 Kilometer breite Landbrücke zwischen Wolga und Don schien entschieden. »Die westlich Kalatsch befindlichen Feindstreitkräfte sind durch Schließen des Ringes von Süden am Don entlang nunmehr eingekesselt. Starke Feindangriffe wurden abgewehrt. Der Kessel wird verengt«, hieß es im Lagebericht des OKW unter dem Datum vom 8. August 1942. Doch die eingekesselten Verbände ergaben sich nicht kampflos in ihr Schicksal. Die Auseinandersetzung wurde vielmehr weiterhin mit großer Härte geführt – von beiden Seiten. Entsprechend

**Wir fragten die von der Front zurückkehrenden Truppen immer: »Hört mal, Jungs, ihr lasst die Faschisten doch nicht bis nach Stalingrad durch?« Und sie antworteten: »Nein, wie kommt ihr denn darauf? Die kommen nicht nach Stalingrad!« Und wir waren voller Vertrauen.**

Klawdija Schipowalowa,
damals Stalingrad

**Das Verhältnis zu den Rumänen war absolut kameradschaftlich. Sie waren natürlich von ihrer Kampfkraft aus und ihrer Ausrüstung her nicht vergleichbar mit der deutschen Armee. Sie hatten altertümliche Waffen und waren mit einfachen Gewehren ausgestattet.**

Gottlob Bidermann, Soldat der Wehrmacht

hoch waren die Verluste – auf beiden Seiten. Von 13 000 Soldaten der 181. sowjetischen Schützendivision konnten nach tagelangen Abwehrkämpfen wenig mehr als 100 über den Don entkommen. Auch die Deutschen mussten einen hohen Blutzoll zahlen: Allein am ersten Tag verlor die Panzerjägerabteilung der 371. Infanteriedivision 23 Soldaten. Unter den Offizieren, die in vorderster Front kämpften, waren die Ausfälle ebenfalls hoch. Nicht alle hatten so viel Glück wie Hauptmann Dengler, der bei den Kämpfen um die Donbrücke bei Kalatsch bei einem sowjetischen Gegenangriff an der Halsschlagader verletzt wurde: »Mit durchschossener Schlagader hat mich mein Fahrer in ein Feldlazarett gebracht, wo ich, schon fast verblutet, zehn Blutkonserven bekommen habe.« Mit 25 anderen kopfverletzten Offizieren wurde er in einer Heinkel He 111 nach Kiew gebracht. Genesungsurlaub in der Heimat stand auf dem Dienstplan. »Doch ich wollte nicht zurück in die Heimat. Mit zugenähter Halsschlagader war ich nach 14 Tagen wieder bei meinem Regiment.« Der schon tot geglaubte Batteriechef erlebte wieder in vorderster Linie die Folgen der blutigen Kämpfe. Immer häufiger mussten zusätzliche Soldaten zu Begräbniskommandos abkommandiert werden. 72 Leichen an einem einzigen Tag, lautete die traurige Bilanz dreier Infanteristen, die gefallene Kameraden der 76. Infanteriedivision zu bestatten hatten.

Selbst der *Völkische Beobachter* beschönigte nicht die Härte, mit der die Schlacht geführt wurde: »Kein Offizier und kein Soldat in der Führung und Truppe gibt sich darin einer Täuschung hin, dass dieser Kampf schwer und äußerst hart wird. Die ersten Tage haben es schon gezeigt. Hier geht es auf Biegen oder Brechen. Es ist eine Kraftprobe größten Stils.« Doch je zäher die Gegenwehr war, desto größer musste der eigene Sieg erscheinen. Dieses Kalkül der NS-Propaganda spiegelte sich in einer Vielzahl von Formulierungen: »Als am Morgen des 31. Juli die deutschen und rumänischen Verbände zum Angriff antraten, wurde der erbitterte Widerstand der Bolschewisten gebrochen, der Ring um den Brückenkopf gesprengt und unverzüglich dem weichenden Feind auf den Fersen geblieben.«

Das Oberkommando der Roten Armee musste am 11. August einräumen, dass es »den Hitler-Faschisten in der nun über drei Wochen dauernden Schlacht gelungen ist, im Nordsektor einige örtliche Fortschritte zu erzielen«. Es war eine euphemistische Umschreibung strategisch entscheidender Gebietsverluste. Die Deutschen konnten am linken Flügel der Stalingrad-Front im Kessel von Kalatsch über 50 000 Gefangene machen. Sie zählten 1000 zerstörte oder erbeutete Panzer, auch 750 Geschütze standen der Roten Armee für den weiteren Abwehrkampf nicht mehr zur

> *Für ein paar Tage ist nun hier bei uns der Swing aus. Der Russe hat sich hier im Donbogen ergeben, und wir warten auf neue Aufgaben. Wir sind alle noch wohlauf und erholen uns prima. Bei 49° Hitze im Schatten wird man braun wie ein Neger. Dazu noch hier die Steppe. Das ist bald so wie beim Afrikakorps.*
> *Unsere Hoffnung, zum Kaukasus zu kommen, haben wir leider begraben müssen. Es wäre so schön gewesen, aber es hat nicht sollen sein. Höchstwahrscheinlich geht es nach Stalingrad.*
> Feldpostbrief, 13. August 1942

Verfügung. Fünf Tage später hatten sich die deutschen Panzerspitzen bis auf 65 Kilometer der Stadt an der Wolga genähert. Zum ersten Mal spielte die NS-Propaganda eine Melodie, die in den nächsten Wochen und Monaten immer wieder erklingen sollte: »Um Stalingrad entspinnt sich ein Kampf, der, das lässt sein Beginn erkennen, zu einem der entscheidenden Kämpfe des Ostfeldzuges werden wird«, erfuhren die Leser des *Völkischen Beobachters* im August 1942.

Der Triumph bei Kalatsch war die letzte siegreiche Kesselschlacht, welche die Deutschen im Russlandfeldzug bejubeln konnten. »In drei Monaten über eine Million Gefangene« – mit dieser Schlagzeile feierte der *Völkische Beobachter* am 13. August den Sieg. Noch einmal konnte Goebbels' Propagandaapparat sich an großen Zahlen berauschen. Wenngleich dabei nicht nur die Erfolge bei Kalatsch, sondern auch auf der Krim und den übrigen Bereichen im Süden der Ostfront zusammengezählt wurden – die Zahlen mussten beeindrucken. Nur einem geringen Teil der sowjetischen Einheiten war es gelungen, sich aus dem Kessel über den Don abzusetzen.

Den Erfolg an der Stalingrad-Front hatte nicht zuletzt die 4. Panzerarmee ermöglicht, ein Verband, der nun an der Kaukasus-Front fehlte. Hitler ließ General Jodl bei einem »Führervortrag« am 30. Juli erklären, warum die Überlassung von Truppenteilen der Heeresgruppe A an die Heeresgruppe B notwendig sei: »Das Schicksal des Kaukasus wird bei Stalingrad entschieden.«

Über das Schicksal des Mannes an der Spitze der Heeresgruppe A entschied Hitler schon früher: Nur zwei Monate stand List an der Spitze der Heeresgruppe A. Hitlers Heeresadjutant Gerhard Engel berichtete, wie die ausbleibenden Erfolge im Kaukasus beim »Führer« einen »unbeschreib-

> **Beim Führervortrag wird General Jodl das Wort erteilt, der mit großen Tönen verkündet, das Schicksal des Kaukasus werde bei Stalingrad entschieden.**
> Generalstabschef Franz Halder, Tagebucheintrag, 30. Juli 1942

»Kraftprobe größten Stils«: General Alfred Jodl beim »Führervortrag«, hinten Generalfeldmarschall Keitel.

lichen Wutausbruch« verursachten. Generalfeldmarschall List fiel der Krise zum Opfer und musste seinen Posten räumen. Zum Nachfolger bestimmte Hitler – sich selbst. Er übernahm persönlich den Oberbefehl über eine Heeresgruppe, ein einmaliger Fall in der Geschichte des Zweiten Weltkriegs. Die Zeiträume, in denen der »größte Feldherr aller Zeiten« seine Kommandeure entließ, wurden immer kürzer. Nach nur zwei Monaten hatte Hitler nicht nur die kämpfende Truppe mehrfach umorganisiert, sondern auch die Oberbefehlshaber, mit denen er die Offensive begonnen hatte, abgelöst. Vor allem hatte er die Angriffspläne und die Ziele geändert.

Die Weisung 45 ist beredtes Beispiel jener eigensinnigen Vorstellungen. Die Anordnung beschrieb den Fahrplan nach Stalingrad – sie nahm den Weg in die Katastrophe vorweg und skizzierte den Weg in die Tragödie der 6. Armee.

Am 17. August war der Kampf im Donbogen beendet. Bis zu diesem Termin war es den Einheiten der Roten Armee gelungen, durch hin-

> **Der Kampf um Stalingrad hat begonnen.**
> Joseph Goebbels, Tagebucheintrag, 8. August 1942

haltenden Widerstand Zeit zu gewinnen – Zeit, die im weiteren Verlauf der Kämpfe um Stalingrad noch einmal sehr kostbar werden sollte.

## Vom Don zur Wolga

»Der Körper federt wieder, die Waffen scheinen auch leichter geworden zu sein als damals im Würgen durch Morast und kniehohen Schlamm. Die Sonne scheint wieder, sie strafft das fahle Gesicht und gibt ihm in nur wenigen Stunden eine gesunde Farbe.« Schon damals nannte man das Sonnenbrand. Doch das war nur ein harmloses Problem im Vergleich zu den Mühen und Belastungen, welche die Soldaten der 6. Armee bei ihrem Vormarsch ertragen mussten. Denn mit der Landserromantik, welche die NS-Propaganda mit solchen Berichten in der Heimat vermittelte, hatte die Offensive, die Ende Juli begann, nichts gemein. Ein von der Propaganda ungeschöntes Bild konnte nur in Briefen vermittelt werden, welche die Soldaten nach Hause schrieben. Allerdings war hierbei extreme Vorsicht angebracht: Nicht der sowjetische Feind, aber doch die deutschen Sicherheitsorgane lasen mit. Dennoch gelang es immer wieder, den Adressaten im engsten Familienkreis ein etwas realistischeres Bild von den Umständen zu vermitteln, unter denen sich der deutsche Vormarsch vollzog: »Die Gegend hier ist eine Wüste, unfruchtbare Sandsteppe, in der es glühend heiß ist. Kein Haus, kein Strauch bietet Schatten, und oft gibt es tagelang kein Wasser«, schrieb Oberleutnant Alfred Meisel an seine »liebe Gerda«. »Meine Haut ist von der Sonne völlig verbrannt und schält sich dauernd. Seit Wochen bin ich ungewaschen, unrasiert und von dem unbeschreiblichen Staub total überkrustet.« Auf den ersten Blick sahen die Artilleristen zwar aus wie Bilderbuchathleten aus den Olympiafilmen Leni Riefenstahls. Mit bloßem Oberkörper und in kurzen Hosen zeigten sie Muskelpakete, die sich unter der braun gebrannten Haut spannten. Doch es waren keine austrainierten und gut genährten Sportler, die vor Gesundheit zu strotzen schienen. Die Soldaten hatten sich ihre Muskeln durch das regelmäßige Wuchten schwerer Granaten angeeignet. Eine einseitige Ernährung und die körperlichen Belastungen hatten dabei eine Reihe von Mangel-

---

**Ich schrieb an meine Mutter, dass wir in Afrika waren und wir Geld gaben für ein Glas Wasser. Jetzt hätten wir Gold gegeben, ja, wir hätten alles gegeben für ein Glas Wasser. Wir sind fast verdurstet.**

Hans Mroczinski, Soldat der 6. Armee

**Außerordentliche Schwierigkeiten bereitet uns die enorme Hitze; es herrschen fast afrikanische Verhältnisse im Süden der Ostfront.**

Joseph Goebbels, Tagebucheintrag, 10. August 1942

Oben: »Als Befreier begrüßt«: Im Donezgebiet werden deutsche Soldaten von der Bevölkerung nach alter Tradition mit Brot und Salz willkommen geheißen.
Unten: »Freiheit und Gesetz«?: Derartige Grußbotschaften wurden im Verlaufe des Jahres 1942 immer seltener.

krankheiten ausgelöst. Ruhr und Typhus fanden unter den ausgezehrten Körpern leichte Beute.

Die Ruhr, von den Soldaten bald als »russische Krankheit« bezeichnet, verschonte auch nicht den Befehlshaber der 6. Armee. Selbst General Paulus litt unter immer wiederkehrenden Anfällen dieser Infektion des Magen-Darm-Trakts. Die hygienischen Bedingungen ließen eine Heilung in weite Ferne rücken. Noch schlimmer waren die Opfer von Brandverletzungen oder von feindlichen Treffern dran. Bei ihnen setzten sich die Fliegen in die oft großflächigen offenen Wunden. Entzündungen und Wundbrand waren die Folgen – die in keinem der Frontbilder wiedergegeben wurden. In den deutschen Wochenschauen war auch keine Rede von der Hitze, dem Staub, dem Durst. 52 Grad in der Sonne, stellte der Stabschef des XI. Korps, Helmuth Groscurth, bei einer Messung fest. Es herrschten in der russischen Steppe Temperaturen wie in Afrika. Anton Erl schrieb am 25. August an seine Verlobte: »Liebste Resi! Sand und Steppe sind die einzigen Schönheiten dieses Landes. Die Tage sind sehr heiß, die Nächte bitterkalt. Oft haben wir 25 oder 30 Kilometer keinen Tropfen Wasser. Von den Kämpfen selbst will ich gar nicht berichten, denn sie sind unbeschreiblich. Ich muss das Schreiben abbrechen, denn der Russe greift mit

»Im Zehn-Kilometer-Tempo hinter den Panzern her«: Kolonnen der deutschen Infanterie marschieren durch die Steppe Richtung Stalingrad.

Panzern an.« In der Glut des russischen Sommers schwitzten einfache Infanteristen wie Kurt Palm: »Wir sind bis zu 60 Kilometer am Tag gelaufen. Durch Steppe und große Hitze. Bei Tag war es heiß, nachts war es kalt. Und wir waren bald ausgelaugt.« Der Staub, den die Panzer aufgewirbelt hatten, nahm ihnen die Luft zu atmen. »Dabei mussten wir 30, manchmal 40 Kilogramm tragen. Wir hatten einen Mantel im Gepäck und lange Unterhosen, den Pudding und unsere geheimen eisernen Rationen, einfach alles. Und jedes Pfund wog schwer. Schließlich kam zu unseren ganzen Klamotten dann auch noch das Gewehr. Viele sind schon auf dem Vormarsch gestorben, sind einfach liegen geblieben unterwegs, weil sie die Strapazen nicht ausgehalten haben.« Von Glück sagen konnte, wer Pferde zur Verfügung hatte, wie der Infanterist Walter Loos. Beim Vormarsch der 79. Infanteriedivision konnte er auf einem Pferd das schwere Maschinengewehr mit zwei Munitionskästen transportieren, ein zweites trug den Soldaten – doch nicht lange: »In der Bullenhitze von 40 Grad sind wir doch immer öfter nebenher gelaufen und haben die Pferde geführt.« Hitze und Staub machten Tiere und Menschen zu schaffen. Die kurzen Hosen, die in manchen Propagandaberichten den Eindruck romantischer Abenteuer erweckten, waren denn auch weniger Urlaubsidylle als vielmehr der Versuch, die Hitze erträglich zu machen. »Wir haben unsere Klamotten ausgezogen, zusammengebunden und in einer kurzen Hose auf dem Pferd gesessen«, berichtete Walter Loos. War die Uniform in der Gluthitze des Tages ungeeignet, so half sie umgekehrt nicht, die extremen Temperaturen in der Nacht zu bewältigen. »40 Grad Hitze bei Tag und nachts Temperaturen am Gefrierpunkt – wir waren weder für das eine noch für das andere gerüstet.«

In den Schilderungen, die in der NS-Presse an der Heimatfront von den Erfolgen der 2500 Kilometer weiter östlich kämpfenden Truppe verbreitet wurden, fiel darüber kein Wort – ebenso wenig von den überraschenden Angriffen sowjetischer Einheiten. Und schon gar kein Wort verlor man über die Versorgungsschwierigkeiten, die mit der Ausdehnung der Front immer größer wurden. Die sich zurückziehenden sowjetischen Soldaten ließen nur wenig Brauchbares zurück. Wer in einer Holzbaracke Getreide fand, musste in der Regel feststellen, dass es etwa mit Petroleum überschüt-

**Die Zivilbevölkerung hat uns weitgehend als Befreier begrüßt. Und wenn man das politisch genutzt hätte, wäre der Krieg wahrscheinlich anders gelaufen.**
Philipp von Boeselager, Generalstabsoffizier

**Wir haben den Kommunismus in Russland erlebt. Wie er das Land ruiniert und die Menschen drangsaliert hatte. Und Deutschland, dass Deutschland kommunistisch wird, das war der größte Schrecken für uns und die größte Drohung. Und um dies zu verhindern, waren wir bereit, bis zum Schluss zu kämpfen.**
Albert Schnez, Generalstabsoffizier

tet und damit ungenießbar war. Die Gebäude waren zerstört, Vieh und Traktoren rechtzeitig vor den Angreifern beiseite geschafft worden. Die Zeiten, in denen Bauern die deutschen Soldaten vielerorts als Befreier begrüßt hatten, waren längst vorbei. 1941, beim Einmarsch in der Ukraine, hatte es noch Grußbotschaften in ungelenker Handschrift und holprigem Deutsch gegeben: »Wir danken dich siegreich Gitler, für Beseitigung des Kommunismen, für die Rechte, Freiheit und Gesetz!« Doch als Retter vom kommunistischen Joch wurden die Deutschen nach den Erfahrungen, welche die Zivilbevölkerung im Verlauf des Durchmarschs der deutschen Truppen gemacht hatte, schon längst nicht mehr gefeiert. Zu viele Dörfer waren geplündert worden, zu oft hatten die Soldaten alles mitgenommen – alles außer Sonnenblumenkernen, der »russischen Schokolade.«

Zu einem der existenziellsten Probleme wurde schon bald die Wasserversorgung für Mensch und Tier. Mindestens zwei Liter Flüssigkeit sollte der Mensch pro Tag zu sich nehmen, hieß die ärztliche Vorgabe damals wie heute. Bei körperlicher Anstrengung und großer Hitze eher mehr. Doch woher nehmen? »Morgens gab es Kaffee und abends Tee, außerdem einen Teller dünne Suppe – dazwischen Wasser aus der Feldflasche«, erläuterte Walter Loos die Versorgungssituation. Von Glück sagen konnte jener, welcher die Feldflasche eines toten Kameraden als Zweitflasche gefüllt bekam. Doch auch das half nur kurz, den brennenden Durst zu löschen. Wer einen nicht zerstörten Brunnen fand, musste enttäuscht erfahren, dass das Wasser verschmutzt und damit übel schmeckend, wenn nicht ungesund war. »Nichts von unbekannten Brunnen trinken«, hieß die grundsätzliche Anweisung. »Achtung! Vergiftet! Keine Wasserentnahme!«, warnten die Schilder, die vor den wenigen Brunnen in den spärlichen Dörfern angebracht waren. Doch mit zunehmender Hitze wuchs auch der Durst der Landser und damit die Versuchung, die Warnungen zu ignorieren. Zu spät erkannten die Durstigen, welche Folgen es hatte, wenn man leichtsinnig aus Pfützen trank: »Das war der größte Fehler, den man machen konnte. Ich hatte von diesem Zeitpunkt an ständig Durchfall. Aber – man konnte oft nicht anders. Durst ist schlimm, schlimmer als Heimweh.« Infolge der Magen-Darm-Probleme wuchs die Zahl der Kreislaufzusammenbrüche. »Wer so was hatte, ist auf ein Fahrzeug mit Munition und Verpflegung gelegt worden und hat sich dann mit durchgeschlagen.« Doch auch das war keine Dauerlösung, denn Fahrzeuge benötigen Treibstoff. Und genau daran haperte es immer häufiger. Die Haubitzenbatterie unter Hauptmann Schaaf musste bereits während des langen Anmarschs auf Stalingrad mit Nachschubschwierigkeiten fertig werden: »Wir

**Vormarsch Richtung Stalingrad:** Die Frontverläufe von Anfang August bis zur Einkesselung im November 1942.

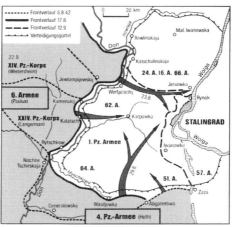

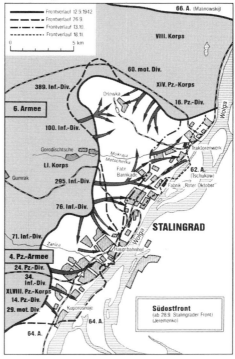

hatten schon auf dem Weg zur Wolga Versorgungsprobleme, wie zum Beispiel Betriebsstoffmangel.« In dieser Phase bewegte die Soldaten jedoch noch etwas anderes: »Was am meisten an uns nagte, waren zu diesem Zeitpunkt das Fehlen der Post und vor allem der Zigaretten. Wenn einem Raucher die tägliche Zigarettenration fehlte, dann war das für ihn schon ein hartes Los.« Und doch war dies kein Vergleich zu dem, was noch kommen sollte.

Dabei hatten viele deutsche Soldaten gehofft, nach dem hart erkämpften Erfolg bei Kalatsch sei das Schlimmste überstanden und der Rest nur noch Formsache. »Der einzige Trost, in Stalingrad haben wir Ruhe und beziehen Winterquartiere«, schrieb ein Pionier der 389. Infanteriedivision am 14. August nach Hause. Die Welle des Optimismus an der Front war auch bis zur Heimatfront übergeschwappt: »Die siegreiche Beendigung der großen Vernichtungsschlacht westlich Kalatsch hat große Freude ausgelöst, umso mehr, als dadurch bereits vereinzelte geäußerte Bedenken über den Ausgang dieser Kämpfe entkräftet wurden und der Weg nach Stalingrad frei geworden ist«, hieß es am 17. August im Geheimbericht des Sicherheitsdienstes der SS zur innenpolitischen Lage.

## Ein Soldat am Wolgastrand

»Der Russe wird den Raum um Stalingrad hartnäckig verteidigen. Es ist möglich, dass durch die Vernichtungsschläge der letzten Wochen dem Russen die Kräfte für einen entscheidenden Widerstand fehlen.« So begann der Armeebefehl für den Angriff auf Stalingrad, den das Oberkommando der 6. Armee (AOK 6) am 19. August 1942 als »Geheime Kommandosache« herausgab. Detailliert wird darin festgelegt, welche Einheit welchen Auftrag erfüllen sollte. Das OKH hatte sich entschlossen, einen konzentrischen Angriff auf Stalingrad durchzuführen – mit der 6. Armee unter Paulus von der einen und der 4. Panzerarmee unter General Hoth von der anderen Seite. Sie bildeten die beiden Zangenarme, die aus zwei Richtungen die Stadt an der Wolga einkesseln sollten: Die 6. Armee von Paulus führte den Stoß vom Don aus nach Osten und zielte auf den Norden der Stadt, die 4. Panzerarmee unter Hoth sollte, von Süden kommend, auf die Stadt vorstoßen. Gemeinsam sollten die beiden Angriffskeile das große Ziel erreichen, das Hitler am 19. Au-

---

**Soldaten der Südfront! Voller Hoffnung blickt das ganze sowjetische Volk auf euch! Es ist eure heilige Pflicht, das Vaterland zu verteidigen!**

Tagesparole der Zeitung *Krasnaja Swesda*, 15. August 1942

gust der 6. Armee vorgegeben hatte: »Die Stadt soll bis zum 25. August genommen werden.«

Der deutschen Streitmacht stellte sich auf sowjetischer Seite die so genannte Stalingrad-Front entgegen. Stalin hatte bereits am 12. Juli 1942 Marschall Timoschenko zu sich in den Kreml beordert und ihm kurz und bündig mitgeteilt: »Ich befehle die Bildung der Heeresgruppe Stalingrad, und die Stadt selbst wird von der 62. Armee bis zum letzten Mann verteidigt.«

Unter dem Kommando von Generaloberst Andrej Jeremenko, der seit dem 13. August mit dem Oberbefehl über die Stalingrad-Front betraut war, hatten die 62. Armee unter General Wassilij Tschuikow, die 64. Armee unter Generalleutnant Michail Schumilow und die 57. Armee unter General Tolbuchin die Verteidigung Stalingrads übernommen. Im Verlauf der Schlacht konnte der Oberbefehlshaber der Stalingrad-Front zudem die 51. Armee unter dem Befehl von General Trufanow heranführen. Im Rahmen der sowjetischen Gegenoffensive im Winter 1942 wurden überdies weitere sowjetische Armeen in die Schlacht geworfen.

Eine deutsche Armee gegen vier sowjetische – ein Kräfteverhältnis von eins zu vier? Ein solche Rechnung wäre zu einfach gewesen, denn die Verbände waren unterschiedlich gegliedert. Eine sowjetische Armee setzte sich aus vier bis fünf, in Ausnahmen auch mehr Divisionen zusammen. Die Gliederungshierarchie bestand aus den drei Ebenen: Regiment, Division, Armee.

Eine deutsche Armee bestand in der Regel aus vier Korps, von denen jedes drei bis fünf Divisionen umfasste. Eine Division setzte sich dabei aus drei Regimentern sowie unterstützenden Truppenteilen zusammen. Die durchschnittliche Größe einer Division, die als kleinster regulärer Großverband aus Einheiten unterschiedlicher Truppengattungen bestand, betrug etwa 16000 Mann. Den Angriff auf Stalingrad führten unter dem Oberkommando von Paulus:

– das IV. Armeekorps (kommandierender General: General der Pioniere Jaenecke),

– das VIII. Armeekorps (General der Artillerie Heitz),

– das XI. Armeekorps (Generalleutnant Strecker),

– das LI. Armeekorps (General der Artillerie von Seydlitz-Kurzbach)

– das XIV. Panzerkorps (General der Panzertruppe Hube).

Unterstützt wurden diese Einheiten ferner von

> **Wir haben bei Kriegsbeginn mit etwa 200 feindlichen Divisionen gerechnet. Jetzt zählen wir bereits 360. Diese Divisionen sind sicherlich nicht in unserem Sinne bewaffnet und ausgerüstet, sie sind taktisch vielfach ungenügend geführt. Aber sie sind da. Und wenn ein Dutzend davon zerschlagen wird, dann stellt der Russe ein neues Dutzend hin.**
> 
> Generalstabschef Franz Halder, Tagebucheintrag, 11. August 1942

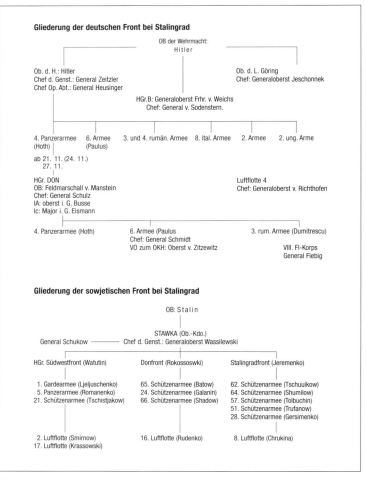

**Überblick über die deutschen und sowjetischen Truppeneinheiten, die um Stalingrad kämpften.**

der Luftflotte 4 (Generaloberst Freiherr von Richthofen) und dem VIII. Fliegerkorps (General Fiebig). Auf Seiten der deutschen Wehrmacht kämpften außerdem die rumänischen Einheiten 1. Kavalleriedivision und 20. Infanteriedivision, die später bei der sowjetischen Gegenoffensive eine entscheidende Rolle spielen sollten.

Damit entsprach eine sowjetische Armee von der zahlenmäßigen Stärke her einem deutschen Korps. Nimmt man auf deutscher Seite die verbündeten Einheiten hinzu, so hielten sich – zu Beginn des Angriffs – die Kräfte der Angreifer und die der Verteidiger von Stalingrad die Waage. Doch selbst ein zahlenmäßiges Übergewicht der Roten Armee hätte Hitler nicht abgeschreckt. Er glaubte stets an die Überlegenheit der deutschen Truppen. Und in diesem Fall war er seiner Sache besonders sicher. Zur Eroberung der Stadt, die Stalins Namen trug, hatte Hitler die besten Kräfte aufgeboten, die der Wehrmacht zur Verfügung standen: »Mit der 6. Armee kann ich den Himmel stürmen«, hatte er kurz zuvor diese Einheiten gelobt. In Stalingrad sollte die 6. Armee die Hölle erleben.

Im Morgengrauen des 20. August, drei Wochen später, als ursprünglich vorgesehen, trat die 6. Armee am Don zum Angriff an. Zunächst brachten die Pioniereinheiten Infanterieverbände des LI. Korps über den Fluss, die am anderen Ufer einen Brückenkopf errichten und vor allem halten sollten. Mindestens 350 Meter breit war der Don an dieser Stelle. In aufblasbaren Floßsäcken überquerten die Stoßtrupps den Fluss. Es folgte eine technische Glanztat: Binnen eines Tages gelang es den Pionieren der 6. Armee, vier Brücken über den Don zu bauen: 40 Tonnen konnte eine der Pontonbrücken tragen, genug, um auch schweres Gerät über den Fluss zu transportieren. Selbst heftige Angriffe der sowjetischen Luftstreitkräfte vermochten die Deutschen nicht zurückzuwerfen. Panzer des XIV. Panzerkorps überquerten den Fluss, verstärkten die Brückenköpfe und formierten sich zum Angriff.

60 Kilometer breit war die Landbrücke zwischen den beiden mächtigen Strömen im Süden Russlands, 60 Kilometer trennten die Wolga vom Don und damit Stalingrad von der Front. Eine weite Ebene, hier und da ein paar Sonnenblumen- und Getreidefelder, immer wieder hohes Gras. Dieser meterhohe Grasbewuchs bot zwar Sichtschutz, wenn es galt, sich vor feindlichen Fliegern zu verbergen. Sie machten aber auch den Gegner unsichtbar, der mit seinen Stellungen im wogenden Grasmeer verschwand.

Über den Höhenrücken mit der Nummer 137 machten sich die deut-

---

Der Führer will in etwa zwei bis drei Tagen den Großangriff gegen Stalingrad starten. Diese Stadt hat er besonders auf Nummer [sic!] genommen. Er verfolgt die Absicht, sie restlos zu zertrümmern. Es soll hier kein Stein auf dem anderen bleiben.
[…]
Die gegen Stalingrad angesetzten Kräfte werden vorläufigem Ermessen nach genügen, um die Stadt in acht Tagen in unseren Besitz zu bringen.
Joseph Goebbels, Tagebucheintrag, 20. August 1942

Die Armee hatte die Schlacht schon verloren, bevor der erste Schuss losgegangen ist.
Winrich Behr,
Hauptmann der 6. Armee

> Wir sind durch riesige Getreidefelder, Kleefelder, und Sonnenblumenfelder gezogen. Kilometerweit haben wir am Horizont brennende Steppen gesehen, die von den Kampfhandlungen noch in Brand gesetzt worden sind.
>
> Günther Mai, Soldat der 6. Armee

schen Panzer daran, die sowjetischen Verteidigungslinien zu durchbrechen. Sie stießen während der ersten Kilometer auf keinen nennenswerten Widerstand, wobei sie davon profitierten, dass die sowjetischen Verteidiger ihre Kräfte im Süden konzentriert hatten. Dort wollte General Jeremenko das Vorrücken von Hoths 4. Panzerarmee verhindern. Doch der gleichzeitige Angriff an der Nordflanke machte den Verteidigungsanstrengungen einen Strich durch die Rechnung. Die größte Sorge der dort vorstoßenden deutschen Panzerkommandanten waren dann auch nicht die sowjetischen Stellungen, sondern versteckt liegende Erosionsspalten. Die scheinbar ebene Fläche war durchzogen von »Balkas«, Erdrissen verschiedener Größe, die sich aus der Nähe häufig als kleinere Schluchten entpuppten. Solche Erosionsspalten mit ihren steilen Wänden stellten für Panzer und andere motorisierte Fahrzeuge unüberwindliche Hindernisse dar. Unzählige kleinere Wasserläufe, Nebenflüsse des Don und der Wolga, verwandelten die Ebene mitunter in zerklüftetes Gelände, das umfahren werden musste. Je näher die Deutschen der Wolga kamen, desto wilder wurde die Landschaft. Die motorisierten Einheiten hatten einen Höllenrespekt vor diesen »Balkas«, die im hohen Steppengras oft erst im letzten Moment zu sehen waren. »Die größten dieser Schluchten waren wie Höhlen. Man hätte drei-, vier-, fünfstöckige Häuser darin unterbringen können, und von oben hätte man doch immer noch die flache Steppe, eine scheinbare Ebene gesehen«, beschrieb der Panzerkommandant Schöneck die geologischen Gegebenheiten. Auch die kleineren Erosionsspalten waren oft noch breit und tief genug, um Schwierigkeiten zu bereiten. So verhinderte die Vorsicht zunächst ein höheres Tempo und bremste einen noch schnelleren Vorstoß der deutschen Panzerspitzen. Später, als der Krieg endgültig aus den Weiten der Donsteppe in die durchfurchten Berghänge der Wolga einsickerte, schufen die »Balkas« glänzende Voraussetzungen für die Verteidiger, welche die natürliche Deckung nutzen konnten. Je mehr sich die deutschen Spitzen der Stadt an der Wolga näherten, desto häufiger stießen sie auf gut getarnte Verteidigungsstellungen.

»Wie die Maulwürfe haben sich die Bolschewiken in die Steppe geschaufelt«, schrieb Kriegsberichterstatter Rudolf Semler. Die Wortwahl mochte noch so sehr die Geringschätzung der Gegner ausdrücken – unfreiwillige Anerkennung mischte sich gleichwohl in die Beschreibung der Verteidigungslinien. »In den zahlreichen Erdlöchern, mit der natürlichen

Geschicklichkeit des Primitiven ausgebaut, liegt fast bei jedem sowjetischen Schützen neben dem Gewehr die Panzerbüchse. Ganze Säcke voll Munition gehören dazu. Man muss höllisch aufpassen, um diese raffiniert getarnten Stellungen aufs Korn nehmen zu können.« Und Alfred Meisel schrieb nach Hause: »Wir arbeiten uns von Erdloch zu Erdloch und von Trichter zu Trichter vor. Es ist bisher der schwerste Kampf, den ich mitgemacht habe.«

Auch größere Einheiten der Roten Armee hatten sich in die »Balkas« zurückgezogen. Um diese Widerstandsnester zu räumen, setzten die Deutschen Fallschirmspringer ein, die in kleinen Gruppen hinter den sowjetischen Linien absprangen mit der Aufgabe, den Gegner auszuschalten. In der sowjetischen Propaganda las sich das so: »Ein besonderes Charakteristikum bildet die Verwendung von Fallschirmtruppen. Die Deutschen wenden die Taktik an, Gruppen von 15 bis 25 Mann abzusetzen. Diese Truppen haben bisher wenig Glück gehabt, denn die meisten landeten inmitten der dicht besetzten sowjetischen Zone und konnten jedes Mal schnell niedergekämpft werden.« In Wirklichkeit gelang es den Deutschen, die sowjetischen Widerstandsnester zu eliminieren – eines nach dem anderen, oft erst im Kampf Mann gegen Mann. Richtig war freilich, dass diese erbitterte Gegenwehr auf Seiten der Angreifer große Opfer forderte, die in der NS-Propaganda nicht gänzlich verschwiegen, stets aber als Beleg für »sowjetische Niedertracht« angeführt wurden: »Aus einem Bunker streckte sich zaghaft eine Hand heraus. Will der sich ergeben? Während ein Landser den Bolschewiken aus dem engen Loch hochziehen will, schiebt sich ein andere Hand vor und feuert wild mit einer Maschinenpistole. Unser Kamerad ist verwundet. Voller Wut gegen diese gemeine Hinterlist geht es nun mit einer geballten Ladung gegen den Bunker.« Die Bereitschaft, auch in aussichtslosen Situationen nicht aufzugeben, durfte deutscherseits nicht Tapferkeit genannt werden.

Selbst der *Völkische Beobachter* belegte, sicher ohne Absicht, den Widerstandswillen der Verteidiger, als er die üblichen Erfolgszahlen meldete: Demnach waren im Bereich einer Infanteriedivision in einer der Schluchten 1400 Gefangene gemacht worden, während auf demselben Kampffeld die doppelte Anzahl »gefallener Bolschewisten liegen« blieb. Ein gefangener Rotarmist berichtete, dass aus einer Kompanie nur noch fünf Mann überlebt hatten. Aber nicht nur die Rote Armee war betroffen, sondern auch die Deutschen mussten in den letz-

> **Die Deutschen mussten um jeden Meter hart kämpfen, wir waren sehr verbittert und sehr entschlossen. Besonders die gebürtigen Stalingrader wie ich.**
> Albert Burkowskij,
> Soldat der Roten Armee

ten Augusttagen die schwersten Verluste des bisherigen Sommerfeldzugs hinnehmen – sowohl unter den Offizieren als auch unter den einfachen Soldaten: So fielen etwa an einem einzigen Tag sechs Bataillonskommandeure; viele Kompanien hatten bereits die Hälfte ihrer Mannschaften verloren.

Und je weiter die Deutschen vordrangen, desto heftiger wurde die sowjetische Gegenwehr. Im Norden wie im Süden hatte die 6. Armee auf ihrem Weg vom Don zur Wolga mit besonderen Schwierigkeiten fertig zu werden: Bei den Schilderungen der Kämpfe fallen immer wieder die gleichen Phrasen auf: »Starke Abwehr«, »heftiger Widerstand« und »hartnäckige Gegenwehr« – davon ist sowohl in sowjetischen als auch in deutschen Berichten die Rede. Regelmäßig werden »heldenhafter Mut« und »entschlossene Opferbereitschaft« gemeldet – auf beiden Seiten. »Beispiellose Härte« – diese Formulierung findet sich im fast jedem Bericht. Einig waren sich deutsche und sowjetische Militärs auch in einem anderen Punkt: Es handelte sich bei den Gefechten vor Stalingrad um besonders »erbitterte Kämpfe«. Dabei hatte die eigentliche Eroberung der Stadt noch nicht begonnen.

Trotz aller Verluste herrschte auf Seiten der Deutschen großer Optimismus: »Stalingrad wird in den nächsten Tagen fallen«, schrieb ein Gefreiter nach Hause. Auch in der Heimat machte sich Zuversicht breit, die von der Propaganda mit immer neuen Erfolgsmeldungen noch weiter gesteigert wurde: »Hier wartet alles auf den Fall von Stalingrad«, berichtete ein Stabsoffizier der 6. Armee aus dem heimatlichen Genesungsurlaub an die Front.

Am Nachmittag des ersten Angriffstags hatten die Panzerspitzen die sowjetischen Linien durchdrungen und waren bereits 40 Kilometer in feindliches Gebiet vorgestoßen. Erst dann rührte sich stärkerer Widerstand: »Bei Gumrak empfängt wildes Flakfeuer die Angreifer«, hieß es im Kriegstagebuch einer Division. Die Formulierung verriet, dass es sich nicht um gezieltes Abwehrfeuer handelte. An den Geschützen standen weibliche Freiwillige, die nur unzureichend für den Bodenkampf ausgebildet waren. Bis dahin hatten sie versucht, die Maschinen der feindlichen Luftwaffe zu bekämpfen – auch das meist vergeblich. Nun versuchten die einzelnen Artilleriestellungen mit umso größerer Hartnäckigkeit, die Bodentruppen aufzuhalten. Und sie mussten sich ebenso heftiger Angriffe erwehren.

**In der Stadt wurden überall Propagandaplakate geklebt. Die Faschisten wurden als Schlange dargestellt, und man wurde aufgefordert, sich zum Volksaufgebot zu melden, um die Deutschen zu vertreiben.**

Wladimir Sima, damals in Stalingrad

Oben: »Hartnäckig aufflackernder Widerstand«: Russische Soldaten in einer Stellung vor Stalingrad.
Unten: »Es traf oft gute Kameraden«: Ein vor Stalingrad verwundeter deutscher Soldat wird zum Verbandsplatz transportiert.

> *Anfangs haben wir uns organisiert und kämpfend zurückgezogen, dann haben sie uns nur gejagt, und von Organisation konnte keine Rede mehr sein. Wir liefen Tag und Nacht, wir haben nicht mal eine Pause gemacht, um die Fußlappen zu wechseln. In diesem Zustand haben uns die lustigen Panzerfahrer von Hoth überrascht. Sie waren satt, gesund, betrunken, brüllten Lieder. Meine 42 Leute waren in einer halben Stunde tot. Wir haben uns auf den Kampf eingelassen, weil es eine Schande wäre, sich gleich zu ergeben. Wir waren doch Männer, Militärs! Nur drei Mann sind wie durch ein Wunder am Leben geblieben.*
> Gamlet Dolokjan, Soldat der Roten Armee

»Die Kämpfe entwickeln sich unter den grauenhaftesten Umständen, und es ist dem Berichterstatter nur schwer möglich, das entsetzliche Bild zu schildern, das diese Front bietet«, notierte ein sowjetischer Augenzeuge. »Die Deutschen haben den Westwind benutzt, um die Steppe in Brand zu schießen. Schreckliche Hitze, Funkenregen und dicke Rauchschwaden dringen auf unsere Stellungen ein.« Die Verteidiger waren nicht die Einzigen, die mit der von deutschen Fliegern mit Brandbomben belegten Steppe zu kämpfen hatten. Auch deutschen Soldaten wie Martin Wunderlich, dessen 24. Panzerdivision sich in Richtung Stalingrad bewegte, machten die Flammen zu schaffen: »Immer wieder kam auf einmal eine Feuerschneise auf uns zu. Es war gar nicht so einfach, mit der Munition durchzukommen. Immer wieder flogen Munitionswagen in die Luft.«

Der Mut der sowjetischen Besatzungen, selbst in aussichtslosen Situationen den Kampf fortzusetzen, nötigte den Angreifern Respekt ab: »Bis in den späten Abend müssen feindliche Flak-Stellungen, die vielfach von zäh und verbissen kämpfenden Frauen bedient werden, Geschütz für Geschütz niedergekämpft werden.« Für die Deutschen war das ein erster Vorgeschmack auf die Entschlossenheit der Verteidiger, sich nicht wehrlos in ihr Schicksal zu fügen. Für die sowjetische Propaganda war es Anlass zu Lobeshymnen auf den »heldenhaften Widerstand in Stalingrad«. Die Verteidigungserfolge an einigen Frontabschnitten wurden unverzüglich ausgeschlachtet: »Die Verluste, die der deutschen Heeresleitung in den letzten 24 Stunden entstanden sind, gehen über alles hinaus, was bisher an dieser Front feststellbar war«, meldete das Sowinformbüro über die Ereignisse des 23. August. Gleichwohl erreichten die Deutschen an ebendiesem Tag die »Mutter aller Flüsse Russlands«:

»18 Uhr, Wolga erreicht. Übersetzungsmöglichkeiten zur Bildung eines

> *Ich war erstaunt, als ich die Wolga sah – zunächst über die Breite des Flusses, ich habe noch nie einen so breiten Fluss gesehen wie die Wolga. Und wie in Friedenszeiten war ein heftiger Schiffsverkehr auf dem Fluss – flussabwärts, flussaufwärts. Ich fragte unseren Batteriechef: »Warum schießen wir denn auf diese Lastkähne nicht? Da sind doch sicher Truppen drauf und Munition?« Er antwortete, dass Schießverbot bestünde.*
>
> Joachim Porzig, Funker der 6. Armee

Brückenkopfes am Ostufer vorhanden.« Dieser Funkspruch ging am 23. August beim Stab der 16. Panzerdivision ein. Abgesandt hatte ihn Oberstleutnant Hyazinth Graf Strachwitz, dessen I. Abteilung des Panzerregiments 2 in den frühen Abendstunden dieses heißen Hochsommertags bei Rynok am hoch gelegenen Westufer des Flusses eintraf. Während des Ersten Weltkriegs hatte sich Strachwitz als Kavallerist mit seiner Einheit an der Westfront der französischen Hauptstadt Paris auf die kürzeste Entfernung angenähert. Nun gehörte er zu den deutschen Soldaten, die als Erste an der Wolga standen.

Mit dabei war auch Hauptmann Dengler, der mit seiner Batterie der Panzervorausabteilung zugeteilt war. »Wir sind nachmittags etwa 15 Kilometer nördlich von Stalingrad an die Wolga gekommen und haben diesen Riesenfluss im Abendlicht gesehen.« Nachdem sie ihren Durst in einem riesigen Melonenfeld gelöscht hatten, warfen sie einen genaueren Blick auf die brennende Stadt an der Wolga. »Der schwarze Rauch, der über Stalingrad hochstieg, wurde durch den Wind wieder heruntergedrückt. Er formte sich zu einem großen schwarzen Kreuz über der Stadt. Damals haben wir alle gesagt: Das ist das Todeszeichen dieser Stadt.« Sie ahnten nicht, dass es zum Todeszeichen für die 6. Armee werden sollte. Etwa 15 Kilometer nördlich von Stalingrad hoben die Männer nun Gräben aus und bezogen Stellung, um die erwarteten Entlastungsangriffe abzuwehren.

Innerhalb nur eines Tages hatten die deutschen Vorauskommandos einen drei Kilometer breiten Korridor in die sowjetischen Verteidigungslinien gerissen und waren in die nördlichen Vororte Stalingrads eingedrungen. »Ihr könnt euch die Schnelligkeit unserer motorisierten Kameraden nicht vorstellen. Dabei die Angriffe auf die Rus-

> **In Stalingrad wurde damals viel getrunken, den Alkohol konnte man ja eimerweise aus der Likörfabrik holen. Alle rechneten täglich mit dem Tod und tranken aus Verzweiflung.**
>
> Jekaterina Iwanowa, damals in Stalingrad

> *Ich war 14 Jahre alt und habe in der Industrie gearbeitet. Die Deutschen, die Richtung der Stadt fuhren, habe ich als Erster gesehen. Ich war draußen und arbeitete an einem Panzergraben, als ich im Westen einen Schatten sah. Ich habe die Schaufel hingeworfen und den Horizont angestarrt. In der Tat, das waren die Deutschen. Ich lief am Ufer entlang zu meinen Leuten und rief: »Die Deutschen kommen!« Sie antworteten: »Das kann nicht wahr sein. Im Radio sagte man gerade, dass sie in Kalatsch sind« — »Ich habe sie mit meinen eigenen Augen gesehen.« — »Wenn du dich irrst, dann erlebst du was für solche Nachrichten«. Doch ich hatte recht.*
> Wladimir Sima, damals in Stalingrad

sen von unseren Fliegern«, schrieb ein Soldat der 389. Infanteriedivision nach Hause. »Was für ein Gefühl der Sicherheit, wenn unsere Flieger da sind.« Das Gefühl teilten nicht alle deutschen Panzerbesatzungen. Denn die Geschwindigkeit der deutschen Panzerspitzen schien sogar die eigene Luftwaffe, die zur Unterstützung des Angriffs die feindlichen Stellungen bombardieren sollte, so überrascht zu haben, dass sie gelegentlich Freund und Feind verwechselte. »Bei einem schnellen Vorstoß wurde ich mit drei Panzern zur Aufklärung nach vorne geschickt«, berichtete Hans E. Schönbeck, der in der 24. Panzerdivision kämpfte. »Ich kam erstaunlich gut voran, ohne auf Widerstand zu stoßen. Plötzlich gerieten wir in einen Bombenhagel. Eine Staffel von neun Stukas stieß auf uns herunter, weil sie sich offenbar nicht vorstellen konnten, dass deutsche Panzer schon so weit vorgestoßen waren.« Alle Versuche, sich mit orangefarbenen Nebelkerzen zu identifizieren und die Kameraden von weiteren Angriffen abzuhalten, schlugen fehl. »Insofern war die starke Luftunterstützung für mich nicht immer erfreulich, denn das war ein hässlicher Moment in meinen Kriegserlebnissen.« Die ständig wechselnde Gefechtslage erschwerte es den deutschen Piloten, die eigenen Panzer von feindlichen zu unterscheiden. Die Kampfführung bei einem solchen Angriff war kein kontinuierliches Vorrücken einer einheitlichen Front, sondern ein wechselndes Vor und Zurück in unterschiedlichen Teilabschnitten, ein Umkreisen des Gegners, der umfahren und aus dem Rücken angegriffen wurde, wenn der Frontalangriff nicht den gewünschten Erfolg brachte. Was aus der Luft wie ein Angriff aus westlicher Richtung aussah, konnte am Boden ein sowjetischer Abwehrversuch sein, weil deutsche Panzer nach einem Vorstoß oft zurückfuhren, um gegnerische Stellungen auszuschalten. Große rote Flaggen mit dem charakteristischen Hakenkreuz sollten die Identifizierung aus

»›Kanonenboote‹ auf der Wolga«: Trotz des ununterbrochenen Beschusses der Schiffe gelang es den Russen, die Verteidiger Stalingrads mit Lebensmitteln und Munition zu versorgen.

der Luft erleichtern. Doch dies war in der Regel nur ein Notbehelf, für den beim Tempo der beweglichen Einheiten nicht immer genügend Zeit blieb. Und selbst dann war es oft eine Momentaufnahme, die sich schnell wieder ändern konnte. Es war dann die Aufgabe der Fliegerverbindungstrupps, die den Bodentruppen zugeteilt waren, den Piloten rechtzeitig die Stellung der eigenen Kräfte mitzuteilen. Kam per Funk von der vordersten Linien die Meldung »Ansammlung feindlicher Flugzeuge«, mussten Männer wie Leutnant Max Plakolb schnellstmöglich die Positionsbestimmungen der Flugzeuge mit den Informationen der Bodentruppen abgleichen. Das Codewort »Bonzo« verhinderte mitunter das Schlimmste: einen Stuka-Angriff auf die eigenen Panzer, bei dem die Piloten oft erst im letzten Moment abdrehten.

Solche Erfahrungen traten bald in den Hintergrund, als sich die Angreifer die historische Bedeutung ihres Vorstoßes bewusst machten: Zum ersten Mal standen deutsche Panzer am Ufer der

> Was machen wir hier, ein paar tausend Kilometer von der Heimat entfernt, an der Wolga? Was hat dieser Krieg für einen Sinn überhaupt, warum sollten wir hier, ein paar tausend Kilometer von zu Hause entfernt, unsere Heimat verteidigen? Da kam mir die Sinnlosigkeit des Krieges schon zum Bewusstsein.
>
> Heinrich Meidinger,
> Offizier der 6. Armee

> *Mitte September nahm das feindliche Feuer stark zu. Eines Tages sahen wir am Himmel sechs »Stukas«, Sturzkampfbomber Ju 87. Sie flogen mit großem Abstand, vorne drei und dahinter drei. Wir kannten zu dieser Zeit die Stukas nur vom Aussehen und hatten selbst noch nie Stuka-Einsätze erlebt. Nun freuten wir uns, dass sie kamen, weil wir annahmen, dass sie die russischen Stellungen unter Feuer nehmen würden. Da merkten wir, dass die ersten drei Maschinen Kurs auf uns nahmen. Und tatsächlich, die ersten drei kamen mit einem wahnsinnigen Lärm im Sturzflug in unsere Richtung runter und warfen Bomben auf unsere Stellung! Für solche Fälle hatte die Infanterie Leuchtpatronen, die auch am Tage sichtbar waren und besagten: »Hier sind eigene Truppen!« Wir hatten das Glück, dass irgendwo in der Nähe ein Infanterieoffizier so etwas hatte, aber da waren die Bomben schon unten. Er schoss diese Rakete ab und die wurde von den anderen drei Maschinen, die erst später kamen, aber schon in der Nähe waren, gesehen. Die bogen ab und kamen nicht auch noch runter. Bei uns gab mehrere tote Infanteristen, wir waren noch einmal davongekommen. Wir hatten uns hinter einem abgeschossenen russischen Panzer in Sicherheit gebracht.*
> Joachim Porzig, Funker der 6. Armee

Wolga. »Wir hatten am Morgen am Don begonnen, und abends waren wir an der Wolga«, staunten selbst altgediente Kompaniechefs. Den historischen Moment hielten einige Landser mit Fotoapparaten fest, während den Hauptmann Bernd Freytag von Loringhoven der Blick auf die brennende Stadt und das östliche Wolgaufer beeindruckte: »Wir schauten auf die riesigen Steppen in Richtung Asien, und ich war überwältigt.« Einzelne Landser schrieben in einer Mischung aus unverhohlenem Stolz und ungebrochenem Optimismus nach Hause: »Bald können wir mit Recht das Lied singen: ›Es steht ein Soldat am Wolgastrand‹.« Franz Lehars Operettenmelodie erfuhr in diesen Tagen einen neuen Popularitätsschub. Viele Soldaten waren überzeugt, dass der entscheidende Schlag gegen die Rote Armee so gut wie gelungen sei und damit der so häufig beschworene »Endsieg« unmittelbar bevorstünde: »Wir dürfen, so Gott will, euch dieses Jahr wiedersehen. Wenn Stalingrad gefallen ist, ist die russische Südarmee vernichtet«, hoffte ein Soldat der 389. Infanteriedivision am 28. August in einem Brief an seine Angehörigen.

Doch so weit war es noch lange nicht. Die deutschen Spitzen bei Spartakowka erwarteten die nachrückenden deutschen Kameraden und bereiteten sich auf die Gegenangriffe der Roten Armee vor. Stalin tobte, als er erfuhr, dass deutsche Panzer an der Wolga standen. Sein Auftrag an die

Verteidiger ließ nicht lange auf sich warten: »Die durchgebrochenen Kräfte sofort vernichten«, lautete der Befehl der STAWKA. Mit allen zur Verfügung stehenden Kräften versuchten die Sowjets, den deutschen Vorposten zu zerschlagen, der zwar weit vor den eigenen Linien agierte, doch dessen Verbindung zu den nachrückenden Verbänden ausreichend stabil und sicher war. In

> **Die Stadt war mehr oder weniger offen, als wir im Norden von Stalingrad an die Wolga kamen. Aber es waren dann zu wenige Soldaten da, um den Vormarsch weiter fortzusetzen.**
> Gottfried von Bismarck, Leutnant der 6. Armee

eilig ausgehobenen Stellungen igelten sich die Deutschen ein, um vor dem sowjetischen Artilleriefeuer geschützt zu sein. Der Druck von Seiten der Roten Armee erhöhte sich zunehmend. Aus zwei Richtungen nahmen die Soldaten Jeremenkos die Deutschen unter Feuer. Ein Rückzug war strikt untersagt. Der Kriegsherr hatte befohlen: »16. Panzerdivision hält Stellung unter allen Umständen. Adolf Hitler.«

Auch General Gustav von Wietersheim wollte Teile des Abschnitts, den sein XIV. Panzerkorps am Vortag erobert hatte, unter dem stärker werdenden sowjetischen Druck wieder aufgeben. Das Verbot kam diesmal von Generaloberst Paulus, der an die These seines Oberbefehlshabers glaubte, dass die Rote Armee nicht mehr über genügend Reserven verfügte, um den deutschen Angriff zurückzuschlagen. Die Einheiten des XIV. Panzerkorps mussten ihre Stellungen halten, ihr Kommandeur wurde seines Postens enthoben und durch General Hans Hube ersetzt.

Eine Woche verteidigten die eingekesselten Einheiten der 16. Panzerdivision den Brückenkopf um Rynok und Spartakowka, die beiden nördlichsten Industriesiedlungen vor Stalingrad. Die 22. Armee der Sowjets versuchte mit immer stärker werdenden Kräften, die Deutschen zurückzuschlagen und die Verbindungen der deutschen Vorposten am westlichen Donufer zur 6. Armee zu unterbrechen. Vom 24. August bis zum 1. September musste der erste Kessel am Stadtrand von Stalingrad aus der Luft versorgt werden.

> *Wir kamen in die Stadt, als die Einwohner Stalingrads noch nicht wussten, wie bedrohlich nahe die Front schon war. Für sie kam alles völlig unerwartet. Es war ein schöner Herbsttag, die Leute waren weiß gekleidet. Es war Betrieb auf den Tanzflächen, die Kinos zeigten Filme, es gab Vorstellungen in der Oper, und die Stalingrader ahnten nicht, was sie in den nächsten Tagen erwartete.*
> Michail Poselskij, Kameramann der Roten Armee

> *Die Deutschen bombardierten Stalingrad eine Woche lang. Die Menschen waren nicht evakuiert worden, nur die Funktionäre und Leiter. Die Zivilbevölkerung blieb komplett zurück. Als das erste Bombardement losging, hörten wir das Moskauer Radio. An diesen Augenblick erinnere ich mich ganz gut – die Musik aus dem Lautsprecher, während überall schon die Bomben donnerten. Weil auch die Treibstofftanks am Wolgaufer getroffen wurden, lief das Öl in den Fluss und fing Feuer. Man erzählte später, dass man den Feuerschein in einer Entfernung von 100 Kilometern sehen konnte.*
> Albert Burkowskij, Soldat der Roten Armee

Neben dem Nachschub hatte Görings Luftwaffe noch einen weiteren Auftrag: Auf höchsten Befehl hatte die Luftflotte 4 alle zur Verfügung stehenden Kräfte zusammengezogen, um den Angriff der Bodentruppen zu unterstützen. »Nutzen Sie den Tag«, hatte Generaloberst Wolfram von Richthofen, der die Luftflotte befehligte, dem Kommandeur des XIV. Panzerkorps, Hube, am Morgen des 23. August empfohlen. Im Spanischen Bürgerkrieg war Richthofen dabei, als die »Legion Condor« die baskische Stadt Guernica in Schutt und Asche gelegt hatte. Ähnliches drohte nun der Stadt an der Wolga.

Den 23. August, einen Sonntag, sollten die überlebenden Einwohner niemals mehr vergessen. Über die Lautsprecher verkündete eine monotone Stimme: »Genossen, in der Innenstadt gibt es eine Luftwarnung.« Es war nicht die erste Warnung vor feindlichen Luftangriffen. Doch bis zu diesem Zeitpunkt war es meist glimpflich ausgegangen. Entweder hatte es sich um einen Fehlalarm gehandelt, oder die sowjetischen Flugabwehrbatterien hatten dafür gesorgt, dass feindliche Flugzeuge nicht nahe genug an die Stadt herankamen, um Schaden anzurichten. Deshalb nahmen die Menschen die Warnung zunächst nicht sonderlich ernst. Statt die Luftschutzbunker aufzusuchen, spazierten sie weiter durch die Straßen; statt sich in Deckung zu begeben, setzten die Ausflügler auf dem Mamai-Hügel ihr Picknick fort – schließlich war es ein warmer Sommersonntag. Diese Idylle wurde nun brutal zerstört.

**Die Deutschen bombardierten Stalingrad, und wenn sie das taten, dann taten sie es gründlich: Es blieb nicht mehr viel übrig.**

Paul Stefanovici, rumänischer Soldat

Zunächst zerriss der Geschützdonner der Flaks die sonntägliche Stille, dann dröhnten die Maschinen der Luftflotte 4 heran. Richthofen hatte alles geschickt, was ihm zur Verfügung stand. 600 Bomber waren zusammengezogen worden,

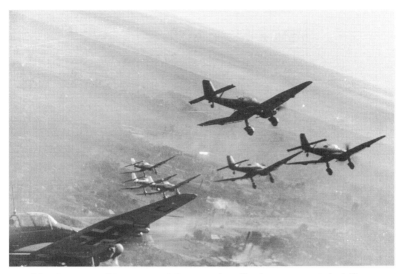

»Es soll hier kein Stein auf dem anderen bleiben«: Sturzkampfbomber vom Typ Ju 87 im Anflug auf Stalingrad.

um den größten konzentrierten Angriff durchzuführen, der bis dahin an der Ostfront geflogen wurde. Junkers Ju 88, Bomber des Typs Heinkel He 111 und Stuka-Geschwader – das Beste, was Görings Luftwaffe zu bieten hatte, flog in dichten Pulks in Richtung Wolga, um dort seine tödliche Last abzuwerfen. Besonderen Schrecken verbreitete dabei die Junkers Ju 87, das erste vollwertige Sturzkampf- und Schlachtflugzeug der Welt. Dieser »Stuka« war mit dem so genannten »Jericho-Gerät« ausgerüstet, einer Sirene, die angeblich auf eine Idee Hitlers zurückging. Beim Sturzflug erzeugte sie einen infernalischen Lärm, der zwar nicht Mauern zum Einsturz bringen konnte, doch zumindest die Menschen im Zielgebiet in Angst und Schrecken versetzen musste.

In 1600 Einsätzen warfen die Maschinen mehr als 1000 Tonnen Bomben ab und verwandelten die Stadt in eine einzige Flammenhölle. Zuerst brannten die Industrieviertel, wo aus den getroffenen Öllagern Flammensäulen von bis zu 500 Meter Höhe den Nachthimmel erhellten. Noch Tage später sahen deutsche Truppen, die von Westen auf die Stadt vorstießen, aus 100 Kilometer Entfernung die schwarzen Rauchsäulen über Stalingrad.

> **Wir saßen sieben Tage lang in einem Erdgraben. Ohne Wasser. Es hat nicht mal geregnet. Mein kleiner Bruder weinte: »Mama, ich habe Durst!« Schließlich haben wir unseren eigenen Urin getrunken, sonst wären wir verdurstet.**
>
> Klawdija Schipowalowa, damals in Stalingrad

> **Dann kam der Moment, als wir begriffen, dass ganz Stalingrad in Schutt und Asche versinken würde, denn die ganze Stadt stand in Flammen.**
>
> Ludmilla Romansewitsch, damals in Stalingrad

Doch es blieb nicht bei industriellen Zielen. Brandbomben fielen bald auch auf die Wohngebiete der Stadt und setzten die Holzhäuser umgehend lichterloh in Brand. Stalingrad glich einem Flammenmeer, aus dem es kein Entrinnen zu geben schien: »An dieser Stadt bleibt nichts heil, was den Bolschewisten zum weiteren Widerstand von Nutzen sein kann« – solche Kommentare wie den eines Flugzeugführers veröffentlichten die Zeitungen in Berlin. Dabei gab sich die deutsche Propaganda noch human: »Alles brennt, nur die eigentlichen Wohnviertel nicht.«

Die Eingeschlossenen, etwa die Fabrikarbeiterin Klawdija Schipowalowa, erlebten es ganz anders: »Die Deutschen jagten die Erdölbehälter in die Luft, die in der Nähe der Metallwarenfabrik standen. Brennendes Erdöl floss in die Wolga, und der ganze Fluss stand in Flammen. Rußfetzen flogen überall durch die Luft. Am hellen Tag war der Himmel von tiefem Schwarz verhüllt. Das war furchtbar.«

Durch die in den Wohngebieten explodierenden Bomben wurden tausende Zivilisten obdachlos und zur Flucht über die Wolga gezwungen. Zehntausende verloren in den Bombennächten ihr Hab und Gut. »Die Stadt brennt. Nicht nur die Stadt, sondern das ganze Ufer in seiner ganzen Länge, so weit das Auge reicht. Das kann man keine Feuersbrunst nennen, das ist schon mehr. Ein purpurroter, von geballten Rauchschaden bezogener Himmel. Die dunkle Silhouette der brennenden Stadt wie mit einer Laubsäge ausgesägt. Schwarz und rot. Andere Farben gibt es hier

---

*Als ich in diesem Anfangsstadium an der vorderen Front ankam, sah ich, dass nichts ganz geblieben war. Nur einige Stahlgerüste blieben übrig, die nicht weggesprengt werden konnten. Aber sonst stand nichts mehr. Es war keine Straße und kein Weg zu erkennen. Da gab es nur Granattrichter von schweren Geschützen. Von unserer Seite flogen noch riesige Verbände der Luftwaffe, die das jenseitige Ufer und das jenseitige Hinterland bombardierten. Auf der anderen Seite kam starkes Artilleriefeuer, dann die berühmten Stalinorgeln. Da war kein Augenblick Ruhe, ob das Tag oder Nacht war.*

Albrecht Appelt, Leutnant der 6. Armee

»Noch in der Offensive«: In martialischen Worten schildert die NS-Presse die Luftangriffe auf die Wolgametropole.

nicht. Schwarze Stadt und roter Himmel«, schilderte der Augenzeuge Viktor Nekrassow die Szenerie.

»Ein Orkan von Feuer und Eisen geht auf Stalingrad nieder«, triumphierte der *Völkische Beobachter* und berichtete von »gigantischen Bränden«, die in der Wolga-Stadt wüteten. Die Opfer unter der Zivilbevölkerung waren von der deutschen Führung einkalkuliert – sie sollten ohnehin nur Statisten des makabren Vorspiels für die endgültige Lösung sein, die Hitler bereits am 2. September befahl. Im festen Glauben an den unmittelbar bevorstehenden Fall der Stadt gab er Anweisung, Stalingrad von Zivilisten zu räumen. Beim Eindringen in die Stadt sollte die gesamte männliche Bevölkerung beseitigt werden, »da Stalingrad mit seiner durchweg kommunistischen Einwohnerschaft besonders gefährlich ist«. Frauen und Kindern sollte dieses Schicksal zwar erspart bleiben, doch in ihrer Heimatstadt hätten auch sie nichts mehr zu suchen. Tod oder Vertreibung – das waren die beiden einzigen Alternativen, die Hitler nach dem deutschen Sieg für die Menschen in Stalingrad vorsah.

Dennoch konnte auch in Zeiten großer Unmenschlichkeit das zarte Pflänzchen Humanität überleben. »Ich lag, leicht verwundet, in einem Keller«, schildert Hubert Kremser eine dieser Situationen. »Neben mir stand eine Frau aus Stalingrad mit ihrem Kind und legte meinem schwer verwundeten Kameraden einen Verband an. Da ich gut Russisch konnte, habe ich sie gefragt, warum sie das tut. Sie hat gesagt: Vielleicht verbindet seine Mutter gerade meinen Sohn.« Umgekehrt machten auch Bewohner Stalingrads, welche die Anfangsphase der Kämpfe in der Stadt erlebten, positive Erfahrungen. »Nicht weit von uns war eine deutsche Einheit sta-

> *In der ersten Zeit waren die Deutschen sehr freundlich. Ich konnte mit ihnen sprechen, weil ich Deutsch in der Schule hatte. Außerdem war ich noch klein, sie dachten, ich wäre noch ein Kind. Manche waren recht nett und höflich, zeigten die Fotos von zu Hause und sagten, dass sie nicht kämpfen wollten, daß sie dazu gezwungen wurden.*
> Wladimir Sima, damals in Stalingrad

tioniert«, erinnert sich Klawdija Schipowalowa. »Jeden Tag kam einer von ihnen, ein rothaariger, junger Soldat, bei uns vorbei und brachte uns einen Laib Brot. Jeden Tag!« Manche fingen an zu begreifen, dass das Zerrbild, das die sowjetische Propaganda von den Deutschen zeichnete, nicht immer stimmte. »Als die Deutschen nach Stalingrad kamen, war ich in unserer Hütte. Die Deutschen kamen herein und durchsuchten alles«, beschreibt Anna Popowa ihr erstes Zusammentreffen mit den Soldaten der 6. Armee. »Ich zitterte vor Angst. Plötzlich trat ein deutscher Soldat auf mich zu und sagte: ›Mutter, zittere doch nicht so! Man sagt, dass wir den Menschen die Augen ausstechen und den Frauen die Brüste abschneiden. Aber es stimmt nicht, was man euch erzählt. Wir machen so etwas nicht.‹ Seine Worte beruhigten mich.«

Während sich die Menschlichkeit im Kleinen gelegentlich durchsetzen konnte, triumphierte die Unmenschlichkeit im Großen. Schon während der Kämpfe erlebten die Einwohner das Inferno. »Alle Häuser brannten. Nicht weit von uns stand ein Kino, das ganz aus Holz gebaut war. Die Deutschen warfen zuerst eine Sprengbombe, dann eine Brandbombe. So zerstörten sie die ganze Stadt. Das Kino brannte bis auf die Fundamente nieder«, beschrieb Anna Soldatowa den Feuersturm, den die deutsche Luftwaffe entfacht hatte und nun immer weiter schürte. In der Wolga trieben die Leichen der unglücklichen Opfer: »Mit versengten und noch schmerzverzerrten Fingern klammerte sich der Leichnam einer Ertrunkenen an ein angekohltes Holzstück. Ihr Gesicht war entstellt. Das Leid, das sie vor ihrem Tod durchmachte, hat sie nun losgelassen, aber es muss unerträglich gewesen sein«, versuchte der sowjetische Schriftsteller Simonow das Grauen in

---

**Ein Deutscher sagte einmal zu meiner Mutter: »Stalin und Hitler kämpfen miteinander, wir können nichts dafür«. Das Gleiche haben uns auch die Rumänen erzählt: Sie hätten nie freiwillig gegen Russland gekämpft, sie hätten nichts gegen Russland.**
Walentina Wassilenko, damals in Stalingrad

**Die russische Bevölkerung war uns gegenüber fast nicht zu verstehen freundlich. Das kann man sich eigentlich auch überhaupt nicht zusammenreimen, denn wir waren ja ihr Feind.**
Hans E. Schönbeck, Leutnant der 6. Armee

Worte zu fassen. In die Beschreibung mischten sich bereits Vergeltungs- und Rachedrohungen: »Die Deutschen haben dies getan. Und lasst sie nicht bei jenen um Vergebung bitten, die dies miterlebt haben. Nach Stalingrad werden wir keinen Pardon mehr geben.«

Klawdija Schipowalowa gehörte zu denen, die den Feuersturm in Stalingrad überlebten: »Ich hatte solche Angst vor dem Tod. Jedes Mal, wenn Flugzeuge kamen und die Stadt bombardierten, verkroch ich mich in der hintersten Ecke, hielt mir die Ohren zu, schloss die Augen und stammelte das einzige Gebet, das ich auswendig kannte: ›Ihr Heiligen, helft uns.‹« Die Zivilbevölkerung war in dieser Phase auf solche Hilfe angewiesen. Denn die eigene Flugabwehr war derart massiven Luftangriffen nicht gewachsen.

»Am Anfang saßen auf den Dächern noch junge Männer, welche die Brandbomben mit langen Stangen aufsammelten und in Wassertonnen warfen. Viele von ihnen kamen dabei um. Alle Dächer und die Decken waren aus Holz, alles brannte. Sogar die Erde«, beschrieb Klawdija Schipowalowa die vergeblichen Rettungsbemühungen. Der Ausbau der Flugabwehr hatte in den Plänen der Verteidiger zwar besondere Priorität, doch zunächst fehlte es den eilends aufgestellten Geschützen an Munition, dann auch an ausgebildeten Mannschaften zur Bedienung. Die wenigen voll einsatzfähigen Flugabwehrbatterien hatten zudem andere Aufgaben. Alles, was in dieser frühen Phase zur Verfügung stand, sollte vor allem die strategisch wichtigen Bereiche der Stadt schützen: Rüstungsfabriken wie etwa das Werk »Roter Oktober«, die Geschützfabrik »Barrikaden« oder das ehemalige Traktorenwerk, das nun die Panzer vom Typ T 34 herstellte. Auch Versorgungseinrichtungen wie das südlich der Stadt gelegene Kraftwerk in Beketowka hatten Vorrang, wenn es um den Auf- und Ausbau von Flugabwehrstellungen ging. Hierher wurden insbesondere Frauen abkommandiert, die in aller Schnelle die Handhabung von Flugabwehrgeschützen lernen mussten. Angesichts dieses überall herrschenden Mangels war es somit kein Wunder, dass den deutschen Staffeln über der Stadt kaum Gefahr drohte. Infolgedessen blieben die Verluste der Luftflotte 4 vergleichsweise gering. Nur drei Flugzeuge kamen vom ersten großen Angriff nicht zurück. Anders sahen die Verluste auf der sowjetischen Seite aus: Mindestens 40 000 Tote forderte das deutsche Bombardement nach sowjetischen Angaben allein unter der Zivilbevölkerung.

## »Jeder Soldat eine Festung!«

»Genossen von Stalingrad! Wir werden den Deutschen unsere Vaterstadt nicht zum Spott preisgeben. Wir alle werden uns gemeinsam erheben und unsere liebe Stadt, unser Vaterhaus und unsere Familien verteidigen. Wir werden die Straßen der Stadt mit unüberwindlichen Barrikaden versperren. Jedes Haus, jedes Stadtviertel, jede Straße machen wir zu einer uneinnehmbaren Festung. Alle zum Aufbau der Barrikaden! Jeder, der fähig ist, Waffen zu tragen, auf die Barrikaden zur Verteidigung der Vaterstadt, des väterlichen Hauses!«

Es war der 25. August, als das Stalingrader Verteidigungskomitee diesen Aufruf an die Bevölkerung erließ. Gleichzeitig verhängte der Kriegsrat den Belagerungszustand über die Stadt. Das Sagen hatte nun Generaloberst Andrej I. Jeremenko, der seit dem 13. August auf Stalins persönliche Anweisung sowohl die Organisation der Verteidigung als auch den Oberbefehl über die Stalingrad-Front übernommen hatte. Ihm zur Seite stand der politische Kommissar der Partei: Generalleutnant Nikita Chruschtschow, der spätere Generalsekretär und erste Mann der Sowjetunion. Ihre Aufgabe leitete sich aus Stalins Befehl Nummer 227 ab, in dem der sowjetische Diktator die Maxime ausgegeben hatte: »Keinen Schritt zurück.« Das Vordringen der Deutschen sollte endgültig gestoppt werden, die sowjetische Führung bestand auf der unbedingten Verteidigung der Stadt. »An der Wolga muss Schluss sein«, hatte der Mann im fernen Kreml befohlen. Die militärische Organisation zur Bewältigung dieses Auftrags oblag Jeremenko. Chruschtschow, Chef der politischen Abteilung im Kriegsrat, besorgte die psychologische Kriegführung. »Steht wie eine Mauer vor den Toren der Stadt« – mit solchen Parolen erklärte er die Abwehr des »faschistischen Angriffs« zur ehrenvollen Aufgabe jedes Kommunisten, für die in letzter Konsequenz auch der »Heldentod« zu erleiden sei. Seine Parolen appellierten aber vor allem an den Nationalstolz der Stalingrader Bevölkerung: »Wir wenden uns an euch, um euch aufzurufen, unser Stalingrad,

> **Wir mussten mit allen Kräften und der bekannten russischen Hartnäckigkeit kämpfen. Denn Stalin hatte den Befehl gegeben: »Keinen Schritt zurück!« Und diese Parole – das war's. Das begriffen wir. Für uns gab es kein anderes Land. Die Wolga war unsere letzte Linie. Hier mussten wir sterben oder Hitler besiegen.**
>
> Iwan Stepantschuk,
> Soldat der Roten Armee

> **Der Kampf in Stalingrad war für uns alle von einer neuen Qualität, weil die Russen nicht gewichen sind, sondern ich möchte sagen, in den Häusern von einer Etage zur anderen, von einem Zimmer zum anderen gekämpft haben. Wir haben ja nachher gesehen, wie schwierig der Kampf in der Stadt selbst war.**
>
> Gerhard Dengler,
> Hauptmann der 6. Armee

»Verteidigung bis zum letzten Blutstropfen«: Nikita Chruschtschow war in Stalingrad für die psychologische Kriegführung verantwortlich.

die heiligen Ufer unseres in so vielen Liedern besungenen Wolgastrandes, standhaft, unbeugsam, bis zum letzten Blutstropfen zu verteidigen. Keinen Schritt zurück.«

Die Appelle an den Patriotismus waren psychologisch geschickt. Für Partei oder Ideologie hätten viele Einwohner Stalingrads nicht die Entbehrungen hingenommen, welche die Parteifunktionäre im Verteidigungskomitee nun den Menschen zumuteten. Zu den ersten Beschlüssen gehörte, dass die Kolchosen ihre Getreidereserven dem Militär überlassen mussten.

Zunächst hatte die militärische Führung zu diesem Zeitpunkt eine Räumung der Stadt erwogen. Über Funk – das gesamte Telefon- und Telegrafennetz war dem deutschen Luftangriff zum Opfer gefallen – hatte sich Andrej I. Jeremenko mit dem Kreml in Verbindung gesetzt und eine Evakuierung der Zivilbevölkerung und der Rüstungsbetriebe, ja der ganzen Stadt vorgeschlagen. Gerüchte, dass die Frauen und Kinder der Stadt über den Fluss nach Osten in Sicherheit gebracht werden sollten, machten die Runde. Die Fabrikarbeiterin Anna Soldatowa erlebte die aufkeimende Hoffnung und die bal-

> Viele haben eine Evakuierung abgelehnt und wollten Stalingrad verteidigen.
> Fedor Kutschurin,
> Soldat der Roten Armee

> **Verstehen die denn dort nicht, dass, wenn wir Stalingrad aufgeben, der Süden des Landes vom Zentrum abgeschnitten sein wird und wir ihn kaum verteidigen können? Verstehen die denn dort nicht, dass das nicht nur eine Katastrophe von Stalingrad ist? Verstehen die nicht, was es bedeutet, den wichtigsten Wasserweg und bald auch das Erdöl zu verlieren?**
>
> Stalin am 3. September 1942
>
> **Nicht nur die Bolschewisten wissen, was es für sie bedeutet, wenn sie Stalingrad verlieren, sondern wir wissen ebenso gut, was es für uns bedeutet, wenn wir die Stadt gewinnen.**
>
> Joseph Goebbels, Tagebucheintrag, 15. September 1942

dige Enttäuschung: »Im Sommer 1942 wurde die Evakuierung der Zivilbevölkerung Stalingrads angekündigt. Sie fand aber nie statt. Es wurde ein einziger Eisenbahnzug zusammengestellt, der aber bis 1943 stehen blieb, weil es keine funktionsfähige Lokomotive gab. In Wirklichkeit war eine Evakuierung überhaupt nicht vorgesehen.« Stalin hatte das Ansinnen seines Oberbefehlshabers in Stalingrad kategorisch abgelehnt: »Darüber wollen wir gar nicht reden. Wenn wir mit der Evakuierung beginnen und alles zur Sprengung der Objekte vorbereiten, werden alle denken, wir wollten Stalingrad aufgeben. Das Oberkommando verbietet daher die Evakuierung.« Jeremenko gehorchte. Die Menschen machten die lokale Führung dafür verantwortlich, dass die ersehnte Räumung der Stadt, durch die die Menschen in das Hinterland in Sicherheit gebracht worden wären, unterblieb. »Die Frontkommandeure wünschten sich, dass die Menschen in Stalingrad blieben. Die Soldaten wüssten dann, wofür sie kämpften. Wir wurden absichtlich im Feuer gelassen, damit unsere Armee länger durchhielt«, glaubte nicht nur Anna Soldatowa. »Niemand interessiert sich für menschliche Wesen«, erkannte der Junge Nikolaj Goncharow. »Auch wir waren nichts anderes als Kanonenfutter.«

Nach dem Aufruf vom 25. August begann die Bevölkerung verstärkt mit dem Bau von Barrikaden in den Vororten und im Zentrum der Stadt. Die Vororte wurden zur Verteidigungszone erklärt – wie ein Jahr zuvor in Moskau bereiteten die Verteidiger auch diesmal die Stadt an der Wolga auf die Belagerung vor. »Alle verfügbaren Arbeitskräfte sind für den Ausbau der Verteidigungsanlagen zwischen Don und Stalingrad eingesetzt. Wie seinerzeit bei Moskau, wird Tag und Nacht an den Befestigungen gearbeitet«, meldete das Sowinformbüro. Zivilisten und Soldaten errichteten Panzersperren, zogen Minengürtel, hoben Sperrgräben aus, verbarrikadierten die Straßen, bauten Schützenstellungen. Nahezu die gesamte Bevölkerung Stalingrads wurde aufgeboten, um die Stadt auf den bevorstehenden Angriff vorzubereiten und die Verteidigung zu organisieren. Alle Männer und Frauen zwischen 16 und 60 Jahren wurden durch Funktionäre der Partei in eigenen Arbeitskolonnen zusammengezogen. Während

»Alle verfügbaren Arbeitskräfte eingesetzt«: Frauen aus Stalingrad bei Schanzarbeiten.

Frauen und Jugendliche vor der Stadt mit Schaufeln, Weidenkörben und anderem primitiven Gerät Gräben aushoben, welche die deutschen Panzer am Vormarsch hindern sollten, brachten reguläre Pioniereinheiten das militärische Verteidigungspotenzial in Stellung: Minen, Stacheldraht und Panzersperren.

Im Stadtzentrum mussten selbst jüngere Schulkinder ihren Verteidigungsbeitrag leisten. Auf dem Unterrichtsplan standen nicht Lesen und Rechnen, sondern Steine schleppen und Erdwälle errichten. Unter Anleitung ihrer Lehrer schütteten die Kinder Erdwälle auf und sicherten die Öltanks in den Industriegebieten.

Immer wieder musste diese Plackerei unterbrochen werden, weil deutsche Bomber versuchten, die Verteidigungsanlagen und die Rüstungsfabriken zu zerstören. Dennoch setzten Kinder und Alte, Männer und Frauen ihre Arbeit fort: Jede Talsenke, jedes Schützenloch, jede Straßenkreuzung wurde zur Festung ausgebaut, um Stalingrad bis zur buchstäblich letzten Patrone zu verteidigen. So wollte es Stalin, und so sollten es die Bürger der Stadt umsetzen – entweder freiwillig oder gezwungenermaßen.

Die ganze Stadt wurde zwangsrekrutiert. Die rhetorische Frage »Willst du dein Mutterland verteidigen?« konnte niemand verneinen. Wer es tat oder wer versuchte, sich seiner »patriotischen Pflicht« zu entziehen, geriet in die Fänge von Tribunalen, die das Stalingrader Verteidigungskomitee eingerichtet hatte. Wer sich weigerte, den Anordnungen der Behörden Folge zu leisten, oder wer sich gar dem Wehrdienst entziehen wollte, wurde sofort der Kollaboration mit dem Feind verdächtigt. »Antisowjetische Einstellung«, lautete die pauschale Anklage. Eine Mindeststrafe von zehn Jahren im Gulag erwartete denjenigen, der als »Verräter am Mutterland« verurteilt wurde. Häufig auf der Grundlage von Denunziation, selbst aus dem eigenen Familienkreis, wurden die Beschuldigten ohne langes Federlesen mit drakonischen Strafen belegt. Dabei waren es häufig Nichtigkeiten, derentwegen die Verurteilung als »Verräter an der Partei und am Sowjetstaat« erfolgte. Wer das schnelle Vordringen der deutschen Panzerspitzen erwähnte, musste damit rechnen, wegen »konterrevolutionärer Propaganda« angeklagt zu werden, weil die Wächter der reinen politischen Lehre den objektiven Tatsachenbericht als Lob der Deutschen und umgekehrt als »Verleumdung der Partei und der Roten Armee« auffassten. Infolge der zermürbenden deutschen Luftangriffe häufte sich die Zahl desertierender Soldaten oder ganzer Gruppen, die, entnervt vom permanenten Dauerbeschuss, ihre Stellungen verließen. Die Horrorberichte, welche diese Fahnenflüchtigen erzählten, führten zu ersten Panikreaktionen. Die Anblicke von Verwundeten, die von der Front in Lazarette im Hinterland transportiert wurden, schienen die schlimmsten Geschichten zu bestätigen. Zur Aufrechterhaltung der Kampfmoral griffen Kommandeure zu drastischen Methoden. Der Kommandeur der 64. sowjetischen Schützendivision ließ seine Soldaten antreten und hielt zunächst eine wutentbrannte Rede, in der er Feigheit und Verrat geißelte. Dann schritt er, laut zählend, die Reihe seiner Soldaten ab und erschoss jeden zehnten – eine verbürgte Geschichte. Nach inoffiziellen Schätzungen sollen mehr als 13 000 sowjetische Soldaten während der Schlacht um Stalingrad auf der Grundlage von offiziellen Kriegsgerichtsurteilen oder durch Standgerichte erschossen worden sein. Rückzug, Selbstverstümmelung, Desertion, Feigheit vor dem Feind – die Anschuldigungen in ihrer unterschiedlichsten Form gipfelten immer in einem zentralen Vorwurf: Verrat am Mutterland.

Die Ankläger machten in solchen Fällen kurzen Prozess. Ob an Ort und

Oben: »Willst du dein Mutterland verteidigen?«: Viele von denen, die sich angeblich freiwillig zur Roten Armee melden, sind einberufen worden.
Unten: »Parteimitglieder an die Front!«: Die KPdSU macht sich den Sowjetpatriotismus zunutze.

Stelle oder an einem zentralen Punkt hinter den eigenen Linien – häufig inszeniert als öffentliches Schauspiel zur Abschreckung von potenziellen Nachahmern: Die Verurteilten mussten sich entkleiden, damit Uniform und Stiefel wieder verwendet werden konnten. Dann erfolgte der Todesschuss durch ein spezielles Exekutionskommando, das für seine Tat in der Regel mit einer Sonderration Wodka belohnt wurde.

Nicht nur die Soldaten mussten mit drakonischen Strafen rechnen. Die Zivilbevölkerung traf es kaum weniger hart. Für die Bauern in den Dörfern rund um Stalingrad war es besonders schwierig, sich korrekt zu verhalten. Verließen sie wegen des deutschen Bombardements ihre Höfe, so drohten ihnen sechs Monate Arbeitslager »wegen Desertion vom Arbeitsplatz«. Harrten sie trotz Bomben aus, waren sie der Kollaboration mit dem Feind verdächtig. Wer floh, verriet den Nachbarn, um sich selbst vor einer Anklage zu retten. Mit harter Hand versuchte die Militärführung, eine aufkommende Panik zu verhindern – und schürte durch ihr oft brutales Vorgehen Angst und Unsicherheit in der Stadt.

»In der brennenden Stadt konnten wir keine Feiglinge gebrauchen«, konstatierte Wassilij Tschuikow, der seit dem 10. September als Oberbefehlshaber der 62. Armee fungierte. Die sowjetische Führung berief sich dabei auf den Vater der Oktoberrevolution und zitierte ein Wort Lenins: »Jene, welche der Roten Armee nicht auf jede erdenkliche Weise helfen, die ihre Ordnung und Disziplin nicht unterstützen, sind Verräter und müssen ohne Gnade getötet werden.« Wie rigoros diese Vorgabe in Stalingrad umgesetzt wurde, erfuhren Soldaten und Zivilisten, Männer, Frauen – und sogar die Kinder – am eigenen Leibe. Im Verlauf der Kämpfe spannten deutsche Soldaten russische Jungen und Mädchen ein, um sich ohne eigene Verluste mit Wasser zu versorgen. Im Tausch gegen eine Scheibe Brot füllten diese Kinder hinter den Linien der Roten Armee die Wasserflaschen der deutschen Landser an der Wolga mit frischem Wasser. Die Reaktion nicht weniger sowjetischer Soldaten war brutal: Sie erschossen die Kinder, wenn sie für den Feind Kurierdienste leisteten. Aktive Unterstützung des Feindes – so lautete die Anklage, die unverzüglich mit dem Tod bestraft wurde. Dabei war es häufig nicht erforderlich, aktive Hilfe zu leisten. Auch wer sich nur in Sicherheit bringen wollte, musste mit Sanktionen rechnen, wenn ihn seine Flucht in die falsche Richtung führte. Der deutsche Unteroffizier Hans Urban beobachtete, wie es russischen Frauen erging, die sich aus der unmittelbaren Kampfzone hinter die nahe gelegenen deutschen Linien flüchteten: »Sie wurden von den Russen rücksichtslos mit Maschinengewehrfeuer niedergeschossen.«

Oben: »Keine Gebäude, keine Versorgung«: Flüchtlinge aus Stalingrad werden von den Deutschen auf freiem Feld zusammengepfercht.
Unten: »Evakuierung aus dem Kampfgebiet«: Flüchtlinge aus Stalingrad auf dem Weg nach Westen – in ein ungewisses Schicksal.

> **Der Führer befiehlt, dass beim Eindringen in die Stadt die gesamte männliche Bevölkerung beseitigt werden soll, da Stalingrad mit seiner eine Million zählenden, durchweg kommunistischen Einwohnerschaft besonders gefährlich sei.**
>
> Aus dem Lagevortrag des OKW vom 2. September 1942

Doch letztlich musste auch die sowjetische Führung einsehen: Eine Evakuierung ließ sich auf Dauer nicht vermeiden. Die Verluste unter der Zivilbevölkerung waren zu hoch. Nach langem Zögern beschlossen die Verteidiger die Räumung der brennenden Stadt. Doch die Flucht über die Wolga war bereits mindestens ebenso gefährlich wie das Verbleiben in Stalingrad. Keine Brücke überspannte den Fluss, es fehlte an Fähren. Die wenigen Dampfschiffe wurden zum Transport der vielen Verwundeten und Verletzten gebraucht. Die alten Boote, welche Kinder, Frauen und alte Menschen über den breiten Strom ans sichere Ostufer bringen sollten, waren den Angriffen aus der Luft und dem Geschützfeuer der Deutschen von den Anhöhen über der Stadt schutzlos ausgeliefert. »Kanonenboote« hießen die überfüllten Kähne im Volksmund, die sich deutschem Dauerfeuer ausgesetzt sahen. Die Besatzungen reparierten die Schäden notdürftig, um unverzüglich ans andere Ufer zurückzukehren und weitere Menschenleben zu retten.

Dennoch konnten fast 300 000 Frauen, Kinder, Alte und Verwundete über den Fluss in Sicherheit gebracht werden. Die Zivilisten verließen die Stadt jedoch nicht nur in Richtung Osten, auch nach Westen bewegten sich Anfang Oktober bis in den November hinein kleinere und größere Kolonnen. Auch die Deutschen beteiligten sich an den »Evakuierungen« Stalingrads – allerdings auf ihre Art. Wer den Weg nach Westen einschlagen musste, war Opfer deutscher Razzien geworden – wie es Hitler bereits am 2. September gefordert hatte, als er befahl, Stalingrad von Zivilisten zu räumen. Die Sonderkommandos, die den gesamten Feldzug der Wehrmacht nach Russland begleitet hatten, waren zwar auch der 6. Armee bis vor Stalingrad gefolgt, hatten sich jedoch angesichts der heftigen Kämpfe in der Stadt Ende September schnell wieder aus der unmittelbaren Gefechtszone zurückgezogen. Letztlich sollte es an den deutschen Soldaten hängen bleiben, in den Ruinen der Stadt nach Überlebenden zu suchen. »Wir mussten dann die Zivilisten erschießen«, berichtet Wunderlich, der zugleich einen Ausweg beschreibt, wie man dem Dilemma, wehrlose Zivilisten zu bekämpfen, entkommen konnte. »Ich war auch mal dran und hab den Mann laufen lassen. Ich habe mir gesagt: Wegen dem geht der Krieg auch nicht verloren.«

Nur wenige hatten so viel Glück. Zivilisten, die bei den Razzien in Stalingrad aufgegriffen wurden, mussten den Weg nach Westen antreten – in

Lager, die den Namen nicht verdienten. Es handelte sich meist lediglich um eine durch Stacheldraht eingezäunte Fläche, ohne Gebäude, ohne Versorgungseinrichtungen, ohne regelmäßige Versorgung – aber mit Wachmannschaften, die ihre Opfer allzu oft quälten, wo sie nur konnten. Die Deutschen überließen diese »Arbeit« ihren Hilfstruppen. Meist waren es Ukrainer, gescheiterte Existenzen, rechtskonservative Nationalisten, die in deutscher Uniform ihren Hass auf alles auslebten, was russisch, kommunistisch oder grundsätzlich verdächtig war. Rund 60 000 Zivilisten sollen nach sowjetischen Schätzungen von deutschen Soldaten während der Schlacht um Stalingrad aus der Stadt verschleppt worden sein.

Die Einwohner, die in der Stadt blieben, halfen bei der Verteidigung nicht nur durch den Bau von Barrikaden, Panzergräben und Straßensperren. Nicht minder gering ist die Bedeutung einzuschätzen, die der Aufrechterhaltung der Industrieproduktion zukam. Die Rüstungsmetropole Stalingrad wollte Hitler ausschalten – doch die Produktion lief weiter.

Auch wenn die deutschen Luftangriffe die Arbeit in den großen Betrieben zur lebensgefährlichen Angelegenheit machten und Teile der Produktionsanlagen zerstörten – die Munitionsherstellung in den Stalingrader Fabriken erhöhte sich in der Anfangsphase der Kämpfe um Stalingrad um das Doppelte. Panzer um Panzer rollte aus dem eigentlich als Traktorenfabrik errichteten Werk »Dserschinski«, die Massenproduktion von Molotow-Cocktails funktionierte. Weißer Phosphor und Schwefel, in Schwefeldioxid aufgelöst, bildeten eine explosive Mixtur, die sich beim Aufschlagen an der Luft sofort entzündete. Die Herstellung dieser Mischung, erprobt seit dem russisch-finnischen Krieg, wurde in Stalingrad weiter perfektioniert. In den Fabriken, von denen bald nur noch die Mauern standen, übernahmen Frauen die Arbeit der Männer, die für den bewaffneten Kampf gebraucht wurden. Junge Mädchen taten Dienst als Krankenschwestern; Jugendliche, fast noch Kinder, wurden als Angehörige der kommunistischen Jugendorganisation Komsomol zur kämpfenden Truppe abkommandiert; Zivilisten dienten in Volkswehren oder kamen gleich zur regulären Armee. Wo Kindersoldaten im Einsatz für die Rote Armee standen, da mussten die Kämpfe eine neue, unmenschliche Qualität annehmen, die der Infanterist Karl Peter erlebte: »Beim Kampf um den Getreidesilo bemerkte ich einen 13-jährigen Jungen, der einen MG-Schützen einwies und ihm unsere Stellungen zeigte. Ein Feldwebel rief mir zu: ›Karl, den greif' ich mir!‹ Als der Junge wieder vorbeikam, packte er ihn am Haarschopf und schoss ihm mit der Pistole ins Genick. Ähnlich erging es einer alten Frau, die uns wohl laufend verraten hatte. Da gab es keine Gnade. Die eigene Haut war in diesen Momenten die nächste.«

Der knappe Befehl, den Generalleutnant Tschuikow ausgab, nachdem er am 10. September von der STAWKA das Oberkommando über die 62. Armee erhalten hatte, galt nicht nur den Angehörigen der Roten Armee: »Jeder Soldat eine Festung.« An dieser Maxime orientierten sich auch viele Zivilisten jeglichen Alters, jeglichen Geschlechts. Ob Vaterlandsliebe, Pflichtbewusstsein oder die Angst vor den eigenen Kommandeuren – die Entschlossenheit der sowjetischen Verteidiger wuchs mit jedem Meter, den sich die Deutschen der Stadt annäherten. Dort hatten die Menschen verstanden, dass die Wolga die entscheidende Verteidigungslinie war.

## »Die Lage war tatsächlich sehr gefährlich«

Adolf Hitler wurde ungeduldig. Zwei Monate war es bereits her, seit »Fall Blau« im Süden der Sowjetunion begonnen hatte. Als die Heeresgruppe B am 19. August den Befehl zur Eroberung Stalingrads erhielt, dauerte die deutsche Offensive schon sieben Wochen, länger als der gesamte Feldzug im Westen Europas. Erst am 23. August 1942, zwei Tage vor dem Datum, das Hitler als Termin für die endgültige Einnahme der Stadt genannt hatte, erreichten deutsche Verbände der 16. Panzerdivision das westliche Ufer der Wolga und bildeten bei Rynok einen Brückenkopf, den sie nun gegen die sowjetischen Angriffe halten mussten.

Zur gleichen Zeit überquerte das LI. Armeekorps den Don. Zwei Aufträge hatte General Walther von Seydlitz-Kurzbach mit den Sturmtruppen der beiden Infanteriedivisionen auszuführen: Er sollte die Verbindung zu den eingeschlossenen Truppen im Kessel bei Rynok wiederherstellen und gleichzeitig den Flugplatz Gumrak, acht Kilometer westlich von Stalingrad, erobern. Damit wäre im Norden die Ausgangsposition für den Angriff auf die Stadt geschaffen.

Der Roten Armee gelang es nicht, die Deutschen zurückzuschlagen. Auch wenn sie mit allen zur Verfügung stehenden Menschen und allem Material, darunter auch neu gelieferten amerikanischen Waffen, gegen die deutschen Stellungen anstürmte – die Deutschen ließen sich nicht zurückdrängen. »So weit das Auge reicht, unzählige zusammengeschossene und ausgebrannte Panzer, und zwar russische«, schrieb ein Pioniergefreiter in Siegeslaune nach Hause. »An dem engen Zusammenwirken von

Heer und Luftwaffe scheiterten vor allem nordwestlich von Stalingrad die Gegenangriffe des Feindes«, triumphierte der *Völkische Beobachter* am 3. September. Der 49-jährige Hyazinth Graf Strachwitz wurde für seinen Erfolg mit dem Eichenlaub zum Ritterkreuz ausgezeichnet und »aus Altersgründen« in die Heimat abberufen. Den endgültigen Sieg sollte die zur 16. Panzerdivision gehörende Einheit unter dem Kommando von Bernd Freytag von Loringhoven erringen.

Die Zeit drängte: Nur noch fünf Wochen blieben bis zum Einsetzen der großen Herbststürme. Was die Schlammperiode bedeutete, das hatten

> **Die Wochenschau zeigte nur lachende und strahlende Gesichter auf den Panzern. Es ging immer nur vorwärts mit aufgekrempelten Ärmeln, am Straßenrand zerschossene russische Panzer. Was anderes haben wir ja nicht gesehen damals. Erst als nach dem Fiasko in Stalingrad die Kreuze in der Zeitung sich immer mehr häuften, wurde das Volk auf den Boden der Tatsachen zurückgeholt.**
>
> Erich Miethe, Pilot der Luftwaffe

die Deutschen im Herbst 1941 vor Moskau erfahren, als die Offensive im Morast stecken geblieben war. Noch einmal wollten sie das nicht erleben. Im Süden bereitete sich die 4. Panzerarmee ebenfalls auf die endgültige Eroberung vor. Doch Ende August waren Hoths Panzer vor dem inneren Verteidigungsgürtel Stalingrads bei Abganerowo zum Stehen gekommen. Der deutsche General zog die Konsequenzen: »Wir müssen umgruppieren«, lautete die Losung im Stab der 4. Panzerarmee. Von Abganerowo nach Gawrilowka, von der Südspitze in die südwestlichen Bezirke der Stadt, dirigierte Hoth nun seine Panzer. Dort gelang der Durchbruch durch die Linien der überrumpelten Sowjets. Der innere Verteidigungsgürtel war aufgerissen, die sowjetischen Kräfte der 62. und der 64. Armee in der vordersten Linie waren von der Einkesselung bedroht und die Voraussetzungen für den Frontalangriff geschaffen. Nach der Überwindung des äußeren Verteidigungsgürtels Stalingrads konnten Hoths Panzer weiter zum inneren Befestigungsring vordringen, wo die Deutschen bei Tundutowo auf den südlichen Eckpfeiler der Verteidigungslinien stießen. Die letzte Sperre, die das Stadtzentrum vor den Angreifern schützen sollte, war erreicht. Im Kriegstagebuch der 24. Panzerdivision heißt es fast lyrisch: »Dort unten, nur wenige hundert Meter entfernt, liegt die Stadt und hinter ihr das breite hellblaue Band der Wolga, unser Ziel seit Wochen, zum Greifen nahe.«

Die Zeit lief gegen die 6. Armee. Ende August war die Stadt zwar weiträumig eingeschlossen, doch erst am 4. September konnten deutsche Panzer in die südlichen Vororte der Stadt eindringen. Nach harten Kämpfen geriet drei Tage später der Flugplatz Gumrak in deutsche Hand. Am 9. September stießen deutsche Panzer in die nördlichen Außenbezirke Stalin-

> **Die Moral war ausgezeichnet. Man war erfolgreich gewesen. Man hatte Stalingrad erobert. Man war an der Wolga. Das war natürlich etwas.**
> Winrich Behr, Hauptmann der 6. Armee

> **Unsere Meinung war, wenn wir Stalingrad genommen und die Wolga als Nachschubweg für Moskau abgeschnitten haben, dann ist im Grunde der Krieg so gut wie beendet.**
> Gerhard Dengler, Hauptmann der 6. Armee

grads vor und eroberten die Eisenbahnlinie Astrachan – Moskau, der Weg für den Nachschub der westlichen Alliierten in die sowjetische Hauptstadt war gesperrt. Damit war die Hauptverkehrsader von den Ölfeldern des Kaukasus nach Norden unterbrochen, der für die Sowjets lebenswichtige Versorgungsstrang unter deutscher Kontrolle. Die sowjetische Rüstungsindustrie in der Stadt war in dem tagelangen Dauerbombardement der deutschen Luftwaffe einem »Orkan von Feuer und Eisen«, wie die NS-Presse pathetisch formulierte, ausgesetzt. Die ursprünglichen Ziele des »Falls Blau« schienen erreicht. Doch Hitler wollte längst mehr. Nicht nur das strategisch notwendige, sondern vor allem auch das psychologische Ziel stand nun im Zentrum seines Denkens. Der »Führer« wollte nicht allein den militärischen Erfolg, er wollte den symbolischen Triumph. Und das hieß: Die Stadt, die Stalins Namen trug, musste vollständig erobert werden.

»Die Lage war tatsächlich sehr gefährlich«, notierte Generaloberst Andrej I. Jeremenko in sein Tagebuch. Er entschloss sich, den Befehl zum Rückzug zu erteilen. Zwar gab er damit die gut ausgebauten Befestigungsanlagen des inneren Verteidigungsgürtels auf, doch er bewahrte zwei Armeen vor der tödlichen Umklammerung. Denn schon tags darauf befahl Paulus der 6. Armee den Vorstoß von Norden nach Gawrilowka. Am 3. September trafen sich die beiden deutschen Zangenarme, der Ring um die Stadt hatte sich geschlossen, die Verteidiger waren eingekesselt. Die 62. Sowjetische Armee zog sich am 10. September in die Innenstadt zurück. Am nächsten Tag musste der sowjetische Oberbefehlshaber der Stalingrad-Front sein bisheriges Hauptquartier in der Zariza-Schlucht räumen. Gemeinsam mit Nikita Chruschtschow war es Generaloberst Jeremenko gelungen, Stalin die Erlaubnis abzuringen, das Hauptquartier der Stalingrad-Front auf das östliche Ufer der Wolga zu verlegen. So hofften die Deutschen, dass nun, nach Überwindung des letzten Verteidigungsgürtels, die Eroberung des Stadtzentrums nicht mehr lange auf sich warten lassen würde. Immerhin: Nur noch ein sowjetischer Armeegefechtsstand thronte auf der westlichen Seite des Flusses. Auf dem Mamai-Hügel, einer großen Grabstätte aus Tatarenzeiten, befand sich das Hauptquartier der 62. Sowjetischen Armee. Generalleutnant Lopatin war nach wochenlangen verzweifelten Verteidigungsbemühungen bereit, seine erschöpften und dezimierten Truppen zurückzuziehen. »Er befiehlt den totalen Rückzug, anstatt bis zum Letzten zu kämpfen«, kritisierte Chruschtschow. Stalin ordnete die Ablösung Lopatins an. Der neue Mann war ganz nach dem Geschmack des Kremlherrschers. »Ich schwöre, die Stadt nicht zu verlassen. Wir werden Stalingrad halten oder dort sterben«, versprach Generalleutnant Wassilij Tschuikow.

Vom Hügel 102 aus befehligte der neue Kommandeur die 20000 Soldaten, die bereits die schweren Gefechte zuvor überlebt hatten. Bei der Verteidigung der mittleren und nördlichen Vorstädte verfügte er über kaum mehr als 50 Panzer, die zum großen Teil nur noch als unbewegliche Artilleriegeschütze einsetzbar waren. Doch der

> Wie haben im August und September bis Anfang Oktober, als wir merkten, dass der Widerstand sehr hart war, gedacht: Die Stadt nehmen wir ein. Wir hatten schon viele größere Städte in Russland eingenommen, und insofern hatten wir ein sehr gutes Gefühl, ein Siegesgefühl. Das ging dann aber von Woche zu Woche und später von Tag zu Tag natürlich verloren.
>
> Hans E. Schönbeck,
> Leutnant der 6. Armee

> Da die Stadt selbst nicht breit war, hieß es immer: Da sind wir schnell durch!
>
> Walter Loos, Soldat der 6. Armee

bärbeißige Offizier, bei seinen Soldaten ebenso beliebt wie gefürchtet, setzte zur Abwehr der Angreifer ohnehin nicht auf die Stärke der Geschütze. Sie benötigte er lediglich, um die deutsche Luftwaffe an einer weiteren Bombardierung der Stadt zu hindern. Da dies vom Ostufer der Wolga aus besser möglich war, verlagerte er die Flak dorthin. Für die Kämpfe auf der westlichen Seite hatte er ein anderes Rezept: »Jeder Deutsche muss das Gefühl haben, dass er direkt vor dem Lauf eines russischen Gewehrs lebt«, hatte er als Maxime ausgegeben. Tschuikow ahnte, welche Art der Auseinandersetzung in der zerstörten Stadt bevorstand: ein Kampf Mann gegen Mann, Straßenzug um Straßenzug, Haus um Haus, Stockwerk um Stockwerk. Das Kampfgebiet der 62. Armee sollte zum Zentrum eines Infernos werden, in dem deutsche Truppen mit beispielloser Härte und Entschlossenheit ihren Weg zur Wolga erkämpften und die sowjetischen Verteidiger mit ebenso großer Erbitterung und Erbarmungslosigkeit jeden Vorstoß zurückzuschlagen suchten.

Nachdem sich die Rote Armee am 12. September auf den so genannten Stadtring, den inneren Befestigungsgürtel Stalingrads unmittelbar an der Stadtgrenze, zurückziehen musste, war der Kampf in den Vororten fürs Erste beendet. Der Optimismus der deutschen Soldaten schlug sich in den Briefen nieder, die sie nach Hause schickten. Oberleutnant Johann Nikolaus von Hollen schrieb am 12. September an seine »liebe Christa«: »Das in den letzten Tagen Erlebte übertrifft alles! An einem einzigen Tag schossen wir 65 feindliche Panzer ab. Ich bin stolz darauf, mit meinen beiden schweren Geschützen allein acht abgeschossen und vier schwer beschädigt zu haben. Du kannst dir kein Bild davon machen, wie herrlich das war. Ich werde diese Kampfeindrücke in meinem Leben nicht vergessen!«

Am selben Tag traf Generaloberst Paulus in Winniza ein. Hier, im »Führer«-Hauptquartier an der Ostfront, wollte Hitler mit dem Kommandeur der 6. Armee, dem Oberbefehlshaber der Heeresgruppe B und dem Generalstabschef des Heeres das weitere Vorgehen in Stalingrad besprechen. »Zehn Tage« werde der Kampf um Stalingrad noch dauern, lautete seine optimistische Einschätzung. Doch vom Blitzkrieg, von der schnellen Eroberung der Stadt, konnte keine Rede mehr sein, denn nicht nur der Stadtrand war eine einzige Barrikadenstellung.

Der Angriff der Deutschen auf das Zentrum Stalingrads begann am 13. September 1942 um 4.45 Uhr mit starkem Artilleriebeschuss. Mit der Offensive gegen den Mamai-Hügel griffen die Deutschen nach einem der strategisch wichtigsten Punkte im Kampf um die Stadt. Wer auf dieser Anhöhe seine Artilleriestellungen einrichten konnte, der beherrschte die Wolga. Bislang befand sich dort Tschuikows Hauptquartier, von hier aus kommandierte er die 62. Armee. Während die Wehrmacht zum entscheidenden Stoß ansetze, diskutierte das Oberkommando in Moskau die Pläne für eine sowjetische Gegenoffensive. Die Voraussetzung: Stalingrad musste so lange gehalten werden, bis Reserven für einen Angriff auf die deutschen Frontlinien aufgebaut waren. Bevor die Offensive unter dem Tarnnamen »Operation Uran« in die Tat umgesetzt werden konnte, galt es, Stalingrad zu verteidigen und »den Gegner in aktiver Verteidigung aufzureiben«. Dass dies gelingen könnte, danach sah es in den Gefechten um die Höhe 102 auf dem Mamai-Hügel jedoch nicht aus. Nach dem Dauerfeuer und den Luftangriffen des Vortags wunderte sich ein Unteroffizier der 389. Infanteriedivision nach einem weiteren Tag des Dauerbombardements: »Was da hineingeschossen wird – man sollte glauben, keine Maus sei mehr am Leben.« Doch noch immer leisteten Einheiten eines Schützenregiments des NKWD sowie des 42. Gardeschützenregiments hartnäckigen Widerstand. Und vom Ostufer der Wolga hatte die sowjetische Führung Verstärkung in die Schlacht um den Hügel geworfen: die 13. Gardeschützendivision, die unter dem Kommando von General Alexander Rodimzew zum Gegenangriff übergehen und die Verteidiger des Mamai-Hügels unterstützen sollte. Der klein gewachsene Mann, der den Titel »Held der Sowjetunion« trug, hatte seine Elitesoldaten unter starkem Beschuss über die Wolga geführt. Die Verluste waren fürchterlich. Im Dauerfeuer der deutschen Artillerie erreichten nur zwei Drittel der Mannschaf-

Oben: »Da sind wir schnell durch«: Bei den ersten deutschen Verbänden, die Stalingrad erreichen, herrscht noch Siegeszuversicht.
Unten: »Wir werden mit den Russen schon fertig«: Generaloberst Paulus und General Seydlitz-Kurzbach auf Beobachtungsposten, Oktober 1942.

> Das war kein Krieg – das war ein wahrer Fleischwolf. Wie viele Deutsche ums Leben gekommen sind, weiß keiner. Wie viele von unseren Leuten ums Leben gekommen sind, weiß auch keiner. Doch wie viele Kameraden vor meinen Augen gestorben sind, das weiß ich sicher. Ich kann sie alle aufzählen.
>
> Wladimir Chartschenkow, Soldat der Roten Armee

ten das westliche Ufer, ein Drittel überlebte den ersten Angriffstag nicht. Dennoch kam für die sowjetischen Soldaten eine Rückkehr auf die sichere östliche Seite nicht infrage. Ihr Kommandeur hatte das Kampfesmotto ausgegeben: »Für uns gibt es hinter der Wolga kein Land.« Es war kein leeres Versprechen. Von ursprünglich 10 000 Soldaten sollten ganze 320 die Schlacht um Stalingrad lebend überstehen. Die Gefallenen zu beerdigen war unmöglich und – unnötig. Die im Dauerfeuer aus den Geschützrohren der deutschen Artillerie einschlagenden Granaten pflügten den Boden um und hätten die vergrabenen Leichen wieder ans Tageslicht befördert, um sie im niedergehenden Hagel der aufgewühlten Erdklumpen erneut zu begraben. Der aufgewirbelte Staub verdunkelte die Sicht. Hell wurde es kaum.

Angesichts der hohen Zahl gegnerischer Verluste meldete das Oberkommando des Heeres in seinem Lagebericht am Abend des 13. September optimistisch: »Der Angriff gegen Stalingrad schreitet gegen die zäh verteidigte Befestigungsanlage am Rande der südlichen Vororte langsam vorwärts.«

Tatsächlich blieb Tschuikow trotz der Verstärkung keine andere Wahl: Er musste sein Hauptquartier verlagern, sich selbst und den Stab der 62. Armee in Sicherheit bringen – zumindest vorläufig. Als er sich mit seinem Stab in den Tunnel zurückzog, der sich von der Zariza-Schlucht bis zum Wolgaufer erstreckte, konnten die Deutschen triumphierend die Reichskriegsflagge in den Boden rammen – doch sie wehte nicht lange im Wind über Stalingrad. In einem selbstmörderischen Anfall von Heldenmut riss ein sowjetischer Gardist das deutsche Hoheitssymbol wieder heraus. Der Kampf um die Höhe 102 war noch längst nicht entschieden.

Am 14. September hatten sich Verbände der 71. Infanteriedivision zum Zentrum Stalingrads durchgekämpft. Die Meldung über ihr Vordringen löste im »Führer«-Hauptquartier Euphorie aus. Es konnte sich nur noch um wenige Tage handeln, dann würde Stalingrad endgültig in deutscher Hand sein. Mitte September, nach vier Wochen härtester Kämpfe, standen die sowjetischen Verteidiger eingeschlossen mit dem Rücken zur Wolga. Der Gefechtsbericht des Stabes der 62. Armee verdeutlichte die Dramatik der Ereignisse des Kampfes um den Hauptbahnhof, in dem beide Seiten in ständigem Wechsel die Oberhand zu gewinnen schienen.

»Stalingrad halten oder sterben«: Der Oberbefehlshaber der 62. Armee, Generalleutnant Wassilij Tschuikow (2. v. links), in seinem Gefechtsstand.

»7.30 Uhr: Der Gegner hat die Akademitscheskaja-Straße erreicht.
7.40 Uhr: Das 1. Bataillon ist von den Hauptkräften abgeschnitten.
7.50 Uhr: An den Zugängen des Bahnhofes ist der Kampf entbrannt.
8.00 Uhr: Der Bahnhof ist in der Hand des Gegners.
8.40 Uhr: Der Bahnhof ist in unserer Hand.
9.40 Uhr. Der Gegner hat den Bahnhof wieder genommen.
10.40 Uhr: Der Gegner hat die Puschkin-Straße, 600 Meter vom Gefechtsstand der Armee entfernt, erreicht.
11.00 Uhr: 2 Infanterieregimenter, unterstützt von 30 Panzern, rücken gegen die Technikersiedlung vor.
13.20 Uhr: Der Bahnhof ist unser.«

Doch auch die deutsche Seite verbreitete Siegeszuversicht. »Gegen Mittag fiel der Hauptbahnhof, um 15.15 Uhr ist das Wasserwerk in unserer Hand. Das Wolgaufer ist erreicht!«, meldete die 6. Armee nach den Erfolgen der 71. und 76. Division. Es war eine allzu optimistische Einschätzung, denn nur für ganze zwei Stunden vermochten sich die Deutschen der Kontrolle über diesen strategisch wichtigen Punkt zu erfreuen. Bevor sie von hier aus das andere Ufer der Wolga unter Beschuss nehmen konn-

> **Der Kampf um Stalingrad ist gewissermaßen eine gigantische Auseinandersetzung zwischen Nationalsozialismus und Bolschewismus oder, besser gesagt, zwischen Hitler und Stalin.**
>
> Joseph Goebbels, Tagebucheintrag, 15. September 1942

> **Sie können der Überzeugung sein, dass uns kein Mensch von dieser Stelle mehr wegbringen wird!**
>
> Adolf Hitler in einer Rede vom 30. September 1942

ten, wurde das Gebäude von der Roten Armee zurückerobert – um unverzüglich wieder in die Hand der Deutschen zu fallen, die in den Abendstunden allerdings erneut den Rotarmisten weichen mussten. Innerhalb von nur drei Tagen wechselte das strategisch wichtige Gebäude 15-mal den Besitzer. Dann setzten sich die Deutschen darin fest – zumindest vorläufig: »Das Zentrum und das Gebiet um den Bahnhof sind in deutscher Hand. Ihr könnt euch nicht vorstellen, wie wir diese Nachricht aufnahmen«, konnte ein Soldat der 29. Infanteriedivision am 15. September nach Hause schreiben. Doch noch bevor der Feldpostbrief seinen Adressaten erreichte, hatten sich die Verhältnisse längst wieder geändert.

Am 17. September druckten einige Berliner Zeitungen bereits Extrablätter, in denen es mit großen Lettern hieß: »Stalingrad gefallen!« Die Verteilung wurde im letzten Moment auf Anweisung Goebbels' gestoppt. General Paulus konnte die geforderte Siegesmeldung nicht liefern. Dennoch schien der endgültige Sieg nur noch eine Frage von Stunden zu sein. Der Propagandaminister in Berlin konnte es ohnehin kaum noch abwarten: »Das Ringen um Stalingrad nähert sich einem erfolgreichen Ende. Die deutsche Presse hat sich vorzubereiten, den Sieg in wirkungsvollster Form zu würdigen«, lautete die Tagesparole, die Goebbels am 15. September 1942 formulierte. Der sowjetische Nachrichtendienst fing am nächsten Tag einen deutschen Funkspruch ab, in dem der Sieg nach Berlin gemeldet wurde: »Stalingrad ist von glänzenden deutschen Streitkräften genommen worden. Russland ist in zwei Teile zerschnitten und wird bald unter heftigen Todesschmerzen zusammenbrechen.« Die Meldung verdarb Stalin den Appetit, auch er drängte auf eine Bestätigung.

Tschuikow sah sich in dieser Nacht zu einem erneuten Standortwechsel gezwungen. Auch sein Ausweichquartier in der Zariza-Schlucht, das er nach dem Abzug vom Mamai-Hügel für einige Tage bezogen hatte, war durch deutsche Infanteriekompanien bedroht, die den Eingang unter Feuer nahmen.

Die Kämpfe in und um Stalingrad waren längst keine offene Feldschlacht mehr, in der Panzer und motorisierte Verbände weiträumig agieren, den Gegner einkesseln und dann niederkämpfen konnten. Die Kämpfe um Stalingrad waren Häuserkämpfe, ein Graben- und Stellungs-

»Symbolisches Gebäude«: Die Silhouette des Getreidesilos am Stadtrand war von Generaloberst Paulus als Emblem für den »Stalingrad-Schild« gedacht – nach der siegreichen Schlacht.

> **Man macht sich vermehrte Sorge um Stalingrad und hofft doch noch, dass es den deutschen Truppen gelingen werde, diese Stadt vor Einbruch des Winters gänzlich in unseren Besitz zu bringen, woran ja wohl auch nach Lage der Dinge nicht gezweifelt werden kann.**
>
> Joseph Goebbels, Tagebucheintrag, 2. Oktober 1942

> **Die deutsche Führung beurteilte die Lage nach einer Karte im Maßstab 1 zu 10.000. Hitler erklärte: »Donnerwetter, diesen Mauervorsprung da in Stalingrad, den muss doch ein Pionierbataillon nehmen können!«**
>
> Winrich Behr, Hauptmann der 6. Armee

krieg, den die sowjetische Propaganda schon damals nicht zu Unrecht als »russisches« oder »rotes Verdun« bezeichnete. »Ob Stalingrad ein zweites Verdun wird?«, fragte sich Oberst Helmuth Groscurth am 4. Oktober. Die Sowjets hatten eine Antwort parat. Das Sowinformbüro bemühte sogar weitere Namen aus den Schlachten des Ersten Weltkriegs: Als »Douaumont Stalingrads« wurde ein besonders umkämpfter Höhenzug im Norden der Stadt bezeichnet. Die Botschaft für die Angreifer: Wie damals auf den Feldern von Verdun kommt ihr nicht weiter.

Richtig ist: Wie in den Schlachten des Ersten Weltkriegs, als deutsche und französische Einheiten in den Schützengräben ausbluteten, ohne große Raumgewinne zu erzielen, standen sich in den Straßen Stalingrads nun Rote Armee und Wehrmacht in verlustreichen Stellungskämpfen gegenüber. Ein Unterschied: Die Deutschen kamen vorerst voran, langsam zwar, aber scheinbar unaufhaltsam. Hans Doerr, ein deutscher Verbindungsoffizier zu den verbündeten rumänischen Verbänden, beschrieb den gnadenlosen Straßenkampf in der Stadt: »Der Kilometer als Maßeinheit wich dem Meter, die Generalstabskarte dem Stadtplan. Um jedes Haus, jede Fabrikhalle, um Wassertürme, Bahneinschnitte, Mauern, Keller und schließlich um jeden Trümmerhaufen tobte ein Kampf, wie man ihn in dieser Konzentration selbst in den Materialschlachten des Ersten Weltkriegs kaum erlebt hatte. Entfernungen gab es nicht, nur Nähe.«

Die Nähe hatte dabei auch tragikomische Züge. Die Deutschen lernten ein paar Wörter Russisch, die Russen verstanden etwas Deutsch. »Wenn mal eine Feuerpause war, sind die austreten gegangen, und wir auch. Dann haben wir uns über 20, 30 Meter Entfernung unsere Fremdsprachenbrocken zugeworfen: Dawei, Zigaretten, Fabrik. Es hätte nicht mehr lange gedauert, und wir hätten ein Gespräch gehabt.« Dass aus dem von Walter Loos erwarteten Gespräch nichts wurde, dafür sorgten neu hinzugekommene Soldaten, welche die Gepflogenheiten nicht kannten: »Da hat einer den austretenden Russen in den Hintern geschossen, und von da an war es aus. Wir durften uns nicht mehr blicken lassen. Wer den Kopf hob, der musste sofort mit Scharfschützen rechnen.«

Sowjetische Scharfschützen stellten für die deutschen Soldaten die größte Gefahr dar. Initiator der Scharfschützenbewegung, die in den Kämpfen um den Mamai-Hügel ihre Geburtsstunde erlebte, war Wassilij G. Saizew. Auf seine Initiative hin entstanden in jedem Regiment Scharfschützengruppen, die entlang der gesamten Frontlinie zum Einsatz kamen. Von diesen Trupps waren jeweils zwei Mann für einen kleinen Abschnitt zuständig, in dem sie verschiedene Feuerstellungen einrichteten, die sie dann je nach Bedarf kurzfristig wechseln konnten. »Sie saßen sie zum Beispiel auf den Dächern der Fabrikhallen des ›Roten Oktober‹ mit ihren Filzstiefeln und Watteanzügen, im Gesicht genauso braun wie der Rost der Wellblechdächer. Und wer von uns den Kopf rausstreckte, der war weg«, schildert Vincenz Griesemer die Gefahr, die von den unsichtbaren Todesschützen ausging. Überall hatten sich diese Spezialisten verborgen und zwangen die Deutschen allein durch ihre potenzielle Anwesenheit, den aufrechten Gang zu vermeiden und stattdessen zu kriechen. Hinter leeren Fensterhöhlen, Mauerresten, ausgebrannten Panzern, Kellerräumen – die Verstecke waren verschieden, die

> Was die Operation selbst anbelangt, so glaubt der Führer, dass es uns gelingen wird, in Kürze Stalingrad vollkommen in unseren Besitz zu nehmen.
>
> Joseph Goebbels, Tagebucheintrag, 4. Oktober 1942

»Regelrechter Kult«: Generalleutnant Wassilij Tschuikow (links) begutachtet die Waffe des Scharfschützen Wassilij Saizew (rechts).

> **Die Fabrikhalle war einerseits russisch, die andere Seite war deutsch. Und wir saßen also da in der Meisterbude und tranken Schnaps, und dann sagte der: »Willst du mal sehen, wie gut die Russen schießen können?« Und hielt 'ne Zeitung da aus der Tür raus. Da machte es bums, und schon war ein Loch drin!**
> Gottfried von Bismarck,
> Leutnant der 6. Armee
>
> **Natürlich haben wir unter den russischen Scharfschützen sehr gelitten. Aus welchen Gründen auch immer ein Soldat sein Deckungsloch verlassen musste – er geriet in Gefahr, durch einen russischen Scharfschützen abgeschossen zu werden. Besondere Ziele waren zweifellos der Kopf und die Brust.**
> Horst Zank, Hauptmann der 6. Armee

Gefahr immer gleich groß. Erfahrene Soldaten kannten das einzige Rezept gegen Scharfschützen: »Ducken und unten bleiben.« Aber auch in scheinbar sicherer Entfernung mussten die Soldaten mit dem Schlimmsten rechnen. Weit abseits der direkten Kampflinie traf es einen Kameraden von Walter Loos: »Wir standen beisammen und haben über Heimaturlaub gesprochen. Erst fahren die Verheirateten, die Ledigen müssen warten bis Weihnachten. Plötzlich traf ihn der Schuss und riss seinen Kopf auseinander. Überall flog das Hirn umher, es war furchtbar.« Die altgedienten Stalingrad-Kämpfer waren abgehärtet: »Die sowjetischen Hilfswilligen haben ihn mit den Gefallenen und Verwundeten zurückgetragen. Wir haben die Erkennungsmarke abgemacht und sie am Abend dem Essensträger mitgegeben.« Trauer war kaum mehr möglich. Die Zahl der Opfer war zu hoch. Sie nahm in besonderem Maße zu, wenn in den vordersten Linien neue Kräfte zum Einsatz kamen – junge, nur unzureichend ausgebildete Soldaten –, meist ohne Fronterfahrung. »Als wir einmal 25 Mann Verstärkung bekamen, lebten nach vier Tagen nur noch fünf oder sechs«, berichtete Vincenz Griesemer. »Sie haben einfach nicht auf unseren Rat gehört und nicht den Kopf unten gelassen.« Wer glaubte, eine kurze Kampfpause für eine Zigarette nutzen zu können, und dabei den Kopf aus der sicheren Deckung hob, zahlte seine Unvorsicht häufig mit dem Leben. »Mach einen Fehler, und du brauchst kein Essen mehr«, hieß die Überlebensweisheit der Rotarmisten. Als 18-Jähriger musste auch Hubert Kremser den Wahrheitsgehalt dieses Spruches erfahren. Sein Kamerad, mit dem er alle Entbehrun-

> *Es wurde ein Leutnant eingeflogen von außerhalb: ein Scharfschütze, der hatte ein Gewehr mit Zielfernrohr. Der gute Mann war bei uns drin. Unser Oberfeldwebel hat ihn eingewiesen, wo die russischen Scharfschützen ungefähr saßen. Doch wenn er die abschießen wollte, musste er selbst erst einmal hochschauen. Doch er hat nicht einen Schuss abgeben können, da war er schon tot.*
> Vincenz Griesemer, Soldat der 6. Armee

gen bis Stalingrad gemeinsam ertragen hatte, wurde Opfer eines einzigen, gut gezielten Schusses: »Er stand direkt neben mir, in einem ausgehobenen Unterstand. Wahrscheinlich hat er sich etwas zu hoch über die Brüstung hinaus gewagt. Da bekam er einen Kopfschuss und war sofort tot. Es war ein total demoralisierendes Erlebnis für mich.« Andere Kameraden zogen den Toten und den Lebenden aus der Gefahrenzone. Um die Beerdigung der Leiche machte sich zu diesem Zeitpunkt bereits niemand mehr Gedanken. Der Respekt der Deutschen vor den russischen Scharfschützen wuchs mit der Dauer der Kämpfe,

> Wir müssen jedem deutschen Soldaten das Gefühl geben, dass er in die Mündung eines russischen Gewehrs blickt.
>
> Befehl des Generals Wassilij Tschuikow, Kommandeur der 62. Armee

> Unser Kompaniechef sagte uns: »Keinen Schritt zurück! Auf der anderen Seite der Wolga gibt es kein Land für uns. Haltet aus bis zum Tode!«
>
> Garja Chocholow, sowjetischer Scharfschütze

denn die Rote Armee perfektionierte deren Einsatz. Es entwickelte sich ein regelrechter Kult um diese Art der Kriegführung. Wer mindestens 40 Todesschüsse nachweisen konnte, erhielt den Titel »Edel-Scharfschütze« und einen Orden »für Tapferkeit«. Die Trefferquoten wurden wie bei einem Sportwettbewerb in Listen vermerkt, in die immer neue Rekorde eingetragen werden konnten: Feldwebel Passar, 21. Armee – 103 Treffer; Saizew, 62. Armee – 149 Treffer; Korporal Studentwo – 170 Treffer, Edel-Scharfschütze Ilin – 185 Treffer. Was anmutete wie ein Trefferprotokoll beim Scheibenschießen, waren Todesnachrichten für deutsche Soldaten. 103 »Fritzen« bedeutete: 103 erschossene Soldaten, 103 vernichtete Menschenleben, 103-mal Leid für 103 Familien in Deutschland. Der russische Rekordhalter war Edel-Scharfschütze Zikan, dessen Schießkünsten allein 224 Deutsche zum Opfer gefallen sein sollen.

»Dann lieber gegen die T 34«, fluchte mancher Landser über die treffsicheren Scharfschützen, »die kann man wenigstens sehen.« Das stimmte auch nicht immer, denn auf den Straßen versperrten nicht nur eilig errichtete Betonbunker den Weg, sondern auch bewegungsunfähig geschossene, eingegrabene schwere Panzer, die noch immer feuern konnten. »Der Feind ist unsichtbar. Angriffe aus Kellern, hinter Mauerresten, versteckten Bunkern und Fabrikruinen führen unter unseren Truppen zu schweren Verlusten«, schrieb der Kommandeur des XI. Armeekorps, General Karl Strecker, deprimiert nach Hause. Im Nahkampf mussten diese Hindernisse ausgeschaltet werden, Meter um Meter ging es vorwärts, im Feuer der Widerstandsnester, die in den Trümmern der umliegenden Häuser Stellung bezogen hatten.

Die Kämpfe wurden mit unerbittlicher Härte geführt – von beiden Sei-

> **Wenn die Stadt Kalinowka geheißen hätte, hätte man das nicht gemacht, was man mit Stalingrad gemacht hat. Nach meinem Dafürhalten schwebte Hitler die Vision vor: Wenn ich Stalingrad niedermache, habe ich auch Stalin niedergemacht.**
>
> Günter Wolff, Transportflieger über Stalingrad

ten. Mit dem Angriff auf einen Straßenzug, eine Fabrik, ein Haus, auf jede Stellung des Gegners, begannen die deutschen Nahkampfflieger. Die Stukas legten das Kampfgebiet in Trümmer, keine einzige Straße, die nicht schwer gelitten hätte, die gesamte Stadt lag unter einem Bombenhagel. Die Sowjets versuchten, die Lufthoheit zu erkämpfen – vergeblich. Zu durchschnittlich bis zu 1000 Einsätzen am Tag starteten die Maschinen der Staffeln des VIII. Fliegerkorps unter dem Kommando von Generalleutnant Martin Fiebig. Innerhalb der drei Monate, welche die Offensive nun andauerte, sei er 228 Einsätze geflogen, errechnete ein deutscher Pilot – »so viele wie in den letzten drei Jahren über Polen, Frankreich, England, Jugoslawien und Russland zusammen«.

Um die deutsche Luftwaffe zur Einstellung der Angriffe zu zwingen, gab Tschuikow eine neue Taktik aus: »Wir müssen so nahe wie möglich an den Feind heranrücken, damit seine Luftwaffe unsere vordersten Einheiten oder Gräben nicht bombardieren kann.«

Schon waren die Stellungen von Wehrmacht und Roter Armee auf engstem Raum fast in Tuchfühlung bezogen. »Höchstens 50 Meter von den Deutschen entfernt«, lautete die Vorgabe Tschuikows an seine Soldaten. Je näher die Frontlinien beieinander lagen, desto ohnmächtiger wurde die deutsche Luftwaffe, desto schwieriger der Einsatz der Artillerie.

Die deutschen Infanteristen mussten den Widerstand im Nahkampf brechen. Mit dem Bajonett im Anschlag kam es zum Kampf Mann gegen Mann. Auf sowjetischer Seite bezeichneten die Soldaten die Handgranate bald als »Taschenartillerie«. Und auch auf deutscher Seite hatten die Landser die vielfältigen Einsatzmöglichkeiten in dieser Phase der Schlacht erkannt: »Wir haben nur noch mit Pistolen und Handgranaten gekämpft«, erlebte Walter Loos den Häuserkampf, der die großräumigen Panzergefechte längst abgelöst hatte. Und auch die Sowjets setzten vor allem auf die Eierhandgranaten vom Muster F 1, die zärtlich »Fenjuscha« genannt wurden. »Unsere Armee verbrauchte auf dem ganzen Vormarsch von der Wolga bis Berlin nicht so viele Handgranaten wie in Stalingrad«, rechnete General Tschuikow später nach.

Die nächste Stufe der Auseinandersetzung im Häuserkampf von Stalingrad war weitaus archaischer: »Wenn die vier Handgranaten, die man im Koppel hatte, geworfen waren, hatte man nicht mehr viel. Manchmal

»Wer den Kopf rausstreckte, der war tot«: Es gibt auch deutsche Scharfschützen in Stalingrad – doch sind sie weniger »effektiv« als die Sowjets.

»Wir waren verbittert und entschlossen«: Eine sowjetische Sturmgruppe greift aus einem Laufgraben heraus an.

haben sie sich dann mit Steinen beworfen und mit den Spaten nacheinander geschlagen.«

Der große Kampf war längst in viele kleine Auseinandersetzungen aufgesplittert. Auf sowjetischer Seite entstanden kleine Trupps von selten mehr als sechs Mann, die mit Messern und Spaten bewaffnet die lautlose Auseinandersetzung in den Ruinen suchten. Wo Nachschub an Munition und Handgranaten schwierig war, wurde der Spaten zu einem der bedeutendsten Kampfmittel. Er war schließlich so wichtig und begehrt, dass viele »ihren« Spaten mit ihrem Namen versahen und nachts auf dem kalten Stahl schliefen. Doch wenngleich diese Kämpfe gelegentlich mittelalterliche Auswüchse annahmen – es kamen doch immer wieder auch moderne Waffen zum Einsatz. Flammenwerfer, die gefürchtetste Pionierwaffe, und Handgranaten sollten die in den Trümmern versteckten Verteidiger aus der sicheren Deckung treiben. Die besseren Flammenwerfer hatte dabei die Rote Armee: »Unsere sprühten zehn, 15 Me-

> **Fanatische Straßenkämpfe in Stalingrad. Selbst in den deutschen Berichten etwas wie Schaudern. Kein Rückzug, die Stadt muss ausgemordet werden, Block für Block. Hitler zahlt jeden Preis für das Communiqué aus seinem Hauptquartier, dass er die Stadt erobert hat. Es kann nun wohl bald ausgegeben werden.**
>
> Thomas Mann, 18. September 1942

ter weit. Die Russen hatten Werfer aus amerikanischer Produktion, die haben 20 Meter weit gesprüht. So weit kamen wir an die gar nicht ran.« Eine Abwehrmöglichkeit gab es kaum. Einbuddeln und liegen bleiben – diese alte Infanteristenweisheit half da noch am ehesten. »Nicht gemuckst, nicht bewegt«, schilderten erfahrene Soldaten die einzige Chance, die ihnen bei Angriffen mit Flammenwerfern blieb.

Nicht nur jedes Haus und jede Etage, jede einzelne Wohnung – oder das, was davon noch übrig war – musste erobert werden. In manchen Gebäuden saßen die Sowjets im Keller, die Deutschen im Parterre, die Rotarmisten wiederum im ersten Stock und unter dem Dach abermals deutsche Landser.

War eine sowjetische Stellung in deutscher Hand, so begann schon bald der Gegenangriff. Die Besitzverhältnisse wechselten schnell – nicht nur an strategisch besonders wichtigen Punkten wie dem Hauptbahnhof oder der Höhe 102, dem Mamai-Hügel. In den Berichten des OKW tauchte immer häufiger die Floskel auf: »In Stalingrad lebhafte Stoßtrupptätigkeit.« Dahinter verbarg sich ein ständiges Hin und Her, das Frontberichterstatter in verharmlosendem Ton beschrieben: »Fünf Häuser werden genommen, dann gehen wir um zwei wieder zurück und kämpfen uns wieder um fünf Häuser vor. Oft ist die Zahl auch anders, für Abwechslung ist rege gesorgt. Am Donnerstag lagen zwei Gruppen 30 Stunden vor einem Haus, ehe es die Sicht zum nächsten freigab.« Die Auseinandersetzungen um einzelne Straßenzüge, ja einzelne Häuser führten vor allem auf sowjetischer Seite zu einer regen Legendenbildung. Eine besondere Bedeutung erlangte dabei das Gefecht um »Dom Pawlowa«, Pawlows Haus. Im September hatte ein Zug des 42. Garderegiments das Gebäude besetzt. Da der Kommandant der Einheit in der Anfangsphase der Kämpfe erblindete, übernahm Feldwebel Jakob Pawlow, ein einfacher Bauer, das Kommando und verteidigte »sein« Haus gemeinsam mit einigen Kameraden und verschiedenen Zivilisten, die im Keller des Hauses Schutz gesucht hatten, gegen die anstürmenden deutschen

> In unserem Regiment waren sehr viele junge Burschen. Bei einem Angriff hatte ich einen 17-Jährigen bei mir in Loch liegen. Er hatte seine Mütze auf dem Grabenrand gelegt, und die Mütze bekam einen Volltreffer. Er jammerte: »Meine Mütze, meine Mütze«. Ich sagte: »Sei froh, dass du noch lebst!«
> Hermann Fink, Soldat der 6. Armee

> Es hat an weiten Stellen nicht diesen verbissenen Widerstand gegeben wie in Stalingrad in diesen Widerstandsnestern wie der Geschützfabrik. Also das, was die Russen nachher ausgezeichnet hat, dass sie in einem nationalen Elan für Russland kämpften und sich wirklich bis zum letzten Moment verteidigten, sich in der Stellung totschlagen ließen.
> [...]
> Die Truppen in Stalingrad waren von vornherein zu wenig bevorratet, um einen solchen Kampf allein durchzuhalten.
> Winrich Behr,
> Hauptmann der 6. Armee

»Zur Tür des Todes sind es nur ein paar Schritt«: »Dom Pawlowa« wurde 58 Tage gegen eine deutsche Übermacht verteidigt (Aufnahme von 1945).

Einheiten. 58 Tage hielt sich der kleine Trupp in dem völlig zerstörten Mietshaus in der Soletschnaya-Straße, unweit des Hauptquartiers des NKWD. Das viergeschossige Haus in der Nähe des längst zur Ruine gewordenen Getreidesilos war zu einer kleinen Festung ausgebaut worden. Wer »Dom Pawlowa« beherrschte, der hatte die Kontrolle über die Zugänge zu diesem Abschnitt des Flusses. Und hier herrschte Jakob Pawlow. Da die heranrollenden deutschen Panzer in den engen Straßen ihre Geschützrohre nicht auf die gewünschte Höhe aufrichten konnten, bot der vierte Stock ausreichenden Schutz und außerdem eine ideale Position, um das Feuer auf die Angreifer zu eröffnen. Moralische Unterstützung, so heißt es in sowjetischen Berichten, lieferte ein altes Grammofon, auf dem immer wieder eine einzige Schallplatte abgekurbelt wurde. Lieder spielten zum Zweck psychologischer Aufrüstung eine große Rolle, sie machten Mut, motivierten und vermittelten ein Gefühl der Zusammengehörigkeit. Die sowjetischen Soldaten in Stalingrad sangen ein Lied, das bei der Belagerung Moskaus entstanden war: »In unserem Unterstand brennt ein Holzfeuer, Tränen von Harz, sie zischen und seufzen. Der sanfte Refrain des Akkordeons erzählt mir von dir, deinem Lächeln und deinem Blick.

Wir sind viele Lichtjahre voneinander entfernt, und getrennt durch schneebedeckte Steppen. Auch wenn die Straße zu dir so weit ist – zur Tür des Todes sind es nur ein paar Schritt.« Defätismus und Todesangst? Soldatenromantik und Rührseligkeit? Oder nicht doch ein echter Traum von der Familie, die Sehnsucht nach Hause? Auf jeden Fall ein Stück Menschlichkeit in einer unmenschlichen Umgebung.

Die Geschichte des Gefechts um »Dom Pawlowa« ist symptomatisch für die Kämpfe um die Stadt. Das große Schlachtfeld »Stalingrad« zerbrach in einzelne Kriegsschauplätze. Und je mehr es auseinander fiel, desto wichtiger wurde die Kommunikation zwischen der militärischen Führung und der Front. Wie diese Verbindungen aufrecht erhalten wurden – auch das lieferte den Stoff für wahre Legenden. So beschreibt der renommierte sowjetische Militärhistoriker Wladimir Karpow, wie ein Gefreiter beauftragt wurde, eine unterbrochene Telefonleitung zu reparieren: »Er kroch unter schwerem Beschuss den Draht entlang, bis er zur Stelle kam, wo der Leitungsdraht von einem Granatsplitter unterbrochen worden war. Im gleichen Moment traf ihn eine tödliche Kugel, aber er fand noch die Kraft, die beiden Drahtenden mit den Zähnen aneinander zu schließen. So starb er denn, den Draht zwischen die Zähne geklemmt. Die Telefonverbindung funktionierte wieder.«

Doch solche »Erfolge« standen in keinem Verhältnis zu den Opfern. Im Trommelfeuer der jeweils anderen Seite brannten viele Einheiten in wenigen Tagen völlig aus. Die Überlebenden mussten zur dringenden Erholung aus der vordersten Linie zurückgenommen werden. Die Opfer blieben auf dem Schlachtfeld. Bei den spätsommerlichen Temperaturen setzte die Verwesung der Leichen bald ein. Ein süßlicher Geruch lag über der Stadt, vermischte sich mit dem Rauch, dem Pulverdampf – eine gespenstische Szenerie, die als Vorhof der Hölle nur unzureichend beschrieben wäre. Das war nicht der Vorhof, das schien bereits die Hölle selbst zu sein: überall rauchende Trümmer, die Hitze, von der man nicht wusste, ob sie vom Spätsommer kam oder durch die allerorten lodernden Brände, dazu ein bestialischer Gestank von Tod und Verderben, schließlich ein infernalischer Lärm aus dem Röhren der Geschütze, dem Dröhnen der Flugzeugmotoren und den ständigen Detonationen, in die sich die Schreie der Verwundeten mischten. Selbst die Natur musste den Auseinandersetzungen Tribut zollen: Schon im September färbten sich die Blätter, die Bäume verloren ihr Laub und unterstrichen die gespenstische Atmosphäre.

Stalingrad nach den ersten Wochen des Kampfes – das war bereits eine

Oben: »Leben in Ruinen«: Zivilisten im Trümmerfeld von Stalingrad.
Unten: Dem ist nichts hinzuzufügen.

zerstörte Stadt. Die Holzbauten verbrannt, die Steinhäuser in Trümmern, die Straßen vom Dauerbombardement aufgerissen. Über der Stadt lag eine dichte Rauchwolke, die weithin sichtbar von der Zerstörung kündete. Der geplagten Zivilbevölkerung, soweit sie nicht fliehen und sich über die Wolga in Sicherheit bringen konnte, blieben die bereits erwähnten »Balkas« als letzte Zuflucht. Hier und in den Ruinen hatten sich die Verteidiger verschanzt und leisteten erbitterten Widerstand.

»Betreten der Stadt verboten! Neugierige gefährden ihr Leben sowie das Leben ihrer Kameraden.« Diese Warnung stand auf den Schildern rund um Stalingrad. Besser hätte ein Zitat des italienischen Dichters Dante Alighieri gepasst. In seiner im 13. Jahrhundert entstandenen »Göttlichen Komödie« steht über dem Eingang zur Hölle: »Lass, der du einkehrst, alle Hoffnung fahren.«

> **Ich erinnere mich noch, wie wir uns von unserem Zuhause verabschieden mussten. Ich weiß noch, die Flammen schlugen schon durch das Dach. Das werde ich nie vergessen. Unser Haus brannte lichterloh!**
> Ludmilla Romansewitsch, damals in Stalingrad

> **Alles brannte. Das Erdöl aus den Tanks an den Ufern floss in die Wolga und brannte dort weiter. Es war ein schreckliches Bild. Überall brach Panik aus, Panik!**
> Fedor Kutschurin, damals 19 Jahre alt

## »Ich verbitte mir dieses idiotische Geschwätz«

Während sich die Deutschen im Häuserkampf langsam, aber scheinbar systematisch vorarbeiteten, ohne dass die endgültige Eroberung der Stadt absehbar schien, war die Situation bei der Heeresgruppe A immer prekärer geworden. »Die Auswirkungen unseres Sieges im Kaukasus und am Don erscheinen uns höchst zweifelhaft. Die Fronten werden länger, die Kräfte reichen nirgends mehr aus«, notierte der Chef des Generalstabs beim XI. Armeekorps, Oberst Groscurth, bereits am 19. August. In Hitlers Hauptquartier bahnte sich eine schwerwiegende Krise zwischen dem »Führer« und seiner militärischen Spitze an.

Anfang September häuften sich die Hiobsbotschaften aus dem Kaukasus. Hitlers Wutausbrüche nahmen immer groteskere Formen an. Einwände, dass die vorgegebenen Ziele mit den zur Verfügung stehenden Kräften nicht zu erreichen waren, ließ der Kriegsherr nicht gelten: »Es geht nicht mehr – wenn ich das schon höre!«, schimpfte er über die angebliche Unfähigkeit seiner Generäle, ja seines ganzen Offizierskorps.

Insbesondere zwischen Hitler und Halder kam es immer öfter zu Auseinandersetzungen, in deren Verlauf Hitler seinen Generalstabschef auch einmal anblaffte: »Generaloberst Halder, was erlauben Sie sich mir gegenüber für einen Ton?! Sie wollen mir vorwerfen, ich verstünde die Front nicht. Ich verbitte mir das! Das ist unerhört!«

Es war nicht das erste Mal, dass Halder Kritik geübt und Hitler seinerseits mit harschen Vorwürfen geantwortet hatte. Schon am 21. August, als der Generalstabschef Bedenken äußerte, ob die deutschen Offensivkräfte im Süden gleichzeitig zwei große Vorhaben würden verwirklichen können, hatte sich Hitler in wüste Beschimpfungen und einen Tobsuchtsanfall hineingesteigert. Argumenten war der »Führer« in solchen Situationen nicht zugänglich. Als Halder ihn darauf aufmerksam machte, dass die sowjetische Produktion noch immer jeden Monat eine Leistung von 1200 Panzern erbringen könne, fuhr Hitler ihn brüllend an: »Ich verbitte mir dieses idiotische Geschwätz!«

Fortan erhöhten sich die Spannungen vor allem zwischen Halder und Hitler. Die Zahl derer, die Hitler, wenn auch vorsichtig, zu widersprechen wagten, stieg.

Je offenkundiger nun die militärischen Probleme wurden, desto eher waren auch die bislang schweigsamen Offiziere in Hitlers unmittelbarer Umgebung bereit, nicht alle Entscheidungen des »Führers« kommentarlos hinzunehmen. Der Oberbefehlshaber der Heeresgruppe B, Freiherr von Weichs, und Generaloberst Paulus, der Oberbefehlshaber der 6. Armee, versuchten bei einem Besuch am 12. September, den Diktator von der Notwendigkeit zu überzeugen, die 6. Armee aus ihren weit nach Osten vorspringenden Stellungen zurückzunehmen. Hitler lehnte ab. Auch wenn Stalingrad »unter der Gewalt deutscher Waffen« lag, die Industrieproduktion lahmgelegt, die Stadt zerstört, die Verkehrswege unterbrochen waren – Hitler wollte die völlige Eroberung der Stadt, um jeden Preis und gegen jegliche militärische Vernunft. Die Generäle muckten zwar, dann aber schluckten sie die bittere Pille, obwohl erfahrene Offiziere wie Freiherr von Weichs die Einnahme von Stalingrad mit den zur Verfügung stehenden Kräften als »unmöglich« bezeichnet hatten.

Die Kluft zwischen dem Offizierskorps und seinem Kriegsherrn wuchs. Hitler wählte den einfachsten und für ihn typischen Ausweg: Er wich zunächst einer Entscheidung aus und zog sich zurück. Der Kontakt zu seinen militärischen Fachleuten wurde immer geringer, selbst den Handschlag verweigerte er seinen Offizieren. Zu den Mahlzeiten, die der »Führer« seit dem Frank-

**Im Stab des AOK 6 wurde schon ganz offen von dem verrückten Kampf von Hitler gegen Stalin gesprochen. Was hatten wir damit zu tun? Da gab es auch keinen nationalsozialistischen Führungsoffizier, der diese Diskussion verhindern konnte.**

Winrich Behr, Hauptmann der 6. Armee

Oben: »Eine einstmals blühende Stadt«: Nach Wochen der Kämpfe blieb nur wenig unzerstört.
Unten: »›Balkas‹ als letzte Zufluchtsstätte«: In den ersten Wochen gab es noch Kontakte zwischen deutschen Soldaten und der Zivilbevölkerung.

reichfeldzug gemeinsam mit seinen Vertrauten eingenommen hatte, erschien er nicht mehr, sein Stuhl im Speiseraum blieb leer, früher oft ergriffene Gelegenheiten zu langatmigen Monologen verstrichen ungenutzt. Auch die Lagebesprechungen im großen Lageraum, ebenfalls häufig Forum für ausufernde Vorträge, die der »größte Feldherr aller Zeiten« seinen militärischen Fachleuten hielt, fanden zu dieser Zeit nur noch im kleinsten Kreis in Hitlers Privatquartier statt. Doch die Flucht in die selbst gewählte Isolation konnte kein Ausweg auf Dauer sein. Hitler plante die Entlassung der unbotmäßigen Kritiker.

Am 9. September entzog der »Führer« Generalfeldmarschall List das Kommando über die Kaukasus-Front und übernahm höchstpersönlich den Oberbefehl über die Heeresgruppe A. Als Nächstes war eine Umbesetzung des gesamten Oberkommandos der Wehrmacht vorgesehen, sogar Jasager wie Jodl und Keitel sollte der Bannstrahl des Kriegsherrn treffen. Alternativen hatte Hitler bereit: Paulus und Albert Kesselring. Diese Ideen wurden jedoch nicht weiter verfolgt. Dringlicher für Hitler war die Ablösung Halders, für den er allerdings noch keinen Ersatz wusste. Das Vertrauensverhältnis zwischen Hitler und Halder war völlig zerstört. Zwar ist nach wie vor ungeklärt, ob der Generalstabschef den »Führer« tatsächlich über die bevorstehende militärische Katastrophe aufklärte – wie es in manchen, nachträglich entstandenen, Erinnerungen behauptet wird. Oder ob auch Halder noch immer damit rechnete, den Krieg gewinnen zu können – wie es seinen persönlichen Tagebuchaufzeichnungen und Briefen zu entnehmen ist.

Unumstritten ist jedoch, dass Hitler der »Besserwissereien« seines Generalstabschefs überdrüssig war und es immer wieder zu mehr oder weniger heftigen Auseinandersetzungen wegen der hohen Verluste kam, die das Anrennen gegen Stalingrad auf deutscher Seite forderte. Am 17. September hatte Hitler endgültig genug und schickte seinen Chefadjutanten, Generalmajor Rudolf Schmundt, in geheimer Mission nach Paris, von wo dieser persönlich Generalmajor Kurt Zeitzler, den Chef des Generalstabs beim Oberbefehlshaber West, in die Ukraine begleitete. Dort empfing ihn der »Führer« am 22. September, um ihm kurz und bündig zu erklären: »Ich habe mich entschlossen und bereits heute Mittag befohlen, dass Generaloberst Halder abgelöst wird und Sie Chef des Generalstabs des Heeres werden. Ich befördere Sie hiermit zum General der Infanterie.«

Dies geschah um ein Uhr nachts. Zeitzler würde sich an solche Arbeitszeiten gewöhnen müssen, von diesem 22. September an war er der engste militärische Mitarbeiter Hitlers, der meist bis in den frühen Morgen wach war. Der neue Generalstabschef war ein Mann nach Hitlers Geschmack: »Ich brauche einen Mann wie diesen Zeitzler«, hatte er schon Ende August geäußert. Er brauchte ihn, weil er seinen Optimismus teilte und ihm die »ewigen Bedenken« seines Vorgängers ersparte. Zeitzler enttäuschte ihn nicht. In seiner Begrüßungsansprache vor dem Führungsstab des OKW erklärte er: »Jeder Generalstabsoffizier muss an den Führer und seine Führung glauben. Er muss diesen Glauben auf seine Untergebenen und seine Umgebung ausstrahlen.«

Der letzte Rest von Realitätssinn und eigenständiger Handlungsfreiheit des Generalstabs ging mit Halders Ausscheiden verloren. An seine Stelle traten der stramme Optimismus Zeitzlers und die Bereitschaft, den Generalstab völlig als Werkzeug Hitlers einzusetzen. Die Zuversicht des neuen Generalstabschefs schien ansteckend. Generaloberst Paulus äußerte sich in einem Schreiben an den zum Chef des Heerespersonalamtes beförderten Hitler-Adjutanten Schmundt am 7. Oktober: »Der Kampf um Stalingrad verläuft sehr zäh. Es geht sehr langsam, jedoch täglich ein Stück vorwärts. Das Ganze ist eine Menschen- und Zeitfrage. Aber wir werden mit dem Russen schon fertig.« Die Zeitfrage sollte immer größere Bedeutung erlangen. Zeit war ebenso knapp wie der Nachschub. Je mehr Zeit die Deutschen bis zur endgültigen Eroberung Stalingrads benötigten, desto näher rückte der Winter. Je näher der Winter rückte, desto schwieriger wurde der Nachschub für die eigenen Verbände.

## »Die Generäle Winter, Kälte, Zeit«

Am 16. September hatten starke Regenfälle die Trümmerlandschaft in eine Schlammwüste verwandelt. Aus den Bomben- und Granattrichtern wurden kleine Tümpel. Eine dicke Lehmschicht überzog bald die Uniformen und die Gesichter der Soldaten. Schlimmer noch: Die Schützengräben liefen langsam voll Wasser, weil das Regenwasser im Lehmboden nicht versickern konnte. Bis zu den Knöcheln standen die Soldaten in dieser Brühe – ohne jede Möglichkeit, wieder die Füße trocknen zu können. Bald litten die ersten Soldaten unter so genannten »Schützengrabenfüßen«.

Durch den Regen verkamen vor allem die Nachschubwege zu Dreck- und Schlammpisten. Schon einmal, im Oktober 1941 hatte »General Schlamm« den deutschen Vormarsch gebremst. Damals war der Regen erst das Vorspiel, der Anfang vom Ende des Angriffs auf Moskau. Sollte sich die Geschichte ein Jahr später im Süden wiederholen?

»Die Sowjets sind am Ende ihrer Kraft«: Gefangene warten am Rand des Ruinenfelds von Stalingrad auf ihren Abtransport.

Paulus versuchte deshalb mit allen zur Verfügung stehenden Kräften, die Stadt vor dem Wintereinbruch zu erobern – scheinbar mit Erfolg: Am 18. September musste General Tschuikow seinen Unterstand räumen und in einen hastig eingerichteten Gefechtsstand im westlichen Steilufer der Wolga flüchten. »Noch eine Schlacht wie diese, und wir sind in der Wolga«, sorgte sich der sowjetische Oberbefehlshaber. Und seine Befürchtungen schienen sich zu bewahrheiten. Vier Tage später fiel der Getreidesilo, von Paulus als Emblem für die siegreichen Kämpfer nach der Schlacht auserkoren, in deutsche Hand. Am 26. September wehte die deutsche Kriegsflagge auf dem Parteigebäude am Roten Platz.

> **Es kam durchaus vor, dass in einem Stockwerk die Russen und in einem anderen Stockwerk die deutschen Soldaten saßen. Also, wenn Sie in dem Haus von oben nach unten gingen, konnte es passieren, dass dort immer abwechselnd deutsche und russische Soldaten in einem Stockwerk hausten.**
>
> Horst Zank, Hauptmann der 6. Armee

Es waren nüchterne Erfolgsmeldungen für Kämpfe, die mit unbeschreiblicher Härte geführt wurden. Auf der einen Seite hatten sich die Verteidiger in den Häusern, Schützengräben und hinter Straßensperren verbarrikadiert – »festgekrallt« nannte es zutreffend die sowjetische Propaganda. Auf der anderen Seite standen die Angreifer, ebenfalls in den Trümmern Schutz suchend. Doch wie sollte man von »Seiten« sprechen, wenn ein Straßenzug Meter um Meter erobert werden musste? Wenn in einem Haus in jedem Stockwerk gekämpft wurde, wenn das Erdgeschoss in deutscher Hand war, während im Keller und im ersten Stock noch die Rotarmisten ihre Stellung hielten? Die Kämpfenden waren ineinander verkeilt »wie eine Totenhand mit ausgespreizten Fingern«. Für beide »Seiten« galt: Die Soldaten kämpften bis zur totalen Erschöpfung. Und dann? Wie ließ sich Schlaf finden in diesem Inferno, wenn ohne Pause die Geschütze donnerten und Granaten detonierten? »Kennt ihr jenen Schlaf, der nach Minuten zählt? Könnt ihr euch vorstellen, dass wir seit Wochen, seit Monaten mit offenen Augen schlafen? Zählt die Stunden des zu-

---

*Es gab ein Haus, da saßen die Deutschen im unteren Stock, im ersten Stock die Russen, im zweiten wieder Deutsche und im dritten Stock wieder Russen. Und keiner von denen wollte das Haus kaputtmachen. Ein Kamerad sagte mir, es sei für den Winter besser, ein Dach über dem Kopf zu haben. Es gab auch Regeln: In der Essenszeit schoss man nicht, und Verwundete konnten geborgen werden.*
Gottfried von Bismarck, Leutnant der 6. Armee

> **Wir haben bei Stalingrad zum Teil Erfolge, zum Teil aber auch Misserfolge. Der Kampf wogt hier hin und her, und ein Ende ist im Augenblick wenigstens noch nicht abzusehen.**
>
> Joseph Goebbels, Tagebucheintrag, 1. Oktober 1942

sammenhängenden Schlafes an den Fingern einer einzigen Hand. In den meisten dieser Stalingrader Nächte werdet ihr beim Daumen anfangen und den Zeigefinger schon nicht mehr zu zählen brauchen« – so ließ der *Völkische Beobachter* einen Soldaten aus Stalingrad berichten. Wann sollte man Essen herbeischaffen? Wie konnten Verwundete aus der Schusslinie gebracht und versorgt werden, wenn ohne Pause die Kugeln flogen?

Ende September begann der nächste Angriff auf die Fabrik »Roter Oktober«. Doch in sechs Tagen und sechs Nächten kamen die Deutschen kaum 400 Meter vorwärts. Die BBC schilderte ihren Hörern Anfang Oktober die noch immer mit unverminderter Härte andauernden Kämpfe: »Polen wurde in 28 Tagen erobert. In 28 Tagen eroberten die Deutschen in Stalingrad einige Häuser. Frankreich wurde in 38 Tagen niedergeworfen. In Stalingrad brauchen die Deutschen 38 Tage, um von einer Seite auf die andere zu gelangen.«

Anfang Oktober fiel in Stalingrad der erste Schnee. Der Winter, der ein Jahr zuvor den deutschen Angriffsschwung vor Moskau hatte gefrieren lassen, bedrohte nun auch die Kämpfe im zerstörten Stalingrad. Wenngleich der Reichspressechef die Parole ausgab: »Die Generäle Winter, Kälte, Zeit usw. können Deutschland nicht schaden, vielmehr für Deutschland arbeiten« – die Offiziere an der Front wussten, dass die Zeit nicht auf ihrer Seite stand, dass Winter und Kälte keine Bündnispartner der Wehrmacht waren.

Am 14. Oktober verkündete der »Führer« in seinem Operationsbefehl Nummer 1: »Die Vorbereitungen für den Winterfeldzug sind in vollem Gange. Dieser zweite russische Winter wird uns rechtzeitig und besser vorbereitet finden.« Er räumte ein, ohne es konkret auszusprechen, dass

> *Ich denke manchmal, wie schön es daheim ist, wie die Leute herumlaufen können, mal spazieren gehen, ins Kino gehen und überhaupt in Frieden leben dürfen.*
> *Wie anders ist es bei uns, wo bei jedem Schritt und Tritt der Tod lauert, wo man den ganzen Tag gebückt über gefahrvolle Schutthaufen kriechen muss, in dumpfen Löchern schlafen muss und den ganzen Körper voll Ungeziefer hat. Ja es ist doch was anderes daheim, man ist ein Mensch, und man kann sich wenigstens pflegen und waschen. Wir haben uns schon 4 Wochen nicht mehr waschen können.*
>
> Feldpostbrief aus Stalingrad, Oktober 1942

die Ziele des Sommer- und Herbstfeldzugs nicht erreicht worden waren. Aber er träumte bereits von der Fortführung der Offensive im nächsten Frühjahr, die dann – wieder einmal – die »endgültige Vernichtung« des Gegners bringen sollte. Deshalb mussten die bisherigen Stellungen gehalten werden.

> Eben (10.00 h) erzählt da wieder ein ungeladener Gast im Radio von Stalingrad. So ein Quatsch! Er sollte sich mal in die Stadt begeben und »in den Bunkern in heldenmütiger Stimmung aushalten«! Schleimsch... . Gut, dass diesen Seich nicht alle Kameraden hören!
>
> Feldpostbrief aus Stalingrad, 10. Oktober 1942

Hitler ordnete die Einleitung der Wintervorbereitungen an und befahl unter anderem: »Es sind sofort frostsichere, heizbare Bunker für Panzer zu bauen.« Doch womit? Holz war Mangelware. Zement lag weit hinter der Front, das Baumaterial musste über riesige Entfernungen herantransportiert werden. Und wer sollte die Bunker bauen? Die Pionierbataillone waren ebenso ausgepowert wie die Infanterie. Sicher war nur: Die Sowjets würden den Bauarbeiten nicht tatenlos zusehen.

Am 30. September hatte Hitler in einer Sportpalastrede von den Erfolgen der 6. Armee in Stalingrad schwadroniert. Er hatte den unaufhaltsamen Vormarsch gerühmt, den bevorstehenden Sieg prophezeit und geschworen: »Kein Mensch wird uns von dieser Stelle mehr wegbringen.« Am 6. Oktober mussten die Angriffe in Stalingrad vorläufig eingestellt werden, die Kampfkraft reichte für eine Fortsetzung der Gefechte nicht aus. Es war eine Atempause, mehr nicht. Sie diente der Vorbereitung für die nächste Offensive – die entscheidende?

Am 14. Oktober begann der sorgfältig vorbereitete deutsche Angriff auf die Traktorenfabrik Dserschinski. »Der ganze Himmel ist voller Flieger«, staunten die Soldaten der 389. Infanteriedivision. Dem Bombenhagel der deutschen Luftflotte 4, in der man alles mobilisiert hatte, was noch flugfähig war, folgte ein massives Artillerie- und Mörserfeuer. Die Stellungen der Verteidiger zerbrachen unter einem gemeinsamen Boden-/Luftbeschuss, Phosphorbomben setzten die Trümmer in Brand. Die nachstoßenden Infanterieverbände begannen, sich durch die sowjetischen Linien hindurch zu kämpfen. Ihr Auftrag hieß: Durchstoß zur Wolga. »Panzer kletterten über Berge von Schutt, krochen durch chaotisch zerstörte Werkshallen und schossen aus nächster Distanz in verschüttete Straßen. Es war ein unheimlicher, zermürbender Kampf auf und unter der Erde, in den Trümmern, Kellern und Kanälen der Industriewerke«, schilderte ein Offizier der 14. Panzerdivision diesen Großangriff. Der 62. Sowjetischen Armee drohte die totale Vernichtung.

Das Kriegstagebuch des Oberbefehlshabers der 62. Armee liest sich für

»Jeder muss einzeln niedergekämpft werden«: Sowjetische Soldaten, darunter auch Frauen, treten den Weg in die deutsche Gefangenschaft an.

den 15. Oktober als Aneinanderreihung von Hiobsbotschaften, die nur von kurzen Hoffnungsfunken erhellt wurden:

»5.30 Uhr – Gegner hat eine verstärkte Artillerievorbereitung begonnen.

8.00 Uhr – Der Gegner greift mit Panzern und Infanterie an.

9.30 Uhr – Angriff des Gegners ist abgewehrt.

10.00 Uhr – 109. Gardeschützenregiment der 37. Division überrollt.

11.30 Uhr – Linker Flügel des 524. Schützenregiments ist überrannt.

11.50 Uhr – Gegner hat den Sportplatz genommen.

12.00 Uhr – Kommandeur des 117. Schützenregiments gefallen.

12.20 Uhr – 416. Regiment meldet: ›Sind eingekreist.‹

12.30 Uhr – Sturzkampfbomber greifen Gefechtsstand von General Sheludew an.

13.10 Uhr – Zwei Unterstände im Armeegefechtsstand eingestürzt.

14.40 Uhr – Fernsprechverbindungen unterbrochen.

16.00 Uhr – Verbindung zum 114. Garderegiment ist unterbrochen.

16.20 Uhr – 100 Panzer sind in das Gelände am Traktorenwerk eingebrochen.

16.35 Uhr – Regimentskommandeur ist von MP-Schützen eingekreist.

17.00 Uhr – Funker schaffen es kaum, die Funksprüche der Einheiten zu notieren, die eingeschlossen weiterkämpfen.

21.00 Uhr – Funkspruch der 37. Gardedivision schließt ihre Meldung mit den Worten: ›Lieber für die Heimat sterben als sich ergeben.‹«

Die Verluste der Roten Armee waren an diesen Tagen besonders hoch. Binnen nur zwei Tagen starben drei Viertel der Soldaten, die in der Traktorenfabrik kämpften. Doch auch die Deutschen zahlten für ihre »Erfolge« einen hohen Preis. Kompanien waren auf manchmal nur noch zehn Mann geschrumpft, ein Bruchteil der Sollstärke. Ein Bataillon der 305. Infanteriedivision verlor sechs von acht Offizieren.

Für Hitler schien lediglich eine Zahl interessant: Nur noch 300 Meter waren die Deutschen vom Verteidigungsbunker Tschuikows entfernt, 300 Meter trennten sie von der Gefangennahme des sowjetischen Oberbefehlshabers an diesem Frontabschnitt. »Der Angriff der 6. Armee führte am 15. Oktober zur völligen Inbesitznahme des Nordteils von Stalingrad einschließlich Traktorenwerk und der Ziegelei«, meldete das OKH. Der endgültige Triumph der Deutschen schien nur noch eine Frage weniger Tage, ja Stunden zu sein. Mit der 94. Infanteriedivision und der 14. Panzerdivision warfen die Angreifer überdies noch einmal neue Kräfte in die Schlacht.

Nur noch in einigen wenigen Häuserblocks konnten sich die Sowjets halten. Sie hatten sich festgekrallt in den Arbeitersiedlungen im Norden, sie verteidigten einige Fabrikhallen und saßen noch relativ sicher in den Unterständen, die in das Steilufer hineingebaut wurden, wo die hohen Felshänge Schutz vor deutschem Artillerie- und Bombenhagel boten. Hier hatten sich der Stab General Tschuikows und die Reste der 62. Armee eingegraben; bis hierher, unmittelbar an die Wolga, hatten die Deutschen die militärische Führung zurückgetrieben. Von hier aus kommandierte Tschuikow die Einheiten, welche die Stadt halten sollten. Seine Verbände waren eingekeilt zwischen den Fabriken »Roter Oktober« und »Barrikaden«. Im Rücken lag die Wolga, alle übrigen Seiten waren von deutschen Truppen besetzt. Drei Brückenköpfe konnten die Sowjets noch halten, nur wenige hundert Meter breit war das von der Roten Armee kontrollierte Gebiet. Die Deutschen waren mittlerweile so nahe an die

**Unser Erfolg bei Stalingrad ist nicht mehr zu bestreiten.**
Joseph Goebbels, Tagebucheintrag, 18. Oktober 1942

**Es war ein Mann-gegen-Mann-Kampf, so wie er bisher im Kriege weder in Polen noch geschweige denn Frankreich oder auf dem Balkan oder sonst irgendwie jemals vorgekommen ist.**
Gerhard Dengler, Hauptmann der 6. Armee

Wolga herangerückt, dass sie von ihren frisch eroberten Stellungen die Versorgungsschiffe auf dem Strom unter Feuer nehmen konnten. Der Beschuss forderte nicht nur eine Vielzahl an Opfern unter den Flüchtlingen, die vom umkämpften Westufer an das scheinbar sichere Ostufer gelangen wollten, sondern störte vor allem auch den Verkehr von Ost nach West, den Nachschub für die kämpfenden Einheiten, die ihre Stellungen in den Trümmern am Westufer verteidigten.

Die Fabrikhallen waren längst nur noch »Festungen aus Schrott und Eisen«. Kaum ein Stein stand noch auf dem anderen. »Es war ein unheimlicher, zermürbender Kampf auf und unter der Erde, in den Trümmern, Kellern, Kanälen der Industriewerke« – so erlebte ein Offizier der 14. Panzerdivision die Kämpfe in den Ruinen der einst hochmodernen Industrieanlagen. Doch in den Trümmern war der Widerstand noch immer nicht erloschen. »Mir ist unverständlich, wie Menschen noch in dieser Hölle leben können, aber der Russe sitzt fest in den Trümmern«, fasste Herbert Pabst am 23. Oktober in einem Brief nach Hause sein Erstaunen in Worte. Er hatte aus der Luft das ganze Ausmaß der Zerstörung gesehen und konnte sich trotz des Überblicks nicht erklären, was da am Boden vorging. Auf ebenso großes Unverständnis stieß der hartnäckige Widerstand der Roten Armee auch bei der deutschen Generalität: »Der Feind kommt einfach immer wieder und nützt die neu geschaffenen Ruinen zur Befestigung seiner Verteidigungsstellungen«, wunderte sich Generalleutnant Strecker über den russischen Verteidigungswillen, wie er sich auch im Kampf um das größte Industriewerk am Ufer der Wolga zeigte.

Die Fabrikanlage »Roter Oktober« bestand aus zehn Hallen. Neun davon waren Ende Oktober unter deutscher Kontrolle. Doch in Halle 4 wehrten sich die Rotarmisten verzweifelt – und wirkungsvoll. Das Geheimnis ihres Erfolgs in der so genannten Martinofenhalle: Unterirdische Gänge, welche die Werkshallen miteinander verbanden, ermöglichten

---

*Das Westufer der Wolga fiel steil ab. An diesem Steilabhang saßen die Russen und bekamen von der anderen Seite der Wolga massive Unterstützung – Schnellfeuergewehre und Schnellfeuerkanonen. Und die deutschen Stukas, Bomber und die Artillerie konnten nicht schießen, weil es zu steil war. Die schossen drüber weg ins Wasser oder in die eigenen Linien am oberen Rand des Ufers. Mit schweren Waffen war da überhaupt nichts zu machen.*
Gottfried von Bismarck, Leutnant der 6. Armee

»Wie die Hunde Stalingrad verteidigen...«: Kampf in den Ruinen des Geschützwerks »Barrikaden«.

es den Rotarmisten, sich im letzten Moment von der vorstoßenden deutschen Infanterie abzusetzen und urplötzlich wieder im Rücken der Angreifer aufzutauchen. Außerdem waren die Verteidiger dank der unterirdischen Gänge in der Lage, von der Wolga Nachschub in die Fabrik zu bringen. Angesichts des anhaltenden Misserfolgs schreckte die deutsche Führung auch vor dem Einsatz der Luftwaffe nicht zurück. Sturzkampfbomber mit ihrem ohrenbetäubenden Geheul sollten den Gegner zermürben – und gefährdeten gleichzeitig die eigenen Kameraden. »Die Stukas kamen und haben uns bombardiert. Wir lagen unter einem Waggon, der mit Panzerplatten beladen war. Im Feuer der Stukas ist die Achse gebrochen, und wir lagen darunter. Die halbe Gruppe war tot. Der eine hatte den Kopf ab, der andere einen aufgeschlitzten Bauch. Und am Abend kamen die Russen mit den Flammenwerfern«, berichtet Walter Loos, der mit viel Glück die eigenen Attacken ebenso überlebte wie die gegnerischen.

Zehn Tage lang wurde um das drei mal drei Kilometer große Areal gekämpft. »Die hier erschossenen Soldaten wurden«, schildert ein Stalingrad-Kämpfer die Situation, »alle hochgestapelt, kreuz und quer. Denn eine Gelegenheit zum Beerdigen gab es nicht. Und es war sogar ein Schutz gegen die Scharfschützen.« Allerdings musste man hart gesotten sein, wenn man überleben wollte: »Diese Bilder habe ich heute noch im Kopf«, erinnert sich Vincenz Griesemer. »Wenn ein toter Kamerad mit offenen Augen da lag, als Kugelfang, und man ihm tagelang in die aufgerissenen Augen schauen musste.«

Ähnliche Szenen spielten sich im Geschützwerk »Barrikaden« ab. Hier hatten zwei sowjetische Regimenter der 308. Schützendivision ihre Verteidigungsstellung bezogen, während sich ein drittes in einer nahe gelegenen Schlucht verschanzt hatte, um die offene Flanke zu sichern. In einem eilends ausgehobenen Stellungs- und Grabensystem erwarteten die

*Als die Deutschen den »Roten Oktober« besetzt hatten, haben wir mit ihnen durch die Wand gesprochen. »Russen, gebt etwas Hering her!«, riefen sie – wir hatten nämlich ein Lager direkt am Ufer der Wolga, wo auch in riesengroßen Kesseln eingemachter Hering stand. Die Deutschen wussten das, jemand hat es ihnen erzählt, dass es da noch Hering gab. Sie haben also ein Loch in die Wand gebrochen und gerufen: »Russen, gebt den Hering her!« Wir haben in das Loch dann eine Granate geworfen.*
Fedor Kutschurin, Soldat der Roten Armee

Rotarmisten die »Einzugsfeiern« – so hießen die Luftangriffe, welche die Verteidiger ausschalten oder zumindest zermürben sollten. Die Gräben waren eng und tief angelegt, um den Soldaten möglichst großen Schutz vor Bombensplittern zu gewährleisten. Keinen Schutz boten die Stellungen jedoch gegen die Druckwellen, welche die Bombendetonationen auslösten und die alles zum Vibrieren brachten. Keinen Schutz boten die befestigten Gräben auch gegen den infernalischen Lärm der Stukas und die psychologischen Folgen des zermürbenden Dauerbombardements. Hatten die Heinkel-111-Geschwader ihre zerstörerischen Bombenteppiche über den Stellungen der Verteidiger abgeworfen, so folgte nahtlos der Artillerie- und Mörserbeschuss, der das ausradieren sollte, was die Luftangriffe übrig gelassen hatte. Psychologisch ebenso fatal wie das Pfeifen der Fliegerbomben und das Explodieren der Granaten war der Moment, in dem die Waffen verstummten. Denn dieses Schweigen war beredtes Signal für die nächste Stufe der Kämpfe: Die Stille kündigte den eigentlichen Panzer- oder Infanterieangriff an. Oft taub vom Lärm detonierender Granaten, ohne jegliche Funkverbindung oder anderen Kontakt zu den angrenzenden Stellungen, kämpften die Rotarmisten mit Todesverachtung gegen die heranrückenden Stahlkolosse. Mit Panzerabwehrminen, die sie wie die Morgenzeitung unter die Achseln geklemmt hatten, stürmten die russischen Pioniere den gegnerischen Panzern entgegen. Selbst schwerste Verwundungen hielten manche Rotarmisten nicht davon ab, die Angreifer zu bekämpfen: Einer, der mit seiner Armverletzung den Sicherungsbolzen seiner Handgranate nicht mehr entfernen konnte, zog ihn mit den Zähnen aus dem Zünder.

»Wie die Hunde Stalingrad verteidigen, könnt ihr euch gar nicht vorstellen«, hielt ein einfacher Landser der 389. Infanteriedivision in einem Brief nach Hause fest. Einer dieser Verteidiger, die in ihrem aufopferungsvollen Kampf keine Rücksicht auf die eigene Gesundheit nahmen, war Michail Panikako, ein Marinesoldat, der in der 193. Schützendivision kämpfte. Als er keine panzerbrechenden Granaten mehr zur Verfügung hatte, bastelte sich Panikako aus Flaschen und Benzin zwei »Molotow-Cocktails«. Ein Lappen diente als Docht und provisorischer Zünder. Als eine deutsche Kugel die erste Flasche vorzeitig in Brand setzte, griff das Feuer schnell auf die Uniform des Marinesoldaten über. Als lebende Fackel stürzte sich der Soldat mit der zweiten Flasche auf den deutschen Panzer und setzte ihn in Brand. Der Angreifer war ausgeschaltet, der Verteidiger tot. Es gab in diesen Tagen etliche Panikakos, die

**Die Russen setzten sogar Kinder ein, also 14- bis 16-Jährige.**
Hubert Kremser, Soldat der 6. Armee

alles gaben – zuletzt sogar ihr Leben –, damit die Stadt Stalins nicht in die Hände von Hitlers Soldaten fiel.

Eine mögliche Erklärung für den aufopferungsvollen Kampf findet sich in Briefen, die Rotarmisten in den wenigen Gefechtspausen an ihre Angehörigen schreiben konnten beziehungsweise die sie von ihren Familien an die Front geschickt bekamen. Aus einer Vielzahl an Briefen, die erhalten sind, sprach moralische Unterstützung für diese Opfer- und Einsatzbereitschaft: »Ich bin sehr glücklich, dass du so gut kämpfst. Kämpfe bis zum letzten Blutstropfen, und lass dich nicht von ihnen gefangen nehmen, denn ein Gefangenenlager ist schlimmer als Tod.« Was die Frau eines Leutnants des 384. Artillerieregiments ihrem Mann schrieb, klang zwar wie von einem Propagandafachmann formuliert. Doch dieser Brief, wie auch etliche andere vergleichbaren Inhalts, gab einen wesentlichen Teil der Stimmung wieder, wie sie nicht nur unter den Verteidigern Stalingrads vorherrschte. »Ich kann nicht erkennen, wo du aufhörst und wo das Mutterland beginnt«, schrieb ein Leutnant aus Stalingrad seiner Braut. »Du und es – ihr seid für mich eins.« Natürlich kam es in den Briefen immer wieder auch zu Klagen über die schlechte Verpflegung, zu versteckten Andeutungen über die Aussichtslosigkeit der eigenen Situation, die Überlegenheit des Gegners. Natürlich waren sich die Schreiber dieser Zeilen auch im Klaren darüber, dass ihre Briefe von den politischen Kommissaren gelesen wurden. Doch auch wenn sie mit Blick auf eine mögliche Zensur geschrieben wurden – aus zahlreichen Briefen sprechen echte Überzeugung, aufrechter Patriotismus, wahre Gefühle: »Das Mutterland verlangt von uns, die wir diese Stadt verteidigen, bis zum Ende Widerstand zu leisten. Und wir werden diesem Befehl Folge leisten, so gut wir können.«

Dieses Leistungs- und Leidensvermögen der Verteidiger von Stalingrad stellte die deutsche Propaganda vor erhebliche Probleme. Konnte Goebbels im bisherigen Kriegsverlauf stets von schnellen Erfolgen künden lassen, so hatte seine Propagandamaschinerie längst die Härte der Auseinandersetzungen in den Mittelpunkt der Berichterstattung aus Stalingrad gerückt – natürlich wurden auch hier die deutschen Leistungen heroisiert, natürlich waren es immer die Landser, die »im harten Einzelkampf mit der blanken Waffe« neue Siege errungen hatten. Doch immer häufiger musste die deutsche Propaganda besondere rhetorische Spagate voll-

> **In der Heimat war die Stimmung so, dass man sagte: Das dauert wohl ein bisschen, doch Schritt für Schritt werden wir Stalingrad schon kriegen. Es gab überhaupt keine Aufregung und keine Diskussion, dass da etwas schief gehen könnte.**
>
> Gottfried von Bismarck, Leutnant der 6. Armee

Oben: »Mir geht es gut, was ich auch von euch hoffe«: Vom tatsächlichen Grauen des Krieges stand meist nichts in den Feldpostbriefen der deutschen Landser.
Unten: »Feldpost war ›Sonntag hoch fünf‹«: Die Verbindung zur Heimat war lebenswichtig für die Soldaten.

> Alles schaut immer noch wie gebannt auf Stalingrad. Wenn wir diese Stadt endgültig in unserem Besitz haben, hat sich unsere Situation wesentlich gebessert und erleichtert. Aber wir werden wohl noch eine Zeit lang dort kämpfen müssen.
>
> Joseph Goebbels, Tagebucheintrag, 20. Oktober 1942

> Ich hab immer gedacht: »Menschenskind, jetzt bist du gerade erst 18 Jahre alt. Sollst du auf diesem Quadratmeter Boden in Russland, den du verteidigst – sollst du da jetzt liegen bleiben, sollst du da sterben?« Ich wollte nicht sterben.
>
> Kurt Palm, Soldat der 6. Armee

> Die Wochenschauen waren im Grunde ja frisiert, möchte ich sagen. Uns ist doch gar nicht alles mitgeteilt worden. Und darum haben wir in der Heimat ja auch noch bis zum Schluss gedacht: Wir schaffen das noch.
>
> Ilse Holl, Frau eines Stalingrad-Kämpfers

bringen: Goebbels' Kampfblätter hatten die deutsche Öffentlichkeit mit Erfolgsmeldungen aus dem Osten bombardiert, die daraufhin glauben musste, die erschöpften Sowjets seien bereits geschlagen, die Eroberung Stalingrads stehe unmittelbar bevor – doch die Stadt an der Wolga fiel nicht. Daneben hatten NS-Hetzkampagnen das Bild russischer »Untermenschen« gezeichnet, die minderwertig, feige und hoffnungslos unterlegen waren – und nun leisteten sie der deutschen »Herrenrasse« erfolgreich Widerstand. Schließlich häuften sich zudem die Meldungen über Verluste der Wehrmacht, es blieb in der Heimat nicht verborgen, dass die harten Kämpfe auch auf deutscher Seite große Opfer fordern mussten.

Also schuf die deutsche Propaganda den Mythos vom »Heldentod«, wurden die Soldaten als »Verteidiger gegen den drohenden Bolschewismus« gewürdigt, die Toten »ruhten im Felde der Ehre«, ihnen wurde als höchste Ehrenbezeugung die Bestätigung zuteil: »Gefallen für Führer und Vaterland«.

Die Glorifizierung der Schlacht um Stalingrad, die zugleich eine Erklärung für das unerklärliche Andauern der Kämpfe sein musste, las sich in den Berichten wie in dem folgenden Auszug aus dem *Völkischen Beobachter*: »Es ist eine Hölle: Dieser Lärm und das Krachen, das andauernde Detonieren der Granaten aller Kaliber, das heulende Pfeifen der Geschosse in der Luft, der beißende und stinkende Pulverdampf und dazwischen der harte, fast pausenlose Mündungsknall der Abschüsse der deutschen Batterien. Durch dieses Inferno müssen die stürmenden Infanteristen hindurch. Sie müssen immer wieder ihr Herz vorwerfen, sie müssen tapfer und hart bleiben, zäh und kaltblütig, und sie dürfen in keiner Minute daran denken, dass sie in der nächsten Minute vielleicht nicht mehr leben oder verwundet liegen bleiben. Diese Männer entscheiden die Schlacht. Die Sowjets sind fertig, am Ende ihrer Kraft, Gefangene taumeln und torkeln uns mit entsetzten Gesichtern entgegen. Über einen Hang führt ein Gefreiter 20 Sowjetarmisten herauf, die aus ihren Löchern herausgeholt wurden. Da knallt ein sowjetischer Panzer mit genau gezieltem

Schuss mitten in die Gruppe hinein, acht Mann bleiben liegen, ihre Körper sind zerfetzt und aufgerissen.«

Der Argumentationskreis der deutschen Propaganda schloss sich: hier der tapfer kämpfende deutsche Landser, dort der verzweifelt Widerstand leistende Soldat der Roten Armee, der in Gestalt feiger Heckenschützen den Angreifern auflauert, der nicht davor zurückschreckt, die eigenen Kameraden zu opfern, und der auch kein Erbarmen gegen die wehrlose Zivilbevölkerung kennt. Solche Beschreibungen der Kämpfe sollten die Sinnlosigkeit der Verteidigung vor Augen führen, sie sollten auch erklären, wieso die Eroberung noch nicht gelungen war: »Der Kampf wird von den Bolschewisten bis zur Selbstvernichtung geführt, die Stadt ist ihnen auch den Preis der Selbstzerstörung wert.«

Dem Gegner Tapferkeit zu konzedieren, so weit wollten die NS-Medien nicht gehen. Erlebnisberichte, die in der zensierten Presse lanciert wurden, unterstrichen zwar immer wieder den entschlossenen »heldenhaften« Kampf der deutschen Angreifer, für den nicht minder »heldenhaften« Mut der Verteidiger galt allerdings eine völlig andere Maxime: »Dieser an Verrücktheit grenzende Starrsinn ist keine Tapferkeit. Diese sowjetische Sturheit macht unbarmherzig.«

Den Deutschen gelang es nicht, den Widerstand zu brechen und das vom *Völkischen Beobachter* als »letztes Bollwerk der Bolschewisten in Stalingrad« apostrophierte Viertel vollständig zu erobern. »Dieser Landstreifen war der größte Müllberg der Gegend«, schreibt der deutsche Kriegskorrespondent Walter Kerr zutreffend. Die Deutschen kontrollierten mittlerweile 90 Prozent jenes »Müllbergs«, der Stalingrad hieß. Doch die Offensive der 6. Armee hatte Ende Oktober ihren Schwung längst verloren: Erschöpft und ohne ausreichenden Nachschub an Personal und Material sahen sich ihre Verbände zu einer Ruhepause gezwungen.

---

*Ich habe Furchtbares erlebt. Wir haben ja Matrosen aus dem Fernen Osten eingesetzt. Die Armen! Es waren richtige Seeleute, sie setzten die Helme ab und zogen dann ihre Matrosenmützen auf – und dann stürzten sie sich mit »Hurra«-Geschrei ins MG-Feuer. Können Sie sich vorstellen, wie diese großen jungen Kerle in drei Schichten den Hügel mit ihren Leichen bedeckten? Als wir dann dran waren, habe ich bemerkt, dass meine Füße in den Boden einbrachen. Ich zog das Bein raus, und dann sah ich, dass ich mitten in einer Leiche stand!*
Albert Burkowskij, Soldat der Roten Armee

> **Der Tod der Kameraden wurde gar nicht so wahrgenommen, wie er im zivilen Leben wahrgenommen worden wäre. Der erste Gefallene, den ich damals sah – das war ein niederschmetterndes Erlebnis. Man rechnete letzten Endes sogar mit dem eigenen Tod. Doch je mehr sich der Krieg hinzog, desto abgebrühter wurde man und dachte gar nicht mehr daran.**
>
> Hubert Kremser, Soldat der 6. Armee

Die Verluste waren unvorstellbar hoch: Binnen zwei oder drei Tagen bluteten ganze Truppenteile aus, die meisten deutschen Kompanien bestanden nur noch aus wenigen Mann, die sowjetischen Verbände verloren in den Kämpfen um die Traktorenfabrik »Dserschinski« drei Viertel ihrer Soldaten. Bei den Angriffen auf die Geschützfabrik »Barrikaden« büßte ein deutsches Pionierbataillon an einem einzigen Angriffstag 40 Prozent der angetretenen Mannschaften ein.

»Du kannst Gott auf den Knien danken, dass du das nicht brauchst«, schrieb Karl Wester am 14. Oktober 1942 an seinen Bruder. »Ich kann dir sagen, hier wird das Unmöglichste fertiggebracht, und hier sieht man auch mal, was ein Mensch alles fertigbringt. Hoffentlich hilft der liebe Gott mal, dass der Krieg ein Ende nehme. Waffen können den Krieg nicht entscheiden.« Bemerkenswerte Einsichten eines Bauern, der kurz zuvor 20 Jahre alt geworden war.

Anfang November begann nach kurzer Pause der nächste Versuch, die letzten Widerstandsnester auszuheben und Stalingrad endgültig einzunehmen. Hauptziel des deutschen Angriffs war der so genannte Tennisschläger, ein Bündel von Eisenbahnlinien, das eine Schleife um die Industrieansiedlungen zwischen dem Mamai-Hügel und den Fabriken an der Wolga bildete. Die »Operation Feuersturm« sollte die letzte Offensive werden. »Wenn die Bereinigung jetzt nicht erfolgt«, schrieb Freiherr von Richthofen, der Kommandeur der Luftflotte 4, dessen Bomberstaffeln

---

*Wir haben hier nördlich von Stalingrad vor acht Tagen Winterstellung bezogen. Es ist kein verlockendes Bild hier in der Steppe. Weit und breit kein Dorf, kein Wald, kein Baum, kein Strauch und kein Tropfen Wasser. Jeden Tag greift der Russe an. Die Stadt selbst ist ja ganz zertrümmert und brennt noch überall und beleuchtet zur Nachtzeit die weite Steppe. Hier passt das Wort aus dem Evangelium, an das ich schon oft gedacht habe. Kein Stein soll auf dem anderen bleiben. Hier ist die Wirklichkeit so. [...] Man darf den Mut und das Gottvertrauen nicht verlieren, auch wenn die Maschinengewehre noch so böllern und die Bomben und Granaten krachen. Sollte es das Schicksal bestimmt haben, dass ich nicht mehr aus diesem Hexenkessel herauskommen sollte, dann ist es eben Gottes Wille.*
Feldpostbrief aus Stalingrad, 27. Oktober 1942

> *Stalingrad kann man als Hölle bezeichnen. Vor einigen Tagen ging die Kompanie in Stellung, und heute sind schon wieder viele davon gefallen. Unser Chef, ein 23-jähriger Leutnant, ein sehr junger Mann, ist kaum nach Russland gekommen und heute schon tot. Wenn es nur bloß einmal hier ein Ende hätte.*
> Feldpostbrief aus Stalingrad, 3. November 1942

auch diesen Angriff einleiteten, »dann glückt es nie.« Was optimistisch klingen sollte, traf schon bald in einem ganz anderen Sinn ein. Zunächst gelang es den deutschen Infanteriedivisionen, mit der Unterstützung von vier frischen Pionierbataillonen einen Keil in die sowjetische Verteidigungslinie zu treiben. Zum insgesamt dritten Mal waren Tschuikows Einheiten geteilt worden. Nicht einen großen, sondern nur verschiedene kleinere Brückenköpfe vermochten die sowjetischen Verteidiger noch zu halten. Die 138. Schützendivision – beziehungsweise das, was von ihr übrig war – kämpfte in der Fabrik »Barrikaden« mit dem Rücken zur Wolga auf immer enger werdendem Raum. Nur noch ein Streifen von 350 Meter Länge und 200 Meter Breite befand sich in der Hand der Roten Armee, und von drei Seiten waren die Sowjetsoldaten mittlerweile eingekreist. Ihr einziger Verbündeter war das Steilufer, das ihnen den Rücken freihielt und sie vor feindlichem Beschuss schützte. Im Norden verteidigte die 124. Schützenbrigade einen zweiten Brückenkopf. Einen dritten, den ausgedehntesten mit immerhin einigen Kilometern Länge, wenn auch nur wenigen hundert Metern Breite, verteidigte die 13. Gardedivision.

Mitte November schien die Situation der Verteidiger aussichtslos: »Den Einheiten fehlen Munition und Verpflegung«, alarmierte Tschuikow persönlich das Hauptquartier. Aussicht auf Besserung bestand nicht. Die Versorgung über die Wolga war durch Eisgang behindert, Schiffe, die den Nachschub hätten bringen können, wurden vom Eis festgehalten und leichte Beute der deutschen Artillerie. Die sowjetischen Einheiten wiesen im besten Fall noch ein Zehntel ihrer Sollstärke auf.

Und dennoch war der deutsche Ansturm erneut

**Das Deutschland von einst hat um zwölf die Waffen niedergelegt – ich höre grundsätzlich erst immer fünf Minuten nach zwölf auf.**
Adolf Hitler am 8. November 1942 im Bürgerbräukeller

**Stalingrad liegt wie ein dumpfer Albdruck auf der deutschen Volksseele. Es könnte uns heute nichts Schöneres passieren, als dass wir eine Sondermeldung über die endgültige Einnahme der Wolgastadt herausgeben könnten.**
Joseph Goebbels, Tagebucheintrag, 13. November 1942

»Über Stalingrad weht die Hakenkreuzfahne«: In der Ruine des ehemaligen Warenhauses hatte Generaloberst Paulus sein Hauptquartier.

> *Stalingrad ist immer noch nicht gefallen. Obwohl es nur einige 100 m Breite und einige 100 m Länge noch sind, können wir dies Stück nicht nehmen, obwohl unzählige Divisionen gegen die Russen fast jeden andern Tag angreifen. Doch jeder Angriff kommt zum Stehen und wird abgeschlagen. Tagelang wird manchmal um ein einzelnes Haus gekämpft.*
> Feldpostbrief aus Stalingrad, 19. November 1942

an den sowjetischen Verteidigungsstellungen gescheitert. Am 15. November musste die 6. Armee ihre Angriffe bei der Fabrik »Barrikaden« einstellen – die Verluste waren zu hoch, ein Ersatz an Personal und Material konnte nicht herbeigeführt werden. »Mehr als 40 Prozent der Bataillone sind abgekämpft«, lautete die ernüchternde Bilanz, die General von Seydlitz zog. Viele Infanteriekompanien waren mittlerweile so dezimiert, dass sie zusammengelegt werden mussten, um kampffähige Einheiten zu bilden. Nicht viel besser sah es beim Material der Panzerdivisionen aus, die oft nur noch über wenige einsatzbereite Panzer verfügten.

Rund 1000 Panzer, mehr als 2000 Geschütze und 1400 Flugzeuge hatten die Deutschen verloren, seit sie Ende Juni 1942 zur Eroberung Stalingrads angetreten waren. Die Verluste an Material wurden noch übertroffen durch die Ausfälle beim Personal: 70 000 Mann – tot, verwundet, gefangen oder vermisst.

Der Lagebericht des OKH verzeichnete unter dem Datum des 18. November: »Die bei der Lederfabrik eingeschlossenen Feindkräfte wurden bis auf 2 Offiziere und einige gefangen genommene Soldaten vernichtet. An der übrigen Front der Heeresgruppe keine besonderen Kampfhandlungen.«

Keine besonderen Kampfhandlungen – dies war eine euphemistische Umschreibung dafür, dass die Deutschen keine Kraft mehr hatten, den Angriff fortzuführen. Die vollständige Eroberung Stalingrads war gescheitert.

**Die einstige Wolgametropole ist bis auf ganz wenige Bezirke dem Feind entrissen. Die deutsche Wehrmacht steht an der Wolga.**
Kommentar der »Deutschen Wochenschau« vom 19. November 1942

# Das lange Sterben der 6. Armee

Während im deutschen Hauptquartier »Werwolf« die Krise zwischen Hitler und seinem Generalstabschef auf ihren Höhepunkt zusteuerte, trafen im Kreml der sowjetische Generalstabschef Alexander Wassilewski und der stellvertretende Oberbefehlshaber Georgi Schukow ein. Stalin hatte sie am 13. September in das Zentrum der Sowjetmacht befohlen, um die Pläne für das weitere Vorgehen in Stalingrad zu erörtern. Dort hatte am selben Tag die Wehrmacht eine erneute Offensive auf den Mamai-Hügel und das Wolgaufer begonnen, um die letzten sowjetischen Stellungen und damit die Stadt zu erobern. Fast 1000 Kilometer entfernt trugen Wassilewski und Schukow nun ihre ersten Entwürfe für eine Gegenoffensive im Süden vor. Die »Operation Uran«, so der vorläufige Deckname, sah vor, die Deutschen mit ihrer eigenen Taktik zu schlagen: Eine aus zwei Armeen bestehende Zange sollte die deutschen Verbände in Stalingrad einkesseln. Aus den Belagerern sollten Belagerte werden. Von Serafimowitsch am oberen Don aus sollte ein sowjetischer Keil durch die deutschen Linien getrieben und der 6. Armee der Rückzug abgeschnitten werden. Der Ausgangspunkt der sowjetischen Gegenoffensive war für Stalin von historischer Bedeutung: Zwei Jahrzehnte zuvor hatte der rote Diktator von Serafimowitsch aus die Entscheidung über die Verbände der Weißen Garden herbeiführen können. Ein gutes Omen?

Es war ein geschickter und vor allem erfolgversprechender Plan, den die beiden Generäle dem Kremlherrscher an diesem Sonntagabend vortrugen. Die Deutschen sollten sich in Stalingrad festbeißen und immer neue Kräfte in die Stadt führen, während die sowjetischen Verteidiger nur das Notwendigste taten, um eine völlige Einnahme zu verhindern. Der deutsche Angriff sollte nicht durch die Verteidiger Stalingrads zurückgeschlagen werden, sondern durch starke, frische Kräfte außerhalb der Stadt, welche die 6. Armee in Stalingrad zuerst von den eigenen Linien abschneiden und dann vernichten sollten.

Als Schwachpunkte in der deutschen Frontlinie hatten die Planer jene

**Wir Rumänen waren unter deutschem Kommando. Jede Bewegung der rumänischen Armee fand nur auf Befehl der Deutschen statt.**

Paul Stefanovici, rumänischer Soldat

Abschnitte ausgemacht, die von den Verbündeten der Deutschen gehalten wurden. Bei Kletskaja im Norden bis hinauf nach Woronesch standen Rumänen und Ungarn, dazwischen italienische Verbände. Die sowjetische Aufklärung hatte gute Arbeit geleistet. Denn die rumänischen Einheiten waren auf einen massiven gegnerischen Vorstoß ebenso wenig vorbereitet wie auf den plötzlichen Temperatursturz. Sie würden, dessen waren sich die Sowjets sicher, keinen ernsthaften Widerstand leisten können. Die deutsche Militärführung hatte das ohnehin begrenzte Material an modernen, leistungsfähigen Waffen für die eigenen Einheiten reserviert. Den Rumänen blieb nur die eigene, schlechte Ausrüstung. Mit ihren veralteten Waffen konnten sie der materiellen Überlegenheit der Angreifer nichts entgegensetzen. Doch das eigentliche Problem war, dass das Oberkommando des Heeres die Front überdehnt hatte und das Risiko langgezogener und nur unzureichend geschützter Flanken in Kauf nahm. So waren auch die deutschen Einheiten nicht hinreichend darauf vorbereitet, einen massiven Angriff zurückzuschlagen. Der Dienst am Don war, verglichen mit den unsäglichen Strapazen, welche die Soldaten in Stalingrad durchleiden mussten, weitaus erträglicher. Noch am 25. Oktober veranstaltete die bayerische 376. Infanteriedivision ein Preisschießen. Solcher Zeitvertreib war auch Beleg für die Unterschätzung der Leistungsfähigkeit des Gegners. Kaum jemand in der deutschen Führung konnte und wollte sich vorstellen, dass die Rote Armee zu einer größeren Offensivaktion in der Lage sein würde. Niemand wagte Hitler zu widersprechen, der am 23. Oktober in einer Ergänzung zu seinem Operationsbefehl Nummer 1 behauptet hatte: »Der Russe ist zurzeit wohl nicht in der Lage, eine große Offensive mit weiträumigem Ziel zu beginnen.« An die-

---

*Ich habe einmal einen Besuch bei den Rumänen gemacht. Diese armen Kerle lagen mit einer ganz schlechten Ausrüstung, teilweise ohne Decken, mit alten Karabinern, die noch aus Napoleons Zeiten zu stammen schienen, im Schnee. Die Verpflegung war sehr schlecht, hinten saß das Offizierskorps an weiß gedeckten Tischen, trank Wein und fühlte sich wohl. Wenn man da rumänischer Soldat gewesen wäre, wäre man auch nicht begeistert aufgestanden, um für Hitler zu kämpfen und sein Leben zu opfern.*

Winrich Behr, Hauptmann der 6. Armee

»Jeder Soldat eine Festung«: Verstärkungen der Roten Armee rücken in Stalingrad ein, September 1942.

ser gigantischen Fehleinschätzung des »größten Feldherrn aller Zeiten« orientierte sich die militärische Führung. Und diejenigen, die es hätten besser wissen müssen, lieferten die notwendigen Argumente. So hieß es in einer Lagebeurteilung der Abteilung »Fremde Heere Ost« ganz im Sinne Hitlers: »Feind bleibt ruhig, weil zu geschwächt.«

Als Konsequenz dieser falschen Einschätzung glaubte die deutsche Heeresführung den verbündeten Armeen Aufgaben zuweisen zu können, für die ihre vorhandene Ausrüstung gerade noch ausreichte: Wache stehen. Doch einen 400 Kilometer langen Frontabschnitt mit unzureichendem Personal und veraltetem Material zu halten – das konnte nur gelingen, wenn die Rote Armee keine Großangriffe unternehmen würde. Aber genau darum handelte es sich bei der »Operation Uran«. Die Schwäche der deutschen Flanken war so offensichtlich, dass die sowjetischen Generäle zunächst eine Falle vermuteten. Umso genauer bereiteten sie ihre Gegenoffensive vor.

Der Hauptangriff sollte fast 200 Kilometer westlich der Stadt beginnen.

Stalingrad wurde den Deutschen als Köder vorgehalten, hinter dem sich die tödliche Falle um die Angreifer schließen sollte. Der Haken dabei: Stalingrad hätte von den Deutschen erobert werden können. Stalin erkannte diese Gefahr, die sich hinter den Plänen seiner Generäle verbarg. »Seine« Stadt sollte er aufs Spiel setzen? Dem verhassten Gegenspieler in Berlin den psychologischen Triumph gönnen – ja sogar ermöglichen? Der rote Diktator lehnte zunächst ab. Hartnäckig erläuterten Schukow und Wassilewski die Vorteile ihres Plans. Nur wenn die Deutschen mit dem Schwergewicht der 6. Armee in die Stadt eindringen würden, konnte der weit im Rücken der deutschen Front liegende Gegenangriff gelingen. Je tiefer die Deutschen in der Stadt verstrickt waren, desto weniger würden sie ihre Kräfte rechtzeitig zur Abwehr des Gegenangriffs zurückziehen können. Ein Angriff »aus der Tiefe des Raumes« – das war das Erfolgsrezept der deutschen Wehrmacht. Nun sollte sich diese Taktik gegen ihre Erfinder richten. Die Generäle der Roten Armee waren gelehrige Schüler.

An ebendiesem 13. September erlaubte Stalin schließlich die Aktion. Unter strengster Geheimhaltung sollte die Offensive nach den Vorgaben des Generalstabschefs und stellvertretenden Oberbefehlshabers durchgeführt werden.

Selbst der Kommandeur der 62. Armee, die sich unter größten Verlusten den deutschen Angreifern in vorderster Linie entgegenstemmte, ahnte nicht, was in Moskau beschlossen worden war. Doch Tschuikows Soldaten spürten als Erste, welche Folgen die geheim gehaltene »Operation Uran« für die sowjetischen Einheiten in der Stadt haben sollte. Da die Rote Armee ihre Kräfte an den Flügeln zusammenzog, blieb den Verteidigern nur das Allernotwendigste – und oft nicht einmal das. So setzte die STAWKA Anfang Oktober die Zuteilung von Munition für die Artillerie der 62. Armee herab – zu einem Zeitpunkt, als deren Einheiten eine deutsche Offensive nach der anderen zurückschlagen sollten. Tschuikow war empört – doch machtlos.

Um die »Operation Uran« umsetzen zu können, brauchte die sowjetische Führung zusätzliche Kräfte. Dafür sorgten immer neue Produktionserfolge, welche die sowjetische Schwerindustrie im Jahr 1942 melden konnte. Hitler hatte geglaubt, wer die Industrie in Stalingrad zerschlage, zerstöre das industrielle Herz der Sowjetunion. Dabei war Halders Schätzung, dass in der Sowjetunion monatlich 1200 Panzer aus den Werkshallen rollten (während nur 500 die deutschen Werkshallen verließen), noch untertrieben. Tatsächlich produzierte die sowjetische Rüstungsindustrie im zweiten Halbjahr 1942 Monat für Monat durchschnittlich 2200 Pan-

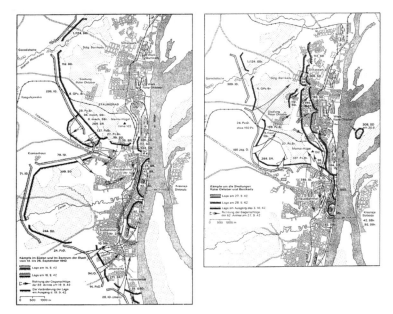

Diese beiden Stadtpläne zeigen den genauen Frontverlauf und die am häufigsten umkämpften Stadtbezirke vor der Einkesselung.

zer – ein Anstieg von 20 Prozent gegenüber dem ersten Halbjahr. Mehr als die Hälfte der Panzer, welche die Rote Armee aufbieten konnte, sollten dabei in der »Operation Uran« zum Einsatz kommen. Noch deutlicher fiel die Zuwachsrate bei der Flugzeugproduktion aus: von unter 10 000 im ersten Halbjahr auf über 15 000 Maschinen im zweiten.

Die deutschen Soldaten an der Front bekamen die unmittelbaren Folgen dieser Produktionssteigerung, welche die militärische Spitze im »Führer«-Hauptquartier nicht wahrhaben wollte, hautnah zu spüren. Im Kriegstagebuch der 6. Armee lautete der besorgte Eintrag am 15. November 1942: »Die unangetastete nächtliche Luftherrschaft des Russen hat ein unerträgliches Ausmaß angenommen. Die Truppe kommt nicht zur Ruhe, ihre Kräfte werden aufs Höchste angespannt.« Die Führung der 6. Armee forderte vom Oberkommando der Heeresgruppe vergeblich Unterstützung bei der Ausschaltung der gegnerischen Luftflotte. Die sowjetischen Flieger hatten am Himmel über Stalingrad die Herrschaft übernommen – und sie sollten sie nicht mehr abgeben.

> *So eine Nacht habe ich noch nie erlebt wie vom 9. auf 10. November in Stalingrad, die Russen haben in der Nacht Tausende von Bomben geworfen, ich glaubte tatsächlich nicht, dass wir noch mal aus Stalingrad herauskommen, von mittags 3 Uhr bis anderen Morgen um 4 Uhr Bombe auf Bombe. Wir sind in einem Russenhaus gelegen, aber das bebte die ganzen 13 Std. ununterbrochen. Musste diesmal zur Stadtmitte fahren, da ja der Russe im Süden der Stadt wieder angreift und bin vorgefahren mit 3 Lastwagen bis zu den Panzerwerken »Roter Oktober«. Da explodierte auf einmal an meinem rechten Vorderrad eine Granate, ist aber Gott sei Dank nichts dabei passiert, habe aber dann diese Gegend schnell wieder verlassen. Die Hauptsache ist ja immer, wenn man wieder gesund davon kommt. Heute Mittag wurden wir auch wieder im Tiefflug vom Russen angegriffen, und jetzt gerade schmeißt er wieder Bomben nur 4 km von hier, da ist ein Verpflegungslager, und so haben wir jede Abwechslung, da hat man sich ja so langsam daran gewöhnt.*
>
> Feldpostbrief aus Stalingrad, 13. November 1942

Wie in der Luft, so demonstrierte die Rote Armee auch am Boden ihre materielle Überlegenheit. Doch um das vorhandene Material in das Einsatzgebiet zu transportieren, brauchte die Armeeführung Zeit, welche die Soldaten in Stalingrad durch ihren Widerstand beschaffen sollten. Stalin ließ verbreiten: »Die kleinste dem Feind entrissene Hügelstellung bedeutet Zeitgewinn, und jeder gewonnene Tag kann vielleicht den Ausgang der Schlacht bestimmen.« Die ständige Wiederholung der Aufrufe zum Ausharren zeigte Wirkung. Entschlossen hielten die Verteidiger ihre Stellungen, kämpften auch in aussichtsloser Situation weiter und leisteten erbitterte Gegenwehr. Fast grenzte es an ein Wunder, dass im Feuerhagel der deutschen Waffen überhaupt jemand überleben konnte. Doch unter den Trümmern und in den relativ geschützten Stellungen in den Steilhängen am Wolgaufer wehrten sich die zusammengeschmolzenen Reste der 62. Armee mit dem Mut der Verzweiflung.

»Im Nordteil der Geschützfabrik lebte hinter der Front russischer Widerstand in einzelnen Nestern wieder auf.« Meldungen wie diese beunruhigten immer wieder das OKH. Die Bemühungen der 6. Armee, die Verteidiger Stalingrads zur Kapitulation zu zwingen, blieben erfolglos. Der Durchhaltewille der Sowjets blieb ungebrochen – mochte er auch für den Beobachter ebenso irrational erscheinen wie Hitlers Beharren auf Einnahme der Stadt.

---

**Vor einigen Tagen schrieb ich, ich hab keine Angst. [...] Angst hat man doch. Man hängt viel zu viel am Leben.**

Feldpostbrief aus Stalingrad,
19. November 1942

> *Nur nachts meldeten sich die Russen. Sie hatten ein kleines Flugzeug, das wir »Nähmaschine« getauft hatten, weil es ein Geräusch machte wie eine Nähmaschine. Es war ein sehr kleines Flugzeug, in dem nur ein Pilot saß. Jede Nacht kam so eine Maschine und kreiste über uns. Das bedeutete immer Rauchverbot – es durfte sich niemand eine Zigarette anzünden. Der Pilot hätte die Flamme ja sehen können. Manchmal hatten sie auch eine kleine Bombe an Bord. Aber ich habe nie erlebt, dass diese Bombe irgendetwas getroffen hätte. Die psychologische Wirkung war aber vorhanden. Es wurde uns angezeigt: »Es gibt uns noch!«*
> Joachim Porzig, Funker der 6. Armee

Dabei setzte Tschuikow verstärkt auf nächtliche Angriffe. Es war vor allem die Rote Luftflotte, welche die Deutschen in zunehmendem Maße verunsicherte. Neben zweimotorigen sowjetischen Bombern waren es kleine U-2-Doppeldecker, die in der Nacht die Lufthoheit über Stalingrad übernommen hatten. »Mitternachtsbomber«, »Kaffeemühle«, »Nähmaschine«, »Rollbahnkrähe« nannten die deutschen Soldaten die wendigen kleinen Maschinen, die ihr Kommen mit einem lautern Knattern ankündigten, dann plötzlich verstummten, um sich im Gleitflug fast lautlos den gegnerischen Linien zu nähern. Im letzten Moment war nur das Pfeifen des Windes zu hören, der sich in den Verstrebungen der doppelten Flügel fing – und dann der Knall der detonierenden Bombe. Es waren nicht nur der materielle Schaden als vielmehr die psychologische Schockwirkung, das hilflose Ausgeliefertsein und nicht zuletzt auch die fehlende Nachtruhe, die den Deutschen zusetzten. Die Sowjets bauten auf die Zermürbung der Angreifer und versuchten alles, um mit den begrenzten eigenen Kräften den Gegner zu hindern, neue Reserven an die Front zu schicken. Die sow-

> *Ich bin euch noch die Erklärung der Stalinorgel schuldig. Das ist ein automatisches Geschütz, welches bis zu 50 Granaten auf einmal abschießt. Diese krepieren dann auf kleiner Fläche. Wenn man da von weitem zusieht, meint man, aus diesem Feuerzauber dürfe keine Maus lebendig wieder heraus kommen. Aber in Wirklichkeit ist es halb so schlimm. Wir haben schon mehrere Male mit dem ganzen Zeug in diesem Zauber gelegen, ohne dass etwas passiert ist. Das schlimmste dabei ist die moralische Wirkung. Aber keine Angst, wir haben diese Dinger auch, nur ein wenig besser.*
> Feldpostbrief aus Stalingrad, 13. Oktober 1942

jetische Artillerie auf dem östlichen Ufer der Wolga nahm deshalb nicht die vorderen Linien der Deutschen unter Beschuss: Im Häuserkampf war die Frontlinie zu unklar, Freund und Feind lagen zu eng beieinander. Artilleriefeuer hätte die eigenen Leute ebenso getroffen wie die des Gegners. Weitaus wirkungsvoller und zugleich ungefährlicher für die eigenen Kräfte war es, dass die sowjetischen Geschütze in den Rücken der Front feuerten: dorthin, wo die gegnerischen Nachschublinien vermutet wurden, wo sich frische deutsche Einheiten rüsteten, um in den Kampf in der Stadt einzugreifen. In der Stadt selbst sollten Raketenwerfer, die auf Lastwagen montiert waren, den Gegner zermürben. Die beweglichen Werfer mit 16 Abschussgestellen verließen nur kurz ihre Sicherungsstellungen, feuerten ihre tödliche Last ab und wurden sofort wieder in Deckung gebracht. »Katjuscha« nannten die Russen diese Waffe zärtlich nach einem Mädchen, das ihrem Verlobten ewige Treue schwor, als dieser auszog, das Vaterland zu verteidigen. »Stalinorgel« nannten die Deutschen die Werferbatterien – einerseits wegen des Lärms, andererseits wegen der Länge der Raketen, die mit fast anderthalb Metern an Orgelpfeifen erinnerten. Katjuscha oder Stalinorgel – nicht nur die Sprengwirkung dieser Waffe war verheerend. Vor allem ihre psychologischen Auswirkungen waren enorm. Das infernalische Geheul der 130-Millimeter-Raketen erinnerte an einen Luftangriff. Der ohrenbetäubende Lärm machte insbesondere Neuankömmlinge an der Front zunächst einmal fast handlungsunfähig. Und auf Dauer zermürbten die Katjuschas jeden Gegner.

Die Verteidiger der Stadt hofften auf neue Kräfte, sie hofften auf den großen Gegenangriff, und sie hofften auf den Winter. Sie ahnten: Die Zeit war auf ihrer Seite.

Doch Zeit allein genügte nicht. Damit die »Operation Uran« erfolgreich sein konnte, musste die deutsche Führung möglichst lange über die wahren Absichten der Roten Armee im Unklaren bleiben. So vollzog sich der Aufmarsch im Rahmen eines gigantischen Täuschungsmanövers.

Tarnen und täuschen – das Grundprinzip, das jeder Soldat in der Ausbildung lernt, sollte zur ersten großen Aufgabe des Aufmarschs werden. Zur Tarnung vollzogen sich alle Truppenbewegungen, soweit möglich, im Schutz der Nacht. Mehr als 160 000 Soldaten und 14 000 Fahrzeuge setzten südlich von Stalingrad über die Wolga. Es war ein gefährliches Unterfangen – nicht nur wegen der permanenten Gefahr der Entdeckung durch deutsche Aufklärer, sondern vor allem wegen der Eisschollen, welche die leichten Boote bei einer Kollision zum Kentern bringen konnten.

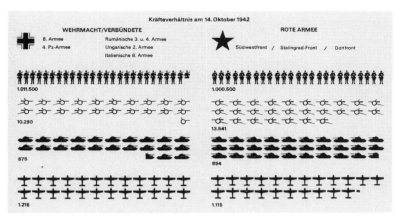

**Kräftevergleich der beiden Gegner zu Beginn der Schlacht um Stalingrad.**

Die Flugplätze und die notwendigen Versorgungslinien waren gut getarnt, falsche Landebahnen wurden ebenso täuschend echt angelegt wie Behelfsbrücken über die Wolga. Insgesamt 17 Brückenattrappen errichtete die Rote Armee über den Don, um die deutsche Luftaufklärung zu täuschen und von den echten fünf Brücken abzulenken. Während sich die Aktionen in diesem Frontabschnitt mit dem geringstmöglichen Aufsehen abspielten, inszenierten die Einheiten in anderen Bereichen einen regen Aktionismus bei größtmöglichem Lärm. An der Woronesch-Front errichteten die Pionierverbände Brücken, wirbelten Infanterieeinheiten große Staubwolken auf, als würde eine Offensive unmittelbar bevorstehen. Die Aktivitäten an der tatsächlich geplanten Angriffsfront blieben derweil unbeobachtet oder unterschätzt.

Auf die Warnungen rumänischer Verbände, die bereits Ende Oktober auf einen Aufmarsch feindlicher Kräfte an der Don-Front hinwiesen, reagierten die Deutschen zunächst nicht. Doch Generaloberst Petre Dumitrescu, der Oberkommandierende der 3. Rumänischen Armee, ließ nicht locker. Über den deutschen Verbindungsoffizier zum Kommando der 6. Armee ließ er mitteilen, dass er »für den 8. November einen stärkeren Feindangriff mit Panzern« erwarte. Seine Warnungen wurden jedoch nicht ernst genommen. Zu oft schon hatten sich angeblich unmittelbar bevorstehende Angriffe als Luftnummern entpuppt. Warum sollten die Sowjets gerade zum Jahrestag der Oktoberrevolution größere Aktionen planen?

Ohnehin tappte die deutsche Führung mitunter völlig im Dunkeln,

> *Vor dem 20. November hörten wir in unseren Gräben immer einen seltsamen Motorenlärm. Wir haben es an unsere Kommandostelle gemeldet, sie haben es aber nicht weiter beachtet. Am 19. November 1942 im Morgengrauen fing der Angriff im Donbogen an. Erst dann haben wir alle begriffen, was das für ein Lärm war: Die Russen hatten die Wolga überquert und ihre Armee im Donbogen positioniert. Der war nämlich nicht ganz von den Deutschen besetzt, sondern die Russen hatten eine Schneise von 50 bis 60 Kilometern, wo sie ihre Armee zusammengezogen hatten. Wir haben dann nur morgens gehört: Die haben bei den Italienern im Donbogen angegriffen. Wir haben uns gefragt: Wann sind wir dran? Das Schlimme war, es war so ruhig. Immer wenn es so verdächtig ruhig war, verhieß das nichts Gutes. Dann konnte man sicher sein, dass spätestens am nächsten Tag ein Angriff bevorstand. Oder wenn es den größten Regen oder Schneesturm gab, dann haben sie angegriffen. Das war ihr System.*
> Paul Stefanovici, rumänischer Soldat

wenn es um die Absichten der Roten Armee ging. Am 7. November berichtete der Generalstab des Heeres in einem Lagevortrag, »dass nach Agentenmeldungen am 4. November in Moskau ein Kriegsrat mit allen Oberbefehlshabern stattgefunden habe, bei dem beschlossen worden sei, noch in diesem Jahr jene große Offensive entweder an der Don-Front oder in der Mitte durchzuführen«. An der Don-Front oder in der Mitte – was hier noch als Alternative offen blieb, nahm jedoch schon bald konkrete Formen an. In den folgenden Tagen meldeten die Lageberichte verstärkte Aktivitäten im Süden und Norden von Stalingrad, sie berichteten von »Stoßtrupp-Aktivitäten«, es war die Rede von »Ansammlungen des Feindes« und sogar von »Angriffen« auf die rumänischen und italienischen Abschnitte der Front. Deutsche Funker fingen russische Befehle ab, die Hinweise auf die Umorganisation und den Aufmarsch der Roten Armee im Bereich der neuen sowjetischen »Südwest-Front« lieferten. Die deutsche Feindaufklärung meldete: »Starke sowjetische Bereitstellungen im Donbogen bei Kletskaja.« Auch wenn die deutsche Luftaufklärung nun immer konkreter warnte – »Vor den Rumänen am Don fahren die Russen fort, ihre Offensivvorbereitungen zu treffen«, notierte der Kommandeur der Luftflotte 4, Generaloberst von Richthofen, am 11. November –, die deutsche Führung wollte oder durfte aus all diesen Meldungen nicht die entsprechenden Schlüsse ziehen.

Wer eine treibende Kraft hinter der Bagatellisierung der gegnerischen Aktionen war, erfuhr Heinrich Meidinger am eigenen Leib: Als Chef einer

Lichtmessbatterie war es seine Aufgabe, die Aktivitäten des Feindes an der so genannten »Nordriegelstellung« zu erkunden. Seine Beobachtungsabteilung war als Teil des LI. Korps an einer strategisch zentralen Stelle eingesetzt – kein Wunder, dass ihm und seinen Soldaten die starken Bewegungen auf Seiten der Sowjets nicht entgingen. »Meine Warnungen haben mir nur einen Anpfiff von höchster Stelle eingetragen. Der Stabschef der 6. Armee, Generalmajor Schmidt, ließ mir ausrichten, ich solle solche Latrinenmeldungen nicht mehr durchgeben. Es könne nicht sein, dass der Russe noch so viele Kräfte in Reserve hat, wie wir melden.« Schmidt, ein überzeugter Nazi, galt als sturer Verfechter von »Führer«-Befehlen. Er sollte sich im weiteren Verlauf der Gefechte einen wenig rühmlichen Spitznamen als graue Eminenz im Stab von General Paulus verdienen: »Der böse Geist des Kessels«. Sein unbedingter Glaube an Hitlers Unfehlbarkeit hatte zur Folge, dass er alle Hinweise auf eine Zusammenziehung feindlicher Kräfte ignorierte – schließlich hatte der »Führer« verkündet, dass der Feind über keine nennenswerten Reserven verfüge.

Generaloberst Paulus war nicht nur von seiner Luftaufklärung über die Aktivitäten am Don informiert worden. Auch eigene Beobachtungsabteilungen am Boden sowie sowjetische Gefangene berichteten von Truppenbewegungen der Roten Armee an der Don-Front. Der Befehlshaber der 6. Armee begann zu zögern. Er wollte die Kampfhandlungen in Stalingrad unterbrechen und einen Teil seiner Verbände aus der Stadt zurücknehmen, um die gefährdeten Flanken zu stabilisieren. Das XLVIII. Panzerkorps sollte die Frontlinie im Norden verstärken. Doch dessen Kommandeur, Generalleutnant Ferdinand Heim, konnte nicht auf Einheiten zurückgreifen, die über eine vollständige Kampfstärke verfügten. Die 1. rumänische Panzerdivision hatte nur wenige veraltete tschechische Panzer. Die 14. Panzerdivision hatte in Stalingrad gekämpft – die Verluste waren entsprechend hoch. Der 22. Panzerdivision fehlte der notwendige Treibstoff.

---

*Es hieß, es gibt Urlaub, denn die Front sei ruhig. Es wurde ausgelost, wer wann fährt. Ich war für Weihnachten vorgesehen. Ein älterer Reserveoffizier kam zu mir und sagte: »Hör mal zu, meine Tochter will Weihnachten heiraten, da würde ich gern dabei sein. Wollen wir nicht tauschen?« Und ich dachte mir als alter Soldat: »Was du hast, das hast du. Wer weiß, ob du Weihnachten noch lebst? Also, ab nach Hause!« So habe ich noch eine wunderschöne Zeit bei mir zu Hause in Pommern erlebt.*
Gottfried von Bismarck, Leutnant der 6. Armee

Ein unscheinbarer Gegner hatte zudem einen Teil der Panzer außer Gefecht gesetzt: Mäuse hatten sich in den Kabelschächten niedergelassen, Gefallen an dem Gewirr der Drähte gefunden und dabei wichtige Teile der Elektrik zerstört. Statt unter dem Codewort »Wildgänse« sowjetische Panzer zu jagen, beschäftigten sich die Mannschaften mit der Mäusejagd. Insgesamt konnte der Kommandeur des Korps auf weniger als 100 einsatzfähige Panzer bauen – 100 Panzer für drei Divisionen. Was auf dem Papier als mächtige Streitmacht erschien, war in Wirklichkeit nur noch ein Rumpfverband – kaum mehr als ein Placebo zur Beruhigung der angespannten Nerven der rumänischen Verbündeten. Doch gegen den erklärten Willen seines obersten Befehlshabers wollte Paulus keine größeren Umgruppierungen im Bereich der 6. Armee vornehmen. Seine Passivität war auch die Folge seiner Unkenntnis über die tatsächliche Lage.

Informationen, welche die deutsche Führung erhielt, blieben widersprüchlich. Statt Aufklärung zu liefern, leistete Oberst Reinhard Gehlen, Chef der Abteilung »Fremde Heere Ost«, noch am 12. November einen Offenbarungseid: »Das Gesamtbild des Kräfteaufbaus ist nach Ort, Zeit und Umfang jedoch noch unklar.« Die Abwehr war über die gegnerischen Absichten im Unklaren, doch eines gab sie vor zu wissen: »Baldige Angriffsmöglichkeiten zeichnen sich nicht ab, die vorhandenen Kräfte sind zu schwach für weiter gehende Operationen.«

Eine weitere Verstärkung der bedrohten Flanken unterblieb. Einzig Hitler zog aus seinem bisherigen Hauptquartier »Werwolf« bei Winniza wieder zurück in die »Wolfsschanze« bei Rastenburg. Von dort befahl er der erschöpften Truppe in den Ruinen von Stalingrad am 17. November: »Die Schwierigkeiten und die gesunkenen Gefechtsstärken sind mir bekannt. Die Schwierigkeiten für den Russen sind jetzt noch größer. [...] Ich erwarte, dass die Führung nochmals mit aller wiederholt bewiesenen Energie und die Truppe nochmals mit dem oft gezeigten Schneid alles einsetzen, um wenigstens bei der Geschützfabrik und beim Metallurgischen Werk bis zur Wolga durchzustoßen und diese Stadtteile zu nehmen.«

Fast wie Hohn musste den erschöpften Soldaten an der Front der Zusatz klingen, mit dem Generaloberst Paulus diesen Befehl seines »Führers« weiterleitete: »Ich bin überzeugt, dass dieser Befehl unseren braven Truppen neuen Impuls geben wird.«

General von Seydlitz-Kurzbach kommentierte die Anordnung Hitlers später in seinen Memoiren bitter. Doch er wie auch die anderen Offiziere trieben ihre Soldaten noch einmal gegen die sowjetischen Stellungen. In einer letzten, fast schon verzweifelten Kraftanstrengung versuchten sie,

Hitlers Willen umzusetzen, und stürmten erneut gegen die Bastionen der Verteidiger.

Unbeeindruckt von der Fortsetzung der deutschen Angriffsbemühungen in den Ruinen von Stalingrad, hatte die Rote Armee den Schwerpunkt ihrer Aktivitäten längst 200 Kilometer aus der zerstörten Stadt gelegt. In den Wäldern von Kremenskaja, in den Steppen im Süden vor Stalingrad herrschte hektische Betriebsamkeit: Frische sowjetische Divisionen bezogen ihre Aufmarschräume und bereiteten sich auf den großen Gegenangriff vor. Die Vorbereitungen zur »Operation Uran« liefen auf Hochtouren.

Doch zunächst schien es, als würde es sich trotz der zunehmenden Zahl an Warnungen vor einem bevorstehenden Großangriff jeweils nur um eine Zunahme der Zahl von Fehlalarmen handeln. Auf Seiten der Deutschen ahnte niemand den wahren Grund, weshalb es an den Fronten westlich von Stalingrad noch immer ruhig blieb und die Rote Armee ihre Offensive nicht wie geplant am 9. November begonnen hatte. Es war das Wetter, das der sowjetischen Führung einen Strich durch die Rechnung machte. Regen und Minustemperaturen ließen den Boden vereisen und den Vormarsch einfrieren. In der Hektik der Vorbereitungen waren längst nicht alle Einheiten der Roten Armee für den Winterkrieg ausgestattet. Handschuhe, wärmende Kopfbedeckungen oder winterfeste Fußbekleidung fehlten da und dort noch. Doch der Nachschub rollte. Alle Soldaten erhielten schließlich Schneeschuhe, die Schützendivisionen wurden mit Schlitten ausgerüstet. Die Wagen bekamen Schneeketten und – für den Fall der Fälle – Schneeschaufeln.

Drei Tage vor Beginn der sowjetischen Offensive fielen bei Kalatsch am Don dicke Schneeflocken und bedeckten die tiefen Wunden, welche die Artillerie zu Beginn des deutschen Angriffs in den Boden gerissen hatte. Eine zartweiße Decke senkte sich auf das blutdurchtränkte Schlachtfeld. Der bevorstehende Winter kündigte sich an. Am 12. November tobte dann ein erster schwerer Schneesturm und lähmte jeden weiteren Vormarsch. Zudem hatte sich gezeigt, dass die Transportkapazität bei weitem nicht ausreichte, um alle Einheiten rechtzeitig in die geplanten Ausgangsstellungen zu transportieren. Der Angriffstermin musste um zehn Tage verschoben werden. Doch dann sollte sich Schukows Versprechen erfüllen, das er bereits am 7. November gegeben hatte: »Bald wird es einen Festtag in unseren Straßen geben.« Der Aufmarsch zur »Operation Uran« ging in die letzte Phase.

## Der Angriff

Oberleutnant Zank lag mit seinem Grenadierregiment 673 in unmittelbarer Nachbarschaft zur 3. Rumänischen Armee. Am Abend des 18. November kam er mit einem unguten Gefühl aus dem Bataillonsgefechtsstand zurück. »Leg dich ruhig hin, es wird schon nichts passieren«, beruhigte ihn der Kompaniechef einer Reservekompanie. »Da aber viele Angriffe im Morgengrauen gestartet wurden, habe ich meinem Burschen aufgetragen, er solle mich rechtzeitig vor dem Morgengrauen wecken«, gab Zank eine letzte Anweisung, bevor er dann doch zu Bett ging. Schließlich hatte auch die Tagesmeldung der 6. Armee nur Beruhigendes verkündet: »An der gesamten Front keine wesentlichen Veränderungen.« Es war eine ebenso kurze wie falsche Einschätzung. Am nächsten Tag brach die Hölle los. Und nicht der Bursche, sondern der Regimentskommandeur riss Oberleutnant Zank am Morgen aus dem Schlaf: »Der Angriff der Russen steht bevor.«

In einem Befehl an die Truppen wandte sich der Kriegsrat der Stalingrad-Front am 19. November an die »Genossen, Rotarmisten, Kommandeure und Politarbeiter«: »Die Stunde der Abrechnung mit dem gemeinen Feind ist gekommen. Ich befehle: Die Truppen der Stalingrad-Front gehen zum entschlossenen Angriff gegen den verruchten Feind, die deutsch-faschistischen Okkupanten, über, vernichten ihn und erfüllen ehrenvoll ihre Pflicht vor der Heimat.« An den drei Fronten rund um Stalingrad warteten mehr als eine Million sowjetische Soldaten auf ihren Einsatz. Über 13 000 Geschütze, fast 900 Panzer und über 1100 Flugzeuge standen bereit, um den Auftrag Stalins auszuführen, der mit einem martialischen Appell endete: »Tod den deutschen Okkupanten.«

Von zwei Seiten traten die Sowjets zum Angriff an: die 31. Armee von Norden, die 51., die 57. und die 64. Armee von Osten, unterstützt von der 5. Panzerarmee. Die Befehlshaber der drei sowjetischen Frontabschnitte waren: Generalleutnant Nikolai Watutin, Generalleutnant Konstantin Rokossowski und Generalleutnant Andrej Jeremenko. Ihr Auftrag hieß: die Linien der mit den Deutschen verbündeten rumänischen und italienischen Verbände zu durchbrechen. Ihr Ziel: die Einkesselung der 6. Armee. Am 19. November, 5.50 Uhr deutscher Zeit, begann die Operation im dichten Schneegestöber.

»Der ganze Himmel war erleuchtet durch das Blitzen der Geschütze, der Katjuschas und Stalinorgeln. Es war ein unglaubliches Flammenmeer«, so erlebte Hauptmann Dengler den Beginn der sowjetischen Offensive. Wie zahlreiche andere Soldaten wusste er nicht, was die Russen vorhatten. »Wir waren völlig ahnungslos. Unsere Aufklärung hatte total versagt, niemand hat etwas von dem gewaltigen Aufmarsch bemerkt.« Wie viele andere teilte auch er die Einschätzung seines obersten Befehlshabers Adolf Hitler: »Von uns hat keiner die Russen für fähig gehalten, eine solch gewaltige Geschichte bewerkstelligen zu können.« Noch wusste Dengler nicht, dass er den Anfang vom Ende der 6. Armee miterlebt hatte. Doch schon zu diesem Zeitpunkt war ihm klar: »Das war das Ende der rumänischen Divisionen, die da gelegen haben.«

Oberleutnant Stöck war ein bekannter Mann – vor allem in Sportlerkreisen. 1936 bei den Olympischen Sommerspielen in Berlin hatte er die

> Alles wurde umgepflügt. Wer nicht zwei Meter tief eingegraben war, hatte keine Chance zu überleben.
> Nikolai Masniza,
> Soldat der Roten Armee

> Wir hatten uns in der Steppe eingebaut mit einem sehr soliden Abwehrsystem – zweifacher Schützengraben und Bunker. Ich ging auf Urlaub und dachte: »Uns kann nichts passieren, hier kommt keiner durch.« Doch sie kamen dann an den Flanken bei den Italienern und Rumänen durch.
> Gottfried von Bismarck,
> Leutnant der 6. Armee

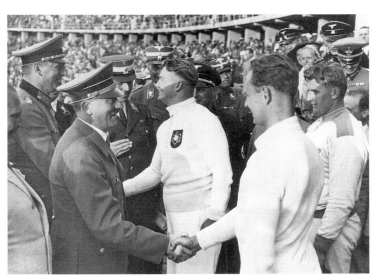

»Der erwartete Angriff ist losgegangen«: 1936 gratuliert Hitler in Berlin Gerhard Stöck zur Olympiamedaille. Vor Stalingrad erfuhr Stöck als einer der ersten vom Großangriff der Sowjets.

> 6. Armee hat auf jeden Fall Stalingrad und ihre jetzige Stellung zu halten. Gegenmaßnahmen gegen Feindeinbruch sind bereits eingeleitet.
>
> Funkspruch des OKW an die 6. Armee, 19. November 1942

Goldmedaille im Speerwurf gewonnen. Sechs Jahre später war der durchtrainierte Athlet Verbindungsoffizier zwischen der deutschen 6. Armee und dem rumänischen IV. Armeekorps. Am Morgen des 19. November telefonierte Stöck aufgeregt mit Winrich Behr, dem IO im Hauptquartier der 6. Armee: »Herr Hauptmann, nach einem Trompetensignal ist heute bei Kletskaja der erwartete Angriff losgegangen. Wir wissen noch nicht, was alles passiert, es sind große Panzergeräusche, es ist damit zu rechnen, dass auch Panzerangriffe erfolgen«, eröffnete der Olympiasieger dem überraschten Behr. Angesichts der Vielzahl ähnlicher Meldungen, die sich dann meist als Fehlalarm herausgestellt hatten, war sich Behr zunächst nicht sicher, ob er die Nachricht weitergeben sollte. Konnte er angesichts der Uhrzeit den Chef des Stabes, Generalmajor Schmidt, sofort aus seinem Schlaf holen?

Die unterschiedliche Zeit war ein besonderes Kuriosum in den Kämpfen um Stalingrad. In der Stadt im Osten ging die Sonne rund zwei Stunden früher auf als in Berlin. Dennoch beharrte Hitler auf »seiner« Zeit. Für die 6. Armee galt auch in Stalingrad die mitteleuropäische Zeitrechnung. Die Rote Armee orientierte sich selbstverständlich an der »richtigen« Ortszeit. Als in diesen frühen Morgenstunden des 19. November das Kennwort »Sirene« gegeben wurde und die sowjetischen Truppen die vereinbarten Trompetensignale hörten, eröffneten sie aus allen Rohren der Artillerie ein mörderisches Trommelfeuer auf die rumänischen Stellungen. Nach deutscher Zeit war es erst 5.50 Uhr – noch Schlafenszeit. Doch Behr entschied sich nach der dramatischen Schilderung Stöcks, die Nachtruhe seines Vorgesetzten zu unterbrechen: »Ich bin zum Chef des Stabes gegangen und habe ihn geweckt: Herr General, der erwartete Angriff ist losgegangen.«

Dennoch vergingen einige Stunden, bis Generaloberst Paulus gegen 9.45 Uhr im Hauptquartier der 6. Armee über den Angriff informiert wurde. Doch die Meldungen von der Don-Front waren außerordentlich widersprüchlich. Wie ernst die Situation bereits war, hatte im Hauptquartier zu diesem Zeitpunkt noch niemand erkannt. »Bisher nur schwache Angriffe«, lautete der Eintrag ins Kriegstagebuch der 6. Armee. Während die Rote Armee 200 Kilometer von Stalingrad entfernt zum entscheidenden Gegenschlag ansetzte, gingen die Kämpfe in der Stadt weiter. Am selben Tag, an dem die sowjetischen Verbände am Don die rumänischen Linien durchbrachen, eroberten die Deutschen die Stalingrader Fabriken

Oben: »Relikt aus alten Zeiten«: Auch im Winter 1942/43 kam die sowjetische Kavallerie zum Einsatz.
Unten: »Für die Heimat, für Stalin!«: Eine sowjetische Gardetruppe im Angriff.

> *Es wundert mich, dass die deutsche Führung so lange dieser Einkesselung zugeschaut hat. Denn solche Massen an Verbänden können ja nicht an ein oder zwei Tagen herangebracht werden. Sie müssen ja erst über die Wolga, das ist ja schon ein Problem, und dann diese weiten Flügel. Das muss ja irgendein Aufklärer gesehen haben. Ich glaube, da hat die deutsche Führung große Fehler gemacht, und das ist vor allem Hitler gewesen, der gesagt hatte: »Wo der deutsche Soldat steht, da ist er auch nicht mehr wegzubekommen.« Denn er wollte Stalingrad unbedingt halten.*
> Albrecht Appelt, Leutnant der 6. Armee

»Dserschinski« und »Barrikaden«. Statt die motorisierten Verbände aus der Stadt zurückzuziehen und die bedrohten Flanken zu verstärken, setzten die 16. und die 24. Panzerdivision ihre Eroberungsbemühungen in Stalingrad fort. Wie gelähmt verharrte Paulus in seinem Hauptquartier. Statt die zur Verfügung stehenden beweglichen Kräfte zusammenzuziehen, um die Angreifer am Don zurückzuschlagen, bevor sie ihre Brückenköpfe festigen konnten, begegnete er den sowjetischen Aktivitäten mit unerklärlicher Passivität. Waren zuvor schon kaum Maßnahmen getroffen worden, um seine Truppen auf potenzielle Gefahren vorzubereiten, so unterblieben auch nun zunächst alle Aktionen, um der Herausforderung im Rücken der 6. Armee entgegenzutreten.

Und diejenigen, die etwas unternehmen wollten, waren zur Untätigkeit verdammt: »Wieder hat der Russe meisterhaft eine Schlechtwetterlage ausgenutzt«, schrieb der Befehlshaber der deutschen Luftflotte 4 am Abend des ersten Angriffstags in sein Tagebuch. Richthofens Flieger konnten nicht eingreifen, um die Einheiten der Roten Armee am Vormarsch zu hindern. Die schlechte Sicht verhinderte ein Bombardement der sowjetischen Brückenköpfe, die unbehelligt von deutschen Flugzeugen immer weiter ausgebaut und gesichert werden konnten. »Regen, Schnee, Eisnebel verhindern jeglichen Start.«

So konnten die weit überlegenen sowjetischen Truppen die rumänischen Stellungen nordwestlich und südlich von Stalingrad durchbrechen. »Anfangs hatte man den Rumänen die Schuld gegeben«, räumte Martin Wunderlich ein. Später stellte sich heraus, dass die deutlich schlechter be-

---

**Unsere Kommandeure sagten uns: »Sofort die Waffen niederlegen und zurückziehen, alles stehen und liegen lassen und sofort zurückziehen!« Genau das haben wir auch getan.**
Nicolae Necula, Soldat der 3. Rumänischen Armee

**Stalin hat natürlich hier Elitetruppen eingesetzt. […] Jeder muss einzeln totgehauen werden.**
Feldpostbrief aus Stalingrad, 18. November 1942

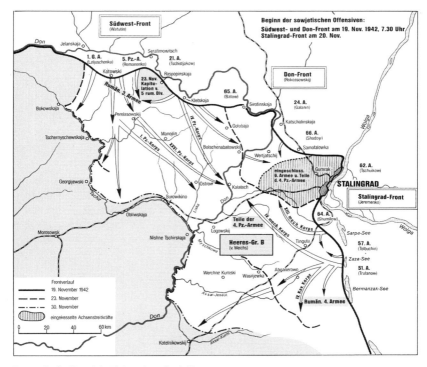

**Frontverlauf während der Einkesselung durch die Rote Armee.**

waffneten Verbündeten keine Schuld traf. Mochten auch Stammtischstrategen später schnell mit Vorwürfen bei der Hand sein, die geringe Gegenwehr der verbündeten Armeen, der Mangel an Widerstand an den Flanken habe die Katastrophe der 6. deutschen Armee erst möglich gemacht. Damals wussten Frontbeobachter wie Hauptmann Dengler, welche die sowjetische Feuerwalze mit eigenen Augen durch ein Scherenfernrohr gesehen hatten: »Uns war bei diesem Feuerhagel klar, das hält die rumänische Front nicht aus, die geht kaputt.« Stellt man die schlechte Ausrüstung der Truppe, die kaum über Panzerabwehrwaffen verfügte, in Rechnung und berücksichtigt zudem die unfähige Führung, die mit archaischen Methoden wie Prügelstrafen die Moral der Soldaten hochhalten wollte, so haben die Einheiten der 3. Rumänischen Armee ihr Möglichstes getan. Einheiten wie die »Lascar-Gruppe« unter dem Generalleutnant Mihail Lascar, der für

> *Wir haben am Morgen gehört, dass sie zuerst die Italiener zurückgeworfen hatten. Gegen Mittag kam die Nachricht, sie hätten auch die Ungarn zurückgeworfen. Sie hatten anscheinend die Absicht, nach Westen herabzusteigen, um Stalingrad einzukreisen, damit sie mit der Armee zusammentreffen, die aus dem Süden, aus der Kalmückensteppe, kam.*
> Paul Stefanovici, rumänischer Soldat

seinen Mut in den Kämpfen um Sewastopol bereits das Ritterkreuz erhalten hatte, taten, was sie tun konnten. Major Bruno Gebele, der in der 297. Infanteriedivision einen Frontabschnitt neben der 4. Rumänischen Armee verteidigte, erlebte, wie sich die Rumänen der Roten Armee entgegenstellten: »Die Rumänen wehrten sich tapfer, aber gegen die in immer neuen Wellen anstürmenden Sowjets hatten sie keine Chance.« Angesichts der erdrückenden Übermacht blieb den Rumänen nur noch eine Wahl: Gefangenschaft oder Flucht.

Erst um 18 Uhr, als die sowjetische Großoffensive bereits seit mehr als zwölf Stunden lief, ging im Hauptquartier des LI. Armeekorps der Befehl ein, die nicht in Stalingrad eingesetzten Teile der 24. Panzerdivision in Richtung Donübergänge in Marsch zu setzen. Weitere vier Stunden dauerte es, bis sich die deutsche Führung entschließen konnte, die Einstellung der Kämpfe in Stalingrad anzuordnen: »Die Entwicklung der Lage bei der rumänischen 3. Armee zwingt zu radikalen Maßnahmen mit dem Ziel, schnellstens Kräfte zur Abdeckung der tiefen Flanke der 6. Armee zu gewinnen.« Schnell in Richtung Westen, hieß es nun. Doch womit?

**Auf dem Rückweg an die Front wurden in Kiew plötzlich alle Angehörigen der 6. Armee aus dem Zug geholt. Da dachten wir uns schon, dass irgendetwas nicht stimmte. Wir wurden nach Rostow am Don verlegt, und ich wurde als Verbindungsoffizier zur rumänischen Armee eingeteilt. Als ich die Rumänen suchte, fand ich niemanden mehr: Die Armee hatte sich in der Zwischenzeit aufgelöst.**
Gottfried von Bismarck, Leutnant der 6. Armee

Auf allerhöchsten Befehl waren im Oktober die mehr als 100 000 Zugtiere der 6. Armee weit ins Hinterland getrieben worden – die begrenzte Transportkapazität der Versorgungszüge sollte nicht mit Pferdefutter verschwendet werden. Was als Entlastung des Nachschubs sinnvoll war, sollte nun katastrophale Folgen für die Beweglichkeit der deutschen Verbände haben. Da die deutsche Artillerie damit weitgehend bewegungsunfähig war, suchte sie nach Ersatztransportmitteln – und fand brutale Lösungen: »Wir mussten anstelle der Pferde die Wagen ziehen, die mit Munition und Proviant beladen waren«, berichtete ein russischer Kriegsgefangener. Doch die gefangenen Soldaten waren durch die unzureichende Versorgung in den deutschen Lagern gesundheitlich dermaßen geschwächt, dass selbst die Kräftigsten unter ihnen diese Tortur nicht lange aushielten. Wer jedoch vor Erschöpfung zusammenbrach, wurde auf der Stelle erschossen.

> **Und wir Landser beten überall zugleich, Lieber Herr in Himmel, schick uns heim ins Reich.**
> Feldpostbrief aus Stalingrad, 20. November 1942

Den Deutschen fehlten nicht nur die Ein-PS-Kräfte, sondern auch Benzin für die motorisierten Transporteinheiten. Und dort, wo das technische Gerät einsatzfähig war, mangelte es an Besatzungen. Hitler hatte befohlen, »jeden Mann« zur Eroberung von Stalingrad einzusetzen. »Jeden Mann« meinte auch: jeden Panzerfahrer, jeden Mechaniker. Am schlimmsten sollten sich jedoch die Fehler auswirken, welche der Führung der deutschen Wehrmacht schon einmal ein Jahr zuvor unterlaufen waren und die sie nun wiederholten: Sie ignorierte das Wetter. Der Winter wurde zu einem zusätzlichen Gegner, auf dessen Angriff die deutschen Soldaten nicht vorbereitet waren – wie schon in der Schlacht um Moskau ein Jahr zuvor traten die Probleme falscher und unzureichender Ausrüstung für den Winterkrieg erneut zutage.

Lange hatte sich der bevorstehende Winter auch in Stalingrad angekündigt. Mitte November fiel erneut Schnee, bald folgte der erste Schneesturm. In der Nacht zum 21. November sank das Thermometer auf minus 26 Grad.

Hitler hatte alles darauf gesetzt, die Entscheidung in Stalingrad vor dem Wintereinbruch zu erzwingen. Doch trotz der Erfahrungen aus dem »Winter der Unheils«, als die »Operation Taifun« um die Jahreswende 1941/42 vor Moskau festgefroren war, hatten sich die Deutschen im nächsten Winter erneut nicht auf die tiefen Temperaturen eingerichtet. Statt die 6. Armee in Stalingrad vor dem ersten Schnee mit der entsprechenden Ausrüstung zu versorgen, hatte die Führung abermals auf das Prinzip Hoffnung gesetzt: Bis zum Wintereinbruch sei die Stadt längst erobert, in den befestigten Quartieren sei das Überwintern kein Problem. Ernst Rebentisch kannte als Adjutant des 1. Generalstabsoffiziers die Versorgungssituation bei der 23. Panzerdivision: »Winterausrüstung gab es nur sehr begrenzt. Es gab ganz vereinzelt Wintermäntel, es gab gelegentlich eine begrenzte Zahl von Filzstiefeln. Aber insgesamt war die Truppe unzureichend mit Winterkleidung ausgestattet.«

So bekam man statt wärmender Winterkleidung mitunter nur billige Ratschläge zu hören: »Zeitungspapier in mehreren Lagen bietet einen sehr

> *Wir stecken augenblicklich in einer Hölle, wie wir sie in diesem Jahr noch nicht kannten. Da sind wir von nachmittags 2 1/2 Uhr bis zum anderen Morgen 6–7 Uhr stets draußen in der Kälte. Ich schätze, es sind 40 Grad Kälte des Nachts. Dazu 1 mtr. hoher Schnee. Zwei von den 4 Leuten, die ich mit nach hier nehmen musste, sind schon wieder hier weg wegen Erfrierung. Bei mir wird es dieser Tage wohl auch soweit sein.*
> Feldpostbrief aus Stalingrad

guten Kälteschutz. Daher genügend Vorrat mitführen«, hieß es im Anhang 2 zur Heeresdienstvorschrift Ia unter der laufenden Nummer 17. Statt wärmender Wollmützen wurden allen Ernstes »Papierkopfhauben« vorgeschlagen. Als Gesichtsschutz »kann eine gepolsterte Tuchbinde gebunden werden, die in der Mitte für die Nase ausgebuchtet ist, ähnlich einer Faschingsnase«. Angesichts solcher Empfehlungen musste den Soldaten das Lachen bald vergehen. Statt der versprochenen wärmenden Decken gab es schließlich nur kindliche Schüttelreime:

»Der Landser, friert er Stein und Bein,
hüllt alles warm in Decken ein.
Stets gilt es, das, was wir besitzen,
vorm bösen Element zu schützen.«

Wer glaubte, mit dieser und ähnlicher Prosa sei der Gipfel der Unverfrorenheit bereits erreicht, wurde bald eines noch Schlechteren belehrt. Sofern weder Papiermützchen noch Tuchbinden zur Verfügung stehen sollten, empfahl der offizielle Leitfaden der Wehrmacht: »Im Kampf gegen die Unbilden des russischen Winters entscheidet letzten Endes die innere Haltung.«

Not machte erfinderisch. Und die Not war schon bald groß und wurde mit zunehmender Kälte immer größer. Die Soldaten in den Panzerregimentern, die vor dem eisigen Wind noch in ihren Panzern Schutz suchen konnten, hatten als Winterkleidung nur die normale Sommeruniform und einen Militärmantel dabei. »So dick war der auch nicht, der musste ja zusammengerollt ins Gepäck passen«, wussten Stalingrad-Kämpfer wie Hans E. Schönbeck. Ohnehin war der Mantel für ganz andere Zwecke vorgesehen – zumindest wenn es nach den Schreiberlingen der Zeitschrift *Unser Heer* ging. »Dem Schloss, Zuführoberteil und Deckel des MG ist bezüglich der Gängigkeit bei tiefer Kälte besondere Beachtung zuzuwenden. MG einwickeln, in einen Mantel einhüllen und bei Schneetreiben während des Schießens eingehüllt lassen«, lauteten die guten Ratschläge der Autoren in den warmen Schreibstuben weitab von der Front. Derweil froren die Landser erbärmlich: »Die richtige Winterausrüstung ist in der Etappe hängen geblieben«, ahnten Infanteristen wie Martin Wunderlich, die sich mit einem kleinen Kopfschützer, einem einfachen Mantel und dünnen Fingerhandschuhen begnügen mussten. Neidisch blickten sie auf die andere Seite. »Die Russen hatten Halbpelze und Filzstiefel – das war wie im warmen Paradies.« Genau dort suchten manche ihr Heil: »Valenki«, die russischen Filzstiefel – sie waren für die frierenden Landser Inbegriff der Glückseligkeit. »Es klingt sicherlich grausam: Wir haben den gefallenen Russen in erster Linie ihre Filzstiefel ausgezogen und gegen unsere getauscht. Viele von uns hatten russische Filzstiefel. Das half enorm«, beschreibt Schönbeck die Selbsthilfeaktionen der frierenden Soldaten. »Und wer irgendwo eine russische Pelzweste ergattert hatte, der war besonders glücklich.«

Die näheren Umstände, die dazu führten, dass ein Paar gebrauchter Filzstiefel den Besitzer wechselten, waren nichts für zarte Gemüter. »Ich habe mir von einem russischen Gefallenen die Pelzmütze und die Fingerhandschuhe geholt«, schildert Walter Loos eine Situation, die man nicht Plünderung nennen möchte. Dann gab es Schwierigkeiten mit dem toten Soldaten, bei dem die Leichenstarre bereits eingesetzt hatte. »Die Filzstiefel haben wir ihm zunächst nicht ausziehen können. Wir haben dann mit dem Gewehrkolben nachgeholfen.« Für die unscheinbaren, aber warmen sowjetischen Filzstiefel tauschte mancher sein edleres, deutsches Schuhwerk: »Von meinen ledernen Reitstiefeln habe ich mich schnell getrennt«, räumte Hauptmann Dengler ein. »Ich habe mir stattdessen von einem gefallenen russischen Soldaten dessen Filzstiefel angezogen. Trotzdem habe ich mir später beide Zehen erfroren.« Die russische Bekleidung war aber nicht nur wegen ihrer Wintereignung begehrt. Vor allem die Hemden hatten gegenüber den deutschen Stoffen einen enormen Vorteil, den Walter Loos zu schätzen lernte: »Die Russen hatten gestärkte Hemden, durch die

---

*Wir waren viel besser ausgerüstet als die Deutschen, Rumänen und Italiener: Jeder Soldat hatte warme Filzstiefel, eine Lammfelljacke, eine Stepphose und eine Unterjacke. Offiziere bekamen zusätzlich noch eine Pelzweste und einen Lammfellmantel. Sie waren sehr bequem, mit großen Kragen, außerdem hatten wir Mützen mit Ohrenklappen und Pelz-Fäustlinge. Wir waren so warm angezogen, dass wir auf dem Schnee schlafen konnten.*
Gamlet Dolokjan, Soldat der Roten Armee

»Filzstiefel als Inbegriff der Glückseligkeit«: Die russischen »Valenki« waren für den Winter in Stalingrad besser geeignet als die deutschen »Knobelbecher«.

die Läuse nicht durchkamen. Aber bei 30 Grad Kälte war es schwierig, einem Gefallenen das Hemd auszuziehen. Also blieb uns oft nur, unsere Hemden über das Feuer zu halten, damit die Läuse rausgefallen und im Feuer geplatzt sind.«

Ebenso wenig wie die Soldaten waren auch die Kraftfahrzeuge auf die Witterungsbedingungen vorbereitet. »Natürlich hatten die LKWs und Zugmaschinen keine Wintertarnung«, nannte Rebentisch einen Grund, warum die deutschen Fahrzeuge eine leichte Beute für die gegnerische Artillerie wurden. Wie auf dem Präsentierteller lagen die deutschen Motorfahrzeuge als dunkle Flecken in der weißen Schneelandschaft. Sie waren zudem nicht nur gut sichtbar, sondern überdies oft auch nicht einsatzfähig. »Wenn unser Opel Blitz nachts in der Kälte stand, dann sprang er morgens nicht an. Ein paarmal ›jang, jang‹ – dann war die Batterie entladen.« Solche Erfahrungen, wie sie Martin Wunderlich in den ersten Tagen des Winters machen musste, teilten viele deutsche Einheiten an Don und Wolga. Mit den gleichen Problemen mussten natürlich auch die Soldaten der Roten Armee fertig werden. Doch diese hatten kleine Tricks auf Lager: »Die Russen haben mit ihrer Lötlampe Feuer gemacht, und nach einer gewissen Zeit ging der Motor eben los.« Daneben waren die sowjetischen Einheiten auch in ganz anderer Hinsicht erfolgreich: Sie hatten genügend Benzin, um die Fahrzeuge über Nacht laufen zu lassen. Das Kuriose daran: Es war nicht zuletzt deutsches Benzin, das die sowjetischen Motoren in Gang hielt.

Bei den Rumänen hatten viele Offiziere ihre Truppen längst im Stich gelassen. Alles war in Auflösung begriffen, die Soldaten versuchten, sich in Sicherheit zu bringen. Im Verlauf ihrer unkoordinierten Absetzbewegungen ließen die Flüchtenden alles zurück, was den Rückzug behindern konnte. Das Hauptquartier eines rumänischen Korps in Perelasowski wurde so überhastet geräumt, dass sogar noch dicke rumänische Offiziersmäntel an den Kleiderhaken hingen. Wichtiger als die Mäntel war ein anderer Fund, der den vorrückenden sowjetischen Einheiten in die Hände fiel: das unzerstörte Treibstofflager. Der Verlust des eigenen Benzins wog doppelt schwer, wenn er zugleich die Versorgungslage des Gegner verbesserte. Doch auch wenn die Einheiten beim Rückzug ihre Lager vernichteten, damit sie nicht in die Hände des Gegners gelangten – der einfache Verlust sollte schon bald für weitere Probleme sorgen.

Bei der Umgruppierung der 44. deutschen Infanteriedivision ging ein Großteil der Ausrüstung verloren, »da sehr viel Material wegen Benzinmangels nicht mehr weggeschafft werden konnte«. Schließlich sprach auch die 24. Panzer-

> Nein, wir hatten keine Angst. Man wird irgendwann gefühllos. Man weiß ja nicht, was in der nächsten Minute passieren kann. Da hat man keine Zeit für Angst. Aber die Italiener, die hatten ständig Angst. Die haben ja gejammert wie die alten Frauen, weil sie Angst vorm Sterben hatten.
>
> Nicolae Necula, Soldat der 3. Rumänischen Armee

division am 22. November von einer »katastrophalen Betriebsstofflage«. Eine der zentralen Fragen bei der Abwehr der sowjetischen Großoffensive lautete deshalb: Konnten die Einbußen an Material, vor allem an Treibstoff, wieder ausgeglichen werden?

Die Brücke von Kalatsch war ein entscheidendes Glied in der deutschen Nachschubkette. Über diese Donbrücke verlief der Hauptstrang für die Versorgung der 6. Armee. Riss dieses Glied, so würde der Nachschub unweigerlich zusammenbrechen. Trotz dieser enormen strategischen Bedeutung gab es auf Seiten der Deutschen keine organisierte Verteidigung. Es war ein bunt zusammengewürfelter Haufe, der diese wichtige Schaltstelle für die Versorgung einer ganzen Armee sichern sollte: Nachschub- und Reparaturtruppen, eine einzige Flakbatterie mit ganzen vier Geschützen auf dem westlichen Ufer sowie ein paar Angehörige der Feldgendamerie. Gerade einmal 25 Mann sicherten die Brücke bei Kalatsch.

Ganz anders ging die Rote Armee diese Frage an. Natürlich hatte sie die zentrale Bedeutung der Brücke erkannt – und entsprechende Schlüsse daraus gezogen. Gleich zwei sowjetische Panzerkorps setzten am 22. November von Norden her zum Stoß auf Kalatsch an. Ihre Tagesleistung am ersten Tag lag bei über 50 Kilometern. Ein Stoßtrupp des XXVI. Panzerkorps unter dem Kommando von Oberstleutnant G. N. Filippow, dem Kommandeur der 19. Panzerbrigade, erhielt am 21. November den Befehl, die Brücke im Handstreich zu nehmen und eine Sprengung zu verhindern.

In den frühen Morgenstunden des 22. November, eines Sonntags, erreichte die Spitze der sowjetischen Panzer Kalatsch. Es war ein ungleicher Kampf, der mit einem Bluff begann. In zwei erbeuteten deutschen Panzern näherten sich die sowjetischen Soldaten dem strategisch wichtigen Übergang und eröffneten kurz vor der Brücke das Feuer. Die Brückenwachen hatten keine andere Wahl, als den Rückzug anzutreten. Schlimmer noch: Es blieb keine Zeit, die Brücke zu sprengen. Kurz darauf rollten sowjetische T 34 über die Holzbohlen. Ihr nächstes Ziel war die Stadt selbst. Die nachstoßenden Infanterieeinheiten der Roten Armee bezogen ihre Stellungen auf den umliegenden Anhöhen, wo sie die Straße unter Feuer nehmen konnten. Ihre Aufgabe war erfüllt. Die wichtigste Verkehrsverbindung nach Stalingrad war unter sowjetischer Kontrolle, die 6. Armee vom lebensnotwendigen Nachschub abgeschnitten. »Ein dunkler Totensonntag«, schwante dem Pfarrer Kurt Reubner, der für die medizinische Versorgung der 16. Panzerdivision zuständig war, am Abend dieses 22. November.

Was sich bei Kalatsch abspielte, vollzog sich in diesen Novembertagen

Oben: »Sofort die Waffen niederlegen und zurückziehen!«: Die rumänischen Soldaten waren den Angriffen der Roten Armee im November 1942 nicht gewachsen.
Unten: »Alles, was noch übrig war«: Nur die Sättel der rumänischen Kavallerieeinheiten blieben zurück.

> *Der Durchbruch der Russen erst im Norden bei der rumänischen Armee und dann zwei Tage später der Angriff von Süden endete in einer heillosen Flucht. Bei Kalatsch an der Brücke haben sich die russischen Verbände mit einer immensen Übermacht gegenüber den Deutschen getroffen. Alle, die es miterlebt haben, haben gesagt: »Wir hätten nie erwartet, dass uns dort auf einmal ein derartiger Koloss mit so einer geballten Kraft entgegen kommt.«*
> Wolf-Dietrich Freiherr von Schenk zu Tautenburg, Generalstabsoffizier

auch an vielen anderen Stellen: Bei Golubinskij fielen wichtige Brücken in die Hände der Sowjets. Bei Kriwo Muschanskaja wurde mit der Blockade der westlichen Eisenbahnlinie eine weitere zentrale Versorgungslinie unterbrochen. Die 51. Armee eroberte Abganerowo und setzte zum weiteren Stoß auf Kotelnikowo an, um dort die zweite Eisenbahnverbindung zu kappen. Bei Paspopinskaja im Norden kapitulierten schon wenige Tage nach dem Angriffsbeginn fünf rumänische Divisionen vor der sowjetischen Übermacht. Im Süden befand sich die 4. Rumänische Armee in Auflösung. Unter dem konzentrierten Ansturm der sowjetischen Angriffswellen stand auch dort die rumänische Front schon nach dem ersten Angriffstag vor dem Zusammenbruch. Die starken Spitzen waren durch die schwachen Linien gestoßen und hatten im Rücken der Front sofort für zusätzlichen Druck gesorgt.

Links und rechts der Rückzugswege lagen Waffen und Ausrüstungsgegenstände. Vor allem die Rumänen hatten alles weggeworfen, was sie auf der Flucht vor der Roten Armee und dem eisigen Wind behindern konnte. Die Vorratslager, die am Rand der Straßen errichtet worden waren, wurden geplündert. Essen und warme Kleidung waren dabei wesentlich begehrter als Munition oder Waffen. In einem Punkt hatten die Flüchtenden noch Glück im Unglück. Durch den Wintereinbruch, der mit Urgewalt die Steppe in eine Eis- und Schneewüste verwandelt hatte, waren auch die sowjetischen Flugzeuge am Start gehindert worden. Es wäre nicht auszudenken gewesen, wenn bei besseren Sichtbedingungen Luftangriffe die zurückdrängenden Truppen unter Beschuss hätten nehmen können. Der Rückzug gegen den eisigen Wind war schlimm genug. Die Soldaten litten, wie Ernst Rebentisch, unter den zusätzlichen Belastungen: »Der Schnee kam mit dem Ostwind und ging durch Mark und Bein.« Manchmal schien es, als falle der Schnee nicht von oben, sondern wehe von vorne. Ähnliche Erfahrungen hatten die Rumänen in ihrer Hei-

»Hier kommt keiner durch«: Ein notdürftig getarntes MG-Nest. Dennoch war die Front nur lückenhaft verteidigt

mat gemacht: »So kennen wir den Crivetz, den Schneesturm – er dringt durch jede kleinste Öffnung.«

Kälte, Schnee und Russen – sie schienen überall. »Bis zum Don«, lautete der Wunsch der Soldaten, die sich aus dem drohenden Kessel, der sich mit der Zangenbewegung der beiden sowjetischen Angriffskeile im Süden und Norden zu bilden begann, durch Flucht in Sicherheit zu bringen versuchten. Als Nadelöhr dieser unkoordinierten Absatzbewegungen stellten sich bald die Brücken und Behelfsübergänge heraus, die noch in deutscher Hand geblieben waren. Bei der Brücke von Akimowski spielten sich unbeschreibliche Szenen ab, die an den Übergang der französischen Armee über die Beresina erinnerten. Wie beim Rückzug Napoleons versuchten sich die Soldaten über den zum Teil zugefrorenen Fluss in Sicherheit zu bringen, wie mehr als 130 Jahre zuvor brachen die Flüchtenden auf dem dünnen Eis in der Flussmitte ein und ertranken jämmerlich.

Aber auch bei den deutschen Verbänden nahmen die Auflösungserscheinungen zu. Verlief der Vorstoß der Roten Armee »außerordentlich schnell«, wie selbst der Kommandeur der 376. Infanteriedivision, Generalleutnant Edler von Daniels, respektvoll einräumen musste, so vollzog

> *So etwas habe ich vorher nicht und auch hinterher nie wieder erlebt. Aus Hunderten und aber Hunderten von Geschützen und Stalinorgeln, ging ein unglaubliches Artillerie-, Granatwerfer- und Panzerfeuer los, doch nicht auf uns, sondern auf die an uns angrenzenden rumänischen Divisionen. Und sofort ist bei uns Offizieren der Gedanke gekommen: »Das halten die Rumänen nicht aus.« Wir wussten ja, sie waren schlecht ausgerüstet, in keiner Weise motiviert für Hitler ihr Leben zu lassen, von ihren Offizieren noch mit der Peitsche gedemütigt. Für uns war klar, ein solches gigantisches Feuerwerk, wie es dort runterging, halten die nicht aus. Das war uns völlig klar, die rumänischen Divisionen sind dann auch unter diesem Feuerhagel begraben worden, sind unter die Erde gewühlt worden, waren gar nicht mehr existent. Und schon eine Stunde nachdem das Feuer eröffnet wurde, kam von der Armee ein Befehl: Wir mussten aus unseren schönen gegrabenen Stellungen raus und wurden sofort nach Kalatsch, nach Westen verlegt, weil die Armeeführung natürlich ahnte, dass die Russen dort unsere Zufuhr abschneiden konnten. Es war eine abenteuerliche Flucht; unter dem Feuer der Russen aus unseren gesicherten, tief gegrabenen Stellungen raus, in freies Gelände hinein und in dem freien Gelände dann bis nach Kalatsch.*
> Gerhard Dengler, Hauptmann der 6. Armee

sich der Rückzug der Wehrmacht und ihrer Verbündeten außerordentlich chaotisch. Versprengte Soldaten suchten nach den Resten ihrer Einheit. Überall standen Fahrzeuge, die nach einem Treffer bewegungsunfähig waren oder ohne Sprit einfach liegen blieben. Die Konfusion, die auf der deutschen Seite herrschte, machte ein Erlebnis deutlich, das Oberleutnant Zank in dieser Phase der Kämpfe widerfuhr: »Ich bekam den Befehl, mich mit meinem Bataillon in einem Höhengelände zur Verteidigung einzurichten. Während ich dabei war, meine Kompanien einzuweisen, bekamen wir auf einmal aus westlicher Richtung Panzerfeuer. Wir haben dann sofort mit Leuchtraketen kenntlich gemacht, dass wir Deutsche sind, und dann kam uns ein Panzerspähwagen entgegen, aus dem zu meiner großen Überraschung ein Leutnant ausstieg. Auf seine Frage: ›Was machen Sie denn hier?‹, konnte ich nur sagen: ›Was machen Sie eigentlich hier?‹« Niemand schien zu wissen, wo sich Freund und Feind aufhielten. Auch Hubert Kremser erlebte während der Kämpfe bei Kalatsch das Befehlschaos und die Folgen widersprüchlicher Anweisungen am eigenen Leib: »Erst hieß es, wir sollten uns zurückziehen. Während wir unsere Stellung mit Handgranaten in die Luft gejagt und uns zurückgezogen hatten, kam der Befehl, wir sollten die alten Stellungen wieder einnehmen und bis zum letzten Blutstropfen verteidigen.« Doch die vorstoßende Rote Armee hatte die geräumten Stellungen mittlerweile bezogen. Nur unter großen Opfern konnten die Deutschen die alte Hauptkampflinie wieder herstellen. »Das kostete uns in einer Nacht die Hälfte der Kompanie. Von 120 Soldaten haben 60 den nächsten Tag nicht erlebt.« Die Rückeroberung war nur von kurzer Dauer. Schon bald wurde der Druck der sowjetischen Angreifer so groß, dass die unter hohen Verlusten zurückerkämpften Stellungen wieder geräumt werden mussten – diesmal endgültig. Das Sowinformbüro berichtete von der Einnahme »mehrerer Dutzend« Ortschaften und der Gefangennahme von 5000 Soldaten.

Schließlich meldete sich auch das sowjetische Oberkommando wieder zu Wort, nachdem es sich zu Beginn der Offensive mehrere Tage bedeckt gehalten hatte. In den ersten Tagen der Offensive hatte der Kreml den Feind wie auch die eigene Bevölkerung im Ungewissen gelassen. Waren früher noch die kleinsten Erfolge sofort als große Siege herausgestellt worden, so herrschte in der Anfangsphase der »Operation Uran« nur Schweigen. Erst nach dem Erfolg bei Kalatsch am 22. November informierte ein erstes Bulletin die sowjetische Öffentlichkeit über den Stand der bisherigen Operation. Es war eine beeindruckende Erfolgsbilanz, die das sowjetische Oberkommando in einer Sondermeldung bekannt geben konnte. Rund 100 Kilometer Gelände hatte die Rote Armee bis zu diesem Zeitpunkt zurückerobern können. In einem schulmäßig vorgetragenen Zangenangriff hatten zwei getrennt voneinander operierende Heeresgruppen die feindlichen Linien durchstoßen und bereiteten sich nun auf die Vereinigung der beiden Zangenarme vor, die sich im Rücken des Gegners schließen sollte. In einem Leitartikel schrieb die kommunistische *Prawda*, das Sprachrohr des Kreml: »Mit einem Gefühl tiefer Freude erfährt das sowjetische Volk von der erfolgreichen Offensive. [...] Wir erleben die frohe und glückliche Stunde der Vergeltung.« Damit war das Wort gefallen, dass viele Soldaten der Roten Armee an der Stalingrad-Front bewegte: Vergeltung. In diesem Punkt war die *Prawda* nahe an der Wahrheit. »Nun beginnen die Deutschen den Preis für unser Blut und die Tränen unseres Volkes zu bezahlen. Für ihre Ungerechtigkeiten und Räubereien.« Wer in sowjetische Gefangenschaft geriet, bekam bald zu spüren, dass es sich nicht um leere Drohungen handelte.

Am 26. November standen nur noch wenige deutsche Soldaten westlich des Don. Zwölf Wochen zuvor hatten die Einheiten der 16. Panzerdivision auf dem Weg nach Stalingrad die Brücke bei Lutschinsiki überquert. Die Siegeszuversicht von damals, als viele hofften, dem »Iwan« nun bald

»Frische Kräfte werden herangeführt«: Ausgeruhte Soldaten der Roten Armee marschieren in Richtung Stalingrad, Anfang Dezember 1942.

den entscheidenden Schlag versetzen zu können, war der Ungewissheit gewichen. Wie lange würde man sich des immer stärker werdenden Gegners noch erwehren können? Um den Vormarsch der Roten Armee zu erschweren, sprengten deutsche Pioniere in den Abendstunden die Brücke. Damit hatten die Deutschen ihre letzte Landverbindung nach Westen abgeschnitten. Die 6. deutsche Armee saß in Stalingrad fest.

Nach nur wenigen Tagen des schnellen Vormarschs trafen die Spitzen der sowjetischen Zangenarme am 23. November gegen 16 Uhr bei Sowjetski zusammen. Die offizielle Schilderung über das Zusammentreffen der Spitzen des 4. Panzerkorps und des 4. Motorisierten Korps der Stalingrad-Front erinnert an den Jubel nach einem Siegtreffer beim Fußball, das Abfeuern von Leuchtraketen inklusive: »Die einander unbekannten, aber doch so vertrauten Soldaten jubeln über die lang ersehnte Vereinigung, werfen ihre Mützen in die Luft, machen ihrer Freude in einem donnernden Hurra Luft, schütteln sich die Hände, umarmen und küssen

> Wenn wir dort eben im großen Donbogen flogen, dann sah man den Don und dann zunächst mal überhaupt nichts. Da waren noch nicht mal Rumänen oder Ungarn. Und da war eine riesige offene Flanke; da gab es gar keine Front in dem Sinne.
> 
> Heinrich Graf von Einsiedel, Kampfpilot über Stalingrad

sich.« Ganz so idyllisch war es in Wirklichkeit nicht. Trotz der grünen Signalraketen hatten sich die Soldaten der Roten Armee ein kurzes, aber heftiges Gefecht geliefert. Generalleutnant Popow wusste auch, wer der »Schütze des Eigentors« war: »Die 45. Panzerbrigade trägt an dem Debakel die Schuld, da sie kein verabredetes Erkennungszeichen gegeben hat.« In den später nachgestellten sowjetischen Propagandafilmen spielten sich dann wieder die geschilderten Freudenszenen ab. Anderen Berichten zufolge soll es sogar zum Austausch von Wodka und Würsten gekommen sein.

Wie auch immer das erste Zusammentreffen der beiden Angriffskeile gefeiert wurde – sicher ist, die Vereinigung der beiden Zangenarmeen fand statt. Was die deutschen Panzer zu Beginn des Russlandfeldzugs so erfolgreich demonstriert hatten, wandten die Sowjets als gelehrige Schüler nun gegen den Erfinder an: Schließlich musste das Oberkommando der 6. Armee am 22. November um 19 Uhr der Heeresgruppe B melden: »Armee eingeschlossen. Ganzes Zariza-Tal, Eisenbahn von Sowjetski bis Kalatsch, ebendortige Donbrücke, Höhen auf Westufer Don bis Golubinskij, Oskinski und Kraini trotz heldenmütigen Widerstandes in Händen der Russen.«

Der Ring um die 6. Armee hatte sich geschlossen, fast 350 000 Soldaten, Deutsche und Verbündete saßen in der Falle – gefangen in einem Kessel, der rund 60 Kilometer lang und kaum 40 Kilometer breit war.

Während die sowjetische Propaganda lauthals triumphierte, herrschte bei den Lautsprechern auf deutscher Seite zunächst große Stille, zum ersten Mal schien es Goebbels die Sprache verschlagen zu haben. In einer Tagesparole wies der Reichspressechef die Zeitungen am 23. November an, die Abwehrkämpfe in Stalingrad keinesfalls in Form von Überschriften zu verwenden. Weiter hieß es: »Eine Sprachregelung ist abzuwarten.« Eine erste Notlösung fand sich bald: Statt von einem Kessel und eingeschlossenen Verbänden sprach die deutsche Propaganda von der »Festung Stalingrad« und Gefechten im »Raum Stalingrad«.

Die Soldaten im Kessel mussten sich mit solchen rhetorischen Verschleierungen nicht aufhalten. Doch auch sie erfuhren die Nachricht nicht von der eigenen Führung, sondern vom Gegner: »Glauben Sie bloß nicht, unsere Führung hätte gesagt: ›Freunde, wir sind eingekesselt‹«, erinnert sich Vincenz Griesemer an den traurigen Mo-

> Es besteht die ernste Gefahr, dass es den Bolschewisten gelingt, unsere in Stalingrad kämpfenden Truppen abzuschneiden und durch eine Zangenbewegung einzukesseln. […] Selbstverständlich haben die Bolschewisten sich die schwächste Stelle an der Front ausgesucht, nämlich die, wo unsere Bundesgenossen kämpfen.
> 
> Joseph Goebbels, Tagebucheintrag, 23. November 1942

> *Als wir wussten, jetzt sind wir eingekesselt, jetzt sitzen wir in der Falle, in einer Falle, die wir bis dahin so oft den Russen bereitet hatten, entstand ein Kampfeswille, den man wohl gar nicht beschreiben kann, durch eine unglaubliche Kameradschaft, nicht nur innerhalb des eigenen Regiments, sondern weit darüber hinaus. Jeder half jedem – und zu dem Moment, als wir wirklich eingekesselt waren, glaubten wir ja noch, dass wir rauskommen könnten.*
>
> Hans E. Schönbeck, Leutnant der 6. Armee

ment. »Ich habe es von den Russen erfahren, die Flugblätter abgeworfen haben. Darin stand, dass Stalingrad mit einem Ring umschlossen ist.«

Die Nachricht von der Einkesselung löste unterschiedliche Reaktionen aus. Die einen waren nach wie vor so optimistisch wie Walter Loos: »Ich war gerade beim Zahnarzt, weil mir eine Krone rausgefallen ist, als ich davon erfahren habe, dass wir eingeschlossen waren. Zu diesem Zeitpunkt habe ich mir nichts dabei gedacht, schließlich hat es so etwas schon öfter gegeben. Wir waren optimistisch. Wir dachten: ›Ach, der Adolf, der haut uns wieder raus.‹ Schließlich glaubten wir noch immer: Jeden Tag muss Stalingrad fallen.«

Andere waren weit pessimistischer gestimmt. Gewiss wussten auch sie, dass im Verlauf des Russlandfeldzugs deutsche Einheiten immer wieder einmal eingekesselt waren, doch nach kurzer Zeit wieder befreit werden konnten. Martin Wunderlich gehörte zu den Skeptikern: »Es war einmalig, dass eine ganze Armee eingekesselt wurde. Eine Teileinheit, ja. Aber eine ganze Armee? Es war unverständlich, dass das überhaupt passieren konnte.« Er brachte die Stimmung im Kessel von Stalingrad auf einen kurzen Nenner: »Jetzt ist die Kacke am Dampfen.«

Zu dieser Einsicht war die deutsche Führung noch längst nicht gelangt. Im OKW herrschte vier Tage nach Beginn der sowjetischen Operationen zwar Beunruhigung, aber keineswegs Katastrophenstimmung. »Rumänische Truppen wehrten an der Don-Front mehrere Angriffe ab«, hieß es lapidar im OKW-Bericht unter dem Datum vom 19. November. Doch die Meldungen, die von den Stäben der 6. Armee und der Heeresgruppe B eintrafen, mussten auch notorische Optimisten nachdenklich stimmen. Mittlerweile war klar: Der Generalstab des Heeres reagierte zunächst nicht, er konnte nicht reagieren, denn der »Führer« weilte zu Beginn der sowjetischen Offensive in Berchtesgaden. Im idyllisch gelegenen Berghof auf dem Obersalzberg, 2000 Kilometer vom Ort der Ereignisse an Don und

Wolga entfernt, verbrachte Hitler seinen Urlaub. Währenddessen beschäftigte sich sein Adjutant in Berlin mit so drängenden Fragen wie der künftigen Gestaltung der Uniformen. Erst am Abend des 22. November startete der Sonderzug des »Führers« zur Rückfahrt nach Leipzig, wo ein Flugzeug wartete, um Hitler nach Rastenburg zu bringen.

> Im Laufe des Spätnachmittags erhalte ich aus dem Führerhauptquartier die Nachricht, dass es den beiden vorgestoßenen bolschewistischen Keilen gelungen ist, sich durch einen dünnen Schleier von Nord nach Süd zu vereinigen. Damit ist natürlich eine außerordentlich bedrohliche Lage geschaffen worden.
>
> Joseph Goebbels, Tagebucheintrag, 23. November 1942

Auf der Fahrt von Berchtesgaden nach Leipzig hielt der Sonderzug alle zwei Stunden, damit der Kriegsherr über den neuesten Stand der Entwicklung informiert werden konnte. Kurt Zeitzler, der neue Generalstabschef, musste Hitler immer neue Hiobsbotschaften aus dem Kessel von Stalingrad mitteilen. Doch der deutsche Diktator schien optimistisch. Das Kriegstagebuch des Wehrmachtführungsstabs notierte nach den ersten Lagebesprechungen in der »Wolfsschanze«, an denen Hitler nach seiner Ankunft wieder teilnahm: »Der Führer ist hinsichtlich der Lage der 6. Armee in Stalingrad zuversichtlich.«

Hatte Hitler den Ernst der Situation nicht erfasst und nicht erkannt, dass der 6. Armee die Vernichtung drohte? Waren seine Informationen nicht ausreichend, um ein realistisches Bild der Lage gewinnen zu können? Oder wollte er in seiner Besessenheit so weit gehen, eine ganze Armee aufs Spiel zu setzen, um seine Ziele nicht aufgeben zu müssen? Wie würde Hitler entscheiden?

## Durchbruch oder Untergang

Auf einer Fläche von 1500 Quadratkilometern waren fast 350 000 Mann mit 1800 Geschützen, 10 000 Transportfahrzeugen und 50 000 Pferden eingekesselt. Die Zahlen waren lange umstritten – damals wie heute. Die sowjetische Führung glaubte 1942, es seien weniger als 100 000 Mann, die im Kessel eingeschlossen waren. Die Schätzungen des deutschen Wehrmachtführungsstabs lagen mit 400 000 Mann deutlich höher. Paulus ging mit dem Armeeoberkommando der 6. Armee von einer Gesamtstärke von 200 000 Soldaten aus.

Die Berechnungen, die Militärhistoriker später anhand von Listen mit ausgeflogenen, getöteten und gefangenen deutschen Soldaten vornahmen,

> Der Kessel war ungefähr 40 Kilometer lang und 20 Kilometer breit.
>
> Walter Baschnegger, Soldat der 6. Armee

liegen zwar näher beieinander, kommen jedoch ebenfalls noch zu unterschiedlichen Ergebnissen: zwischen 250 000 und 350 000 Deutsche, Rumänen und so genannte Hilfswillige, zu denen vor allem Ukrainer und Russen zählten, sollen danach im Kessel auf Seiten der Wehrmacht gestanden haben. Eine Untersuchung, die auch auf Quellen aus sowjetischen Archiven zurückgreifen konnte, geht von einer Gesamtzahl von 268 900 Mann aus. Diese Zahl liegt etwas niedriger als die, die der Oberquartiermeister der 6. Armee Anfang Dezember 1942 zur Grundlage seiner Nachschubberechnungen vorlegte: Er kam auf 275 000 Köpfe, die verpflegt werden wollten. Da die Kämpfe im Kessel zu diesem Zeitpunkt bereits rund 15 000 Opfer gefordert hatten, kommen diese damaligen Berechnungen den wissenschaftlich nachprüfbaren Ergebnissen am nächsten.

In Rastenburg erhielt Hitler die Nachricht, dass Paulus inzwischen die Attacken gegen Tschuikows Truppen im Kessel von Stalingrad abgebrochen hatte. Was nun? Die Antwort des Kriegsherrn: »Aushalten und weitere Befehle abwarten.« Mehr war von ihm am 22. November nicht zu hören. Wer Hitler 14 Tage zuvor in einem Bierkeller hatte reden hören, der hätte seine Entscheidung voraussagen können: »Sie dürfen versichert sein – und ich wiederhole es mit voller Verantwortung vor Gott und der Geschichte, dass wir Stalingrad nie wieder verlassen werden. Nie wieder!« Für Zehntausende seiner Soldaten sollte dieses makabre Versprechen tödliche Wirklichkeit werden.

Paulus war in der Zwischenzeit in sein neues Hauptquartier nach Nishne-Tschirskaja geflogen und dabei in seinem alten Gefechtsstand, in Golubinskij, 15 Kilometer nordwestlich von Kalatsch, in letzter Minute der Gefangennahme durch sowjetische Truppen entgangen. Mit einem Fieseler Storch konnte er sich auf einen Stützpunkt 100 Kilometer westlich der Wolga absetzen. Dort, am Zusammenfluss von Tschir und Don, sollte eigentlich der Wintergefechtsstand der 6. Armee eingerichtet werden – nach der Eroberung Stalingrads. Doch die war nun ja illusorisch.

Hitler vermutete, der Kommandeur der 6. Armee wolle sich in Sicherheit bringen. Noch vor der Abfahrt nach Leipzig hatte der deutsche Diktator über das OKH Paulus angewiesen, in den Kessel einzufliegen: Ein Oberbefehlshaber gehöre zur Truppe. Der Kapitän begab sich folgsam per Flugzeug an Bord des sinkenden Schiffes, mit dabei hatte er einen guten Vorrat an Rotwein und Champagner. Nicht allen Deutschen sollte es im Kessel schlecht gehen. Paulus bezog sein Hauptquartier nun in Gumrak, rund zehn Kilometer außerhalb der Stadt. Gumrak war ein wichtiger Verkehrsknotenpunkt mit einem Bahnhof und einem Flugfeld, das von ehemals sowjetischen Flakstellungen gesichert wurde.

Während Paulus hier auf die nächsten Anweisungen Hitlers wartete, beriet er sich mit den Offizieren seines Stabes über das weitere Vorgehen. Die militärischen Fachleute waren sich schnell einig: Nach Sammlung aller zur Verfügung stehenden Kräfte sollten die Verbände umgruppiert und aus Stalingrad zurückgenommen werden. Generaloberst Paulus hatte in seinem Bericht vom 22. November um Handlungsfreiheit gebeten und dabei angedeutet, wie er diese Freiheit nutzen wollte: »Lage kann zwingen, Stalingrad und Nordfront aufzugeben, um mit ganzer Kraft Gegner an Südfront zwischen Don und Wolga zu schlagen.«

Raus aus dem Kessel – so lautete die einzige vernünftige Lösung. Raus aus dem Kessel – so schlug es auch der Oberbefehlshaber der Heeresgruppe B vor. Generaloberst Freiherr von Weichs unterstützte am 23. November in einem Bericht an das OKH den Vorschlag seines Untergebenen: »Trotz der außergewöhnlichen Schwere des zu fassenden Entschlusses muss ich melden, dass ich Zurücknahme der 6. Armee, wie von Generaloberst Paulus vorgeschlagen, für notwendig halte.« Als Gründe nannte von Weichs die problematische Nachschubsituation und die Schwierigkeiten, einen Entlastungsangriff zu starten. Alternativen sah der Oberbefehlshaber nicht.

In der Zwischenzeit hatte sich die Lage für die eingeschlossenen Truppen dramatisch verschlechtert. Die Rote Armee hatte den Ring um die Deutschen verstärkt, eine Reihe von Nachschubdepots der Wehrmacht war in sowjetische Hände gefallen. Dadurch verschlimmerte sich die ohnehin schon angespannte Versorgungslage weiter. Schon bald sollten den vorgeschobenen Einheiten Munition und Benzin ausgehen. Der kommandierende General des VIII. Fliegerkorps, Martin Fiebig, hatte immer

---

*Hebt das OKH den Befehl zum Ausharren in der Igelstellung nicht unverzüglich auf, so ergibt sich vor dem eigenen Gewissen gegenüber der Armee und dem deutschen Volk die gebieterische Pflicht, sich die durch den bisherigen Befehl verhinderte Handlungsfreiheit selbst zu nehmen und von der heute noch vorhandenen Möglichkeit, die Katastrophe durch eigenen Angriff (Ausbruch aus dem Kessel) zu vermeiden, Gebrauch zu machen.*

General Walther von Seydlitz-Kurzbach in einer Denkschrift vom 25. November 1942

wieder auf einen Punkt hingewiesen: »Die Luftwaffe hat nicht genug Transportflugzeuge.«

Paulus setzte am Abend des 23. November einen erneuten Funkspruch an das OKH ab: »Die Armee geht in kürzester Zeit der Vernichtung entgegen, wenn nicht unter Zusammenfassung aller Kräfte der von Süden und Westen angreifende Feind vernichtend geschlagen wird.«

Im Klartext bedeutete dies das Herausnehmen aller Divisionen aus Stalingrad. Paulus verwies nachdrücklich darauf, dass auch die kommandierenden Generäle seines Stabes, Heitz, von Seydlitz, Strecker, Hube und Jaenecke, zur gleichen Einschätzung gelangt waren. Fast beschwörend schloss er: »Bitte auf Grund der Lage nochmals um Handlungsfreiheit für den Fall, dass Igelbildung im Süden nicht gelingt.«

Paulus hatte zu Recht auf die Meinung seiner Offiziere verwiesen. Einhellig plädierten auch sie für den sofortigen Ausbruch. Am weitesten wagte sich der General der Artillerie, Walther von Seydlitz-Kurzbach, vor. Er hatte in einer Denkschrift in sechs Punkten detailliert die Aussichtslosigkeit der Lage geschildert, in der sich die 6. Armee befand. Von Seydlitz verwies zunächst auf die Versorgungssituation: Auf keinem Gebiet sei

»Energischer Verfechter einer Ausbruchslösung«: General von Seydlitz-Kurzbach (rechts) vor seinem Unterstand, Dezember 1942.

»irgendeine Bevorratung« vorhanden. Schon kleinere Abwehrkämpfe würden zur Folge haben, dass sich die Munitionsbestände fühlbar verringerten. Eine Versorgung aus der Luft könne, selbst bei Einsatz zusätzlicher Flugzeuge, den Bedarf einer ganzen Armee nicht decken. »Aus den angestellten Berechnungen ergibt sich, dass eine Versorgung auf dem Luftweg für die Armee völlig ausgeschlossen ist.«

Auch von Weichs und Paulus teilten die Skepsis, die von Seydlitz geäußert hatte. Am 23. November berichtete von Weichs dem Generalstabschef des Heeres: »Die Versorgung der 20 Divisionen umfassenden Armee auf dem Luftweg ist nicht möglich. Mit dem verfügbaren Lufttransportraum kann täglich nur ein Zehntel des Tagesbedarfs in den Kessel geflogen werden.«

Selbst diese pessimistische Schätzung beruhte noch auf der optimistischen Annahme, dass das Wetter günstig bleibe. Seydlitz erwartete, dass die Rote Armee nach der Schließung des Kessels die heftigen Angriffe fortsetzen würde, um die eingeschlossenen Deutschen endgültig zu vernichten, bevor diese einen Entlastungsangriff starten könnten. Um diese Vorhersage treffen zu können, musste man kein Prophet sein. Jeder Militärführer würde die Gunst der Stunde und die Schwäche des Gegners ausnutzen und entsprechend handeln. Umgekehrt folgerte von Seydlitz daraus, dass die eingeschlossenen Verbände verloren sein würden, wenn nicht schnellstmöglich Verstärkung herbeigeführt werden könnte. Dabei erwies er sich allerdings als Realist. Ob von Westen oder von Süden – die Chancen, in den nächsten fünf Tagen einen entsprechenden Entlastungsangriff durchführen zu können, schätzte er gering. Lapidar hieß es: »Hierfür liegt nicht ein einziges Anzeichen vor.«

Da also Vorräte nicht vorhanden waren, der Nachschub auch durch die Luft nicht in ausreichendem Umfang gewährleistet werden konnte und mit Verstärkung nicht zu rechnen war, gab es für Seydlitz nur eine mögliche Schlussfolgerung: »Die Armee steht vor dem eindeutigen Entweder-oder: Durchbruch nach Südwesten in allgemeiner Richtung Kotelnikowo oder Untergang in wenigen Tagen. Es gibt keine andere Wahl.«

Diese schonungslose Analyse versah der Chef des Generalstabs der Armee, Generalmajor Arthur Schmidt, mit einem kurzen Zusatz: »Wir haben uns nicht den Kopf des Führers zu zerbrechen und General von Seydlitz nicht den des Oberbefehlshabers.«

So unsinnig diese Anmerkung auch war, sie offenbarte die Geisteshaltung jener Generäle, deren Fanatismus sprichwörtlich war: Ein Offizier denkt nicht, er gehorcht, seine Sache ist die Durchführung eines militärischen Auftrags, nicht die politische Analyse. Diese Einstellung ließ Schlimmes befürchten. Immerhin teilte der Generalstabschef im Oberkommando des Heeres die pessimistischen Einschätzungen der Frontgeneräle. Zeitzler hatte sich bereit erklärt, Hitler vorzuschlagen, dass die 6. Armee sofort einen Ausbruchversuch unternehmen müsse. So versicherte er es in einem Telefongespräch mit General Georg von Sodenstern, dem Generalstabschef der Heeresgruppe B, das er in der Nacht vom 22. auf den 23. November führte. Einen entsprechenden Vorschlag wolle er am nächsten Morgen unterbreiten. Warum erst am folgenden Tag? Wieso eine Entscheidung aufschieben in einer Situation, in der es auf jede Stunde ankam? Zeitzler hatte Angst, Hitler zu stören. Der »Führer« hatte sich nach seiner Ankunft in Rastenburg zuerst einmal »zurückgezogen«. Er sei von der Reise erschöpft, ließ er mitteilen. Aber immerhin: Die Generäle rechneten damit, dass Hitler sich würde überzeugen lassen. Zeitzler gab Anweisung, sämtliche Vorbereitungen für den Ausbruch zu treffen.

Die von allen erwartete Entscheidung des »Führers« traf am Morgen des 24. November im Hauptquartier der 6. Armee ein. Die Funkmeldung war kurz und präzise, ihre Wirkung fatal. Schon die Überschrift verhieß nichts Gutes: »Führerentscheid« stand da, keine »normale« Anweisung, sondern die oberste Befehlsstufe, gegen die es keine Widerspruchsmöglichkeit gab. Die Entscheidung des »Führers« machte jegliche Hoffnung zunichte, die 6. Armee retten zu können: »Führer beabsichtigt, 6. Armee in dem Raum jetzige Wolgafront, jetzige Nordfront zusammenzufassen. Jetzige Wolgafront und jetzige Nordfront LI. A.K. unter allen Umständen halten. Luftversorgung durch Einsatz weiterer 100 Ju im Anlaufen.« Das bedeutete ein endgültiges Verbot des Rückzugs.

»Unter allen Umständen halten« – das war nun das Todesurteil für die deutschen Einheiten im Kessel von Stalingrad. Ein Ausfallangriff der 6. Armee wäre zu diesem Zeitpunkt noch möglich gewesen, eine Zurücknahme aus den bedrohten Gebieten auf eine Linie westlich des Don hätte die 6. Armee vor der Vernichtung gerettet. Doch Hitler beharrte auf einer Fortführung des schon aussichtslosen Kampfes in den Ruinen von Stalingrad.

»Halten und verteidigen« – jene fatalen Befehle, die Stalin in der Anfangsphase des Russlandfeldzugs gegeben hatte, waren Ursache für den Untergang zahlreicher sowjetischer Armeen. Das gleiche Los stand nun einer ganzen deutschen Armee bevor.

> **Hitler hat dem Ausbruch aus dem Kessel nicht zugestimmt, weil es ein Prestigeverlust gewesen wäre, Stalingrad aufzugeben. Und er hat immer noch geglaubt, es kann ein Wunder geschehen.**
> Philipp von Boeselager, Generalstabsoffizier

»Keinen Schritt zurück« – mit dieser Anweisung hatte Hitler im Winter 1941/42 nach dem Scheitern des Angriffs auf Moskau die Verluste der Wehrmacht vervielfacht. Nun provozierte er den Verlust einer ganzen Armee. Dem geschockten Zeitzler teilte er mit: »Wir haben einen neuen Ausweg gefunden.« »Wir«, das waren in diesem Fall Hitler, Keitel, Jodl und vor allem Generaloberst Hans Jeschonnek, der Stabschef der Luftwaffe.

> Es gibt nur 2 Wege: Der eine ist der vom Führer befohlene, nämlich bis zur letzten Patrone zu halten. Der andere wäre der Durchbruch, gewollt zu einem Zeitpunkt, zu dem man dazu noch die Kräfte und Mittel hat.
> Erich von Manstein, Tagebucheintrag, 26. November 1942

> Ich möchte von Ihnen andere Vorschläge hören, Herr Feldmarschall.
> Hitler zu Manstein, November 1942

»Ein Aufgeben von Stalingrad würde den Verzicht auf den wesentlichsten Erfolg der Offensive dieses Jahres bedeuten. Es muss daher mit allen verfügbaren Mitteln angestrebt werden, Stalingrad zu halten und die Verbindung mit der 6. Armee wiederherzustellen.« Diese Lagebeurteilung stand am Anfang eines »Führer«-Befehls, den General Zeitzler an Feldmarschall von Manstein weiterleitete. Der »Eroberer von Sewastopol« war von Hitler mit Wirkung vom 26. November zum Befehlshaber der neu gebildeten Don-Front ernannt worden. Als unmittelbarer Nachfolger von Weichs' sollte er mit der 3. und der 4. Rumänischen Armee beziehungsweise dem, was davon noch übrig war, sowie Teilen der 4. Panzerarmee und der 6. Armee die eingekesselten deutschen Verbände in Stalingrad freikämpfen, die Nachschubverbindungen wiederherstellen und die Rote Armee auf jene Linie zurückwerfen, die vor dem Beginn der sowjetischen Offensive die Front bildete. Das waren hoch gesteckte Ziele, die Manstein an seinem 55. Geburtstag von Hitler auf den Gabenteller gelegt bekam: Ziele, die dem Wunschdenken des »Führers« entsprangen – Ziele aber auch, die von einer Voraussetzung ausgingen: Die 6. Armee würde sich bis zum Eintreffen der Entsatzverbände halten können. Dazu war es notwendig, die Eingeschlossenen aus der Luft mit allen notwendigen Materialien zu versorgen.

Genau das bezweifelten die militärischen Fachleute im Stab der 6. Armee, bei der Heeresgruppe B und auch im Oberkommando des Heeres. »Jeder, der nur ein bisschen etwas davon versteht, wie groß der Bedarf zur Versorgung einer Armee ist – jeder, der die technischen Möglichkeiten kennt, diese Menge aus der Luft heranzuführen, dem war klar, dass das ein Versprechen war, das nicht eingehalten werden konnte«, brachte Frontoffizier Ulrich de Maizière die Unlösbarkeit der Aufgabe auf den Punkt. Selbst der Befehlshaber der Luftflotte 4, Wolfram von Richthofen, er-

> *Manstein fragte mich: »Wie beurteilen Sie die Versorgung der 6. Armee durch die Luft? Ist das möglich, oder ist das nicht möglich? Welche Versorgungsgüter und welche Menge müssen Ihrer Meinung nach zugeflogen werden?« Ich habe die Antwort nicht sofort geben können, weil ich noch mit einigen leitenden Offizieren Rücksprache halten wollte. Gegen Mitternacht bin ich noch einmal bei Manstein gewesen und habe ihm dann erklärt, dass mindestens 400 bis 500 Tonnen täglich notwendig wären und eingeflogen werden müssten.*
> Raban von Canstein, Offizier der Wehrmacht

klärte, dass die Versorgung einer ganzen Armee unter den gegebenen Umständen nicht möglich sei, da die Transportkapazitäten der Luftwaffe dafür nicht ausreichten.

General Martin Fiebig, Kommandeur des VIII. Fliegerkorps, erklärte am 21. November, als die Entscheidung »Ausbruch« oder »Igel« noch diskutiert wurde, in Anwesenheit von Generaloberst Paulus: »Eine ganze Armee aus der Luft versorgen, das ist unmöglich.«

Doch nicht nur Hitler war anderer Auffassung, sondern auch Hermann Göring. Der »Reichsluftmarschall« tönte, dass seine Luftwaffe die Versorgung aufrecht erhalten könne. Hatte die deutsche Luftwaffe nicht mit der Messerschmitt Me 323 das größte Landflugzeug der Welt? Konnte das Flugzeug, das nicht zu Unrecht den Namen »Gigant« trug, mit der enormen Spannweite von 55 Metern nicht eine Nutzlast von elf Tonnen transportieren und damit sogar Panzer befördern? In seiner typischen Selbstüberschätzung verstieg sich Göring zu unglaublichen Zusagen. Intern hatte der zweite Mann des »Dritten Reiches« in einer Besprechung mit Transportoffizieren ein Gesamtvolumen von 500 Tonnen täglich avisiert. Seine Experten nannten 350 Tonnen als absolute Höchstmenge. Was Göring verschwiegen hatte: Dies war lediglich die Hälfte dessen, was das AOK 6 für erforderlich hielt. Dennoch versicherte Göring seinem »Führer«, dass seine Luftwaffe die Versorgung gewährleisten könne. Diese Zusage gab der Reichsmarschall allerdings nicht persönlich ab. Bei der entscheidenden Sitzung im »Führer«-Hauptquartier trug sein Generalstabschef Jeschonnek die Meinung Görings vor. Er knüpfte die Zusage seines Chefs jedoch an zahlreiche Bedingungen: gutes Flugwetter, Nutzung frontnaher Flugplätze, Abkommandierung zusätzlicher Flugzeuge und dergleichen.

Doch diese Einschränkungen wischte Hitler vom Tisch. Für ihn galt nur das grundsätzliche »Ja«, die »Wenns« vergaß er. Er vergaß auch, dass der

»Typische Selbstüberschätzung«: Göring sicherte Hitler zu, dass »seine« Luftwaffe den Kessel aus der Luft versorgen könne.

> **Die vollmundige Zusicherung, die Göring gegeben hat, dass Stalingrad versorgt werden könne, zeugte von seinem Unverständnis gegenüber der Versorgungsfliegerei.**
>
> Günter Wolff, Transportflieger über Stalingrad

> **Wenn damals großspurig verkündet wurde, dass man täglich 300 Tonnen Material in den Kessel einfliegen würde, dann konnten wir darüber wirklich nur noch den Kopf schütteln. Denn im Gegensatz zu denen, die diese Parolen ausgaben, wussten wir, was in Stalingrad wirklich los war.**
>
> Joachim Matthies, Bordmechaniker

großspurigste unter seinen Paladinen schon einmal ein lauthals gegebenes Versprechen nicht hatte halten können: dass keine feindliche Bombe auf deutsche Städte fallen könne, weil »seine« Luftwaffe das verhindern werde. Mittlerweile bombardierte die Royal Air Force Nacht für Nacht deutsche Städte. Um verlorenes Renommee beim »Führer« zurückzuerobern, versprach Göring nun, die Versorgung des Kessels in Stalingrad zu garantieren. Dabei nahm der Reichsmarschall noch eine zweite Täuschung in Kauf. Hatte er zunächst den tatsächlichen Bedarf verschwiegen und statt 700 nur 500 Tonnen als tägliche Transportmenge genannt, so korrigierte er einen Rechenfehler, der Generaloberst Jeschonnek unterlaufen war, trotz besseren Wissens nicht. 300 Tonnen Versorgung, so hatte Jeschonnek gerechnet, ließen sich mit 300 so genannten 1000-Kilo-Versorgungsbomben transportieren. Doch obwohl diese »Bomben« die Ausmaße der 1000-Kilo-Sprengbomben hatten, fassten sie nur etwa 650 Kilo Lebensmittel. Statt 700 benötigter Tonnen wären so selbst im günstigsten Fall kaum 200 Tonnen von der Luftwaffe in Stalingrad abgesetzt worden. Dennoch sollte es Göring ablehnen, diesen Rechenfehler gegenüber Hitler richtigzustellen. Es hätte an Hitlers Entscheidung vermutlich ohnehin nichts geändert.

Hitler glaubte Göring. Er wollte ihm glauben, denn der deutsche Diktator wollte Stalingrad um jeden Preis halten. Zwar versuchte Generalstabschef Zeitzler wiederholt, Hitler davon zu überzeugen, dass nur ein Rückzug schlimmeres Unheil verhindern könne. Mit drastischen Worten schilderte er die Folgen eines Ausharrens im Kessel: »Das bedeutet Tod oder Gefangennahme für eine Viertelmillion tapferer Soldaten. Der Verlust dieser großen Armee würde der Ostfront das Rückgrat brechen.«

Doch von zwei anderen Beratern erhielt Hitler jene Antworten, die er hören wollte. Generalfeldmarschall Keitel nutzte eine entsprechende Frage des »Führers« zu einem theatralischen Auftritt im Hauptquartier, der mit den Worten endete: »Mein Führer, geben Sie Stalingrad auf keinen Fall auf!«

Generaloberst Jodl, der immerhin noch die militärischen Gründe, die für einen Ausbruch sprachen, abwog, kam zum gleichen Ergebnis: Die

6. Armee solle sich einigeln – kein Rückzug. Das wollte Hitler hören. Seinem Generalstabschef beschied er knapp: »Sie sehen, dass ich mit meiner Ansicht nicht allein stehe. Ich werde mich also weiterhin an die von mir bereits getroffene Entscheidung halten.«

Kategorisch hatte er bereits zu Beginn der Diskussion erklärt: »Ich gehe nicht von der Wolga zurück.« Fortan sprach der Kriegsherr von der »Festung Stalingrad«, die es zu halten gelte. »Wenn notwendig, wird die Besatzung von Stalingrad eine Belagerung den ganzen Winter aushalten, und ich werde sie mit meiner Sommeroffensive befreien.« Mit dem üblichen Pathos verwies der »Führer« darauf, dass es im Verlauf des »Unternehmens Barbarossa« schon einmal gelungen war, einen Kessel zu halten und die eingeschlossenen Einheiten zu befreien.

Eingekesselte deutsche Einheiten – das war in der Tat kein Novum in der Geschichte des Russlandfeldzugs. Schon im Januar 1942 war bei Demjansk ein Kessel entstanden, der monatelang aus der Luft versorgt werden musste, bevor es gelang, ihn aufzubrechen und 100 000 Mann, die ihre Stellungen gehalten hatten, wieder zu befreien. Rund 500 Flugzeuge brachten das notwendige Material und flogen verwundete Soldaten aus. Täglich bis zu 150 Maschinen landeten auf zwei behelfsmäßig ausgebauten Pisten und brachten insgesamt 65 000 Tonnen in den Kessel. Im März 1942 begannen zur gleichen Zeit der Befreiungsangriff von außen und ein Ausbruchversuch aus dem Kessel heraus. Bei der Wahl der Decknamen bewiesen die deutschen Strategen erstaunlichen Einfallsreichtum:

»Brückenschlag« hieß der Entsatzangriff von außen, »Fallreep« lautete das hintergründige Codewort für den Ausbruchangriff. Beide Aktionen gelangen. Der Kessel von Demjansk konnte am 28. April 1942 aufgebrochen werden. In die Militärgeschichte ging Demjansk als längste Kesselschlacht des Ostfeldzugs ein. Sie hatte jedoch noch eine zusätzliche psychologische Bedeutung, die sich ein halbes Jahr später auswirken sollte. Das Beispiel Demjansk wurde von Hitler nun als Beweis dafür herangezogen, dass es möglich war, einen Kessel über längere Zeit zu halten und schließlich aufzubrechen. Der Stratege, der damals den entscheidenden Befreiungsschlag geführt hatte, war General von Seydlitz-Kurzbach. In Stalingrad stand er auf der anderen Seite des Rings, er befand sich unter den Eingeschlossenen, die es nun zu befreien galt. Gerade von Seydlitz gehörte jedoch zu den energischsten Verfechtern einer Ausbruch-Lösung. Die Ver-

> Wir wussten, dass die Deutschen eingekesselt waren, und beschossen ihre Transportflugzeuge. Wir schossen stundenlang, salvenweise. Wir haben so viel Munition abgefeuert, dass die Kanonenrohre glühten. Auf der Stellung lagen Hülsen herum – meterhoch.
> Raissa Galtschenko, Flakhelferin der Roten Armee

gleiche mit Demjansk ließ er nicht gelten. In seinen Memoiren nannte er die zentralen Unterschiede zwischen den beiden Kesselschlachten und erklärte, warum eine Luftversorgung in Demjansk erfolgreich sein konnte:

»1. Die Entfernung des Kessels von der Front betrug durchschnittlich nur etwa 35 bis 40 Kilometer.

2. Die im Kessel zu versorgenden Divisionen hatten eine Stärke von etwa 100 000 Mann; ihre Verluste von 35 400 Soldaten konnten ersetzt und durch Einfliegen von 30 500 Mann Ersatz ausgeglichen werden.

3. Das zu überfliegende Gelände war sehr waldig und für die russische Luftabwehr ungünstig.«

Die Voraussetzungen für die Versorgung, die Verteidigung und schließlich die Befreiung des Kessels waren demnach ungleich günstiger als im Falle Stalingrads. Die Entfernung, welche die Versorgungsflugzeuge dort zu überwinden hatten, betrugen schon bald mehr als 200 Kilometer. Zudem galt es diesmal, fast die dreifache Zahl an Soldaten zu versorgen. Und schließlich schuf die flache Donsteppe ideale Voraussetzungen für die sowjetische Luftabwehr. Diese Fakten, die der nüchterne von Seydlitz als Gegenargumente anführte – und auch in einer Denkschrift im November 1942 erläuterte – waren offensichtlich. Doch sie wurden von Hitler nicht akzeptiert. Was für die Generäle blieb, war, gehorsam zu bleiben und im Kessel auszuharren oder gegen den »Führerentscheid« zu handeln und den Ausbruch zu wagen. Welche Folgen der offene Ungehorsam gegen einen Befehl Hitlers haben musste, hatte die Erfahrung im Dezember 1941 gezeigt: Guderian und von Brauchitsch mussten gehen, weil sie den »Haltebefehl« Hitlers kritisiert hatten, Hoepner wurde unehrenhaft aus der Wehrmacht ausgestoßen, weil er gegen den ausdrücklichen Befehl des »Führers« gehandelt hatte. Noch schlimmer traf es Generalleutnant von Sponeck: Ein Kriegsgericht verurteilte ihn wegen Ungehorsams zum Tode, weil er auf der Krim seinen Truppen gegen Hitlers Anweisung den Befehl zum Rückzug gegeben hatte. Sie alle hatten in letzter Konsequenz

> *Die Luftbrücke zur Versorgung des Kessels wurde überstürzt aufgebaut. Ganze Flugschulen einschließlich der für die Ausbildung so wichtigen Fluglehrer wurden nach Stalingrad beordert, wo sie regelrecht verheizt wurden. Auch an Flugzeugen wurde alles herangezogen, was verfügbar war; mitunter völlig ungeeignete Maschinen, die dann reihenweise zu Bruch gingen.*
> Joachim Matthies, Bordmechaniker

keinen anderen Ausweg gesehen, als den militärischen Notwendigkeiten entsprechend zu handeln und Hitlers Befehl nicht zu befolgen. Diesmal blieb es General von Seydlitz vorbehalten, hier ein Zeichen zu setzen.

## »Ich stehe hier auf Befehl«

Das LI. Armeekorps unter General von Seydlitz kämpfte in Stalingrad an der Wolga- und Stadt-Front. In Erwartung des Rückzugsbefehls plädierte er, bevor die Entscheidung Hitlers bekannt wurde, für den Rückzug aus den gefährdeten Stellungen. Seydlitz schuf entsprechende Fakten: Seine Einheiten vernichteten, was beim erwarteten Absetzmanöver hinderlich sein würde, damit es nicht in die Hand der Roten Armee fiel, und bereiteten sich auf den Rückzug vor.

Auch Martin Wunderlich erhielt den Befehl, sich aus den vorgeschobenen Stellungen beim Traktorenwerk abzusetzen. »Alle überzählige Munition, die nicht mit Fahrzeugen weggebracht werden konnte, wurde verpulvert. Wir hatten noch Lebensmittelreserven, die haben wir zum Teil verbrannt. Ich persönlich hatte drei Decken mehr, als mir zustanden, denn es waren ja Kameraden gefallen. Die Decken haben wir dann auch verbrannt.«

Entsprechend seiner Lagebeurteilung befahl von Seydlitz: »Herauslösung des XIV. Panzerkorps, Übernahme der Stellungen durch 94. Infanteriedivision und Zurücknahme des Lataschamkazipfels in der Nacht zum 23. November.«

Es entstand das Gerücht, dass mit dieser Maßnahme, die zunächst einmal eine Begradigung der Front auf eine besser zu haltende Verteidigungslinie bedeutete, der Befehl zum allgemeinen Rückzug provoziert werden sollte. In seinen Memoiren wies von Seydlitz diese Interpretation zurück: »Die Version, ich hätte mit der Zurücknahme des Lataschamkazipfels den Durchbruch der Armee zum Westen ins Rollen bringen wollen, ist eine absolute Fabel.«

Fest steht jedoch, dass Seydlitz auf eigene Verantwortung seinen Soldaten den Befehl zur Aufgabe der gesicherten Stellungen gegeben hatte und er den Ausbruch auch ohne die ausdrückliche Erlaubnis Hitlers zu wagen bereit war. Damit stand er im Gegensatz zu Paulus, der den Rückzugsbefehl nur nach vorherigem Einverständnis Hitlers erteilen wollte.

Fest steht auch, dass Seydlitz' Teil-Rückzug mit einem Debakel endete – weil die Rote Armee sofort nachstieß, die geräumten Stellungen besetzte und der 94. Infanteriedivision schwere Verluste zufügte. Der Schock bei Soldaten wie Martin Wunderlich saß tief. Kurze Zeit nach dem begonnenen Rückzug kam der Befehl, die geräumten Stellungen wieder einzunehmen. Zum einen bedeutete dies, in schweren Kämpfen die Stellungen zurückzuerobern, die man zuvor leichten Herzens verlassen hatte. Doch selbst dort, wo der Gegner sich noch nicht eingerichtet hatte, ahnten die Soldaten, welchen Verlust der kurzfristige Rückzug bedeuten musste: »Der Russe war zwar noch nicht da, doch die vernichteten Vorräte auch nicht mehr. Es war idiotisch. Gefreut haben wir uns darüber nicht.« Auch Heinrich Meidinger machte keine guten Erfahrungen, als seine Beobachtungsbatterie dem Befehl von Seydlitz' folgte: »Für uns war das hart, weil wir zunächst ziemlich gut ausgebaute Stellungen hatten. Nach der Zurücknahme aus der Nordriegelstellung lagen wir plötzlich auf offenem Gelände.« Noch schlimmer traf es das Grenadierregiment 673. Kompaniechef Zank stand unversehens ohne die wichtigsten Waffen da: »Als wir unsere Stellung räumen mussten, konnten wir unsere schweren Waffen nicht mitführen. Da alle Pferde nach Westen abtransportiert waren, haben wir zunächst unsere ganze Munition verschossen und dann die schweren Geschütze gesprengt.« Den ganzen Dezember über lag das Regiment, dem Zank zugeordnet war, ohne ausreichend geschützte Stellungen wie auf dem Präsentierteller. »Mein Regiment ist praktisch vernichtet worden. Als wir am 5. Januar in eine Kampfgruppe der Division eingegliedert wurden, hatte ich nur noch etwa 100 kampffähige Soldaten.«

Das Scheitern der einzigen geplanten Rückzugsaktion bestärkte Hitler in seinem Glauben, dass das Aushalten im Kessel die richtige Entscheidung war. Von Seydlitz erreichte also geradezu das Gegenteil von dem, was er gewollt hatte. Fest steht schließlich, dass Hitler von dieser Rückzugsaktion Kenntnis erhielt und sofort nachfragte, wer die entsprechenden Befehle erteilt habe. Der Oberkommandierende der 6. Armee wollte jedoch keine konkrete Auskunft geben und deckte damit die Entscheidung des ihm untergeordneten Generals. Hitler reagierte für alle Beteiligten völlig überraschend. Von Seydlitz, der nach dem gescheiterten Rückzug mit seiner Verhaftung rechnete, blieb unerkannt und wurde sogar noch befördert: »Die Ost- und Nordfront sind unter den einheitlichen Befehl des Generals von Seydlitz zu stellen, der mir für das Halten dieser Front unmittelbar verantwortlich ist.«

In einem Gespräch, das von Seydlitz und Paulus nach der Entscheidung Hitlers führten, wurde deutlich, dass der Unterschied zwischen beiden so groß nicht war. Paulus wies von Seydlitz auf die Möglichkeiten hin, die sich ihm nach der Ausweitung seiner Kompetenz nun boten: »Nun können Sie ja selbstständig handeln und ausbrechen.« Doch von Seydlitz lehnte ab: »Mir bleibt ja wohl nichts anderes übrig als zu gehorchen.«

Hier wurde klar: Auch von Seydlitz entstammte der alten preußischen Militärschule. Im Vorfeld hatte er wie von Weichs, Paulus und sogar Zeitzler versucht, Hitler von der militärisch sinnvollsten Lösung zu überzeugen. Doch der »Führer« hatte anders entschieden und statt einer Anweisung zum Ausbruch den Befehl zum Ausharren erteilt. Damit gaben alle bisherigen Kritiker ihren Widerstand auf und beschäftigten sich fortan nur noch mit der Frage, wie den Absichten ihres »Führers« entsprochen werden konnte. Auch General von Seydlitz vollzog eine Kehrtwendung um 180 Grad: »Keinen Schritt zurück! Was verloren geht, muss unverzüglich wieder gewonnen werden.«

Paulus wies ebenfalls auf seine Pflicht zum Gehorsam hin: »Ich stehe hier auf Befehl.« In diesem knappen Satz, der aus dem letzten Brief Paulus' überliefert ist, lässt sich das Dilemma der deutschen Offiziere zusammenfassen: Befehl ist Befehl – auch wenn dieser das Todesurteil für eine ganze Armee bedeutet. Nolens volens setzte auch Paulus seine ganze Hoffnung darauf, dass eine Versorgung seiner Soldaten durch die Luftwaffe Görings möglich sein würde. »Drum haltet aus, der Führer haut uns raus!« Mit diesem Slogan endete der Tagesbefehl, den Paulus am 27. November an die Truppe herausgab.

Die Soldaten der 6. Armee mussten sich auf einen längeren Aufenthalt in den Ruinen von Stalingrad einrichten – unter den harten Bedingungen des russischen Winters. Die Stellungen in den Schützgräben wurden ausgebaut, so gut es eben ging. Wie unterschiedlich die Qualität der Unterkünfte war, verdeutlicht der Kommentar eines Arztes der 16. Panzerdivision zu der Ausstattung der Räumlichkeiten seines Kommandeurs: »Er hatte sich einen großen Bunker ausheben lassen, damit ein Klavier hineinpasste.« Und an diesem Flügel spielte er nun, während draußen die Granaten explodierten. Von einer anderen Annehmlichkeit wusste Wilhelm Raimund Beyer zu berichten: »Es ging im Kessel das Gerücht, dass ein Oberst oder General eine tragbare Gummibadewanne dabei habe. Ein ehemaliger Bursche berichtete, wie er täglich das Eis zusammenkratzen, dies erwärmen und dann in dem zusammenklappbaren Gestell ein Bad herrichten musste.« Doch bei den allermeisten Offizieren herrschte ebenso blanke Not wie bei gewöhnlichen Soldaten: »Wie lange sollen wir noch im Freien schlafen?«, schrieb ein Artillerieoffizier in sein Tagebuch. In der offenen Steppe vor Stalingrad campierten die Einheiten in mühsam aus-

»Im Kampf gegen die Kälte entscheidet die innere Haltung«: Für derartige Ratschläge aus der Etappe hatten die Soldaten nur grimmigen Zorn übrig.

gebuddelten Erdlöchern oder Schneekuhlen. Als einzigen Schutz gegen den beißenden Wind gab es eine Plane. Winterkleidung war Mangelware. Der schützende Helm ließ sich kaum noch auf dem Kopf tragen, Wickelgamaschen oder Fußlappen sorgten für eine notdürftige Isolation, damit der Stahlhelm nicht am Kopf festfror. In dieser Situation setzten alle ihre Hoffnungen auf die deutschen Flieger: Eine Luftbrücke sollte das Dilemma beheben.

Doch die Aufgabe der Luftwaffe war von Anfang an unlösbar. In einem Bericht über die Versorgungslage des LI. Armeekorps vom 23. November wurde detailliert festgehalten, welche Vorräte den eingekesselten Einheiten noch zur Verfügung standen. Das Ergebnis war entmutigend: Der Betriebsstoff ging zur Neige. Die notwendigsten Versorgungs- und Melderfahrten konnten nur noch vereinzelt durchgeführt werden. Der Munitionsbestand erreichte bei den verschiedenen Waffengattungen kaum mehr als 30 Prozent des Solls, bei der schweren Infanteriemunition war der Bestand auf acht Prozent der Grundausstattung gesunken. Der Bedarf an Munition hing ab von der Dauer der Gefechte. Und etliche Gefechte am Kesselrand nahmen kein Ende mehr. Manche Soldaten griffen zur Selbsthilfe und manipulierten an der erbeuteten Munition sowjetischer Gefallener so lange herum, bis diese in die deutschen Gewehrläufe passte. Mehr als ein Notbehelf konnte diese Do-it-yourself-Munition nicht sein.

Vorsichtigen Schätzungen zufolge ergab sich ein täglicher Munitionsbedarf des Korps von mindestens 400 Tonnen. Allein um ein Korps mit der notwendigen Munitionsmenge zu versorgen, mussten täglich zwischen 200 und 400 Transportflugzeuge in den Kessel fliegen. Die Verpflegung reichte für gerade mal eine knappe Woche. Brot gab es nur noch für vier Tage. Die Quartiermeister fragten schon nach dem Bestand an Pferden – doch der Verzehr dieser »Ersatznahrung«, so rechneten die kühlen Militärs, würde die taktische Beweglichkeit der Truppe nachhaltig einschränken. Alles Überlebensnotwendige musste also eingeflogen werden: 1000 Tonnen technisches Material, Munition, Verpflegung, Betriebsstoff täglich. 600 Tonnen forderte das Oberkommando der 6. Armee, rund 300 Tonnen waren nach Auskunft der Luftflotte 4 realistisch.

Die Versorgungsaktion lief an. Am 25. November landete die erste Ju 52 mit Versorgungsgütern im Kessel. Um sein großspuriges Versprechen halten zu können, hatte Hermann Göring alles mobilisiert, was fliegen konnte. Sämtliche verfügbaren Ju-52-Transportmaschinen wurden zur Versorgung des Stalingrader Kessels abkommandiert, veraltete Ju 86 mussten wieder flottgemacht werden. Fluglehrer und -schüler aus den Flugschulen im Reich sollten ebenso helfen wie Personal der Lufthansa. Doch mit Transportraum allein war es nicht getan. Die Maschinen mussten wintertaug-

**Der November ist der nationalsozialistische Unglücksmonat. […] Im November dieses Jahres erleben wir Nordafrika und den bolschewistischen Erfolg bei Stalingrad.**

Joseph Goebbels, Tagebucheintrag, 24. November 1942

**Soll die Armee erhalten bleiben, so muss sie einen anderen Befehl sofort herbeiführen oder sofort einen anderen Entschluss selbst fassen.**

General Walther von Seydlitz-Kurzbach in einer Denkschrift vom 25. November 1942

> Am 28. oder 29. November traf Richthofen zu einer grundsätzlichen Besprechung ein. Wir gingen davon aus, dass eine Luftversorgung in diesem Umfang nicht möglich wäre. Auch Richthofen äußerte sich in diesem Sinne – schweren Herzens wohl gemerkt, weil eine derartige Aussage mit erheblichem Risiko verbunden war.
>
> Raban von Canstein, Offizier der Wehrmacht

lich und für den militärischen Einsatz ausgerüstet sein. Außerdem bedurfte es geeigneter Landebahnen, sowohl innerhalb als auch außerhalb des Kessels. In überstürztem Tempo wurden zwei Flugplätze bei Stalingrad vorbereitet: Bassargino und Pitomnik. In Swerewo musste die russische Zivilbevölkerung, welche die Kämpfe um Stalingrad überlebt hatte, in aller Eile ein abgeerntetes Maisfeld als provisorische Lande- und Startbahn einrichten. »Hunderte von Frauen, die man aus der Umgebung zusammengetrieben hatte, mussten mit ihren Filzstiefeln den Schnee festtrampeln.« Es waren nicht gerade die Bedingungen, die sich Piloten wie Günter Wolff erträumten.

Der Start der Luftversorgung geriet entsprechend holprig: »Von 38 gestarteten Ju 52 erreichten nur 12 den Raum Stalingrad«, meldete der Lagebericht des OKW am 30. November. Während der ersten Woche kamen täglich höchstens 30 Flugzeuge zu ihrem Ziel im Kessel durch. Fast ebenso viele wurden allein am 24. November abgeschossen, als die Luftwaffe 24 Maschinen verlor. Statt der benötigten 300 Tonnen pro Tag gelangten so gerade einmal 350 Tonnen innerhalb einer ganzen Woche an ihren Bestimmungsort.

Doch schon eine Woche später, am 7. Dezember, landeten 188 Maschinen in Pitomnik mit 282 Tonnen Material an Bord. Die Mindestmenge von 300 Tonnen täglich schien nicht unerreichbar. »Die Dinge sehen wieder etwas rosiger aus«, schrieb sogar ein notorischer Skeptiker wie der Oberst im Generalstab Helmuth Groscurth, der Ia des XI. Armeekorps, am 3. Dezember 1942. Die Stimmung besserte sich ganz allgemein. Auf dem Rückflug nahmen die Maschinen die Feldpost mit. Auch die Heimatfront sollte von den Leistungen der Luftwaffe erfahren: »Unsere Flieger, so viele könnt ihr Lieben euch gar nicht denken, fliegen Wolke auf Wolke jetzt fast acht Tage ununterbrochen nach Stalingrad.« Die Moral der Truppe war Anfang Dezember keineswegs schlecht. »Ein Zweifel am guten Ausgang der Kämpfe kam nicht auf«, berichtete ein Oberleutnant der 16. Panzerdivision im Rückblick.

Nach ihrer Gewaltanstrengung zur Einkesselung der 6. Armee, der »Operation Uran«, mussten die Sowjets eine Zwangspause einlegen. Beide Seiten schienen gleichermaßen erschöpft und froh, wenn die jeweils andere Seite Ruhe gab. So war es kein Versehen, dass sich sowjetische und

Oben: »Zum Leben zu wenig, zum Sterben zu viel«: Eine Versorgungsbombe wird für den Abwurf über Stalingrad vorbereitet.
Unten: »Manchmal kam gar nichts durch«: Soldaten schleppen den eingeflogenen Proviant durch die Schneewüste zu ihrer Unterkunft.

> *Ihr werdet denken, euer Vater hat euch vergessen. Ich bin noch auf Kommando. Eure 2 Pakete habe ich erhalten. Eines war mit Plätzchen das andere mit Zwieback. Alles war in bestem Zustand, auch die Rauchwaren. Wir liegen jetzt in einem Bunker. Er war für 4 Mann gebaut, wir hausen mit 12 Kameraden darin, manchmal noch mehr. Sonst geht es mir noch gut. Hoffe dasselbe von euch allen. Kann euch leider jetzt sehr wenig schreiben. Hole es später wieder nach. Sorgt euch nur nicht um mich. Das Weihnachtsfest rückt nun immer näher. Feiert es so wie immer und bereitet euch recht frohe Stunden. Auch wir werden es uns gemütlich machen und an euch denken. Geht es doch Millionen so. Hoffen wir doch, dass nächstes Weihnachten ein Fest des Friedens wird.*
>
> Feldpostbrief aus Stalingrad, 29. November 1942

deutsche Spähtrupps bei nächtlichen Exkursionen gelegentlich übersahen oder die Soldaten in vorderster Linie regungslos in den Schützengräben verharrten. Martin Wunderlich beschrieb den unausgesprochenen und ganz privaten deutsch-sowjetischen Nichtangriffspakt: »Wir waren froh, wenn die nicht geschossen haben, und die waren froh, wenn wir nicht geschossen haben. Also, das war eine Art stilles Abkommen.« Krieg bedeutete nicht ständiges Schießen. Angesichts der permanenten Belastungen, die beide Seiten ertragen mussten, war es kein Wunder, dass die Intensität der Angriffe gelegentlich nachließ. Nicht zuletzt aus solchen Pausen schöpften die eingeschlossenen Deutschen neue Zuversicht. »Das Schlimmste ist jetzt vorbei. Wir hoffen alle, dass wir bis Weihnachten aus dem Kessel heraus sind«, machte ein Soldat der 376. Infanteriedivision sich und den Seinen in der Heimat Mut. Andere, wie Heinz Schuhmann, träumten in ihren Briefen an die Ehefrau zu Hause schon wieder von neuen Offensiven im nächsten Jahr: »Diese paar Monate, die jetzt noch kommen, werden auch bestimmt vergehen, und sobald die Frühlingssonne wieder scheint, sieht ja auch alles wieder viel rosiger aus. Und vor allem hat dann dieser verfluchte Russe ausgespielt. Gerade der Winter ist ja sein einziger Trumpf. Wir sind alle überzeugt, dass er ihn nächsten Winter nicht wieder in die Hand nimmt.«

Bis dahin beschäftigten sich die Landser mit den kleinen Problemen des Alltags: »Wir haben uns eingerichtet, so lässt sich's hier aushalten. Mit dem Beziehen begann in verstärktem Maße der Kleinkrieg gegen Läuse und Flöhe. Wie das zwickt und zwackt, kribbelt und krabbelt, und die Haut brennt, wenn der Gegner Angriff fährt. Diese Brut ist nicht loszukriegen

Oben: »Kampf Mann gegen Mann«: Bis zuletzt waren die Auseinandersetzungen von verlustreichen Nahkämpfen geprägt.
Unten: »Wir hatten kaum noch Munition«: Dennoch kämpften die deutschen Soldaten bis in die letzten Januartage 1943 weiter.

trotz Wäschewechsel.« Läusepulver sollte Abhilfe schaffen. Pakete mit wirkungslosen Wundermitteln, angeblich entwickelt von Hitlers Leibarzt, wurden von den Flugzeugen in den Kessel gebracht. Der »Führer«, so die Botschaft, denke an alles. Wilhelm Beyer, der als einfacher Infanterist – er selbst bezeichnete sich in der Landsersprache als »Schütze Arsch« – in der 76. Infanteriedivision kämpfte, machte andere Erfahrungen: »Das Pulver war wertlos. Es kratzte noch viel mehr. Und außerdem: Man erhielt es kaum.« Also blieb den Mannschaftsdienstgraden nichts anderes als der ganz persönliche Kleinkrieg, der Kampf gegen die so genannten »Partisanen des kleinen Mannes«. Unter den hygienischen Bedingungen von Stalingrad war es ein aussichtsloser Kampf. Kaum einer, dem es nicht erging wie Wilhelm Beyer: »Meine Beine waren vollkommen mit Eiter und Blutspuren übersät.« Die unscheinbaren Tierchen sollten sich später als Überträger von Epidemien erweisen, welche die geschwächten Soldaten weiter dezimierten. Doch der Kampf gegen die Läuseplage war hoffnungslos: »Mit den Läusen ist es wie mit den Russen«, gab auch ein Leutnant der 29. Infanteriedivision seiner Resignation Ausdruck. »Eine macht man tot, und zehn neue sind dafür da.« Die Soldaten entwickelten eine besondere Art von sarkastischem Humor. Wem das Lachen noch nicht gänzlich vergangen war, sang eine eigene Version des bekannten Wehrmachts-Schlagers »Lili Marleen«: »Unter der Laterne, in dem kleinen Haus, sitze ich des Abends und suche eine Laus.« Die Soldaten wurden schnell fündig. »Bei einer oberflächlichen Durchsicht meines Helms fand ich 200 dieser treuen Tierchen«, stellte ein Unteroffizier trocken fest. Es war die einzige reiche Beute.

Während sich die Soldaten am Boden mit den alltäglichen Problemen herumschlugen, bestätigte sich am Himmel über Stalingrad, was die Experten von Anfang an wussten: Die Kapazität der deutschen Luftwaffe reichte nicht aus. Der Befehlshaber der Luftflotte 4, Generaloberst Wolfram Freiherr von Richthofen, notierte zutiefst deprimiert in sein Tagebuch: »Alle unsere Ju's fliegen heute Versorgung. Wir haben aber dazu nur mehr 30 Stück. Von den gestrigen 47 fielen 22 und von den heutigen wieder 9 aus. Wir haben zu wenig Transportflugzeuge. Die 6. Armee muss sich sechs Wochen allein behelfen. Wie wir sie aus der Luft versorgen sollen, ist mir völlig schleierhaft.« Es war nicht nur die viel zu geringe Tonnage, welche die Flugzeuge in den Kessel transportierten. Es war vor allem auch die Zusammensetzung des gelieferten Nachschubs. Bei den begrenzten Kapazitäten bestand die Wahl zwischen Munition und Nahrung. Verteidigung galt als wichtiger. Gerade einmal 14 Tonnen Lebensmittel wurden

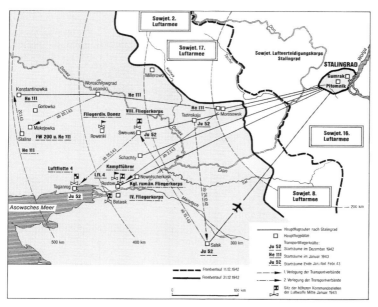

Die Luftbrücke zur Versorgung von Stalingrad. Im Vergleich zum Kessel von Demjansk hatten die deutschen Maschinen erheblich weitere Entfernungen zu überbrücken.

in der ersten Woche in den Kessel eingeflogen, das waren ganze vier Prozent der gesamten Transportmenge, welche die eingeschlossenen Truppen erreichte. Auch später überstieg der Anteil der Nahrungsmittel nur selten die Fünf-Prozent-Marke. Und selbst dieser geringe Prozentsatz, der in den Kessel transportiert wurde, erreichte nicht immer den Empfänger. Zwar legten die Soldaten im Kessel Markierungskreuze aus, die in der Nacht mit kleinen Feuern beleuchtet wurden. Stabsarzt Dietz waren die einfachen Codes geläufig: »Drei Kerzen in einer Reihe, das hieß an geraden Tagen: Da ist unsere Linie, da könnt ihr abwerfen. An ungeraden Tagen haben wir dann Dreiecke ausgelegt.« Doch es dauerte nicht lange, und die Rote Armee führte mit ähnlichen Markierungen die deutschen Flieger in die Irre. Und selbst wenn die Identifizierung der eigenen Positionen am Boden sichergestellt war, bedeutete das erst die halbe Miete. Um die der Form eines Torpedos ähnlichen Versorgungsbomben möglichst zielgenau abzuwerfen, waren fliegerische Höchstleistungen notwendig. »Wir mussten auf 200 Meter Höhe runter und sind nur noch mit Mindestgeschwindig-

> *Was die Deutschen mit Fallschirmen an Lebensmitteln abgeworfen haben, bekamen oft wir. Wir versuchten, jeden Tag einen Deutschen gefangen zu nehmen. Wir fragten ihn, in welcher Farbe man eine Leuchtkugel abfeuern musste, damit die Lebensmittel abgeworfen wurden. Sie sagten: »Gar keine, wir haben keine mehr, wir müssen Feuer machen.« So haben wir das dann auch gemacht, weil diese Flugzeuge nur nachts flogen. Die Deutschen bekamen Wurst, Schokolade, Speck, gute Konserven, wir dagegen nur Roggenbrot, das gleich in Krümel zerfiel, und Tabak.*
> Fedor Kutschurin, Soldat der Roten Armee

keit geflogen«, nannte Joachim Matthies die Rahmenbedingungen für die das Überleben sichernden Tiefflüge. 240 Stundenkilometer lautete die magische Grenze. Weniger – und das Flugzeug wäre wie ein Stein vom Himmel gefallen. Mehr – und das Abwurfgut wäre weit vom geplanten Ziel aufgetroffen und hätte statt der eigenen die Soldaten der anderen Seite erfreut. Das Auffinden und Sicherstellen der Versorgungsbomben war die nächste Hürde, die überwunden werden musste.

»Wir haben lange Zeit darum kämpfen müssen, dass die mit Fallschirmen abgeworfenen Verpflegungsbomben nicht mit weißen, sondern mit bunten Fallschirmen abgeworfen wurden«, berichtet Winrich Behr von den Problemen, welche die Führung der 6. Armee zu beheben suchte. Der Grund war einfach: Der Wind hatte die dunklen Behälter innerhalb von wenigen Minuten mit Schnee bedeckt. Weiße Fallschirme fielen in der Schneewüste nicht lange auf. Wer zu spät kam, den bestrafte der Ostwind, und der Suchende musste hungrig wieder kehrt machen.

Der größte Teil der Transportkapazität fiel jedoch aus anderen Gründen für die Nahrungsmittelversorgung aus. Rund 25 Prozent der Lieferungen bestanden aus Treibstoff, der notwendig war, um die Luftbrücke in Gang zu halten. Treibstoff für die Jäger, welche die Transportflugzeuge sicherten, Treibstoff für die Rückkehr der Flugzeuge hinter die deutschen Linien.

Mitunter wurden auch unsinnige Güter angeliefert. Einmal waren es sechs Tonnen Bonbons. Ein anderes Mal gab es tonnenweise Süßigkeiten – zu Weihnachten war das sicher gut gemeint, doch gut gemeint und gut gemacht sind häufig unvereinbare Gegensätze. Ganz besonders galt das in diesem Fall im Kessel von Stalingrad, in dem die Hungernden auf regelmäßige Brotlieferungen und nicht auf einmaliges Konfekt warteten. »Das, was die Flugzeuge abwarfen, war nicht nur wenig, es war zum Teil idiotisch. Kistenweise Knäckebrot oder Fliegerschokolade«, klagte Hauptmann Dengler. Immerhin waren solche Lieferungen noch essbar. Doch andere Versorgungsbomben enthielten Ungenießbares. Ein Flugzeug brachte alte Zeitungen, Kragenbinden und Dachpappe, Kölnisch Wasser oder Bücher – aber immer seltener etwas zu essen. »Das waren Irrtümer, die nicht zu verstehen waren.« Irrtümer, welche die hungernden Soldaten im Kessel zur Verzweiflung brachten. Und auch die höchsten Offiziere erlebten Wunderliches. Generaloberst Paulus berichtete, dass »anscheinend zum Scherz« mehrere Pakete mit Kondomen geschickt worden seien.

Wer über solche Lieferungen lächeln konnte, dem sollte das Lachen angesichts der sich zunehmend verschlechternden Lage bald vergehen. Die Hiobsbotschaften häuften sich. Die deutschen Flugplätze waren längst zum bevorzugten Ziel der sowjetischen Artillerie und Luftwaffe geworden. Allein an drei Tagen, vom 10. bis zum 12. Dezember, flogen sowjetische Flugzeuge mehr als 40 Angriffe auf den Flugplatz Pitomnik.

Je mehr Zeit die Rote Armee hatte, um sich in den zurückeroberten Gebieten einzurichten, desto wirksamere Maßnahmen zur Störung der Luftbrücke konnte sie ergreifen. Über 1000 Flugabwehrgeschütze waren mittlerweile entlang der Flugschneisen in Stellung gebracht worden. Die sowjetische Luftwaffe erhielt von ihrem Oberbefehlshaber, Generalleutnant A. A. Nowikow, neue Anweisungen: »Hauptaufgabe ist die Vernichtung gegnerischer Transportflugzeuge.«

Im Laufe des Dezembers verstärkten die Sowjets die Flugabwehr am Boden und in der Luft. Doch auch wenn die Flaks am Boden lediglich von notdürftig ausgebildeten Frauen bedient wurden – die weiblichen Schützen lernten schnell. Bald konnten die deutschen Transportflugzeuge nur noch im Schutz der Dunkelheit fliegen. Wer bei Tageslicht flog, hatte einen tödlichen Hindernisparcours vor sich. »Wir mussten eine Vielzahl

*Bei meinem ersten Flug nach Stalingrad war die Nacht ziemlich hell, da sah ich neben dem Flugfeld in 20, 30 Meter Entfernung dunkle Gestalten am Boden liegen. Plötzlich merkte ich, dass sich etwas bewegte, und erkannte, dass das Verwundete waren. Ich bin zu dem Sanitätsdienstgrad gegangen und sagte zu ihm: »Da liegen ja auch noch welche da draußen!« Er antwortete: »Denen ist sowieso nicht mehr zu helfen.« Können Sie sich das vorstellen? Wir kamen blutjung aus der Heimat, wo wir alles hatten: weiße Bettlaken, Verpflegung – und innerhalb weniger Stunden brach diese ganze Welt zusammen.*
Erich Miethe, Pilot der Luftwaffe

von Flaksperren passieren«, erinnerte sich Joachim Matthies, der mit seiner Ju 290 vor allem den Transport der Verwundeten aus dem Kessel bewerkstelligen sollte. »Das ist, als wenn man Silvester feiert. Die Raketen gehen in Abständen von 20 Metern hoch – und da müssen Sie durch.«

»Die russische Fliegerei ist so aktiv, wie ich sie im ganzen Feldzuge noch nie gesehen habe. Tausende und Abertausende von Bomben prasseln auf unseren Stützpunkt nieder. Tag und Nacht halten die Angriffe zu Land und in der Luft an«, notierte ein deutscher Infanterist.

Das einzig wirksame Gegenmittel kannte Bordmechaniker Joachim Matthies, der während des Fluges Zusatzaufgaben erfüllen musste: »Die russischen Jäger griffen grundsätzlich nur mit zehn oder mehr Maschinen an. Manchmal waren es bis zu 30. Wir schlossen uns nach dem Start meist in Pulks von drei Flugzeugen zusammen und haben unsere schweren MGs zur Verteidigung eingesetzt.« Gemeinsam mit den begleitenden Me 109 versuchten sie, die Maschine des russischen Staffelführers ins Visier zu nehmen. »Wenn der einen Treffer erhielt, dann flogen die anderen wie die Hühner auseinander.« Allzu häufig schien den deutschen Jägern dieses Kunststück nicht gelungen zu sein. Jedes dritte Flugzeug der deutschen Versorgungsflotte ging verloren. Von den insgesamt 1550 eingesetzten Maschinen fielen 550 aus: Sie wurden abgeschossen, mussten notlanden oder konnten wegen technischer Defekte nicht starten. Die Abschüsse zogen dabei zusätzliche Opfer nach sich. Hans-Jürgen Groß erlebte, wie der Abschuss einer deutschen Ju 52 deutschen Soldaten am Boden zum Verhängnis wurde: »Die Ju stürzte 200 Meter von uns entfernt in die Schneewüste. Sofort stürmten die Soldaten auf das Wrack zu, das mit Lebensmittelkisten beladen war. Auch mir gelang es, ein Stück Brot zu ergattern. Danach musste ich mich schnell aus dem Staub machen. Denn es entbrannte eine wilde Schlägerei, sogar Schüsse fielen. Als ich etwa 100 Meter vom Flugzeug weg war, explodierte die Tankfüllung, und viele Soldaten, die in den Trümmern herumstocherten, flogen mit in die Luft.«

Mancher Pilot ließ sich von sowjetischen Funksprüchen täuschen und landete auf einer Piste, welche die Russen vor dem eigentlichen Ziel im Kessel angelegt hatten, um die deutschen Flieger in die Irre zu führen. Es war die Aufgabe der Bordfunker, solche Irrtümer zu verhindern.

Der Funker war neben dem Piloten der wichtigste Mann im Flugzeug. Er musste die Frequenzen heraushören, mit dem das Funkfeuer die Maschinen zum geplanten Ziel lenken sollte. Der Funkcode musste aus Sicherheitsgründen täglich gewechselt werden. Dass Codes, die dem Gegner bekannt waren, großen Schaden anrichten konnten, musste Matthies erfahren: »Zwei Mann, die in vorgeschobenen Linien das Funkfeuer gaben, haben den Russen den Code verraten. Als die Russen dann einen anderen Code eingegeben haben, sind drei Flugzeuge, beladen mit Verwundeten, in die Irre geflogen und in einen Wald gedonnert. Die Explosionen hat keiner überlebt.«

Nicht alle Irrtümer hatten solch tödliche Folgen. Ungewollte Irrflüge auf russischer Seite hatten angenehmere Konsequenzen. »Der Russe bekommt halt immer noch Verstärkung über die Wolga und nachts durch Flugzeuge. Wenn auch nicht alles in Russenhände dabei fällt. So wurde vor ein paar Tagen ein Fallschirm nachts abgelassen mit über 5000 Tafeln Schokolade und Zigaretten. Etwas ganz Hervorragendes. Zwei Tage später wiederholte sich dieses. Seitdem stehen nicht nur aufgestellte Posten Wache, sondern gleich das ganze Regiment steht auf den Beinen«, notierte ein Soldat.

Solche unfreiwilligen Hilfslieferungen der Belagerer waren für die Belagerten nur ein Tropfen auf den heißen Stein. Denn die Versorgung wurde immer schwieriger. Witterungsbedingungen und heftige Luftabwehr verschlimmerten die Situation im Kessel. Konnten die Flugzeuge der überall vorhandenen sowjetischen Bedrohung noch durch fliegerische Leistungen und Wagemut zu entkommen suchen, so war der andere Gegner zwar unsichtbar, doch überall zu spüren. Niemand vermochte ihm zu entfliehen: Die eisige Kälte war allgegenwärtig.

Nach dem ersten Kälteeinbruch im Dezember sprangen bei vielen Flugzeugen die Motoren nicht an. Das Motoröl wurde bei Temperaturen unter dem Gefriergrad immer zähflüssiger. Sank das Thermometer gar auf Minusgrade von 30 oder 35 Grad, verwandelte sich das Öl in Teer. Nichts lief mehr. Nur noch mithilfe von Wärmegeräten konnten die eingefrorenen Maschinen gestartet werden. Doch die dringend benötigten Wärmewagen, die über lange Schläuche Warmluft zu den Flugmotoren bliesen, waren Mangelware. »Wir hätten mindestens einen Wärmewagen für zwei Flugzeuge gebraucht«, stellt Matthies das sinnvolle Mengenverhältnis dar. »Aber wir hatten höchstens einen für eine ganze Staffel – und das war viel zu wenig.« Es kam zu trickreichen Auseinandersetzungen um die seltenen Wärmewagen. In der Nacht wurden bei einem der begehrten Exemplare im Besitz der Nachbarstaffel klammheimlich die Zeichen der eigenen Staffel aufgepinselt – und schon hatte das wichtige Startutensil den Besitzer gewechselt. Wenn auch häufig nur bis zur nächsten Nacht.

> Es hängt alles von dem Wetter ab, denn bei Nebel können unsere Maschinen wegen Vereisungsgefahr nicht fliegen.
> Feldpostbrief aus Stalingrad, 8. Dezember 1942

Nachdem aufgestellte Wachen solche Malaktionen verhinderten, mussten andere Starthilfen her. Damit die Motoren auch ohne wärmende Unterstützung anspringen konnten, halfen die Fliegerbesatzungen mit Tricks nach, die in keiner Bedienungsanleitung standen. Das Schmieröl wurde mit Benzin oder Glykol versetzt. Das so genannte »Kaltstartverfahren« ließ zwar die Motoren anspringen, weil das Öl dadurch auch bei den extrem niedrigen Temperaturen dünnflüssig blieb. Doch die tödlichen Nebenwirkungen erlebte Günter Wolff, der als Versorgungsflieger bis zum bitteren Ende versuchte, die 6. Armee in Stalingrad am Leben zu erhalten: »Das dünnere Öl hielt nicht die vollen fünf Stunden Flugzeit durch. Heiß gelaufene Motoren erzwangen Notlandungen mitten im Feindesgebiet. Von solchen Maschinen haben wir nie wieder etwas gehört, und darüber gesprochen wurde auch nicht.« Nicht weniger gewagt war es, den Motor mit Äther zum Laufen zu bringen. »Wir haben 20 Liter Äther eingespritzt und dann die Maschine gestartet. Wenn der Motor ansprang, wurde auf Öl und Normalbenzin umgeschaltet«, verriet Matthies den Fliegertrick, der allerdings gute Nerven erforderte, weil die volle Kraft der 1400 PS schlagartig einsetzte.

Das zweite, noch viel größere Problem, das sich unmittelbar aus den extremen Wetterbedingungen ergab, war die Vereisung. Sie fürchteten die Flieger noch mehr als feindliche Angriffe – denn diesem Feind waren sie hilflos ausgeliefert. Die Piloten spürten die Gefahr zuerst mit einem ungewöhnlichen Körperteil: dem Gesäß. »Der Flugzeugführer hat das fliegerische Gefühl im Hintern. Zuerst merkte man, dass die Maschine anfängt zu schwimmen«, beschreibt Günter Wolff die Situation, die jeder Flieger über Stalingrad fürchtete. »Das war das Zeichen, dass die Vereisung schon fortgeschritten war. Ob Ruder, ob Höhen- oder Seitensteuer – die Maschine reagierte nicht mehr auf die Bewegungen des Steuerknüppels. Sie schwamm.« Zwar gab es auch damals schon Enteisungsanlagen, die in den Tragflächen angebracht waren. Doch diese Tanks mit chemischen Mitteln, die den Gefrierpunkt des Regens oder des getauten Schnees herabsetzen sollten, hatten einen gravierenden Nachteil: Sie kosteten Gewicht. Mehr Gewicht bedeutete nicht nur weniger Geschwindigkeit, sondern vor allem auch weniger Ladekapazität. Genau daran fehlte es aber. Also verzichteten die Flieger so oft wie möglich auf einen Zentner Enteisungsflüssigkeit, um mehr Ladung für den Kessel in Stalingrad an Bord nehmen zu können.

Die meisten Verluste entstanden jedoch nicht

---

**Die meisten Verluste entstanden bei der Landung in der unübersichtlichen Schneewüste. […] Immer wieder prallten Flugzeuge auf andere Maschinen, die auf dem Flugfeld liegen geblieben waren, und gingen in Flammen auf.**

Joachim Matthies, Bordmechaniker

durch feindliche Abschüsse oder die Unbilden des Wetters, sondern durch Bruchlandungen. Es war allerdings kein fliegerisches Unvermögen, das zu diesen Ausfällen führte, sondern der schlechte Zustand der meisten Landebahnen. »Gumrak war zum Beispiel ein fürchterlicher Acker«, fand Matthies deutliche Worte. »Wenn man da nicht unmittelbar am Platzrand aufsetzte, dann gab es einen kolossalen Bruch, oder man rammelte gleich in die nächsten Häuser rein.« Der feindliche Beschuss hatte kleine und größere Bombentrichter in die Landebahn gerissen, die es wie beim Hindernislauf zu umfahren galt. Verfing sich eine Maschine in einem der Krater, so brach häufig das Fahrwerk weg, und das Flugzeug blieb als mahnendes Wrack lange Zeit auf der Piste liegen, weil die Kräfte fehlten, es rechtzeitig aus dem Weg zu räumen. Dann waren es auch hier die Witterungsverhältnisse, welche die ohnehin schon miserablen Start- und Landepisten weiter in Mitleidenschaft zogen. »Wenn es nachts geschneit hat, dann brummte das erste Flugzeug direkt in die Schneewehe. Die nachfolgenden Maschinen hinterher, und ruckzuck hatten wir wieder eine Kettenreaktion.«

War das Wetter anfangs noch klar, so wurde die Sicht im Laufe des Dezembers immer schlechter. Schließlich mussten die Piloten im Blindflug ihre Ziele ansteuern.

Angesichts der vielfältigen Schwierigkeiten, welche die deutschen Flieger zu bewältigen hatten, waren die Transportleistungen beeindruckend: Im Zeitraum vom 1. bis zum 12. Dezember flog die Luftwaffe täglich durchschnittlich 97,3 Tonnen in den Kessel ein. Anschließend stieg die Menge auf 137,7 Tonnen. Dabei blieb es bis zum Jahreswechsel. Danach sank die Versorgungsleistung wieder auf unter 100 Tonnen ab. Doch trotz aller Leistungen – es reichte nicht. 100 Tonnen: Das war ein Drittel dessen, was die Luftwaffe zugesagt hatte – lediglich ein Sechstel dessen, was die 6. Armee tatsächlich benötigte. Nur an zwei Tagen wurden mehr als 300 Tonnen in den Kessel gebracht: am 7. Dezember mit 362 Tonnen und am 20. Dezember mit ebenfalls 362 Tonnen. Das war der absolute Rekord. Die Regelleistung lag im Dezember deutlich niedriger. Und der Januar sollte weitere Schwierigkeiten bringen.

Der Flugplatz Bassargino konnte von den deutschen Maschinen schon bald nicht mehr angeflogen werden, da die Front zu dicht herangerückt war. Der nächste Flugplatz bei Gumrak durfte vorläufig nicht für den Versorgungseinsatz be-

> **Wir haben so gut wie nie mehr als 150 Tonnen fliegen können, und das auch nur einmal in der Spitze. Sonst sind es immer nur 50 oder 70 oder höchstens 100 Tonnen gewesen.**
>
> Raban von Canstein, Offizier der Wehrmacht

nutzt werden. Paulus hatte entsprechende Weisung gegeben, um sein in der Nähe gelegenes Hauptquartier nicht zusätzlichen Gefahren durch sowjetische Fliegerangriffe auf den Flugplatz auszusetzen. So konzentrierten sich die Starts und Landungen der Versorgungsflüge auf den Flugplatz Pitomnik, der immerhin über die notwendigen Einrichtungen verfügte, um auch Nachteinsätze gewährleisten zu können. In dem noch von den Deutschen besetzten Terrain außerhalb des Kessels wurden Tazinskaja und Morosowskaja-West als Startpunkte ausgewählt. Immerhin 180 Kilometer betrug die Entfernung zu den Zielpunkten in Stalingrad. Von Salsk, Lugansk, Swerowo und Nowotscherkask aus mussten die Maschinen mehr als 300 Kilometer zurücklegen. Kein Vergleich also zu den Entfernungen bei der Versorgung des Kessels bei Demjansk.

Die Chancen auf eine ausreichende Versorgung des Kessels verschlechterten sich weiter, als das sowjetische XXIV. Panzerkorps Ende Dezember zum Angriff auf Tazinskaja ansetzte. Damit war die wichtigste Basis der Ju 52 auf ihrem täglichen Sprung nach Stalingrad gefährdet. Aus dem »Führer«-Hauptquartier hatte Generalleutnant Fiebig, Kommandeur des VIII. Fliegerkorps, den Befehl erhalten, den Flugplatz erst dann zu räumen, wenn dieser unmittelbar unter sowjetisches Artilleriefeuer geriet. Erst dann durften die rund 180 Maschinen in Sicherheit gebracht werden – ein unsinniger Befehl. Ein Flughafen hätte wieder zurückerobert werden können, wer aber sollte den drohenden Verlust der Transportflugzeuge ersetzen? Es kam, wie es kommen musste. Die in den frühen Morgenstunden des 28. Dezember angreifenden sowjetischen Panzer mussten sich fühlen wie bei einem Übungsschießen auf die laufende Scheibe. In einem Massenstart versuchten die Deutschen, fast 200 Maschinen in möglichst kurzer Zeit in die Luft zu bekommen. In immer kürzeren Abständen folgte eine dreimotorige Ju 52 auf die andere. Getroffene Maschinen blockierten jedoch schon bald die Rollbahn, brennende Flugzeuge erhellten die gespenstische Szenerie. Auch wenn es der deutschen Luftflotte durch eine organisatorische Meisterleistung gelang, fast zwei Drittel der Flugzeuge in Sicherheit zu bringen – der Verlust von rund 70 Maschinen bedeutete den Ausfall von knapp zehn Prozent der gesamten Transportkapazität. Schlimmer noch: Auf dem Flugplatz Tazinskaja konnte nach diesem Angriff kein Flugzeug mehr starten, um die eingeschlossenen Truppen an der Wolga zu versorgen. Einer der wichtigsten »Absprungplätze« war ausgefallen. Je größer jedoch die Entfernung wurde, welche die deutschen Flugzeuge zurücklegen mussten, desto mehr sank die Hoffnung auf eine ausreichende Versorgung der hungernden Soldaten im Kessel von Stalingrad.

Der kommandierende General des XIV. Panzerkorps, Hans Hube, soll am 29. Dezember bei einem Besuch im »Führer«-Hauptquartier zu Hitler gesagt haben: »Warum lassen Sie nicht den Fliegergeneral erschießen, der Ihnen die Versorgung Stalingrads versprochen hat?«

Anfang Januar gaben viermotorige »Condor«-Maschinen Anlass zu neuer Hoffnung. Doch die empfindlichen Focke-Wulf 200 waren ebenso wenig für den Wintereinsatz geeignet wie die Ju 86, die aufgrund der Wetterbedingungen immer häufiger streiken. Eine entscheidende Verbesserung der Versorgungssituation konnte nicht erreicht werden. Nur Göring im fernen »Führer«-Hauptquartier war anderer Meinung. Wie er, der großspurig die Versorgung des Kessels garantiert hatte, die Lage im Kessel sah, dokumentiert ein Tagebucheintrag des Kommandeurs der Luftflotte 4, Generaloberst von Richthofen: »Über Manstein-Zeitzler erfuhr ich, dass der Reichsmarschall geäußert habe, die Verpflegungslage dort sei gar nicht so schlimm. Seiner Taille würde der Aufenthalt im Kessel sehr gut tun.«

Den Preis für die uneingelösten Zusagen des korpulenten Reichsmarschalls zahlten nun die Soldaten der 6. Armee. Die Truppe musste hungern. Bald gab es eine ganz neue, zusätzliche Frontlinie in Stalingrad, und die Deutschen kämpften gegen einen unsichtbaren Gegner: »Feind Nr. 1 ist und bleibt immer der Hunger«, notierte ein Arzt. Ein Feind, der unbarmherzig zuschlug und dem niemand ausweichen konnte.

## »Ich bin nur noch Haut mit Knochen«

Schon bald nach der Einkesselung spürten die Soldaten, dass sich die Nachschubsituation ständig verschlechterte und die Verpflegungslage immer schwieriger wurde. Die Essensversorgung nahm ab – im wahrsten Wortsinn Stück für Stück. »Zunächst gab es noch ein ganzes Kommissbrot für drei Tage«, erinnerte sich Walter Loos an die ersten Tage, die den Landsern später fast paradiesisch erschienen.

»Vor lauter Hunger hatten wir am ersten Tag oft schon über die Hälfte gegessen. Am dritten Tag war nicht mehr viel da. Also haben sie das Brot in Scheiben geschnitten. Ein ganzes Brot für drei Tage – das gab es dann nicht mehr. Erst gab es 50 Gramm Brot weniger, dann noch einmal 50 Gramm weniger.« Scheibchenweise mussten

> Jede Brotkrume ist kostbar geworden, die man früher achtlos vom Tisch gestrichen hat. Noch nie habe ich das tägliche Brot so schätzen gelernt wie gerade in diesen Wochen.
>
> Feldpostbrief aus Stalingrad, 8. Dezember 1942

> *Man hat nachts eine Suppe bekommen. Sie bestand aus einem Teil Erbsen, einem Teil Pferdefleisch, das zusammengemahlen war, und Wasser und kaum Fett. Und es gab eine Feldflasche Tee mit Rum. Und die 50 Gramm Brot und ein Stückchen Wurst. Das waren vielleicht 50 Gramm Pferdewurst. Das war's. Und das einmal in der Nacht, nicht mehr am Tag – einmal in der Nacht.*
> Vincenz Griesemer, Soldat der 6. Armee

die Soldaten erfahren, dass sich »Ration« und »rationieren« vom selben Wortstamm herleiten. Immerhin: »Dazu gab es zunächst noch ein kleines Schälchen mit Fisch. Deshalb nannte man uns ›Die Fischdivision‹.«

Schon zu Beginn der Belagerung war die Zuteilung von Nahrungsmitteln halbiert worden. Am 8. Dezember wurden die Sätze noch einmal gekürzt: 200 Gramm Brot gab es nun für jeden Landser. Dazu 200 Gramm Pferdefleisch, 75 Gramm Frischwurst und drei Zigaretten. Eine Woche später musste die Brotration erneut halbiert werden: 100 Gramm mussten nun ausreichen, also zwei Scheiben Brot. Nach einem etwas üppigeren Weihnachtsmahl wurden die Rationen am zweiten Weihnachtsfeiertag wieder gekürzt. Lediglich 50 Gramm Brot betrug die Tagesmenge noch. »Wir ernähren uns hauptsächlich nur von Pferdefleisch, ich selbst habe Pferdefleisch vor Hunger schon roh gegessen.« Da kein Futter oder andere Nahrung für die Pferde vorhanden war, wurden die Tiere selbst zur Nahrung. Rezepte über das »Auskochen von Pferdeknochen zur Herstellung einer schmackhaften Brühe« machten die Runde. Frisch geschlachtete Pferde lieferten nicht nur Fleisch. »Beim Schlachten ist auch Blut angefallen, das wir in einem Eimer aufgefangen haben«, beschreibt Vincenz Griesemer den Beginn eines »Festmahls«. »Ein kleines Feuer gemacht, eine Pfanne drauf, Blut rein und umrühren.« Schnell gerann das Blut und wurde zur dicken Blutsuppe, die mit Majoran versetzt den kargen Speiseplan aus trockenem Brot ergänzte. Majoran ist ein Gewürz, das an jede gut gewürzte Wurst gehört. Doch weil es allzu oft das einzige Gewürz blieb, das im Kessel verfügbar war, löste es auf Dauer Ekel aus. Noch heute spüren Überlebende in der Erinnerung einen schlechten Geschmack: »Als ich später aus der Gefangenschaft nach Hause gekommen bin, konnte ich über Jahre keinen Majoran riechen.« Vielen mag es wie Vincenz Griesemer gegangen

**Es wurden Pferde, die schon wochenlang vorher verendet waren und die aufgedunsen schon in Verwesung übergegangen waren, mittels Handgranate in Stücke gerissen und Pferdefleisch im Schneewasser gekocht.**
Josef Schaaf, Offizier der 6. Armee

»Wir ernähren uns hauptsächlich nur von Pferdefleisch«: Nach der Kapitulation fanden die sowjetischen Truppen die Hufe geschlachteter Pferde.

sein. Andere hätten gern getauscht, um mit Majoran den Geschmack zu betäuben, den Fleisch annehmen kann, wenn es aus solchen Beständen stammte, auf die in Stalingrad immer häufiger zurückgegriffen werden musste, weil nichts anderes mehr da war. »Was man zum Schluss gesehen hat, das erinnerte an den Untergang von Sodom und Gomorrha«, be-

> *So schlimm war es mit Hunger noch nie wie gerade jetzt. Wir essen schon alle Pferde auf, die auch vor Hunger ausfallen und das schmeckt so gut, dass man nicht mal davon genug bekommen kann und mit Brot ist es natürlich am allerschlimmsten, habe eben wieder etwas gebacken von Mehl und Wasser, ohne Salz und ohne alles. Aber wir haben derart Hunger, dass alles aufgegessen wird, was aufzutreiben ist. Wenn nur der Kessel bald platzen würde, das man auch mal wieder etwas braten könnte. Ich kann ja nicht noch deutlicher schreiben, ich nehme an, dass du das auch verstehst liebe Hilde. Mit dem Urlaub ist es natürlich jetzt nichts zu Weihnachten, aber wir wollen uns nachher umso mehr freuen, wenn wir uns wiedersehen.*
> Feldpostbrief aus Stalingrad, 9. Dezember 1942

mühte Flaksoldat Hans Schmieder die biblische Geschichte. »Einen steif gefrorenen Gaul [...] buddelten wir aus dem Schnee aus, zerhackten ihn, legten ihn in Essig ein und kochten ihn. Oder wir gruben halb verfaulte Kartoffelschalen aus dem Eis.«

Was blieb, nachdem die eiserne Ration verzehrt war und kein Nachschub mehr ankommen wollte? Wo immer Pferdemähnen oder Hufe aus einer Schneewehe herausragten, wurde unverzüglich zum Spaten gegriffen. Nach der dritten, vierten Exhumierung von tiefgefrorenen Kadavern hatten sich die Soldaten mit der Anatomie der ehemaligen Zugtiere vertraut gemacht. Nach und nach ging es an die Teile, die man früher nicht einmal den Hunden vorgesetzt hätte. Innereien, sogar die Köpfe, wurden auf Essbares abgeklopft und verwertet: »Das meiste Fleisch am Pferdekopf war an den Backen, und bei den Augen lag immer noch etwas Fett« – nicht nur für Vincenz Griesemer galt: Der Hunger trieb es rein.

Immerhin handelte es sich zunächst noch um Tiere, die man auch in besseren Zeiten durchaus ohne Ekel genießen konnte. Zunächst ließ nur die Fleischqualität nach, doch als die letzten Pferdereste verzehrt waren, suchten die Hungernden nach Ersatz. »Bald sah man in den Straßen keine Hunde mehr; was essbar war oder essbar schien, wurde verzehrt. Dass es bald besser werden soll: keine Aussichten«, notierte ein Landser resignierend. Es wurde schlechter. Nachdem Fleisch jeder Art verzehrt war, ging es an die Knochen. »Zum Entziehen der wertvollen und Geschmack gebenden Stoffe sind zerkleinerte Knochen kalt anzusetzen und mit Suppengemüsen zusammen mehrere Stunden auszukochen.« So lautete einer der guten Tipps, welche die Heeresführung für die Versorgung der Truppe parat hielt. Sie verriet nicht, wo das Suppengemüse herkommen und wo die Soldaten die Zeit und den Brennstoff für das Feuer hernehmen sollten. Dafür gab es noch einen Profi-Ratschlag: »Zur Vermeidung von Knochensplittern im fertigen Gericht sind die Knochen in Sieben oder fein-

---

*Eines Tages kamen Kameraden mit einem Hund an. Ich sagte: »Was wollt ihr mit dem Hund machen?« – »Wir wollen ihn schlachten.« Ich dachte nur: »Um Gottes willen!«, denn da war meine Hemmschwelle erreicht. Die haben ihn tatsächlich geschlachtet, haben einen Kochtopf mit Wasser aufgesetzt und ihn gekocht. Ich habe kein Gramm angepackt. »Walter, probier mal, es ist so lecker; die Chinesen, für die ist das eine Delikatesse.« Ich sagte: »Ich bin doch kein Chinese.«*
Walter Goebel, Soldat der 6. Armee

> *Liebe Mutter! Jetzt weiß ich erst, was Hunger ist und wie weh er tut. Schon wochenlang muss ich am Tag mit anderthalb Schnitten Brot und einem halben Kochgeschirr Wassersuppe auskommen. Ich bin so schlapp und müde, du glaubst es nicht. Sollte ich noch einmal das Glück haben, nach Hause zu kommen, werde ich alles essen. In Gedanken bin ich immer bei dir. Dein Hans.*
> Feldpostbrief aus Stalingrad

maschigen Netzen abzukochen. Durch vorheriges Anbräunen wird eine braune, kräftige Brühe erzielt.« Die Farbe einer guten Brühe mochte man mit solchen Tricks hinbekommen – den Geschmack und den Nährwert nicht. »Liebe Eltern, ich wiege noch 92 Pfund, bin nur noch Haut mit Knochen, der lebende Tod. Wir sind noch 32 Mann von der ganzen Kompanie, und da sind jetzt schon 2 Kompanien zusammen.«

Nach tierischem Fleisch aller Art und jeglicher Herkunft ging es an die Verwertung tierischer Reste wie Knochen und Haut oder Abfälle, die aus besseren Zeiten übrig waren. »Wir haben mal eine Feldküche gefunden mit einem eingefrorenen Suppenkessel, in dem Erbsen schwammen«, erinnerte sich Günther Dietz. Den Kessel heiß gemacht, die scheinbare Suppe aufgetaut, die vermeintlichen Erbsen verzehrt. Dann stellten die Essenden fest: »In dem Topf waren Hemden und Unterhosen, die sich einer ausgekocht hatte – wegen der Läuse. Wir haben also Waschbrühe gegessen.«

Als Nächstes suchten die Hungernden nach genießbaren Ersatzstoffen. Doch was auf den ersten Versuch zu schmecken schien, endete oft in einer Katastrophe: Günther Dietz, der als Oberarzt in Stalingrad Dienst tat, sah im Lazarett die Opfer, welche Nahrungsersatz im Selbstversuch getestet hatten: »In der Panzerfabrik ›Roter Oktober‹ haben die Soldaten eine große Wanne entdeckt. Da das Öl süßlich schmeckte, haben sie in ihrer Not eine Mixtur aus Gras und Öl hergestellt und daraus eine Art Bonbons gemacht.« Wer davon aß, stillte zunächst den schlimmsten Hunger, doch die Folgen waren verheerend. »Sie alle haben Durchfall bekommen und sind elend erkrankt. Die Chirurgen, die die Todesopfer später untersuchten, haben einen völlig verklebten, schwarzen Darm gefunden.«

Doch das Schlimmste stand noch bevor. Der Hunger trieb manche so weit, dass es zum Schluss im Kessel Fälle von Kannibalismus gab. »Als wir am Stadtrand von Stalingrad lagen, haben mich meine Leute darauf aufmerksam gemacht, dass in der Nähe ein gut genährter Zahlmeister gefal-

> **Die Toten lagen nackt da, die waren so ausgehungert, dass da nicht mehr viel dran war. Am meisten Fleisch war noch am Po, und das war oft weggeschnitten, das sah man.**
> Günther Dietz, Arzt in Stalingrad

> **Der Hunger war so groß, dass der Mensch nicht mehr ganz Mensch oder der Kamerad nicht mehr Kamerad war.**
> Walter Baschnegger, Soldat der 6. Armee

len ist«, erinnerte sich Hauptmann Dengler an eine der dunkelsten Stunden im Kessel von Stalingrad. »Die Soldaten haben ihn aufgeschnitten und Herz und Lunge als Mahlzeit verzehrt. Mich hat tiefes Grauen erfasst. Mein Gott, habe ich gedacht, wie tief kann ein Mensch sinken?« Es sollte noch tiefer gehen.

Zum Hunger gesellte sich die Kälte. In Berlin dozierte ein renommierter Mediziner, Professor Ferdinand Sauerbruch, über Erfrierungen: »Als kritische Grenze gilt eine Temperaturherabsetzung auf etwa 20 Grad.« Im Kessel in Stalingrad fiel das Thermometer auf 30 bis 40 Grad unter Null. Die Heeresdienstvorschrift empfahl zur Verbeugung gegen Erfrierungen »gegenseitige Beobachtung«, um schwere Schäden rechtzeitig vermeiden zu können. Empfehlungen der Truppenbetreuung, nasse Kleider am Körper zu trocknen oder ein Schneebiwak mit einer improvisierten Heizung aus einer Konservendose zu wärmen, waren wenig hilfreich. Erneut rächte sich, dass die Truppe nicht rechtzeitig mit Winterkleidung versorgt worden war. Die Vorschläge zur Behandlung von Erfrierungen muteten grotesk an, auch und gerade weil sie die unzureichende Versorgungssituation nicht in Rechnung stellten. »Um im Notfall einen frostgeschädigten Fuß zu retten, auch wenn gar keine Wärmemöglichkeit durch ein Haus oder einen Ofen besteht, gibt es folgende Mittel: Der frostgeschädigte Fuß ist einem gesunden Mann auf den Bauch zu setzen und dauernd zu reiben«, hieß es im Merkblatt 38/3 für die Truppe. Da die Zahl der gesunden Männer ebenso begrenzt war wie die Anzahl von Öfen, gab es noch einen Ratschlag, den die hungernden und frierenden Männer in ihrer erbärmlichen Situation nur als Verhöhnung empfinden konnten: »Einfacher ist es noch, wenn in der Nähe ein Tier (Pferd, Kuh) eben getötet worden ist. Der frostgeschädigte Fuß wird dann in das warme Fleisch und Blut des Tieres gesetzt und dadurch aufgetaut. In einem großen Tierkörper ist eine große Wärmemenge aufgespeichert, die es auszunutzen gilt.« Was mögen die Landser gedacht haben, die solche Vorschläge lasen, nachdem sie längst erkaltete Pferdekadaver verzehrt, gefrorene Tierleichen ausgegraben hatten oder die abgenagten Knochenreste auskochten, um die dünne Wassersuppe mit angeblichen Nährstoffen aufzuwerten?

Dass die Zahl der Kälteopfer mit erfrorenen Gliedmaßen sich zunehmend erhöhte, lag nicht zuletzt an der mangelhaften Ausrüstung mit ge-

»Die eisige Kälte des russischen Winters«: Bald sank das Thermometer auf Temperaturen von minus 30 bis 40 Grad.

eignetem Schuhwerk. Sogar die vom Heer speziell für den Einsatz in großer Kälte entwickelten Winterschuhe erwiesen sich als katastrophales Eigentor. Zwar hatten die Schuhe wärmenden Filz in der Wadenregion, doch die Sohle bestand wiederum aus Leder. Wurden die Schuhe erst einmal nass, was angesichts der Witterungsverhältnisse nicht lange dauern konnte, so gab es keine Gelegenheit, sie über Nacht zu trocknen. Am nächsten Morgen mussten die Soldaten mit nassen Stiefeln in die Kälte – Erfrierungen traten zwangsläufig auf. So war selbst aufwendige deutsche Winterausrüstung den einfachen sowjetischen Filzstiefeln unterlegen. Die Rotarmisten konnten ihre nassen »Valenki« einfach über einem Stuhlbein trocknen – die Deutschen hatten zuerst nasse, dann kalte und schließlich erfrorene Füße. Die Behandlungsmöglichkeiten waren gering. »Salbenverbände anlegen und dann warten, bis sich das gesunde Fleisch vom bereits abgestorbenen abgrenzte«, umschrieb Oberarzt Dietz die erste Hilfe. Im weiteren Verlauf des Winters griffen die deutschen Mediziner immer mehr auf russische Erfahrungen bei der Behandlung von Erfrierungssymptomen zurück. »Das Beste was man machen konnte: das Bein nicht zudecken, sondern offen trocknen lassen. Das stinkt zwar furchtbar, aber das tote Fleisch fällt dann langsam ab.« Was folgte, war die so genannte »Operationsendbehandlung« – im Klartext: Amputation.

Im Dezember häuften sich die Todesfälle, bei denen die Todesursache nicht ersichtlich war. Einer der eingeflogenen Ärzte notierte, dass die Hälfte der Verluste auf Erfrierungen zurückging. Woran starben die anderen? »Wir alle waren vollkommen übermüdet, geistig, nervlich und körperlich am Ende. Da ist mancher direkt in den Beschuss hineingelaufen oder in kauernder Haltung irgendwo eingenickt und im Schlaf erfroren. Der Kältetod war ja eine der schönsten Todesarten, die es gab«, glaubte Hubert Kremser. Zumindest schien es den Betrachtern, als seien die Opfer friedlich gestorben, einfach eingeschlafen und nicht mehr aufgewacht. Wie viel Leid sie bis zu diesem Moment durchgemacht hatten, war den Gesichtern der Toten nicht mehr anzusehen. Der Tod – eine Erlösung?

Der Pathologe der 6. Armee, Dr. Hans Girgensohn, erhielt den Auftrag, in den Kessel einzufliegen und die ungeklärten Todesfälle zu untersuchen. Im Rahmen einer Reihe von Autopsien fand er immer wieder die gleichen Symptome: fehlendes Fettgewebe, zusammengeschrumpfte Muskeln, die Verkleinerung des Herzens, die so genannte Atrophie, die nichts anderes ist als Muskel-

**Es war sehr kalt, sodass die Leute schnell gestorben sind. Ich sah die Leute morgens, wie sie geröchelt haben und einen Eiszapfen von fünf oder zehn Zentimetern an der Nase hatten.**

Vincenz Griesemer,
Soldat der 6. Armee

schwund, denn auch das Herz ist ein großer Muskel. Bei manchen der sezierten Leichen war das Herz nur noch ein papierdünner Muskel. Die Diagnose Girgensohns war eindeutig: Hungertod. »Das Ergebnis war deutlich: Genau die Hälfte der Toten war verhungert, viele der anderen Fälle hochgradig abgemagert. Der Nachweis des Hungertodes war, so unfassbar uns das heute sein mag, eine Überraschung und schlug wie eine Bombe ein.« Diese Todesart, die bis dahin in keinem offiziellen Papier vermerkt war, stellte die Hauptursache für die Verluste bei der 113. Infanteriedivision dar. Diese Einheit hungerte schon länger als andere, da der Quartiermeister bereits in einer sehr frühen Phase der Kämpfe in Stalingrad die Rationen gesenkt hatte, um Vorräte zu sparen. Als später die vorhandenen Vorräte unter allen Einheiten der 6. Armee aufgeteilt wurden, musste die 113. Infanteriedivision im Rahmen eines »Lebensmittellastenausgleichs« einen Teil ihrer Lebensmittelreserven abgeben. Das vorzeitige Engerschnallen des Gürtels hatte sich für die Soldaten nicht ausgezahlt. Das frühzeitige Hungern brachte dem Zahlmeister zwar einen Orden, den Männern aber einen frühen Tod. Der Mediziner Girgensohn fand nur zynischen Trost: »Der Hungertod ist undramatisch. Das nur noch mit kleinster Flamme brennende Lebenslicht löscht wie eine verbrauchte Kerze plötzlich aus.«

> **Wir sind verhungert, echt verhungert, waren schmutzig und unrasiert, und die Kleider, die Uniformen, klebten.**
> Hans E. Schönbeck, Leutnant der 6. Armee

Eine andere Todesursache akzeptierte der Chefpathologe der 6. Armee nicht: allgemeine Erschöpfung durch permanenten Stress. Erst nach dem Krieg zeigten Forschungsergebnisse, dass eine Mischung verschiedener Faktoren eine Veränderung des menschlichen Stoffwechsels nach sich ziehen kann. Kälte, mangelnder Schlaf, unzureichende Ernährung – alles, was den Alltag der Soldaten im Kessel über Wochen und Monate ausmachte, führte dazu, dass der geschwächte Körper nur einen Teil der aufgenommenen Nahrung verwerten konnte. Den größten Fehler machten die Soldaten dann, wenn sie nach all den Entbehrungen plötzlich allzu fettstoffreiche Kost zu sich nahmen. »Ein Soldat, der ein kleines Stückchen Fettfleischkonserve aß, die als besonders hochkalorisch bevorzugt eingeflogen wurde, wurde beim nächsten Rundgang tot aufgefunden. Die Sektion ergab im völlig fettgewebsfreien Gekröse des Dünndarms eine pralle gelbe Füllung aller Lymphgefäße mit dem resorbierten Fett. Der Beginn der Verdauungsarbeit hatte den Kreislauf überfordert und zum Tod geführt.« Die hungernden Soldaten starben, als sie endlich wieder etwas zu essen bekamen.

## »Ich wurde vor Schmerzen bewusstlos«

Wer krank oder verletzt war und nicht mit einem der zurückkehrenden Transportflugzeuge ausgeflogen werden konnte, war verloren. Die medizinische Versorgung verdiente diesen Namen immer weniger. Im Prinzip war die ärztliche Betreuung der Verwundeten generalstabsmäßig geplant und durchorganisiert. Sanitätskompanien brachten die Verwundeten zunächst aus den vordersten Linien zu einem Truppenarzt, der die erste Versorgung vornahm. In der Theorie ging es anschließend weiter zurück, zu den Militärlazaretten, wo eine Wundrevision stattfinden konnte oder eine Nachoperation durchgeführt wurde. Dann sollte sortiert werden: in Leichtverletzte, um sie nach kurzer Behandlung zu entlassen, und in Schwerverletzte, um sie auszufliegen, soweit sie transportfähig waren. Transportunfähige mussten warten. Soweit die Theorie.

Operieren unter Kriegsbedingungen – das bedeutete in der Praxis ein ganz anderes Kapitel. »Was sich Feldlazarett genannt hat, war eine alte Hütte.« Der erste Eindruck, den der verwundete Kurt Palm gewann, war nicht der beste. »Der Operationstisch bestand aus ein paar Brettern, die auf Böcken lagen. Ich wurde in den Operationsraum gebracht, als noch vor mir ein anderer operiert wurde. Dem haben sie das Bein abgesägt. Und weil er nicht genug Morphium bekommen hatte, hat er fürchterlich geschrien. Als ich dann drangekommen bin, wurde ich vor lauter Schmerzen bewusstlos. Der Arzt hat nur gesagt: Wir sollen uns nicht so anstellen.«

Operieren im Kessel von Stalingrad war nichts für medizinische Lehrbücher. »Wir haben einen Raum gesucht, der relativ sauber war. In Gorodistsche waren wir in der Sakristei einer Kirche«, schildert Oberarzt Günther Dietz die archaischen Rahmenbedingungen. »Die Sterilität war natürlich relativ. Wir hatten kein Blut, sondern nur Blutersatzflüssigkeit. Anfangs gab es noch Verbandsmaterial, später haben wir die Hemden der Toten genommen und Bahnen herausgerissen, um damit die Wunden zu verbinden.« In der Endphase mussten die Ärzte aus Mangel an Gipsverbänden

> Ich habe Lungenschüsse gehabt, hinten ein riesiges Loch in der Lunge und in den Rippen – da habe ich draus geatmet. Mund und Nase waren zu. Beim Luftholen habe ich so gepfiffen, und ich dachte mir: »Jetzt pfeifst du aus dem letzten Loch.« Und doch war der Gedanke: »Ich will nicht sterben, ich will nicht sterben!«
> 
> Kurt Palm, Soldat der 6. Armee

> Natürlich hat man versucht, die Verwundeten so halbwegs zu versorgen, aber in dem Moment, wo die Truppe geflüchtet ist, fiel der Verwundete in den Schnee und war am nächsten Tag erfroren. Wir sind also auf unserem Rückzug ständig über Leichen marschiert.
>
> Gerhard Dengler, Hauptmann der 6. Armee

> *Ins Lazarett wurden an einem Tag 300 bis 400 Verwundete aufgenommen. Die armen Krankenschwestern! Man musste Beine und Arme amputieren, dabei mussten die Knochen zersägt werden. Man hat die Verwundeten einfach aufs Bett gelegt, ihnen zwischen die Zähne etwas aus Gummi gesteckt, dann das Fleisch vom Knochen abgetrennt und zur Seite gemacht. Die Schwestern fragten uns: »Könnt ihr uns helfen?« Wir antworteten: »Um Gottes willen, so etwas zu machen!« Anfangs haben wir uns davor geekelt, aber dann uns doch daran gewöhnt und schließlich wie richtige Spezialisten Beinknochen abgesägt.*
> Albert Burkowskij, Soldat der Roten Armee

gebrochene Knochen mit Papierschienen stärken. Nach der notdürftigen Versorgung wurden die Verletzten mangels Alternativen in den am wenigsten zerstörten Häusern untergebracht – doch selbst da blies ein kalter Wind durch die Ruinen. Starker Luftzug bedeutete für die geschwächten Opfer unweigerlich das Todesurteil. Wer die Verletzung überlebte, starb oft an Lungenentzündung und Unterkühlung. Auch die umgekehrte Situation, die selten genug vorkam, barg ungeahnte Risiken. Immer wieder passierte es, dass in der Uniform der Verwundeten Reste von Phosphorspritzern hängen geblieben waren. In der eisigen Kälte war das relativ gefahrlos. Stieg jedoch die Temperatur in geschlossenen Räumen, entzündete sich der Phosphor von selbst – und plötzlich stand ein Mensch in Flammen.

Es dauerte nicht lange, und die Medikamente gingen zur Neige. Was blieb, waren schmerzstillende Mittel: Morphium und immer wieder Morphium. Da es an ausgebildeten Ärzten mangelte, wurden kurzerhand andere Doktoren eingesetzt. Wilhelm Raimund Beyer, Doktor der Philosophie, erhielt von einem Pionierarzt den Auftrag: »Du hast Schmisse, du bist Doktor, das glauben die Leute. Ich kann dir nichts geben, du musst dies selbst durchsetzen. Ein klein wenig Papierverband hast du, spare damit. Dann habe ich noch ein Thermometer, mein einziges und letztes. Miss das Fieber, mehr kannst du nicht tun. Rede mit den Leuten. Aber gib auf das Thermometer Acht, wenn du es kaputt machst, trete ich dir in den Hintern.« Medizinische Hilfe konnte nicht mehr Heilung, sondern nur noch Linderung sein. Wo Verletzungen nicht mehr gepflegt werden konnten, half in letzter Konsequenz oft nur noch die Amputation – unter manchmal unmenschlichen Bedingungen, wie sich ein Hilfswilliger erinnerte: »Unser Sanitäter

> **Ich bin in Stalingrad als Arzt daran fast verzweifelt, helfen zu wollen, aber nicht zu können.**
> Dr. Oskar Larbig, Oberarzt in Stalingrad

> Es gab ja kein Wasser. Die Verwundeten lagen in einem Rohbau, der nicht verputzt war. Die Fenster waren zugemauert. Es gab nur Kerzenlicht. Und diese Verwundeten, durch die Typhuserkrankung hoch fiebernd – ja, man konnte eigentlich nur mit einem guten Zuspruch, indem man etwas von zu Hause erzählte und dass sie doch wieder nach Hause kommen würden, etwas für sie tun.
>
> Edith Gehlert, Krankenschwester in der 6. Armee

hat mal einen operiert, ihm einen Arm abgenommen. Erst hat er ihm eine halbe Flasche Schnaps gegeben und dann den Arm abgetrennt. Wir mussten halten.«

Hygiene wurde immer mehr zu einem Fremdwort. »Man kann sich nicht vorstellen, was es heißt, kein Wasser zu besitzen«, erinnerte sich Schwester Edith, die in einem Feldlazarett Dienst tat. Verwundete Soldaten, die in ihren Stellungen natürlich keine Möglichkeit zum Waschen hatten, waren völlig verdreckt und verlaust in das Lazarett eingeliefert worden. Die Gegenmaßnahmen, die das Pflegepersonal ergreifen konnte, waren eher rustikal: »Mit dem Spaten haben wir ihnen die Läuse vom Körper geschabt. Aus den Augenbrauen und Bärten mussten wir sie wie Trauben entfernen«, erinnerte sich Oberarzt Dietz. Das wenige Wasser, das die Kriegsgefangenen beschafften, indem sie Schnee zum Schmelzen brachten, wurde benötigt, um die Instrumente zu sterilisieren. Anschließend mussten die Hilfskräfte das verschmutzte Stroh entfernen, das zum Auffangen der Exkremente der an Typhus und Ruhr Erkrankten diente, denn Latrinen gab es kaum. Wer seine Notdurft verrichtete, nutzte die ausgeschiedene Körperflüssigkeit, um den gröbsten Dreck von Gesicht und Händen zu spülen. »Toiletten gab es keine, alles wurde auf einer Ebene abgehandelt«, beschreibt Hubert Kremser den großen unterirdischen Krankensaal, in dem er mit fast 200 Leidensgenossen auf einfachen Lagern aus Stroh, Holzwolle oder nur auf nackten Brettern lag. Hier vegetierten sie vor sich hin. »Man interessiert sich nicht dafür, ob jemand schreit oder stöhnt. Alles stumpft ab. Es ist so, dass man auf das eigene Ende wartet. Man hofft, dass es bald zu Ende geht.« Immer häufiger kam es vor, dass die Hoffnungslosen selbst Hand anlegten. »Das haben sie mit Rasierklingen gemacht, sich unter der Decke die Pulsadern aufgeschnitten.« Die Ärzte und Sanitäter versuchten oft nicht mehr, die Verzweifelten wieder ins Leben zurückzuholen. Der Nachschub frischer Verwundeter war sicher.

Und immer deutlicher wurde: Die Toten ernährten die Lebenden. Frisch Verstorbene wurden sofort untersucht, ob sie noch eine letzte eiserne Ration dabei hatten. »Wenn einer gestorben ist, dann hat man sofort nachgesehen: Was hat er noch in der Tasche, was er nicht mehr braucht – eine Dose Milch vielleicht, oder ein Knäckebrot.« Oberärzte wie Dr. Dietz konnten es den Hungernden nicht verdenken. Die eine oder andere Leiche wurde, bevor die Helfer sie hinaustrugen, noch schnell entkleidet, um mit diesen Uniformteilen die eigene Ausrüstung auszubessern. War eine Leiche erst einmal einige Tage dem strengen Frost ausgesetzt, war es unmöglich, sie zu entkleiden. War das Leichenfledderei, Pietätlosigkeit – oder der verzweifelte und gerechtfertigte Versuch, im Angesicht des eigenen Todes die eigene Lage ein wenig zu erleichtern?

Schließlich wurden die gerade noch Lebenden zum Ballast für die noch immer etwas Gesünderen. Und das in doppelter Hinsicht. »Verpflegungslage zwingt dazu, an Verwundete und Kranke keine Verpflegung mehr auszugeben, damit Kämpfer erhalten bleiben.« Dieser Befehl erging in der Endphase der Kämpfe.

> Die Toten wurden ausgezogen – beerdigen konnte man sie nicht, es war zu fest gefroren, und wir hatten auch niemanden dazu. Sie wurden gestapelt wie Eisenbahnschwellen. Für die Soldaten war das psychologisch natürlich verheerend.
> Günther Dietz, Arzt in Stalingrad

> Wenn wir einen toten Soldaten gesehen haben, griffen wir ihm in die Tasche, ob er ein Stück Brot dabei hatte.
> Karl-Heinz Müller, Gefreiter der 6. Armee

> Hitler ist nie wirklich an der Front gewesen, er wusste gar nicht, was die Soldaten aushielten.
> Philipp von Boeselager, Generalstabsoffizier

Es waren solche Befehle, die manche Soldaten in den Widerstand gegen die eigene Führung trieben, der sie bis nach Stalingrad gefolgt waren. »Da lagen 30 000, 40 000 Verwundete in den Kellern von Stalingrad, die keine Verpflegung mehr bekamen, weil sie nicht mehr kampffähig waren. Eine Unmenschlichkeit, eine Perversion des Soldatentums, wie es sie in dieser geballten Form noch nie gegeben hatte«, erregte sich Heinrich Graf von Einsiedel. Der Urenkel Bismarcks forderte später im »Nationalkomitee Freies Deutschland« auf Seiten der Roten Armee die Soldaten der Wehrmacht zum Widerstand gegen das »Dritte Reich« auf.

Für die Verwundeten hieß das: Sie erhielten nichts zu essen, solange sie nicht wieder kampffähig geschrieben waren und in ihre Einheiten zurückkehrten. Um mehr Brot zugewiesen zu bekommen, hatte die kämpfende Truppe durchaus Interesse daran, ihre Verwundeten wieder zurückzuholen. Das aber hatte wiederum zur Folge, dass die Personalstärke nicht immer mit der Kampfstärke übereinstimmte: »Manche Infanterieeinheit bestand nicht aus kampffähigen Truppen, sondern zu 70, 80 Prozent aus Verwundeten, die nicht eingesetzt werden konnten«, räumte ein Arzt ein, der seinerseits daran interessiert sein musste, ein freies Lager für den nächsten Verwundeten zu bekommen. Nur die sowjetischen Angreifer fragten nicht, wie der Gesundheitszustand ihrer Gegner war. Sie attackierten sie immer wieder.

> *Einer rief hunderte Male am Tag: »André, halt aus, ich hol dich!« Und das war zwischen diesen Verwundeten immer wieder zu hören: »André, halt aus, ich hol dich!« Bestimmt war jener André der Freund, der verwundet irgendwo lag, und er wollte ihn noch retten – aber Hunderte von Malen wiederholte sich wieder dieses Schreien: »André, halt aus, ich hol dich!«*
> Edith Gehlert, Krankenschwester in der 6. Armee

Eine der paar Krankenschwestern, die im Kriegslazarett 541 ihren Dienst taten, ahnte, wie wenig sie für die Schwerverletzten tun konnte, um ihren Schmerz zu lindern oder sie gar aus ihrer bedauernswerten Situation zu befreien: »Man wusste, dass viele nie mehr nach Hause zurückkommen. Helfen im medizinischen Sinne konnte man ihnen nicht mehr. Das Einzige, was ich tun konnte, war, die Menschen, die verwundet und elend auf dem Strohsack lagen, mit ein paar guten Worten an zu Hause erinnern.« Sie ahnte nicht, wie groß die Hilfe war, wenn sie Zuspruch gab, mitfühlte, tröstete. Zunächst hatte sie gezögert, angesichts des Leids rund um sie herum Weihnachtsstimmung zu verbreiten. Auf Bitten des Chefarztes ging sie dann mit einigen Schwestern durch die Unterkünfte: »Kinder, wir wissen doch, dass viele nicht mehr nach Hause kommen, nie mehr ein Weihnachtsfest erleben. Lasst uns durch die Unterkünfte gehen, lasst uns Weihnachtslieder singen.« Also gingen sie durch die trostlosen Baracken, um etwas Trost zu spenden. »Überall war eine Totenstille, und dann kam nach dem einen oder anderen Lied noch mal die Bitte: ›Ach, singt noch mal dieses oder jenes.‹ Und dann kam die Frage: ›Kommen wir bestimmt wieder nach Hause?‹«

Menschen wie Schwester Edith konnten Hoffnung spenden, das Gefühl von Geborgenheit geben – ein letztes Mal: »Ich habe zu Weihnachten erzählt, wie schön das Weihnachtsfest zu Hause sein würde – wie sie die schönsten Christbäume aussuchen, was die Mutter alles richten würde, die Weihnachtsgans, das Weihnachtsgebäck.« Am schlimmsten traf es sie dann, wenn die Verkrüppelten Zweifel äußerten, ob sie von ihrer Verlobten oder jungen Frau in der Heimat trotz ihrer Verwundung mit offenen Armen empfangen würden: »Ich kann doch nicht nach Hause, hat mir ein junger Mann erzählt. Nun bin ich blind, ich muss erst mit meiner Erblindung fertig werden und die Ehe so schnell wie möglich lösen. Das ist nicht zumutbar für meine junge Frau.« Als Schwester wurde sie zu einer Vertrauens- und Kontaktperson: Worte statt Medizin. Ein Licht in der Dun-

»Heim ins Reich«: Glück hatte, wer als Verwundeter per Flugzeug den Kessel verlassen durfte. Entladen einer Maschine bei Rostow, Dezember 1942.

kelheit. Die Unterstützung, die sie den Verwundeten gab, konnte kein Leben retten – doch es mag vielen Todgeweihten die letzten Stunden erleichtert haben.

Wo die medizinischen Möglichkeiten keine Rettung mehr zuließen, mussten die Verletzten auf die deutsche Luftwaffe setzen. Der Transport aus dem Kessel hinter die deutschen Linien und von dort möglicherweise in die Heimat – das war für viele die letzte Chance.

Vom Beginn der Luftbrücke bis zum Verlust des Flugplatzes Pitomnik konnten fast 25 000 Soldaten per Flugzeug den Kessel verlassen. Die Zahl der Glücklichen, die ausgeflogen wurden, war jedoch weitaus geringer als die Zahl derer, die sich vergeblich einen rettenden Platz in einer der Maschinen erhofften. Es oblag zunächst den Ärzten, die Entscheidung über Leben und Tod zu treffen. Und die Kriterien wurden immer schärfer, je mehr Verwundete auf ihren Flug in die Heimat warteten. Oberarzt Dr. Dietz gehörte zu den Entscheidungsträgern, die nicht nach medizinischen, sondern militärischen

> Aus der Luft helfen konnte man überhaupt nicht. Das stand für uns nach den ersten Tagen schon bombenfest. Helfen hätte man den Menschen nur können, wenn sie hätten ausbrechen können.
>
> Günter Wolff, Transportflieger über Stalingrad

Gesichtspunkten entscheiden mussten: »Es kam der Befehl, dass nur Leute ausgeflogen werden, die möglichst bald wieder kriegsdienstverwendungsfähig sind.« Der begehrte Begleitbrief mit dem Kürzel »kv« hatte damit zwei Seiten: Zunächst verhieß er Rettung aus dem Kessel. Auch wenn das den erneuten Einsatz bedeutete – wenn nicht in Stalingrad, so doch an einem anderen Teil der vielen Fronten, an denen das »Dritte Reich« seine Soldaten verheizte –, es war die einzige Überlebenschance.

Auch wenn es nur einen Weg aus dem Kessel gab, so gab es eine Reihe von Wegen, eine Mitfluggelegenheit zu ergattern. Vor einer Möglichkeit warnte Kurt Palm: »Jeder hat gedacht: Hoffentlich kriegst du einen Heimatschuss. Der kleine Finger weg – und schon brauchst du nicht mehr zu kämpfen. Es gab auch Fälle, wo sich einer selbst in den Fuß oder in die Hand geschossen hat, damit sie heimkamen. Aber wenn das rausgekommen ist, dann sind sie sofort erschossen worden.« Auf Selbstverstümmlung stand die Todesstrafe. Das Risiko, als »Feigling« überführt zu werden, der sich selbst kampfunfähig machte, um von einem weiteren Kampfeinsatz befreit zu werden, war groß. Bei einer Verletzung der rechten Schusshand kam schnell der Verdacht auf, man habe sich die Verletzung selbst beigebracht. Und diejenigen, die dieses Wagnis eingingen, wandelten noch aus einem anderen Grund auf einem schmalen Grat: War die Verletzung zu »leicht«, so reichte es nicht aus, um den begehrten Rückflug zu ergattern. War sie hingegen zu »schwer«, musste man damit rechnen, als transportunfähig eingestuft zu werden und schlecht versorgt in irgendeinem provisorischen Krankenlager elend zu krepieren. Und selbst wenn das Wagnis zu gelingen schien, waren noch große Hürden zu überwinden, bevor man einen Platz in einer der Maschinen erhalten konnte. »Viele Kameraden, denen die Rettung schon ganz nah war, mussten noch ihr Leben lassen«, erzählten Überlebende, die mit ansehen mussten, wie die Wartenden an der Rollbahn Opfer sowjetischer Flieger- oder Artillerieangriffe wurden.

Die Lösung, mit der die militärische Führung dem Phänomen »Heimatschuss« beikommen wollte, bestand neben der Abschreckung durch drakonische Strafen in einer ganz grundsätzlichen Entscheidung: Dr. Renoldi, der Generalstabsarzt, untersagte zum Beispiel die Evakuierung von Erfrierungsopfern, weil er davon ausging, dass sich viele Soldaten absichtlich ohne Schutz der Kälte aussetzten, um sich dem Kampfgeschehen entziehen zu können und vielleicht sogar einen Rückflugschein zu ergattern. Erfrierungen als selbst herbeigeführter »Heimatschuss« – eine perfide Unterstellung der Führung oder Zeichen der Verzweiflung der Soldaten?

Eine andere Möglichkeit, sich einen Platz in einer Maschine zu sichern, war Bestechung. Flieger wie Günter Wolff wurden immer wieder angesprochen. »Einmal kam mitten in der Nacht auf dem Flugplatz ein Major in bester Uniform mit dem Angebot eines Säckchens Bohnenkaffee, wenn ich ihn mitnehme.« Wolff tat gut daran, sich auf solche Offerten nicht einzulassen. Wer auch immer ausgeflogen werden sollte, brauchte eine Genehmigung. Wer diesen Schein nicht vorweisen konnte, wurde von Angehörigen der Feldgendarmerie, welche die Ordnung auf dem Flugplatzgelände aufrecht erhielten, unverzüglich zurückgewiesen. »Kettenhunde« nannten die Verwundeten die Sicherheitskräfte aufgrund ihrer langen Kette, an der eine metallene Plakette hing, die sie als »Feldpolizei« auswies. Doch auch wer eine Ausfluggenehmigung hatte, konnte nicht sicher sein, die weiße Hölle am Flugplatzrand verlassen zu dürfen. Die Zahl der Passagiere mit ordentlichen Papieren war weit höher als die Zahl der zur Verfügung stehenden Plätze.

> Als wir in Stalingrad landeten, stellten die Flieger den Motor gar nicht ab. Sie warfen einfach alle Sachen heraus und nahmen Verwundete an Bord. Sie mussten sich mit Waffengewalt verteidigen, dass die Maschine nicht überlastet wurde, denn die anderen Verwundeten drängten nach, hängten sich sogar an die Tragflächen. Es waren dramatische Szenen.
>
> Gottfried von Bismarck, Leutnant der 6. Armee

In ihrer Verzweiflung versuchten manche Soldaten, die am Rand des Platzes die Flugzeuge starten sahen, in letzter Minute auf die Rettung verheißenden Maschinen aufzuspringen. Doch allein der Versuch war strafbar und bedeutete den sicheren Tod. Als ein Leichtverwundeter versuchte, sich an den Streben einer startenden Ju 52 festzuhalten, wollten Posten der Feldgendamerie, die für die Sicherheit des Flugplatzes zuständig waren, den Flüchtenden zunächst von den Streben wegreißen. Als dies nicht gelang, griffen sie zur Waffe. Joachim Matthies, der diese Szene aus der Nähe beobachtete, fragt sich noch heute: »War das richtig oder falsch?«

Manche haben sich an die Leitwerke geklammert, worauf die Maschinen – ohnehin meist überladen – nicht starten konnten. Eine der verzweifeltsten Taten verfolgt Joachim Matthies noch heute: »Bei einer Maschine fuhr das Fahrwerk nach dem Start nicht richtig ein. Wir sind dann darunter weggeflogen, um zu sehen, warum es klemmt, konnten aber nichts entdecken.« Erst bei der Landung erkannten die Flieger dieser Staffel die Ursache des scheinbaren Defekts: »Es ist einer beim Start in den Fahrwerksschacht geklettert. Der ist dann nicht nur halb zerquetscht worden, er ist natürlich auch erfroren.«

Je mehr Verwundete sich in den Notlagern am Rand des Flugfelds drängten, desto heftiger wurden die Auseinandersetzungen um die begehrten Plätze in den Flugzeugen.

»Eine Luftversorgung in diesem Umfang war nicht möglich«: Eine Transportmaschine im Anflug auf das verschneite Stalingrad.

Sicherheitshalber gab es für die, die am Hauptverbandsplatz lagen und auf ein Flugzeug warteten, zunächst einmal die christlichen Sakramente. Kurt Palm erfuhr dabei, wie Grenzen, die er früher immer als fast unüberwindlich erlebt hatte, plötzlich unbedeutend wurden: »Irgendwann kam ein evangelischer Pfarrer, um mir die Letzte Ölung zu geben. Obwohl ich ja katholisch war. Früher in der Schule gab es zwischen Katholischen und Evangelischen einen richtigen Konkurrenzkampf. Und jetzt habe ich von einem evangelischen Pfarrer die Letzte Ölung gekriegt. Das war ein gutes Gefühl.«

Derart auf den Fall der Fälle vorbereitet, warteten die Verwundeten mit dem heiß ersehnten Transportschein auf ein Flugzeug. Sobald die Maschinen im Anflug waren, wuchs die Unruhe unter den Wartenden. »Heerscharen von verzweifelten, ausgehungerten Soldaten versuchten, die Flugzeuge zu stürmen«, erlebte Unteroffizier Hans-Jürgen Groß die Endphase der Luftbrücke. »Die Feldgendarmen standen auf verlorenem Posten, sie wurden umgerannt, manche niedergeschossen.« Den Flugzeugbesatzungen, die Leben retten sollten, blieb in ihrer Not nichts anderes übrig, als zunächst Leben zu zerstören. »Die Bordschützen der Flugzeuge begannen auf die heranstürmende Meute zu schießen, sobald die Maschine voll beladen war. Sonst hatte sie nicht starten können.« Das Einsteigen wurde zu einem Wettrennen um Leben und Tod. Luftwaffenrichter Werner Zieger, der als Kurier einen offiziellen Ausflugschein in der Hand hielt, wurde auf dem Weg zum Flugzeug von einem Pulk überrannt, der sich auf eine eben gelandete He 111 stürzte. »Alle rennen auf die Maschine zu. Ein Oberleutnant bestimmt mit gezogener Pistole die Reihenfolge des Einstiegs«, notierte er nach der Landung in sein Tagebuch.

Die Zustände auf den Ladeflächen der überladenen Flugzeugen waren katastrophal. »Der Platz einer Ju war begrenzt. Sitzend konnten wir zehn, zwölf Leute mitnehmen«, erläutert Günter Wolff die Aufnahmekapazität. »Auf Bahren oder Tragen waren es deutlich weniger.« Auf den Ladeflächen der Ju's lagen auf engstem Raum zusammengepfercht die Schwerverwundeten mit Kopf- oder Bauchschüssen. Von Glück sagen konnte, wer während des Fluges bewusstlos war und die dramatischen Szenen, die sich in der Luft abspielten, nicht mitbekam. Meist waren es alles andere als ruhige Flüge. In der Regel wurden die Maschinen von feindlichen Jägern angegriffen oder mussten der Flak entgehen, die sofort das Feuer eröffnete, wenn sich ein Pulk deutscher Ju's näherte. Was auch immer die deutschen Piloten unternahmen, um dem drohenden Abschuss auszuweichen – jede Möglichkeit bedeutete eine Tortur für die Verwundeten im Laderaum: »Wir konnten das Flugzeug scharf herunterreißen oder in eine Wolkendecke über uns ausweichen. Das heißt: Unser Flugzeug war ständig in einer Auf- und Abbewegung.« Fest verzurrt, damit bei solch unruhigem Flug niemand verrutschen konnte, lagen die, die Glück im Unglück hatten und denen einer der seltenen Plätze zugewiesen worden war. Eine Überlebensgarantie war das noch längst nicht. Zu ernst waren viele Verletzungen, die nur notdürftig behandelt werden konnten. »Wir transportierten Verletzte mit Bauchschüssen, denen man Zeitungspapier auf die Wunde gelegt und in den Bauchraum gestopft hatte, damit die Gedärme nicht rauskamen.« Die Flugzeugbesatzungen brauchten nicht nur wegen des feindlichen Beschusses starke Nerven. »Mancher Chirurg sieht nicht so viele Sterbende innerhalb so kurzer Zeit wie die Piloten mancher Maschinen, die aus Stalingrad ausgeflogen sind«, zog Joachim Matthies sein Fazit aus zahlreichen Verwundetentransporten.

Unbeschreiblich musste das Glücksgefühl derer sein, die diese Tortur überlebten. »Das war so, als würden sie ein zweites Mal geboren.« So wie Hubert Kremser ging es allen, die das Glück hatten, einen der wenigen Plätze in einer der Ma-

> **Die Schreie, das Jammern, das Stöhnen vergessen Sie nicht. Nur das Motorengeräusch hat das dann übertönt.**
> Günter Wolff, Transportflieger über Stalingrad

schinen zugewiesen zu bekommen. »Man war wieder da.« Walter Loos gestand: »Ich habe angefangen zu heulen wie ein Kind. Geheult vor Freude, es war ein unbeschreibliches Glücksgefühl.« Und der Luftwaffenoffizier Max Plakolb, der am 9. Januar einen Platz in einer Maschine erhielt, die ihn aus dem Kessel flog, feiert diesen Tag seither als seinen »zweiten Geburtstag«.

Doch nicht viele Landser hatten dieses Glück. Die Zahl derer, die noch in Stalingrad starben, sollte schließlich weitaus höher sein als die Zahl der wenigen Glücklichen, die noch rechtzeitig in einem der Flugzeuge unterkamen. Verwundetentransporte aus dem Kessel gab es, solange die Möglichkeit zur Landung im Kessel bestand. Noch am 19. Januar zog ein Unteroffizier das große Los: »Wir wurden durch die Ju truppweise herausgeholt und sind jetzt in Charkow in Sicherheit. Viele gute Kameraden sind an meiner Seite gefallen. Es ist wohl das erste Mal in der Weltgeschichte, dass sich eine Truppe durch Flugzeug vom Feinde löst.« Für die, die im Kessel blieben, gab es keine Hoffnung mehr.

Die Lage verschlechterte sich zusehends. Ein Flugplatz nach dem anderen wurde außerhalb des Kessels von den Sowjets erobert. Am 28. Dezember fiel der Flugplatz Tazinskaja in die Hände der Roten Armee. Damit verloren die Deutschen nicht nur große Nachschublager, sondern auch einen der wichtigsten Stützpunkte für die Luftversorgung. Die neue Anflugroute nach Stalingrad war nun 100 Kilometer länger. Die Chancen auf eine ausreichende Versorgung aus der Luft wurden immer schlechter. Eines seiner Versprechen, die Versorgung der eingeschlossenen Armee zu gewährleisten, hatte Hitler nicht gehalten. Hilfe konnte, wenn überhaupt, nur auf dem Landweg kommen. Und auch das hatte der »Führer« versprochen. Wie sah es mit diesem Entsatzangriff aus?

## »Haltet aus, der Führer haut euch raus«

**Die Armee darf überzeugt sein, dass ich alles tun werde, um sie entsprechend zu versorgen und rechtzeitig zu entsetzen. Ich kenne die tapfere 6. Armee und ihren Oberbefehlshaber und weiß, dass sie ihre Pflicht tun wird.**

Funkspruch Hitlers an Paulus,
24. November 1942

In seinem »Igel-Befehl« vom 24. November 1942 hatte Hitler den Entsatzangriff von außen angekündigt. Am 2. Dezember begannen die Vorbereitungen zum geplanten Befreiungsschlag. Der Auftrag an Generaloberst Hoth lautete kurz und präzise: »Stellen Sie ostwärts des Don auf kürzestem Wege die Verbindung zur 6. Armee her.«

Dafür standen dem Panzergeneral die 4. Panzerarmee sowie die Reste der 4. Rumänischen Armee zur Verfügung. Außerdem sollte ihn die aus Frankreich herbeibeorderte 6. Panzerdivision unterstützen, eine frische Einheit, die mit mehr als 160 Panzern ausgerüstet war, allerdings nur Panzer IV mit der langen 7,5-Zentimeter-Kanone – eigentlich die einzigen Panzer, die den T 34 gleichwertig waren.

Zunächst war geplant, ergänzend zu den Aktionen im Süden einen weiteren Vorstoß aus dem Gebiet des Tschir durchzuführen. Doch dieser Entlastungsangriff kam nie zustande, weil die dafür vorgesehenen Verbände sich ständiger Attacken der Roten Armee ausgesetzt sahen, was ihren Abzug unmöglich machte. Hoth war also ganz auf sich allein gestellt. Umso größeren Wert legte er darauf, dass die 6. Armee ihm aus dem Kessel entgegenkam. Hitler hingegen bestand nach wie vor darauf, dass die 6. Armee ihre Stellung an der Wolga zu halten habe.

> Das erste Ziel war, einen Korridor herzustellen, durch den die Versorgung in den Kessel dann klappen könnte. Das bedeutete, dass wir vom Kessel aus den Truppen Hoths entgegen ausbrechen.
>
> Heinrich Meidinger,
> Offizier der 6. Armee

> Liebe Greta, ich glaube fest daran, dass man uns hier heraushaut. Das ist uns heute verlesen worden. Ich glaube es, weil ich an etwas glauben muss. Woran sollte ich denn sonst glauben? Lass mir diesen Glauben, liebe Greta.
>
> Feldpostbrief aus Stalingrad

> Wir dürfen unter keinen Umständen das preisgeben. Es wieder gewinnen werden wir nicht mehr. Was das bedeutet, wissen wir.
>
> Adolf Hitler, 12. Dezember 1942, über Stalingrad

In den frühen Morgenstunden des 12. Dezember starteten die deutschen Panzer von Kotelnikowo aus in Richtung Stalingrad. Rund 120 Kilometer lagen vor ihnen, eine Eis- und Schneewüste, die von starken sowjetischen Kräften kontrolliert wurde. Die Rote Armee war von der Wucht des deutschen Vorstoßes zunächst überrascht, Hoths Panzer konnten die erste Gegenwehr überwinden. Sie kamen relativ schnell vorwärts. 50 Kilometer waren in drei Tagen geschafft, mindestens noch einmal 50 Kilometer lagen vor ihnen.

Im Kessel verbreiteten sich Gerüchte, dass die lang erwartete Verstärkung im Anmarsch sei. »Wir haben die Abschüsse gehört und waren guter Hoffnung. Es gab ja auch viele Gerüchte, dass die schon so und so weit sind.« Martin Wunderlich gehörte zu denen, die neuen Mut schöpften: »Wir wussten ja, dass es neue Panzertruppen waren, und wir glaubten schon, dass die durchkamen.« Genaueres war den Landsern nicht bekannt. Immer wieder hatten ähnlich lautende Gerüchte die Runde gemacht. Wahre Wunderdinge sollten geschehen. »Es gab Latrinenparolen, wonach eine Riesenarmee unterwegs sei, uns zu befreien. Danach sollten wir alle drei Monate Urlaub in Frankreich machen dürfen«, hoffte Dr. Baschnegger, ohne jedoch so recht daran glauben zu können. »Der Ver-

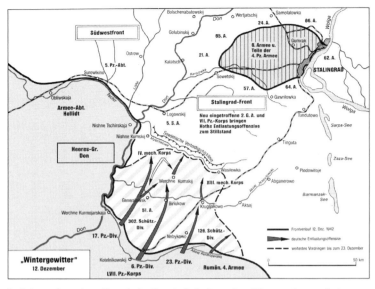

Auch der groß angelegte Versuch, den Kessel mit der Operation »Wintergewitter« aufzubrechen, scheiterte

stand hat zwar gesagt, das geht nicht, aber die Illusion hält einen am Leben.«

Zunächst schien es, als könne die Illusion Realität werden und den Verstand Lügen strafen. Am 14. Dezember erreichten die Deutschen den Aksai. Nach fünf Tagen härtester Gefechte konnte auch hier der sowjetische Widerstand gebrochen werden. Unterstützung erhielt Hoth dabei von der 17. Panzerdivision, die Hitler nach langem Drängen Mansteins endlich von der Kaukasus-Front abkommandiert hatte. Im Funkverkehr mit Paulus gab Hoth sich optimistisch: »Haltet aus, wir kommen.«

»Die Vereinigung steht dicht bevor« – so lauteten die Meldungen, die im Hauptquartier der 6. Armee, dem Erdbunker auf dem Flugplatz Gumrak, eintrafen.

Doch der Entlastungsangriff Hoths geriet ins Stocken. Generaloberst Jeremenko hatte die 2. Gardearmee, Stalins Elitetruppe, heranführen können, die nun Hoths Flanke bedrohte und seine vorwärts drängenden Panzer in heftige Gefechte verwickelte. Am 19. Dezember standen die Deutschen am Myschkowa. Hier, am Ufer des Flusses bei Wassiljewka, sollten

> *Heute ist es Sonntag, nur wir merken nichts davon. Aber das wäre nicht das Schlimmste, wenn nur dieses Morden ein Ende haben wollte. Wie wir unsere Tage verbringen, kann ich dir nicht schreiben, denn man kann das mit Worten nicht schildern. Die Heimat macht sich über Russland und den Krieg hier kein Bild, denn es ist einfach nicht zu glauben, wie wir leben und wie die Kameraden massenweise ihr Blut hingeben müssen. Unsere Kompanie ist nicht mehr, und wir werden mal sehen, was es in den nächsten Tagen gibt, und dann werden wir wieder vorn in Stellung bei anderen Einheiten sein, wenn keine Hilfe von außen uns so schnell gebracht werden kann.*
> Feldpostbrief aus Stalingrad, 13. Dezember 1942

sich die Soldaten der 6. Armee und der 6. Panzerdivision treffen, bis hierher hätten sich Paulus' Truppen durchschlagen müssen.

Der 19. Dezember sollte der Tag der Rettung der 6. Armee werden. Am Vortag hatte Manstein den 3. Generalstabsoffizier der Heeresgruppe Don, Major Eismann, in den Kessel fliegen lassen. Der sollte sich ein persönliches Bild von der Lage in Stalingrad machen und die weitere Vorgehensweise mit Paulus abstimmen. Mansteins Beauftragter sollte Paulus' Stab überzeugen, dass die 6. Armee auf jeden Fall den Ausbruch wagen müsse. Um 14.35 Uhr funkte Manstein seine Lagebeurteilung an das Oberkommando der Wehrmacht: »Das Durchbrechen der 6. Armee nach Südwesten ist die letzte Möglichkeit, um wenigstens die Masse der Soldaten und der noch beweglichen Waffen zu erhalten.«

Im Klartext war das die Bitte, den Befehl für »Donnerschlag«, den Ausbruch der 6. Armee aus dem Kessel, zu geben. Doch Hitler zögerte. Manstein versuchte nochmals, den Kriegsherrn zu überzeugen. Hitler lehnte ab. »Wenn einmal eine Einheit zu fliehen begonnen hat, dann verschwinden schnell die Bindungen an Gesetz und Ordnung«, befürchtete der Diktator und begründete so seine strikte Weigerung, einen Ausbruch der 6. Armee, der als Rückzug verstanden werden konnte, zu genehmigen. Der Befreiungsstoß hatte sich schon bis auf 48 Kilometer dem Kessel genähert, und die Panzer Hoths würden auch diese Entfernung überbrücken können, glaubten die

> **In der Nacht sahen wir dann über der Steppe schon Leuchtzeichen und sagten: »Mensch, die kommen, die sind schon fast da! Noch zwei Tage – halten wir durch, und dann geht's bei uns los!« Und dann ging nichts mehr. Die konnten nicht – wir auch nicht. 60 Kilometer! Wissen Sie, wenn Sie nichts mehr haben, noch nicht mal mehr einen Liter Sprit!**
> Hubert Menzel,
> Generalstabsoffizier der 6. Armee

> **Die ganze Hoffnung hat sich in diesem Satz kulminiert: »Haltet aus, Manstein haut uns raus!« Das war die feste Überzeugung – auch meine.**
> Gerhard Dengler,
> Hauptmann der 6. Armee

Strategen im »Führer«-Hauptquartier. Per Fernschreiber analysierten Paulus und Manstein am Abend des 19. Dezember die Lage. Der Oberbefehlshaber der Heeresgruppe Don befahl der 6. Armee, mit ihrem Anteil an der Fortsetzung der Aktion »Wintergewitter« zu beginnen. Sie sollte zum Angriff übergehen und einen Korridor zur Armeegruppe Hoth herstellen. Weiter hieß es in dem Befehl: »Entwicklung der Lage kann dazu zwingen, dass Auftrag zum Durchbruch der Armee erweitert wird. Stichwort ›Donnerschlag‹.«

Das also waren die Alternativen an diesem 19. Dezember: »Wintergewitter« oder »Donnerschlag« – ein schmaler Verbindungskorridor oder der Ausbruch der ganzen 6. Armee. Entgegen Hitlers bisheriger Vorgabe erteilte Manstein den eingeschlossenen Truppen den Befehl, auch für die Möglichkeit des Ausbruchs Vorbereitungen zu treffen.

Die Zeit drängte, denn an den Flanken der 6. Panzerdivision zogen die Sowjets große Verbände zusammen. Im Stab Generaloberst Paulus' verfocht dessen Stabschef Generalmajor Arthur Schmidt jedoch die »kleine Lösung«: »Es ist völlig unmöglich, gerade jetzt auszubrechen, dies wäre die Anerkennung einer Katastrophe.«

Der Nationalsozialist Schmidt warnte vor den psychologischen Folgen eines Rückzugs. Wenn die Versorgung gewährleistet sei, könne die 6. Armee noch an Ostern in Stalingrad stehen. Wenn! Doch der Nachschub über die Luftbrücke reichte nicht aus. Paulus zögerte. Er wollte den Ausbruch der gesamten Verbände erst nach der Zustimmung Hitlers einleiten. Doch der Kriegsherr blieb stur.

Über einen Verbindungsoffizier im Stab von Paulus wusste Hitler von den Diskussionen um die Treibstoffprobleme im Kessel. Major von Zitzewitz hatte ihn informiert, dass die Benzinvorräte in Stalingrad für einen Ausbruchversuch nicht ausreichten. Mit dem Hinweis auf dieses Problem wies Hitler schließlich jeglichen Versuch Mansteins ab, mit seiner Erlaubnis die ganze Armee aus dem Kessel zurückzuziehen: »Was wollen Sie eigentlich? Paulus hat ja nur für 20 oder höchstens 30 Kilometer Sprit, er kann ja zurzeit gar nicht durchbrechen.«

Manstein hingegen war überzeugt, dass die einzige Möglichkeit, die 6. Armee zu retten, in einem Ausbruchversuch bestand. Pläne, einen LKW-Konvoi aus der vorgeschobenen Position Hoths in den Kessel zu manövrieren und alle ver-

---

**Wir hatten ja auch keine schweren Waffen. Das heißt, die bespannten standen zwar alle in Stalingrad, aber die Pferde waren auf der anderen Seite des Don.**
Gottfried von Bismarck,
Leutnant der 6. Armee

**Gespräch mit Zeitzler, dass nun endlich Entscheid über Ausbruch der 6. Armee nötig.**
Erich von Manstein, Tagebucheintrag,
21. Dezember 1942

fügbaren Reserven zu mobilisieren, waren ausgearbeitet. Manstein hoffte: »Die Freiheit wieder zu gewinnen, dem Tode oder der Gefangenschaft zu entgehen, würden wohl die Truppe befähigt haben, das unmöglich Scheinende möglich zu machen.«

Doch Hitler blieb bei seiner Entscheidung: »Wintergewitter« ja – »Donnerschlag« nein. Paulus gehorchte dem »Führer«. Ohne dessen Einverständnis wollte er den Ausbruch auf eigene Faust nicht wagen. Noch fast eine Woche hielten die Einheiten der 4. Panzerarmee ihre Stellungen am Myschkowa, noch fast eine Woche gab es optimistische Funksprüche wie: »Haltet aus! Wir holen euch raus.« »Auf Wiedersehen in Kürze.«

Von seinem Beobachtungsposten sah Heinrich Meidinger, wie von Süden die Rettung immer näher kam: »Wir konnten von unserer Messstelle aus das Mündungsfeuer unserer Geschütze und der Artillerie Hoths sehen, die auf 35, 40 Kilometer an den Kessel herangerückt war.« Hoffnung keimte auf – nicht als euphorische Stimmung, sondern als das schüchterne Gefühl, es könne die ersehnte Rettung sein. Die Hoffnung starb schnell. Was Meidinger von seiner Position nicht erkennen konnte: Die Situation für Hoths Panzer wurde immer bedrohlicher. Bei der 8. Italienischen Armee am Don, welche die Flanke der Armeegruppe Hollidt am Tschir decken sollte, gelang den Sowjets der Durchbruch. Eine weitere Einkesselung drohte. Der Vorstoß der Roten Armee nach Rostow schien möglich. Manstein blieb keine andere Wahl, als einen Teil der Panzerverbände, die nach Stalingrad durchbrechen sollten, abzuziehen. Hoth musste Panzer abgeben, um an anderen Abschnitten der Front Einbrüche zu vermeiden. Am Tag vor Weihnachten kam das Aus. Die deutschen Panzer in fast greifbarer Nähe, musste Heinrich Meidinger hilflos mit ansehen, wie die schon so nahe geglaubte Rettung immer weiter zurückwich: »An Heiligabend entfernte sich dieses Mündungsfeuer wieder. Bald kam die Nachricht, der Gegenstoß ist aufgehoben, und für mich war klar: Unser Schicksal ist besiegelt, jetzt gibt es kein Entrinnen mehr.« Auch der Kommandeur der 6. Panzerdivision, Generalmajor Erhard Raus, wusste, welche Konsequenzen der

---

Wir waren noch etwa 60, 70 Kilometer von Stalingrad entfernt, da begann bereits der Rückmarsch aufgrund einer sehr starken sowjetischen Überlegenheit an Menschen, Material, Waffen und Panzern.

Günter Jahnke, Soldat der
4. Panzerarmee

Am Heiligabend dann entfernte sich das Mündungsfeuer Richtung Süden, und es kam auch bald die Meldung durch, die Bereitstellung für den Gegenstoß sei aufgehoben. Damit war für mich klar: Unser Schicksal ist besiegelt. Jetzt gibt es kein Entrinnen mehr. [...]
Wir sollten die russischen Kräfte binden, damit die Heeresgruppe Süd sich aus dem Kaukasus noch einigermaßen geordnet zurückziehen kann.

Heinrich Meidinger,
Offizier der 6. Armee

> So jammervoll hat noch kein Heeresbericht aus Russland geklungen, auch im vorigen Winter nicht. Ist das der Anfang der Katastrophe?
>
> Victor Klemperer, Tagebuch, 22. Dezember 1942

> Im Kessel gab es Überlegungen, einfach zu fliehen. Für mich war das Unsinn: Von Stalingrad bis zum Don war Steppe, über den Don kam man nicht, und dann waren es noch einmal 300 Kilometer mit kaum einem Busch, Baum oder Strauch – das war völlig hoffnungslos. Und ich weiß auch von keinem Einzigen, der es geschafft hat.
>
> Gottfried von Bismarck, Leutnant der 6. Armee

Rückzug Hoths haben würde. »Auch der letzte Landser konnte sich ausmalen, dass dies den Untergang Stalingrads bedeutete.« Im Kessel erlebte Martin Wunderlich völlig unterschiedliche Reaktionen: »Einige waren gelassen, andere haben Gott und alle Welt verflucht.« Manche rechneten noch mit Wunderwaffen, mit eingeflogenen Entsatztruppen oder einer großen Offensive. »Es hieß ja immer noch: ›Haltet aus, der Führer holt euch raus.‹ Doch für mich war am Heiligabend der Ofen aus«, gab Meidinger seine Stimmung wieder.

Was wäre gewesen, wenn die 6. Armee den Ausbruch gewagt hätte, wenn Paulus ohne Befehl und auf eigenes Risiko den Rückzug befohlen hätte, wenn die eingekesselten Verbände sich hätten befreien können? Was wäre gewesen, wenn? Diese Fragen sind hypothetisch und werden es auch bleiben. Im Kessel von Stalingrad gaben sich die Eingeschlossenen damals keinen großen Hoffnungen hin: »Wir Überlebenden können kaum noch laufen vor Hunger und Schwäche«, fasste ein Unteroffizier in einem Brief die Verfassung der Soldaten nach den wochenlangen Entbehrungen zusammen. Und Hubert Kremser musste zugeben: »Wir waren so ermattet, dass wir nicht mal mehr die Kraft hatten, am Maschinengewehr zu stehen. Wir befestigten Bindfäden am Abzug und hängten uns mit aller Kraft daran, wenn einmal geschossen werden musste.« Sie waren schon zu schwach zum Schießen. Wer hätte die Waffen tragen sollen, um sich gegen Angriffe der Roten Armee im freien Feld zu erwehren? Im Sommer hatten die Infanteristen der 6. Armee ein Tagespensum von 30 und mehr Kilometern bewältigt. Doch seinerzeit war der Feind auf dem Rückzug, waren die eigenen Kräfte noch frisch, das schwere Gerät zogen Pferde, und in den Tanks der Kraftfahrzeuge war genügend Benzin. Doch wie viel konnten erschöpfte Soldaten schaffen, durch feindliches Feuer, durch hohe Schneewehen, am Ende der physischen und psychischen Kraft? »Es wäre wie an der Beresina gewesen«, war sich ein Stabsoffizier im Hauptquartier der 6. Armee sicher und gab damit den Albtraum wieder, vor dem sich die gesamte deutsche Führung fürchtete: dass Paulus' Truppen so endeten wie Napoleons Armee auf dem Rückzug 1812.

Vielleicht wäre der Ausbruch dennoch gelungen, vielleicht hätte die

6. Armee tatsächlich der Vernichtung in Stalingrad entgehen können. Vielleicht wäre sie dann an einem der vielen anderen Brennpunkten der Front eingesetzt und dort aufgerieben worden. Sicher ist: Die Katastrophe an der Ostfront wäre durch den erfolgreichen Ausbruch der eingeschlossenen Einheiten aus dem Kessel in Stalingrad nur hinausgeschoben worden. Verhindert worden wäre sie nicht. Fest steht: Hitler war zu weit gegangen, er hatte die Wehrmacht überfordert. Sie musste scheitern, wenn nicht in Stalingrad, dann in Rostow oder Smolensk oder in Kiew. Die Wende des Krieges aber ist mit dem Namen der Stadt an der Wolga verbunden. Der Historiker sollte nicht die Frage stellen, was gewesen wäre, wenn, sondern, im Rankeschen Sinne, beschreiben, wie es »wirklich gewesen« ist.

> Es war ein blinder Kadavergehorsam, den es beim Militär nicht geben darf. Mansteins militärisches Gewissen musste ihm sagen: Du bist verantwortlich, du musst den Befehl zum Ausbruch geben. Das verlangt man von jedem Bataillonskommandeur, dass er auch gegen eine Weisung handelt, wenn er sieht, sie ist falsch. Man wird zwar immer sehr ungern und nur nach sehr sorgfältiger Prüfung gegen einen Befehl verstoßen. Aber man ist dazu verpflichtet, wenn es sein muss.
> Philipp von Boeselager, Generalstabsoffizier

Am Heiligen Abend 1942 mussten die deutschen Panzer, die bis auf 48 Kilometer zum Kessel von Stalingrad vorgedrungen waren, umkehren. Der Entsatzversuch der 4. Panzerarmee war gescheitert. Der Untergang der 6. Armee in Stalingrad war nur noch eine Frage der Zeit.

## Weihnachten im Kessel

Weihnachten stand vor der Tür – das Fest des himmlischen Friedens, das Fest der Familie, der Geschenke, der Ruhe und inneren Einkehr. Für die deutschen Soldaten erwies sich der Heilige Abend im Kessel als das glatte Gegenteil. Der Heilige Abend 1942 – er war in den Kellerlöchern und Erdbunkern ein Tag bitterer Trostlosigkeit. Weihnachten in Stalingrad – das war für die eingeschlossenen Soldaten ein Fest der Angst und des Hungers, der Einsamkeit und der Entbehrungen, der Anspannung und der tödlichen Gefahr. Statt der anheimelnden Wärme, die Weihnachtskerzen verbreiten konnten, herrschte die eisige Kälte des russischen Winters. Das Thermometer sank auf 25 Grad unter Null. In der Steppe draußen vor der

> Die Deutschen feierten Weihnachten in einem Keller, sie sangen und kochten irgendetwas. Wir waren sehr hungrig, und ich habe meine Mutter ständig gefragt: »Mutter, wonach riecht es denn hier?« Ihr fiel es schwer, mir das zu erklären. Und dann kam ein deutscher Soldat und gab mir ein Butterbrot. So was Gutes kannten wir gar nicht.
> Ludmilla Romansewitsch, damals in Stalingrad

> *Heiligabend standen wir auf einem Bahnhof, da lief von Osten kommend ein Verwundetenzug auf dem Bahnhof ein. Plötzlich fiel mir ein, dass ich in meinem großen Seesack einen Weihnachtsbaum hatte, den meine Mutter mir mitgegeben hatte, mit Kerzen und allem Drum und Dran. Den habe ich herausgeholt und ihn auf dem Bahnsteig aufgestellt – es war kalt, aber windstill – und habe die Kerzen angezündet. Langsam kamen die Soldaten und fingen ganz leise an zu singen: »Stille Nacht, heilige Nacht« und »O du fröhliche . . .«. Irgendeiner von den Verwundeten hat meinen Namen herausgekriegt und nachher an meine Mutter geschrieben, das sei das schönste Weihnachten gewesen, das er je erlebt habe.*
> Gottfried von Bismarck, Leutnant der 6. Armee

Stadt, ohne den Schutz, den die Häuserruinen trotz aller Zerstörung boten, froren die Soldaten gar bei minus 35 Grad, dem eisigen Wind meist schutzlos ausgeliefert.

Und auch auf sowjetischer Seite war nicht alles Gold, was da zu glänzen schien. Die Zivilbevölkerung zumindest erlebte ein nicht minder trauriges Weihnachtsfest wie die deutschen Soldaten. »Weihnachten fand für uns eigentlich nicht statt«, stellte Anna Soldatowa die positiven Schilderungen der eigenen Propaganda richtig. »Am 24. Dezember sahen wir bei den Deutschen kleine Tannenbäume. Sogar Kerzen waren dabei. Wir konnten sehen, wie die Soldaten in gemütlichen Runden um diese Bäumchen saßen. Wir hingegen hatten keine Kerzen. Es gab keine Schießerei an diesem Abend. Aber feiern konnten wir trotzdem nicht.« Überdies fand das russisch-orthodoxe Weihnachtsfest ja erst Tage später statt.

Im Kessel versuchten die deutschen Soldaten, allen äußeren Umständen zum Trotz ein klein wenig Weihnachtsstimmung herbeizuzaubern. Aus Steppengras entstanden Weihnachtskränze, den Bunker des Kommandeurs der 376. Infanteriedivision zierte sogar ein Weihnachtsbaum, den Generalleutnant Edler von Daniels hatte aufstellen lassen. In den normalen Landserkreisen ging es weniger festlich zu. »Da kaum Kerzen vorhanden waren, haben sich zehn, zwölf oder 15 Kameraden um eine Kerze geschart und versucht, Weihnachtslieder zu singen.«

Man wollte das Fest erleben wie ein Weihnachtsfest in der Heimat. Sogar die Muttergottes fand ihren Weg in die trostlosen Ruinen der zerstörten Stadt. Kurt Reuber, Arzt und Pfarrer in der 16. Panzerdivision, malte auf die Rückseite einer großen Militärkarte seine »Festungsmadonna«:

Oben: »Weihnachten in Stalingrad«: Nur sehr selten konnten die deutschen Soldaten Heiligabend feiern.
Unten: »Idylle inmitten der Zerstörung«: Der Weihnachtsbaum wird trotz der widrigen Umstände liebevoll geschmückt.

eine Mutter, die ihr Neugeborenes umarmte und ihm den Schutz bot, den so viele in Stalingrad vergeblich suchten. »Licht, Leben, Liebe« – diese drei Wörter standen neben dem Bild, das fortan viele Soldaten andächtig betrachteten. Und es waren nicht wenige harte Männer, die so viel menschliches Elend gesehen hatten und nun mit Tränen in den Augen die Zeichnung und die Botschaft in sich aufnahmen.

»Wenn du den Klang der Weihnachtslieder hörst, dann wirst du vielleicht etwas ruhiger, und vielleicht kommt sogar einer vom Himmel, der dich holt«, träumten Soldaten wie Hubert Kremser. Viele besannen sich zurück, dachten an das, was sie im Kessel am meisten vermissten: die Familie, die Kinder, die Geborgenheit der eigenen vier Wände. »Dann wurde man durch irgendeinen Schuss oder eine Detonation wieder grausam unterbrochen und zurückgeholt.«

Martin Wunderlich hatte an den Weihnachtsabend eine besonders traurige Erinnerung: »Mit drei Kameraden war ich auf der Suche nach Verpflegungsbomben. Seit Tagen war nämlich der Nachschub ausgeblieben. Als wir schließlich zu unserer Bleibe zurückkehrten, empfing uns ein Bild des Grauens. Ein russischer Stoßtrupp hatte während unserer Abwesenheit die Posten überwältigt und den Kellerraum samt der Besatzung mit einer geballten Ladung in die Luft gejagt – am Heiligen Abend.«

Nicht viel besser erging es Walter Loos, der auch zu Weihnachten noch in Halle 4 der zerstörten Fabrik »Roter Oktober« lag. »›Wir werden abgelöst‹, so lautete die frohe Botschaft an diesem Weihnachtsfest. ›Es kommen Neue, und ihr kommt zurück.‹« Doch die Hoffnungen wurden schnell enttäuscht: »Sie haben uns wieder abgefangen und gesagt: ›Ihr müsst noch da bleiben.‹« Statt Ablösung gab es einen erneuten Angriffsversuch. Mehr als ein Versuch wurde es jedoch nicht: »Wir haben zuerst auf die Essenträger gewartet. Doch sie kamen an diesem Abend nicht. Stattdessen habe ich das Maschinengewehr nach vorne tragen sollen. Ich hatte aber keine Kraft mehr, also habe ich es mit einem Riemen über den Boden geschleift. Das war unser Heiliger Abend.« Am nächsten Tag wurde Loos bei einem weiteren Angriff schwer verwundet: »Das war ein schönes Weihnachten.«

In manchen Feldpostbriefen, die erst 50 Jahre nach dem Ende der Schlacht wieder aufgetaucht sind, fanden sich fast idyllische Schilderungen: »Am Heiligen Abend waren wir gemütlich bei-

---

**Wir waren alle in einer gedrückten, aber sehr, sehr feierlichen Stimmung. Der Russe schoss nicht, zumindest in unserem Abschnitt nicht. Und für mich war Weihnachten der Himmel, diese Brücke über dem ganzen Weltall, sternklare Nacht, der Mond – derselbe Mond, den meine Angehörigen in Deutschland sehen konnten.**

Hans E. Schönbeck,
Leutnant der 6. Armee

sammen im Bunker. Mit fünf Mann, einer Flasche Schnaps, 17 Schokoladen. Für uns war es eine große Freude«, schrieb Soldat Julius an seine »liebe Schwester und Schwager«. Doch die krakelige Schrift der zu Papier gebrachten Schilderung verriet die innere Anspannung und die Angst des Schreibenden.

> **Ich liege mit einem Jungen zusammen, er ist erst 22. Die ganze Nacht hat er geweint wie ein kleines Kind. So ist Weihnachten bei uns. Ich werde es nie vergessen.**
> Feldpostbrief aus Stalingrad, 24. Dezember 1942

Bei anderen war die Stimmung weitaus schlechter: Es gab keinen Baum, keine Kerzen, noch nicht einmal einen Tisch. Wozu auch – viele hatten nichts zum Auftischen. »Wir hatten dieses Jahr ein trauriges Weihnachtsfest, ohne Post, ohne Tannenbaum, ohne Kerzen, einfach ohne alles«, klagte der Gefreite Wilhelm Ellinghoven. »Nichts haben wir gehabt, was auf Weihnachten hindeuten könnte.« Nur die Hoffnung, dass es zu Hause besser sein würde.

Wenige hatten das Glück und erhielten zu Weihnachten ein Päckchen aus der Heimat. Wer noch größeres Glück hatte, fand darin ein wenig Gebäck. Wer so unbeschreibliches Glück hatte wie Hubert Kremser, der bekam gleich drei Päckchen mit Plätzchen, jedes 100 Gramm schwer. Drei Päckchen waren dreimal so viel Gewicht, wie normalerweise an privater Post befördert wurde – aber was war normal an diesem Weihnachtsfest? Normal war die Kameradschaft: »Man hat es gar nicht fertiggebracht, das irgendwie in einer stillen Ecke allein aufzumachen«, schildert Kremser seinen Glücksfall der drei Plätzchenpakete. »Man war froh, die anderen teilnehmen lassen zu können.«

Karl Weißelberger gehörte zu den Glücklichen, die an diesem höchsten christlichen Feiertag unerwarteten Besuch erhielten: »Gegen Mittag kam der Spieß mit Essen nach vorne und brachte ein paar Weihnachtssachen mit. Jeder erhielt zwei Brote, einen halben Liter Schnaps, 48 Zigaretten, sechs Zigarren, zwei Tafeln Schokolade, drei Rollen Drops und einen

> *Weihnachtsstimmung gab es keine. Wir mussten aufpassen, dass wir nicht erschossen wurden. Es war ein Tag wie jeder andere, ohne eine freudige Überraschung. Es wurden auch keine Weihnachtslieder gesungen – bei uns nicht. Es war eine trostlose Weihnacht. Selbstverständlich waren die Gedanken zu Hause: Wie hat man früher Weihnachten gefeiert – mit den Geschwistern, mit den Eltern, und man hatte genug zu essen.*
> Vincenz Griesemer, Soldat der 6. Armee

> Wohl jeder hatte Abschied genommen von der Welt, hatte seine Lieben zu Hause im Kopfe, und manch einer betete.
> Karl Schmidt, Gefreiter der 6. Armee

Fruchtriegel.« An diesem Abend fühlten sich er und seine sieben Kameraden »wie Weihnachten« – lediglich die regelmäßige Unterbrechung für ein zweistündiges »Wacheschieben« störte das friedliche Bild.

Bei einigen wenigen deutschen Landsern in den Schützengräben und Ruinen gab es an Heiligabend einen »Festschmaus«, Königsberger Klopse aus Pferdefleisch, und auch einen Hauch von Weihnachtsstimmung. »Wir hoffen, dass der Russe einige Tage Ruhe gibt, damit auch wirklich zu merken ist, dass Weihnachten das Fest des Friedens und der Eintracht ist.«

Tatsächlich herrschte in der Nacht weitgehend Waffenruhe im Kessel. Dass es nur eine kurze Verschnaufpause war, erlebte ein Soldat kurze Zeit später: »In den Morgenstunden ist der Russe bei uns durchgebrochen. Die Stellungen mussten wir aufgeben. Nach einiger Zeit hatten wir unsere Stellung wieder. Hierbei wurde ich wieder mal verwundet. Macht euch weiter keine Sorgen. Bald wird alles vorüber sein.«

So wie er schilderten viele Soldaten ihre hoffnungslose Situation in Briefen: »Und was ist es in Wirklichkeit hier? Ein Verrecken, Verhungern, Erfrieren, nichts weiter wie eine biologische Tatsache. Es ist ein viehisches Sterben, das später einmal auf Sockeln aus Granit mit sterbenden Kriegern, die Binde um den Kopf oder den Arm, veredelt wird.«

»Die Lage ist unhaltbar geworden. Der Russe steht drei Kilometer vor der letzten Flugbasis, und wenn diese verloren ist, kommt keine Maus mehr heraus und ich auch nicht, aber es ist ein schwacher Trost, den eigenen Untergang mit anderen geteilt zu haben.«

»Jetzt sitze ich mitten in der Scheiße und weiß mit dem ganzen Krimskrams nichts anzufangen. Aber den anderen hier geht es genauso. Es ist eine blödsinnige Situation.«

»Ich habe mich mächtig auf die Schulterstücke gefreut und damals mit euch Heil Hitler gebrüllt und muss nun verrecken oder nach Sibirien. Das wäre ja nicht das Schlimmste, aber dass man weiß, dass alles für eine völlig sinnlose Sache vor sich geht, treibt das Blut in den Kopf.«

»Ich will dir meine augenblickliche Lage nicht schildern. Du würdest weinen.«

Die Kommentierungen einer hoffnungslosen Situation sollten doch immer auch ein Stück Hoffnung verbreiten: Seht her, ich lebe noch – so lautete die frohe Botschaft hinter diesen Schwarzmalereien. Es sollten Lebenszeichen nach Hause sein – doch die Briefe würden ihre Adressaten

> *Wir haben das Weihnachtsfest so begangen, dass mein Vater und ich ein Weihnachtsbäumchen geholt haben und das geschmückt haben. Aber es konnte keine Freude und Frohsinn aufkommen. Das ging gar nicht. Wir waren schlichtweg alle traurig. Es fehlten zwei Familienmitglieder. Der eine war schon gefallen, der Älteste im Westen, und Stefan war in Stalingrad.*
> Arthur Kurth, dessen Bruder in Stalingrad kämpfte

niemals erreichen. Ob sie von der deutschen Zensur gar nicht erst weitergeleitet wurden oder ob sie sich in einem Flugzeug befanden, das von der sowjetischen Flak abgeschossen wurde, muss ungewiss bleiben. Sicher ist nur: Erst nach dem Ende des Kalten Krieges fanden sich die Briefe in sowjetischen Archiven wieder – ein letztes Lebenszeichen von Soldaten, die Jahrzehnte zuvor Opfer der erbarmungslosen Schlacht in Stalingrad geworden waren.

Es war ein trostloses Fest. Doch im Radio gab es eine Sendung, die über das Leid hinwegtäuschen sollte, die »Weihnachtssendung des Großdeutschen Rundfunks«. Sie vermittelte Grüße vom Eismeerhafen bis nach Afrika, von der Atlantikküste bis zur Wolga, von den verschiedenen Fronten in die Heimat.

Als »Wunderwerk der Technik« feierte der *Völkische Beobachter* diese Wunschsendung, bei der Angehörige aus dem ganzen Reich mit ihren Männern, Söhnen, Vätern sprechen konnten. Die Ringsendung vom Nordkap bis nach Afrika rief auch den Kessel an der Wolga auf: »Als Stalingrad gerufen wurde, begannen wir zu frösteln«, erinnert sich ein damals zwanzigjähriger Leutnant. »Als dann ›Stille Nacht, heilige Nacht‹ erklang, rollten unsere Tränen. Von da an sprach niemand mehr ein Wort – vielleicht eine Stunde lang.« Doch es waren bei weitem nicht alle Soldaten, die in ihren Stellungen die Grüße aus der Heimat mitbekamen. »Wir hatten kein Radio, hörten keine Ringsendung. Gesungen haben wir auch nicht, das waren vielleicht Offiziere«, schilderten viele einfache Landser ihr Weihnachten. Ihnen blieb erspart, was andere, die über einen Rundfunkempfänger verfügten, mit anhören mussten: die Ansprache des Propagandaministers. Joseph Goebbels schwadronierte zynisch von einer »deutschen Weihnacht«, welche die Soldaten im Kessel feiern konnten – »pflichtbewusst und bescheiden«. »Das hat meine Leute so empört, dass sie eine Kreuzhacke genommen haben und den Wehrmachtsempfänger kaputt schlugen. Es hat keiner ertragen können, diese Goebbels-Lügen«, erlebte Hauptmann Dengler die Wut der Soldaten, denen in solchen Momenten bewusst zu werden schien, dass sie von der NS-Führung verraten und verkauft worden waren. Die Sendung des Reichsrundfunks wurde ohnehin nicht für die verlassenen Kämpfer in den vordersten Linien gemacht. Wenn in allen deutschen Wohnstuben das beschwörende »Ich rufe Stalingrad« aus den Volksempfängern erklang, waren tatsächlich einige Soldaten zu hören, die Grüße nach Hause durchgaben. Es waren hoffnungsvolle Meldungen, rührende Mitteilungen, die von der nationalsozialistischen Propaganda für ihre Durchhaltekampagne missbraucht wurden. Die wahre Stimmung von der Front kam nicht über den Äther. Sie fand ihren Niederschlag bestenfalls in Feldpostbriefen: »Uns geht's hier ganz beschissen, so ein Weihnachtsfest und Silvester werde ich nie vergessen. Heiligabend habe ich auf Posten gestanden.« Es war nicht immer eine »stille Nacht«, auch wenn es die deutsche Propaganda mit einer pathetischen Aktion glauben machen wollte.

Die Armee hatte Hitler vertraut. Nun machte sich Resignation breit. »Seit 48 Stunden kein Einflug von Versorgung. Verpflegung und Betriebsstoff gehen zu Ende«, lautete der Eintrag ins Kriegstagebuch der 6. Armee an Weihnachten. Weit weniger diplomatisch formulierten einfache Soldaten ihre Situation. In einer Mischung aus Fatalismus und Hoffnungslosigkeit flüchteten sich manche in Galgenhumor. Die Landser sangen einen Spottvers: »Und wir tragen unser Schicksal mit Geduld, denn an dieser Scheiße sind wir selber schuld.«

## »Kommt herüber zu uns«

Weihnachten im Kessel – das war auch eine neue Etappe im Propagandakrieg. Die sowjetische Propaganda warf ein »Weihnachtsflugblatt« mit einem Gedicht von Erich Weinert ab, einem deutschen Schriftsteller, der im Moskauer Exil lebte:

»Vom Himmel hoch, da komm ich her,
Ich bring euch keine Goebbels-Mär.
Ich bring euch keine Feindeslist,
Ich bring die Wahrheit, wie sie ist.
Die Wahrheit ist: Der Tag ist nah,
da ist kein Hitlerstaat mehr da.
Wie glücklich, wer zu dieser Frist
Noch unversehrt am Leben ist.«

Die Propaganda der Roten Armee machte sich den Hunger der deutschen Soldaten zunutze. Lautsprecherwagen beschallten die gegnerischen Stellungen zunächst mit Schmähliedern: »Morgenrot, Morgenrot, morgen gibt es noch kein Brot.« Dann regnete es Flugblätter. Die Deutschen wurden aufgefordert, den »nutzlosen Widerstand« aufzugeben. Auf sowjetischer Seite im Propagandakrieg mit dabei war Walter Ulbricht, der spätere Staats- und Parteichef der DDR. Er sollte bei dem Versuch helfen, die Soldaten der 6. Armee zur Kapitulation zu bewegen: »Kommt rüber! Ihr wollt doch gesund nach Hause.« Seine einfache Botschaft versuchten er und seine Mitstreiter an der Propagandafront mit vergleichsweise hohem technischen Aufwand an den deutschen Mann zu bringen. Sie stellten halbstündige Unterhaltungsprogramme zusammen: Musik, Gedichte und Lieder – alles jeweils unterbrochen von Propagandaparolen. Die bunte Mischung mit eindeutig gefärbten Informationshäppchen wurde auf Schallplatten gepresst, die dann auf einem mobilen Gram-

> Über Lautsprecher haben wir hören können: »Deutscher Soldat, ergib dich, was hast du noch für einen Glauben?« Auch die Flugblätter waren in dieser Tonart gehalten: »Du hast keine Chance, was willst du überhaupt noch? Ergib dich!«
>
> Josef Schaaf, Offizier der 6. Armee

»Kommt rüber!«: Walter Ulbricht (4. von links) versuchte, die deutschen Soldaten zum Überlaufen zu überreden – zumeist vergeblich.

> **Für uns waren Überläufer Verräter. Ganz eindeutig, bis zuletzt.**
> Hans E. Schönbeck,
> Leutnant der 6. Armee

> **Jede siebte Sekunde stirbt ein deutscher Soldat in Russland. Stalingrad – Massengrab.**
> Aus einem russischen Flugblatt für deutsche Soldaten

> **Der Russe macht schwer Propaganda mit Flugblättern und fordert uns jeden Tag aufs Neue auf, uns zu ergeben, da unsere Lage aussichtslos sei.**
> Feldpostbrief aus Stalingrad, 15. Januar 1943

mofon abgespielt werden konnten. Auf Schlitten oder LKWs wurden mächtige Lautsprechertürme in der Nähe der deutschen Linien platziert, aus denen die fahrbaren Propagandaposten ihre Parolen über das Schlachtfeld plärrten.

Die sowjetische Seite hatte eine Reihe deutscher Soldaten und vor allem eine Vielzahl von Parteifunktionären der deutschen KPD für den Propagandakrieg gewinnen können. Im Sommer 1943 entstand das »Nationalkomitee Freies Deutschland«, in dem neben anderen der ehemalige Stalingrad-Kämpfer General von Seydlitz-Kurzbach zum Sturz des Hitler-Regimes und zur Beendigung des Krieges aufrief. Eine Motivation derer, die lange als »Verräter« galten, nannte Werner Nerlich, der ebenfalls im Kessel von Stalingrad gekämpft hatte: »Wir haben eine moralische Verpflichtung, das sinnlose Sterben zu beenden. Wir müssen doch irgendwas tun, wir können doch die Hände nicht in den Schoß legen. Man muss doch Leben retten. Retten, was noch zu retten war. Und wenn es nur einer war, der übergelaufen ist und überlebt hat. Das war schon wichtig.«

Psychologische Tricks sollten den Deutschen die Auswegslosigkeit ihrer Situation verdeutlichen. Da wurde zum Beispiel das monotone Ticken einer Uhr nach einiger Zeit durch eine Stimme unterbrochen, welche die hohen Verlustzahlen mit einem makabren Beispiel veranschaulichte: »Stalingrad, Stalingrad, Massengrab. Jede Sekunde stirbt ein deutscher Soldat. Kommt herüber zu uns. Ihr braucht nur Kochgeschirr und Esslöffel mitzubringen.« Dr. Braschnegger, der als Ladekanonier an einem Sturmgeschütz in den vordersten Linien lag, hatte keine guten Erinnerungen an die psychologische Kriegführung der Roten Armee. Anfangs konnten die quäkenden Ruhestörer nicht lange zum Überlaufen auffordern. Deutsches Granatfeuer ließ sie schnell verstummen – aber nur so lange, bis der Munitionsmangel die deutschen Granatwerfer zum Schweigen brachte.

Immer wieder regnete es jedoch weiter so genannte Übertrittsscheine auf die deutschen Linien. »Da stand drauf, dass man den nur vorweisen muss, dann wird man von der Roten Armee gut behandelt«, fasste Dr. Braschnegger die sowjetischen Versprechungen zusammen. »Wenn deutsche Soldaten und Offiziere sich ergeben, nimmt sie die Rote Armee gefangen und schont ihr Leben«, hieß es sogar hochoffiziell in Stalins Befehl Nummer 55 vom 26. November 1942.

Doch wer glaubte solchen Zusicherungen? Offensichtlich die wenigsten. Ein sowjetischer Offizier räumte gegenüber dem Grafen Heinrich von Einsiedel im Herbst 1943 ein, »dass in den Kessel von Stalingrad mehr Russen hinein desertiert sind als Deutsche heraus. Erklärbar ist das nur, wenn man weiß, dass die Russen bis Stalingrad fürchterliche Verluste erlitten hatten. Als die Deutschen bis an die Wolga gekommen sind, hatten viele kein besonderes Vertrauen mehr zu ihrer Führung. Sie haben ihr noch nicht einmal geglaubt, dass die Deutschen eingekesselt sind.« Immerhin spielte mancher zumindest mit dem Gedanken, auf diese Weise dem Elend des Stellungskrieges zu entkommen. Und wer sich zu diesem Schritt entschloss, der konnte auch bei den eigenen Kameraden mit Verständnis rechnen, wie Martin Wunderlich erklärte: »Die Flugblätter haben mich in der Meinung bestärkt, dass man da drüben überleben kann. Überläufer haben ich und andere nicht als Verräter verachtet. Dazu gehört Mut. Verräter haben wir den General genannt, der von Frankreich aus erklärte, dass er die ruhmreiche Division der Gekreuzten Schwerter in Frankreich neu aufbauen wird. Also damit war klar: Wir waren abgeschrieben. Das war eine bittere Erkenntnis.«

Auch wenn es angesichts der immer katastrophaler werdenden Lebensbedingungen überraschen mochte: Allem Hunger zum Trotz verfiel die überwältigende Mehrheit der deutschen Soldaten nicht den Sirenengesängen der feindlichen Propaganda. Trotz Kälte, trotz Krankheiten auf der einen Seite der Schützengräben – die andere Seite erschien nicht als das Paradies, gegen das man das eigene Elend gern eintauschen wollte. Wie erfolglos die sowjetische Propaganda im Wesentlichen blieb, verdeutlicht eine Episode, in der zwei Männer, die zu den Mächtigsten im Ostblock

---

*Keiner von uns war bereit, sich freiwillig in Gefangenschaft zu begeben. Ich erinnere mich an Walter Ulbricht und Erich Weinert, die im Grabenfunk zu uns sprachen und uns aufforderten überzulaufen. Es gab auch Flugblätter in deutscher und russischer Sprache, die auf unsere Stellungen runterkamen, die gewissermaßen als Passierschein galten. Uns wurde Leben und Rückkehr in die Heimat garantiert. Aber keiner von uns, das muss ich noch einmal betonen, hätte jemals daran gedacht, freiwillig überzulaufen.*

Günther Mai, Soldat der 6. Armee

aufsteigen sollten, unfreiwillig das Scheitern ihrer frühen Bemühungen eingestanden: Walter Ulbricht gehörte zu den Deutschen, die auf der Seite der Roten Armee ihre Landsleute per Lautsprecher zum Überlaufen aufforderten. Bei gelegentlichen Abendessen mit Chruschtschow frotzelte der spätere Kremlchef den späteren SED-Chef: »Du hast dir dein Essen heute nicht verdient. Es ist wieder keiner übergelaufen.«

Es mag ein ganzes Bündel von Gründen gegeben haben, warum sich nur wenige deutsche Soldaten der Roten Armee ergaben und freiwillig in Gefangenschaft gingen. Vielleicht waren es die Erinnerungen daran, wie die Deutschen in den Zeiten großer Siege mit sowjetischen Gefangenen umgegangen waren, die sie davor zurückschrecken ließen, sich in die Hände des Gegners zu begeben. Vielleicht war es die Ungewissheit über das Schicksal, das ihnen in sowjetischer Gefangenschaft drohte. Ganz gewiss war es bei vielen vor allem eine typisch deutsche Tugend, welche die Nazis mit perfider Perfektion auszunutzen wussten: Pflichtbewusstsein. Man lässt die Kameraden nicht durch feige Flucht im Stich, um sich selbst in Sicherheit zu bringen. Die Einschätzung, die Oberleutnant Zank bei seiner Einheit gewann, mag für viele stehen: »Wir fühlten uns aneinander gebunden und füreinander da, dass keiner auf die Idee kam, abzuhauen oder uns zu verlassen.«

## »Ich habe das Lachen verlernt«

»Die 6. Armee hat mein Wort, dass alles geschieht, um sie herauszuholen. Ihr könnt euch felsenfest auf mich verlassen. Adolf Hitler.« Die Soldaten im Kessel von Stalingrad erfuhren am 31. Dezember von diesem Funkspruch. Als sie das Versprechen ihres »Führers« vernahmen, kauerten sie in ihren elenden Stellungen. Die Rote Armee machte mit einem besonderen Silvesterfeuerwerk aus 1000 Rohren deutlich, dass der entscheidende Angriff bevorstand.

»Ihre zuversichtlichen Worte sind hier mit großer Begeisterung aufgenommen worden. Sie können überzeugt sein, dass wir vom fanatischen Willen zum Durchhalten beseelt sind und unseren Anteil zum endgültigen Sieg beitragen werden«, telegrafierte ein devoter Paulus zurück. Zu diesen pathetischen Phrasen lieferten die sowjetischen Stellungen rund um den Kessel eine beängstigende Drohkulisse, die Oberleutnant Zank erlebte: »Es war insofern sehr eindrucksvoll, als wir durch die Schüsse rundum ersehen konnten, wo die Kesselfront entlangging. Wir sahen: Der Russe muss schon ganz schöne Kräfte eingesetzt haben.«

> *Wir stehen am Ende eines ereignisvollen Jahres. Wie schnell ist es doch verflossen. Und doch ist so viel passiert, lässt man das verflossene Jahr so an sich vorüberziehen. Zuerst die schöne Zeit in Göttingen mit der Hoffnung auf Urlaub. Bis dann im April wieder die Front rief. Dann folgte noch mal eine Zeit, mit der man zufrieden sein konnte. Die Stellung am Donez. Zu essen und zu rauchen war genug da, und was fehlte, haben eure lieben Hände geschickt. Dann kam die Zeit des bangen Wartens für euch. Der Vormarsch begann zuerst recht gemütlich. Einige Male Einsatz als Pionier, sonst ließ es sich aushalten. Das Land war noch ziemlich reich, unser Magen war voll. Das änderte sich mit einem Schlag, als wir den Don hinter uns brachten. Kein Haus, kein Strauch, immer bei großer Hitze durch Steppe und Sand. Es war kein Vergnügen, bis wir dann unser Endziel erreichten. Die Lage wurde von Tag zu Tag schlechter, aber der deutsche Soldat meistert jede Lage. Auch die, in der wir uns jetzt befinden. Der Winter ist dazwischen gekommen. Weihnachten ist vorüber, nun erleben wir die letzte Stunden eines Jahres, wonach sich keiner zurücksehnt. Was bringt uns das neue Jahr?, ist unsere Frage. Wird uns der Winter weiter gnädig sein, 20°, wie wir sie im Durchschnitt haben, lassen sich ertragen. Wird der liebe Gott uns weiterhin beschirmen und beschützen? Ich hoffe es von ganzem Herzen. Die größte Freude meines Lebens wäre, zu euch als Sieger heimzukehren.*
> Feldpostbrief aus Stalingrad, Silvester 1942

Die deutschen Landser ahnten, was ihnen nach diesem »Neujahrsgruß« blühen sollte. Am 13. Januar schrieb ein junger Soldat an seine Frau: »Bitte trauere und weine nicht um mich, wenn du dieses mein letztes Lebenszeichen erhältst. Ich stehe hier in eisigem Sturm auf verlorenem Posten in der Schicksalsstadt Stalingrad. Seit Monaten eingeschlossen, werden wir morgen zum letzten Kampf Mann gegen Mann antreten.«

Nach dem gescheiterten Entsatzversuch verschlechterte sich auch die Versorgung aus der Luft. Die Lage der eingeschlossenen Verbände wurde zunehmend aussichtsloser. Die Zahl der Opfer wuchs immer schneller: Die Soldaten erfroren, verhungerten oder starben im Kampf. Längst schon konnten die Opfer nicht mehr begraben werden, weil der Boden tief gefroren war und weder die Kräfte der Überlebenden noch die Munition ausreichten, um Gräber zu sprengen. In manchen Tagebüchern fanden sich verstärkt immer deutlicher Hinweise auf die Resignation, die unter den deutschen Soldaten um sich griff. Die Verfasser ahnten, dass eine Katastrophe bevorstand: »Stalingrad ist das Massengrab der Wehrmacht. Sind abgekämpft und verbittert. Wenn unsere Angehörigen uns sehen könnten,

> *Ach, liebe Hilde, wenn nur dieser Jammer bald zu Ende wäre, wie schön wäre es, wenn ich jetzt im Urlaub bei dir wäre und die guten Brötchen essen könnte, und hier haben wir gar nichts, nicht mal Schwarzbrot. Post kommt auch keine mehr an, Pakete sind überhaupt keine mehr zu erwarten im Kessel. Aber wenn nur ein Brief kommen würde mit Zigaretten von dir, mein Liebling, das würde mich stärken, dass ich wieder manches überwinden könnte.*
> Feldpostbrief aus Stalingrad, 1. Januar 1943

wären sie entsetzt.« Zu den am meisten beschäftigten Männern gehörten in diesen Tagen die Armeepfarrer. Der katholische Geistliche im Lazarett, das in der Nähe des Hauptquartiers der 6. Armee lag, erhielt den bitteren Beinamen »Totenkönig von Gumrak«. 200 Soldaten erteilte er an manchen Tagen die Letzte Ölung. 200 Tote, ein einziger Pfarrer, an einem einzigen Tag, in einem einzigen Lazarett...

In der Heimat sollten viele Familien ihre Söhne, Väter und Brüder nie mehr wiedersehen. Die Nachrichten von ihrem Tod erhielten sie versehen mit pathetischen Formeln: »Es ist nicht im Sinne des toten Helden, wenn wir seinetwegen weinen und wehklagen. Er will vielmehr, das wir in stolzer Trauer würdig seiner gedenken. Er fiel als tapferer Soldat in vorderster Linie durch ein Infanteriegeschoss. Er war sofort tot und hatte keinerlei Schmerzen mehr. Das Gesicht des toten Helden ist keineswegs entstellt, sondern hat einen zufriedenen, ja glücklichen Ausdruck angenommen. Wir haben ihn mit noch einigen Kameraden der Kompanie der Erde übergeben, um die er gekämpft hat und die durch sein Blut heilig und deutsch geworden ist. Auf seinem Heldengrab liegt sein Stahlhelm, und ein großes hölzernes Kreuz in Form des eisernen Kreuzes trägt weithin leuchtend seinen Namen.«

Das war in der Regel eine Lüge – und kein Trost für Frauen, die so vom Tod des Mannes erfuhren, für Mütter, die den Verlust ihres Sohnes betrauerten, für Kinder, die plötzlich ohne Vater waren. Immerhin verzichtete mancher Brief auf NS-Gruß-Floskeln und enthielt persönliche Worte wie: »Mit von Herzen kommender Anteilnahme grüße ich Sie.«

Einige Vorgesetzte machten sich zusätzliche Mühe und ließen den Ort fotografieren, an dem der gefallene Soldat seine letzte Ruhe gefunden hatte, um den Angehörigen in der Heimat ein letztes Andenken zu überlassen. Einige Briefe troffen aber auch vor schwülstiger Heroisierung und nationalsozialistischen Propagandaphrasen: »Dieses Ringen ums Leben,

»Bis zum letzten Atemzuge kämpfend...«: Die gleichgeschaltete deutsche Presse verklärt Stalingrad zu einem Heldenmythos.

> *Unsere Lage hier ist ernst und wird von Tag zu Tag ernster. Wohl werden wir durch die Luft versorgt, wohl halten wir mit aller Kraft, aber die Aussicht auf Entsatz ist gering, wird von Tag zu Tag geringer. Es kann wohl sein, dass man uns im Frühjahr heraushauen kann, es kann aber ebenso gut sein, dass wir hier kämpfend zugrunde gehen.*
> *Wir sind ruhig, sachlich und in bester Verfassung: Wissen wir doch, dass wir hier für unser Deutschland und unsere Idee, für unseren Führer stehen, um euch ein Leben in Elend und Not zu ersparen, ein Leben, das ihr besser nicht lebt, sondern von euch werft, ehe man es euch tierisch nimmt. Was sich heute abspielt, ist ein Kampf von Ausmaßen, wie er noch niemals in der Geschichte war.*
> *Deutschland muss siegen, sonst ist die Welt verloren an Juden und Verbrecher.*
> *[...]*
> *Sollten wir uns nicht wiedersehen dürfen, trauere nicht um mich.*
> Feldpostbrief aus Stalingrad, 1. Januar 1943

den Tod vor Augen sehend, ist etwas unmenschlich Heroisches. Hier in Stalingrad wogt ein Meer besten deutschen Blutes. Noch nie ist in diesem Krieg ein derartiger Heldenkampf gekämpft worden. Heil Hitler.«

Die deutschen Soldaten im Kessel dachten jedoch nicht an Heldentum, sondern ans nackte Überleben. Manche reagierten mit Gleichgültigkeit, manche mit Selbstmitleid, andere mit Trotz und wilder Entschlossenheit, wieder andere mit Galgenhumor. So unterschiedlich die Reaktionen ausfielen, die Situation war für alle gleichermaßen hoffnungslos. Im Angesicht von Kälte, Hunger und Tod, bei Temperaturen von minus 35 Grad waren die Deutschen am Ende: ohne Nahrung, ohne Treibstoff, ohne ausreichende Munition. »Ich habe das Lachen verlernt. Wo immer man auch hinfährt, bekommt man Artilleriefeuer. Ich habe mir eingebildet, es ist nicht so schlimm, aber es kann noch schlimmer kommen.« Doch es kam noch schlimmer.

Je länger die Einkesselung und die Versorgungskrise dauerten, desto größer wurden die Entbehrungen, desto stärker gerieten die Maßstäbe bisheriger Verhaltensnormen ins Wanken. Schließlich brach die bürgerliche Welt endgültig zusammen. Es gab Ärzte, welche die kümmerlichen Verpflegungsrationen nicht an die Schwerverwundeten verteilten, sondern sich damit selbst am Leben hielten. Es gab Geistliche, die einen Sterbenden, während sie ihm den letzten Segen erteilten, zugleich abtasteten, ob er noch etwas Essbares oder Zigaretten verborgen hatte. »In Stalingrad ist meine bürgerliche Welt verbrannt. Die Moral hat diesem Inferno nicht standgehalten«, zog Hauptmann Dengler nach Stalingrad eine düstere Bilanz.

Gab es noch Kameradschaft oder Solidarität? Oder versuchte jeder, selbst am Leben zu bleiben – auch wenn es andere das Leben kostete? Die Schilderungen der Beteiligten unterscheiden sich. Jeder schien andere Erfahrungen gemacht zu haben. »Im Krankenlager dachte jeder nur noch an sich. Am zweiten Weihnachtsfeiertag kam einmal ein Sanitäter und brachte für jeden 50 Gramm Brot. Der kam nicht einmal bis zu unserem Zelt, da wurde er schon überfallen. Das Brot fiel zu Boden und wurde mit den Füßen zertreten. Ich habe keins bekommen. Und meinen Verwundetenschein, den hat mir einer abgerissen. Er wollte ihn sich unter den Nagel reißen, um damit ausgeflogen zu werden. Ich habe ihn mit der Pistole gezwungen, ihn mir zurückzugeben. Wenn es hätte sein müssen, da hätte einen der Nachbar nebenan totgeschlagen, wenn er sich dadurch hätte retten können.« Solche negativen Erfahrungen, die MG-Schütze Walter Loos machte, stehen jedoch auch ganz andere Schilderungen gegenüber.

> Also, Kameradschaft, die insgesamt so groß geschrieben wird, gab es bei uns nicht – im Gegenteil: Es hat jeder nur für sich gesorgt. War traurig, aber es war so.
> Walter Loos, Soldat der 6. Armee

> Jeder wünscht sich hier nur eins: am Leben bleiben. Das ist nackt und wahr, das Letzte. Der Wille zum Leben, zum eigenen Leben. Und draußen furchtbares Kampfgetöse der Vernichtung. Mein Herz ist übervoll.
> Feldpostbrief aus Stalingrad

»Es war wirklich erhebend, diese wahre Frontkameradschaft in dem Unterstand zu erleben«, schrieb Generalleutnant Edler von Daniels, nachdem der Kommandeur der 376. Infanteriedivision seine Soldaten in ihren Bunkern und Unterständen besucht hatte. Mag diese Einschätzung noch vom Wunschdenken eines hohen Offiziers gefärbt gewesen sein, so brachte auch ein einfacher Soldat wie Wilhelm Raimund Beyer, der in der 76. Infanteriedivision die Schlacht in Stalingrad erlebte, die Kameradschaft auf einen einprägsamen Nenner: »Der andere war ein Kumpel,

> *Heute habe ich etwas gemacht, das ich, glaube ich, nicht wieder machen könnte: Ich habe einem toten Kameraden, der vor zwei Tagen von einer Granate zersplittert wurde, den Ringfinger abgebrochen und herausgeschnitten, um den Trauring abzubekommen und seiner Frau schicken zu können. Du kannst dir ja vorstellen, wie »wohl« mir bei dieser Arbeit zumute war.*
> Feldpostbrief aus Stalingrad, 13. Dezember 1942

ein Kamerad, ein Schicksalsgenosse, ein Mitkämpfer. Es war im Kessel lebensnotwendig, einen anderen Menschen bei oder um sich oder auch nur neben sich zu haben. Wir waren ein ›Wir‹ und kein ›Ich‹.«

## Das Ultimatum

Auf sowjetischer Seite hatten mittlerweile erneut Truppenverschiebungen stattgefunden. Die Don-Front stand nun unter dem Oberbefehl General Konstantin Rokossowskis, der die »Operation Ring«, die endgültige Zerschlagung des Kessels, durchzuführen hatte. Über das Eis der Wolga rollte der sowjetische Nachschub, frische Einheiten bezogen ihre Stellungen. Die Vorbereitungen zum entscheidenden Angriff waren jedoch nicht termingerecht zum 6. Januar abgeschlossen. Stalin tobte, er wollte den schnellen Sieg. Fast schien es, als hätte der »Morbus Hitler« des deutschen Diktators, der in seinem krankhaften Selbstüberschätzungswahn alle Ziele gleichzeitig hatte erreichen wollen, nun auch den sowjetischen Diktator angesteckt. Nur schwer ließ er sich von seinen Generälen davon überzeugen, dass der Beginn der abschließenden Offensive um einige Tage verschoben werden musste. Es war lediglich eine kurze Schonfrist für die eingeschlossenen Landser.

In den frühen Morgenstunden des 8. Januar tauchten auf der Südseite des Kessels, im Niemandsland zwischen Roter Armee und Wehrmacht, zwei Gestalten auf, die eine weiße Fahne schwenkten. Zwei Parlamentäre der Sowjets näherten sich der deutschen Seite, um ein Ultimatum des sowjetischen Oberkommandos zu überbringen. Diese Aktion war zuvor über Rundfunk in deutscher Sprache angekündigt worden. Doch die Deutschen schossen auf die Unterhändler. Der Wahnsinn nahm seinen Lauf. Ein zweiter Versuch der Sowjets, eine Aufforderung zur Kapitulation zu übergeben, scheiterte ebenfalls. In einer konzertierten Aktion warfen Flugzeuge der sowjetischen Luftwaffe über dem Kessel Flugblätter ab. Die deutschen Soldaten wurden aufgefordert, die Waffen niederzulegen. Die Lage sei hoffnungslos. Zudem hieß es in dem Flugblatt: »Wir garantieren allen Offizieren, Unteroffizieren und Mannschaften, die den Widerstand aufgeben, Leben und Sicherheit sowie bei Kriegsende die Rückkehr nach Deutschland oder auf Wunsch in ein anderes Land.« Wer sich ergab, dem versprachen die unterzeichnenden Vertreter der Roten Armee,

**Wir alle werden Gott danken, wenn wir gesund aus diesem Hexenkessel wieder rauskommen.**
Feldpostbrief aus Stalingrad,
7. Januar 1943

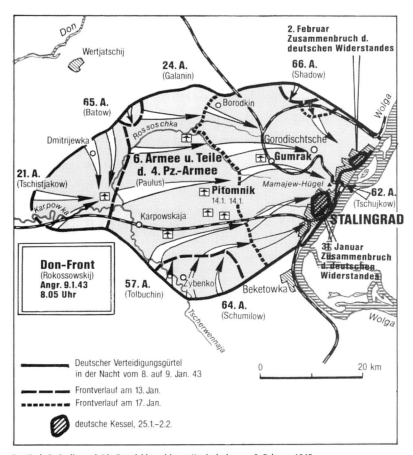

**Das Ende in Stalingrad: Die Entwicklung bis zur Kapitulation am 2. Februar 1943.**

Nikolai Woronow und Konstantin Rokossowski, normale Verpflegung, ärztliche Versorgung und eine ehrenvolle Behandlung.

Doch der Text endete mit einer unverhohlenen Drohung: »Sollte unsere Aufforderung zur Kapitulation abgelehnt werden, so würden die Truppen der Roten Armee gezwungen sein, zur Vernichtung der eingekesselten deutschen Truppen zu schreiten. Wer Widerstand leistet, wird erbarmungslos niedergemacht.«

> *Der Hornist erhob sich und blies ein Signal – damit die Deutschen das Feuer einstellten. Dann kletterten die Unterhändler aus den Schützengräben heraus und wollten schon Richtung Gegner gehen, als von der anderen Seite plötzlich geschossen wurde. Nicht direkt auf die Unterhändler, sondern über ihre Köpfe hinweg. Eine Art Warnung. Da begriffen wir, dass die nächste Salve tödlich sein könnte. Wir mussten zurückgehen. Es war klar, dass die Deutschen unsere Unterhändler nicht empfangen wollten.*
>
> Michail Poselskij, Kameramann der Roten Armee

Generaloberst Paulus wies die Truppe an, der sowjetischen Propaganda keinen Glauben zu schenken. Am selben Tag, an dem die Sowjets ihr Angebot einer ehrenvollen Kapitulation unterbreiteten, kam General Hube von einem langen Besuch im »Führer«-Hauptquartier zurück nach Stalingrad. In der »Wolfsschanze« hatte er Hitler ausführlich die Situation im Kessel geschildert. Er brachte nun optimistische Zusagen Hitlers mit: Der »Führer« habe einen weiteren Entlastungsangriff versprochen. Damit diese Aktion gelingen könne, brauche man jedoch Zeit, um eine neue Front im Süden aufzubauen, Zeit, um die Heeresgruppe A aus dem Kaukasus zurückzuführen, Zeit, um sogar eine neue Großoffensive vorzubereiten. Diese Atempause müsse die 6. Armee erkämpfen, sie müsse weiter aushalten, auf keinen Fall dürfe sie nun kapitulieren. Die Luftversorgung, auch das versprach Hitler, werde verbessert. Nach Hubes Vortrag entschied Paulus: »Die Ausführungen General Hubes bedeuteten für mich die Verpflichtung, um jeden Preis zu halten, wenn ich nicht gleichzeitig die Verantwortung für den Zusammenbruch des Südabschnitts und damit der ganzen Ostfront auf mich nehmen wollte.«

Auf die Möglichkeit eines erneuten Entsatzangriffs ging Paulus nicht ein. Damit wird die Motivation des Befehlshabers der 6. Armee, zu diesem Zeitpunkt nicht zu kapitulieren, deutlicher. Er war der Meinung, dass es die kritische Situation im Süden der Ostfront erforderte, starke sowjetische Verbände weiter in Stalingrad zu binden, um die deutsche Don- und Kaukasus-Front zu stabilisieren.

Weiterkämpfen aus der Einsicht in übergeordnete militärische Notwendigkeiten, in der Hoff-

---

**Bei meiner Einheit wussten wir, dass wir die Stellung halten mussten, damit die Front sich hinter uns wieder stabilisieren konnte. Und je länger wir aushielten, desto eher war die Möglichkeit gegeben, hinten im Westen wieder eine Front aufzubauen. Insofern hatten wir eine Aufgabe, selbst wenn es geschah unter Aufgabe von 300 000 Leuten.**

Hans E. Schönbeck,
Leutnant der 6. Armee

> *Es ist leicht, die Haltung des späteren Generalfeldmarschalls Paulus in jenen entscheidenden Tagen zu kritisieren. Mit der Phrase vom »blinden Gehorsam« gegenüber Hitler ist sie jedenfalls aber nicht abzutun. Sicherlich stand Paulus in einem schweren Gewissenskonflikt, ob er eine Operation ansetzen wolle, die unweigerlich – entgegen dem klar ausgesprochenen Willen Hitlers – zur Aufgabe von Stalingrad führen musste.*
> Erich von Manstein

nung, anderen Frontabschnitten die Rettung zu ermöglichen – rechtfertigte dieses Kalkül die Opferung einer ganzen Armee? Oder ist dies nur der Versuch, nachträglich das eigene Scheitern zu verteidigen? Feldmarschall von Manstein jedenfalls zeigte in seinen Memoiren später Verständnis für die Entscheidung, die Paulus am 9. Januar 1943 getroffen hatte:

»Die 6. Armee band seit Anfang Dezember 60 große Verbände der Sowjets. Die Lage der beiden Heeresgruppen Don und Kaukasus wäre katastrophal geworden, wenn Paulus Anfang Januar kapituliert hätte.«

## »Lage aussichtslos«

Am 10. Januar, kurz vor sechs Uhr früh, begann der große sowjetische Generalangriff gegen die 6. Armee im Kessel von Stalingrad. Fast eine Stunde dauerte der vorausgehende Artilleriebeschuss, ein einziges »ununterbrochenes Donnern« nannte der Generaloberst der Artillerie, Nikolai Woronow, die Machtdemonstration seiner Soldaten. General Edler von Daniels berichtete in einem Brief an seine Frau von einem »sehr unruhigen Sonntag«. Pausenlos feuerten die sowjetischen Geschütze. Es herrschte ein ohrenbetäubender Lärm, der die fürchterlichen Folgen des Beschusses ahnen ließ. Die Deutschen hatten dem nur wenig entgegenzusetzen, die Munition war seit dem 1. Januar rationiert. Drei Schuss leichte Feldhaubitze, zwei Schuss Pak durften pro Regiment täglich abgegeben werden. Und wenn diese Munition verschossen war?

»Fortgesetztes Trommelfeuer. Können nicht erwidern«, funkte die 6. Armee an das Hauptquartier der Heeresgruppe Don. Der von Hitler geforderte »Widerstand bis zur letzten Patrone«

**In Stalingrad örtliche Stoßtrupptätigkeit.**
Aus dem OKW-Bericht vom 10. Januar 1943

»Die Offensive hat begonnen«: Soldaten der Roten Armee auf dem Gelände der Panzerfabrik »Roter Oktober«.

gewann eine tragische neue Bedeutung – die letzte Patrone war längst verschossen.

Die massierten Angriffe der Roten Armee waren schnell von Erfolg gekrönt. An mehreren Stellen konnten die sowjetischen Truppen die deutschen Linien durchbrechen. Die »Nase von Marinowka«, ein kleiner deutscher Vorsprung aus der Frontlinie im Südwesten der Stadt, wurde ebenso überrollt wie die »Karpowka-Nase«. In nur zwei Tagen gelang es der Roten Armee, das von den Deutschen kontrollierte Terrain um die Hälfte zu verkleinern. In den eroberten Gebieten trafen die Rotarmisten auf Berge steif gefrorener Leichen – Opfer der Kämpfe, des Hungers und der Kälte.

Die überlebenden Verteidiger erschienen den Angreifern als dreckige, verlauste und bis auf die Knochen abgemagert Skelette – die Reste einer von der eigenen Führung zum Tod verurteilten Geisterarmee. Der Ring zog sich immer enger zusammen.

Zu dem eroberten Gelände gehörte auch der Flugplatz Pitomnik. Am 16. Januar fiel dieser zen-

> **Nun sind wir bereits 2 Monate in der Sache drinnen, und es sieht gar nicht danach aus, dass wir noch jemals lebend aus diesem Schlamassel herauskommen werden.**
>
> Feldpostbrief aus Stalingrad, 10. Januar 1943

> *Ich will nicht sagen, dass dieser Brief der letzte ist, den ich dir schreibe – Gott bewahre –, doch du musst auf alles gefasst sein, wenn wir das Ganze aufgeben müssen und in russische Gefangenschaft kommen, woran ich nicht mehr zweifle; dann kann ich dir leider nicht mehr schreiben. [...] Wir hofften ja immer, dass von außen noch Hilfe kommt, doch jetzt wissen wir, dass wir nicht damit rechnen können. [...] Vielleicht sind wir auch nicht mehr so wichtig hier, obwohl wir fast 2 Monate lang mit schweren Opfern die Festung Stalingrad gehalten haben. Man kann es ja nicht wissen. Vielleicht sind wir und Stalingrad gar nicht mehr so wichtig, dass wir ruhig flöten gehen können.*
> Feldpostbrief aus Stalingrad, 13. Januar 1943

trale Umschlagplatz für den deutschen Nachschub in sowjetische Hand. Auch hier bot sich den Soldaten der Roten Armee ein Bild unbeschreiblichen Grauens, das Alois Dorner, der als einer der letzten Verwundeten aus Pitomnik ausgeflogen worden war, noch immer in Erinnerung hat: »Ein unendlicher Jammer zahlloser Verwundeter und Sterbender, die tagelang nichts zu essen bekommen hatten. Es war das größte Elend, das ich in meinem Leben gesehen habe.« Wer keinen Platz in den letzten Maschinen fand, setzte seine ganze Hoffnung auf den nächsten Flugplatz. Zurück blieben viele Transportunfähige, ein paar Ärzte und Sanitäter. Der Rest brach auf nach Gumrak, dem letzten Flugplatz, der im Kessel noch zur Verfügung stand. Es war eine traurige Kolonne entkräfteter Gestalten, die sich auf den zwölf Kilometer langen Weg machte. Viele sollten ihr Ziel nicht mehr erreichen.

In Gumrak war in den letzten Tagen notdürftig eine Landepiste angelegt worden war. Da dieses Provisorium für viele Maschinen jedoch zu kurz war, konnten sie ihre Ladung nur noch aus der Luft abwerfen. Die wenigen Flugzeuge, die noch zur Landung in der Lage waren, hatten kaum Platz, um Verwundete aus dem Kessel zu transportieren. Die Lazarette waren überfüllt und mussten doch immer neue Opfer der Kämpfe und des Winters aufnehmen.

Mit massiven Angriffen durchbrach die Rote Armee an immer neuen Stellen die Verteidigungsfront. Die einzelnen Truppenteile der 6. Armee hatten untereinander kaum mehr Verbindung. Ein

> **Die Schneewüste beim Flughafen Gumrak war wie ein großes Leichentuch. Überall kleine verwehte Schneehügel, alles Tote – das war sehr deprimierend.**
> Hans Rostewitz, Unteroffizier der 6. Armee

> **Was sind wir Frontsoldaten doch betrogen.**
> Feldpostbrief aus Stalingrad, 18. Januar 1943

> *Meine Aufgaben sind nicht erfüllt gewesen, so vieles stand auf dem Papier, war geplant, das meiste war im Werden, vor allem unsere Kinderschar, unser höchstes Glück. Auf deinen Schultern muss jetzt vieles liegen, was au meine gehörte. Ich muss dir allein die Mühe der Erziehung lassen, die wirtschaftlichen Sorgen, die nach dem deutschen Sieg durch meine getroffenen Vorsorgen nicht untragbar werden können. An eine deutsche Niederlage wage ich nicht zu denken. Mach dir für einen solchen Fall keine trügerischen Hoffnungen. Ich lege diesem Brief einige unterschriebene Blätter bei, dazu ein paar ausgeschriebene Rezepte als Muster. Du magst sie, falls das Leben sich für Deutsche nicht mehr ertragen lässt, verwenden. Wenn es sein muss, erst alle, die du lieb hast, danach, wenn ihnen sicher geholfen ist, du selbst. 40 Tabletten dürften genügen.*
> Feldpostbrief eines Arztes aus Stalingrad, 14. Januar 1943

letztes gemeinsames Aufbäumen war für den 18. Januar geplant. Am Vorabend gab ein Stabsoffizier der 371. Infanteriedivision den Befehl weiter: »Auf Stichwort ›Löwe‹ greift der gesamte Kessel nach allen Seiten hin an.« Geplant war, dass jeder Regimentskommandeur eine 200 Mann starke Kampfgruppe zusammenstellen sollte, um sich damit zu den eigenen Linien durchzuschlagen.

Es war ein irrsinniges Unterfangen, das die Realitäten der Kampfstärken völlig ignorierte und keinerlei Aussicht auf Erfolg hatte. Der »Löwe« setzte nicht zum Sprung an. Die Regimentskommandeure hatten, wie auch ihre Männer, ganz andere Sorgen. Jede Einheit, jeder Trupp kämpfte auf eigene Faust, solange die Munition reichte. Unter dem Ansturm der Roten Armee musste eine Stellung nach der anderen aufgegeben werden. Die Verwundeten erfroren, weil sie nicht mehr abtransportiert werden konnten, oder sie starben, weil es an medizinischer Versorgung fehlte. Da die Leichen nicht mehr begraben wurden, blieb es dem eisigen Wind überlassen, die Opfer mit Schnee zu bedecken.

Am 21. Januar setzte Paulus einen Funkspruch zum »Führer«-Hauptquartier ab: »Truppe ohne Munition und Verpflegung, Auflösungserscheinungen an der Süd-, Nord- und Westfront. 18 000 Verletzte ohne Mindesthilfe an Verbandszeug und Medikamenten. Front infolge starker Einbrüche vielseitig aufgerissen. Weitere Verteidigung sinnlos. Zusammenbruch unvermeidbar. Armee erbittet, um noch vorhandene Menschenleben zu retten, sofortige Kapitulationsgenehmigung.«

Noch elf Tage zuvor hatte sie das sowjetische Kapitulationsangebot abgelehnt – nun sah auch die Führung der 6. Armee im Kessel ein, dass jeder weitere Widerstand sinnlos war und nur noch die Zahl der Opfer erhöhen würde. Überall gab es Auflösungserscheinungen, die Moral war gebrochen, es schien längst an der Zeit, dem Wahnsinn ein Ende zu setzen.

Die deutschen Soldaten konnten, so erkannte nun auch Paulus, keine feindlichen Kräfte mehr binden. Nur noch drei Gardedivisionen sollten den Kampf gegen die 6. Armee zu Ende führen. Das Gros der Roten Armee wurde sogar bereits abgezogen, um bei Salsk die Sperrzone gegen Rostow zu verstärken.

Doch ein Mann sah es anders. Im sicheren Hauptquartier fernab der Katastrophe, die sich in Stalingrad abspielte, nahm Hitler die Meldungen von der Not und dem Elend im Kessel, die von Paulus, von Manstein per Funk, und schließlich auch persönlich durch Major von Zitzewitz, der aus dem Kessel zur Berichterstattung ausgeflogen worden war, ungerührt entgegen. Die Entscheidung des »Führers«: »Kapitulation ausgeschlossen. Die Armee erfüllt ihre historische Aufgabe, den Aufbau einer neuen Front beiderseits Rostow zu ermöglichen.«

> Geliebte, ich nehme Abschied von dir. Es kann noch ein paar Tage dauern oder ein paar Stunden. Du wirst im Januar 28, das ist noch so jung. Vergiss nicht, dass du für die Kinder leben musst, Gertrud und Claus brauchen einen Vater. Wir haben uns geachtet und geliebt. Die Zeit wird deine Wunden schließen.
> Feldpostbrief, Januar 1943

> Ein Heldenlied deutschen Soldatentums, wie es ergreifender und tragischer nicht erdacht werden kann.
> Joseph Goebbels, Tagebucheintrag, 21. Januar 1943

> Der Tod muss immer heroisch sein, begeisternd, mitreißend. Und was ist er in Wirklichkeit hier? Ein Verrecken, Verhungern, Erfrieren. Ein viehisches Sterben. Ich habe beschlossen, mein Schicksal in meine eigenen Hände zu nehmen.
> Feldpostbrief, Januar 1943

Knapp eine Woche vor dem zehnten Jahrestag der nationalsozialisti-

---

*Ihr wisst inzwischen Bescheid. Der Kessel von Stalingrad ist nicht zu beschreiben. Ich lebe noch! Bin unversehrt! Für jeden Tag muss ich Gott danken! Wie es zu Ende gehen soll, weiß Gott nur allein. Unsere ganze Hoffnung liegt einzig bei ihm. Ob von außen Hilfe kommen kann? Wir wissen es nicht – aber das wissen wir: dass wir uns selbst nicht mehr retten können. Nach meiner Schätzung fällt in den nächsten 14 Tagen die Entscheidung, so oder so. – Ihr, meine Lieben, betet und opfert, unablässig, das weiß ich. Es kann doch nicht sein, dass ich die Heimat nicht wiedersehen soll. Dieser Gedanke beschäftigt uns stündlich und täglich. Alles andere, jede Not, Entbehrung oder Anstrengung ist hier Nebensache. Es geht um alles oder nichts. Ich bete täglich das letzte Gebet meines Lebens, um in jedem Augenblick bereit zu sein.*
Feldpostbrief aus Stalingrad, 19. Januar 1943

> *Als ich den bestialischen Kannibalismus gesehen hatte und wir wirklich nichts mehr zu essen und zu trinken hatten, 50 Grad minus hatten und zwei Meter Schnee, habe ich die russischen Flugblätter gelesen und gedacht: Also, jetzt muss Paulus kapitulieren. [...] Dann habe ich mich bei Paulus gemeldet und gefragt: »Besteht noch Aussicht, dass wir hier heraus kommen?« Da ist Paulus müde aufgestanden und zum Kartentisch gegangen und hat mir gezeigt, dass die nächsten deutschen Truppen 200 Kilometer westlich von uns liegen und die Entfernung zwischen ihnen und uns stündlich größer wird. Ich fragte: »Ja, warum kapitulieren wir denn dann nicht? Wir haben doch gar keinen militärischen Wert mehr!« Da sagte Paulus zu mir: »Sie sehen nur das Weiße im Auge des Feindes, ich aber hier im Hauptquartier muss den strategischen Punkten Rechnung tragen.« Das leuchtete mir nun überhaupt nicht ein, ich habe das als eine Feigheit angesehen. Paulus merkte das und sagte plötzlich: »Herr Hauptmann, jetzt ist eben die schwere Stunde gekommen, wo die Initiative auf die unteren Truppenführer übergeht.« Da habe ich erst einmal schlucken müssen und kriegte dann noch einmal die Wut und dachte: Hier sitzen 20 Generale und sind alle zu feige zu kapitulieren, aber mir als kleinem Hauptmann sagt man: Wenn du die Initiative ergreifst und kapitulieren willst, mach das auf deine Rechnung. Und wenn dich Hitler später dafür an die Wand stellt, hast du Pech gehabt. Ich habe die Hacken zusammengeschlagen und gesagt: »Ich habe Sie verstanden Herr Generaloberst, ich melde mich hiermit mit meiner Einheit bei Ihnen ab.«*
> *[...]*
> Gerhard Dengler, Hauptmann in Stalingrad

schen »Machtergreifung« wollte Hitler sich die Jubelfeiern nicht durch Meldungen über Niederlagen trüben lassen. Starrsinnig befahl er den »Kampf bis zur letzten Patrone«.

Hitler hatte sogar schon weiterführende Pläne ausgeheckt. Hochtrabend wie eh und je, alle Realitäten verkennend, entstand das Projekt »Arche Noah«. Aus jeder Division sollte ein Mann ausgeflogen werden – für ein Pärchen, wie im biblischen Vorbild, hätte die Ladekapazität der Flugzeuge nicht ausgereicht, so viel Realitätssinn immerhin blieb. Doch der Rest des Plans war ein pures Hirngespinst. »Der Führer befiehlt die Wiederaufstellung der 6. Armee in der Stärke von 20 Divisionen«, teilte Hitlers Chefadjutant Generalmajor Schmundt am 25. Januar mit. Aus dem hochfliegenden Vorhaben wurde nichts – immerhin rettete es einigen Soldaten das Leben, die unter »normalen« Umständen nicht ausgeflogen worden wären.

Die im Kessel Verbleibenden sollten den Kampf weiterführen. Wie dieser Kampf aussah, beschrieb General von Seydlitz-Kurzbach: »Elende und ausgemergelte Gestalten leichter Verwundeter trieben sich zu Hunderten in der Stadtmitte umher. Kein Verbandsmaterial, keine Medikamente, keine Verpflegung! Die Toten wurden nur noch an den Außenseiten der Gebäude aufgeschichtet.«

Ohne Brot, ohne Versorgung, ohne ausreichende Munition, wie sollte hier noch Widerstand geleistet werden? Von Seydlitz-Kurzbach zog daraus die Konsequenz: »Die Regiments- und Bataillonskommandeure erhalten hiermit das Recht, je nach örtlicher Lage den Rest der Munition zu verschießen und damit den Kampf einzustellen.«

Nach seinem eigenmächtigen Befehl wurde Seydlitz-Kurzbach, Kommandeur eines Korps, nicht verhaftet, sondern mit seinen verbleibenden Divisionen einem dienstälteren General unterstellt. Der neue Befehlshaber, General Walther Heitz, erwies sich als fanatischer Nationalsozialist und befahl, den Kampf fortzusetzen. Am Rande der Niederlage galt seine Sorge der Aufrechterhaltung dessen, was er unter Ordnung verstand: »Wer mit den Russen verhandelt, wird erschossen.« – »Wer die weiße Fahne zeigt, wird erschossen.« Doch auch solche menschenverachtenden und in dieser Situation militärisch unsinnigen Befehle konnten die Niederlage nicht mehr verhindern.

22. Januar: Der Flugplatz Gumrak fällt in sowjetische Hand. Die letzte Landemöglichkeit ist nun der kleine Flughafen Stalingradski am Stadtrand von Stalingrad. Beim Landeanflug gehen in der Mittagszeit allerdings allein sechs Maschinen zu Bruch. Die Verbindung zum Kessel ist abgebrochen, die Versorgung aus der Luft beschränkt sich auf den Abwurf des wenigen Materials, das heil durch die sowjetische Luftabwehr gelangt.

25. Januar: Die Rote Armee spaltet den deutschen Kessel in zwei Hälf-

*Sollen wir jetzt den Widerstand aufgeben? Unter keinen Umständen! Wir müssen um jeden Fußbreit Boden kämpfen und dem Russen Schaden zufügen, wo wir können.*
*[...]*
*Haltet aus! Wenn wir wie eine verschworene Schicksalsgemeinschaft zusammenhalten und jeder den fanatischen Willen hat, sich bis zum Äußersten zu wehren, sich unter keinen Umständen gefangen zu geben, sondern standzuhalten und zu siegen, werden wir es schaffen.*
Armeebefehl von Paulus, 22. Januar 1943

> **Verbiete Kapitulation. Die Armee hält ihre Position bis zum letzten Soldaten und zur letzten Patrone und leistet durch ihr heldenhaftes Ausharren einen unvergesslichen Beitrag zum Aufbau der Abwehrfront und der Rettung des Abendlandes.**
>
> Funkspruch Hitlers an Paulus, 24. Januar 1943

ten, den Befehl im nördlichen Kessel hat General Strecker inne, im Süden kommandiert Generaloberst Paulus.

27. Januar: Die Sowjets besetzen den Südteil der Stadt. Die organisierte Verteidigung bricht endgültig zusammen, einzelne Einheiten kapitulieren oder versuchen, sich durch die sowjetischen Linien zu schlagen, andere kämpfen in ihren Stellungen weiter.

28. Januar: Der südliche Kessel wird noch einmal in kleinere Teile gespalten.

29. Januar: Generaloberst Paulus gratuliert seinem »Führer«: »Zum Jahrestag Ihrer Machtübernahme grüßt die 6. Armee ihren Führer. Noch weht die Hakenkreuzfahne über Stalingrad. Unser Kampf möge den lebenden und den kommenden Generationen ein Beispiel dafür sein, auch in der hoffnungslosesten Lage nie zu kapitulieren.«

Hitler ernannte Generaloberst Paulus zum Generalfeldmarschall. Nicht dass er ihn wegen seines unbedingten Gehorsams belobigen wollte. Der tatsächliche Grund: Paulus sollte sich nicht gefangen nehmen lassen, sondern den Heldentod sterben und seinem Leben ein Ende setzen. Ein deutscher Feldmarschall geht nicht Gefangenschaft, er ergibt sich nicht, sondern erschießt sich – lautete Hitlers Kalkül.

Am 30. Januar feierte Reichsmarschall Göring die 6. Armee in einem Wehrmachtsappell zum zehnten Jahrestag der nationalsozialistischen »Machtergreifung« und lobte den »größten Heroenkampf unserer Geschichte«. Seine Ruhmesworte waren schon ein verlogener Nachruf auf jene, welche in Stalingrad den Irrsinn und die Starrköpfigkeit der nationalsozialistischen Führungsclique mit dem Leben bezahlen mussten: »Die Kämpfer von Stalingrad mussten stehen, das Gesetz befahl es so, das Ge-

> *Paulus beurteilte als gut geschulter Generalstabsoffizier die Lage nüchtern. Er war sich der tödlichen Gefahr durchaus bewusst. Aber gegen einen gegebenen Befehl zu handeln widersprach seiner militärischen Erziehung. So standen bei Paulus – wie bei vielen älteren Offizieren – von Anfang an Verantwortung gegenüber den Soldaten und militärischer Gehorsam in heftigem Widerstreit. Nach schweren inneren Kämpfen siegte der militärische Gehorsam.*
>
> Wilhelm Adam, Adjutant der 6. Armee unter Paulus

»Leichenrede für die 6. Armee«: Hermann Göring spricht zum Jahrestag der NS-»Machtergreifung«, 30. Januar 1943.

> **Das war doch kein Heldentod! Die waren ja gar nicht mehr in der Lage, sich irgendwie zu wehren. Sie hatten ja gar keine Möglichkeiten mehr. Das als Heldentod hinzustellen, das ist empörend!**
> Emma Müller, verlobt mit einem Soldaten der 6. Armee
>
> **Das war für mich purer Zynismus.**
> Arthur Kurth, dessen Bruder in Stalingrad kämpfte
>
> **Wir sollten alle glauben: Die stehen bis zum letzten Atemzug, alle. Die lassen sich alle erschießen.**
> Ilse Holl, Frau eines Stalingrad-Kämpfers

setz der Ehre und der Kriegführung. Das Gesetz befahl auch ihnen zu sterben, damit die Rasse weiter siegen und leben konnte...«

Der Befehlshaber des nördlichen Kessels, General Strecker funkte verärgert zurück: »Vorzeitige Leichenreden unerwünscht.« Wie der hohe General waren auch untere Offiziersdienstgrade wie Oberleutnant Zank in Rage: »Das hat uns so erbost, dass wir den Radioapparat kaputt geschlagen haben. Solche Reden anzuhören, das hat uns in dieser Situation, in der wir praktisch verloren sind, gerade noch gefehlt.« Und Heinrich Meidinger hatte für die hohlen Phrasen Görings nur noch bitteren Spott übrig: »Bis zur letzten Patrone sollten wir uns verteidigen, schwadronierte Göring. Bei uns im Kessel gab es keinen Kampf bis zur letzten Patrone mehr, die hatten wir schon längst verschossen.«

Die Panzer der Roten Armee waren noch 300 Meter vom Hauptquartier der 6. Armee entfernt.

31. Januar, morgens: Sowjetische Truppen dringen in das Kaufhaus »Univermag« ein, in dem die 6. Armee ihr letztes Hauptquartier eingerichtet hat. Den Rest eines Stabes, der den Rest einer Armee kommandieren soll, erreicht ein letzter Funkspruch Hitlers: »Der Führer lässt darauf hinweisen, dass es auf jeden Tag ankommt, den die Festung Stalingrad länger hält.« Doch es ging nicht mehr länger.

31. Januar, nachmittags: Paulus setzt seine letzte Lagemeldung an die Heeresgruppe Don ab: »Die 6. Armee hat getreu ihrem Fahneneid für

> *Als am 3. Februar nachmittags durch Rundfunk die Kapitulation von Stalingrad bekannt gegeben wurde, da weinte die alte Frau Schramm bittere Tränen um die vielen gefallenen deutschen Soldaten und wollte es nicht verstehen, dass der wahre Anlass zum Weinen darin lag, dass sie alle ganz sinnlos geopfert worden waren, nur aus Ehrgeiz und Eitelkeit. »So etwas tut der Führer nicht!«, sagte sie. »Er liebt doch das deutsche Volk!« Das war die Meinung vieler gutgläubiger und durch die Nazi-Propaganda verdummter Deutscher.*
> Josepha von Koskull, lebte damals in Berlin, in ihren Aufzeichnungen

»Den Gefallen werde ich ihm nicht tun«: Statt wie von Hitler gewünscht Selbstmord zu begehen, zieht Feldmarschall Paulus die Gefangenschaft vor.

Oben: »Für die Kameras nachgestellt«: Die deutschen Truppen kapitulieren mit der weißen Fahne.
Unten: »Banner des Sieges«: Ein sowjetischer Soldat hisst die rote Fahne über Stalingrad.

Deutschland bis zum letzten Mann und bis zur letzten Patrone eingedenk ihres hohen und wichtigen Auftrages die Position für Führer und Vaterland bis zuletzt gehalten.«

Obwohl der frisch gekürte Generalfeldmarschall darin die nationalsozialistischen Phrasen vom »Kampf bis zur letzten Patrone« und dem »wichtigen Auftrag des Führers« wiederholte, tobte Hitler, als er diese Meldung erhielt. Paulus hatte zwar keine formelle Kapitulationsurkunde für seine Armee unterzeichnet, doch er ergab sich zusammen mit seinen Offizieren und ging in sowjetische Gefangenschaft. Hitlers Erwartung, dass sich ein deutscher Generalfeldmarschall eher erschießt, als dass er sich ergibt, erfüllte sich nicht. »Wie kann ein Mann sehen, wie seine Soldaten sterben und mit Tapferkeit bis zum Letzten sich verteidigen – wie kann er sich da den Bolschewiken ergeben? Mir tut das darum so weh, weil das Heldentum von so vielen Soldaten von einem einzigen charakterlosen Schwächling ausgelöscht wird. In diesem Krieg wird niemand mehr Feldmarschall.«

Zwei Tage nach dem nördlichen kapitulierte auch der südliche Kessel. Am 2. Februar, um 8.14 Uhr, meldete General Strecker: »XI. Armeekorps hat mit seinen 6 Divisionen in schwerstem Kampf bis zum Letzten seine Pflicht erfüllt.«

Eine Dreiviertelstunde später verließ ein letztes Lebenszeichen der 6. Armee den Kessel: »Der Russe dringt kämpfend in Traktorenwerk ein, es lebe Deutschland!«

Vereinzelt wurde immer noch weitergekämpft. Doch als am 3. Februar

> Nun wird sehr bald der schwere Augenblick kommen, dass wir die ganze Wahrheit dem deutschen Volke mitteilen müssen. Ich glaube nicht, dass diese Tatsache allzu erschütternd wirken wird, denn im Großen und Ganzen weiß das Volk mehr, als wir ahnen.
> Joseph Goebbels, Tagebucheintrag, 4. Februar 1943

---

*Ich bekam den letzten Funkspruch aus Stalingrad mit, wir hatten ja immer noch eine direkte Funkverbindung mit dem Kessel: »Der Russe steht vor der Tür, wir beenden hiermit unsere Sendung. Es lebe Deutschland.« Ich bin so übergekocht, ich wusste gar nicht mehr, was ich tue. Ich lief ins Kasino, es war mittags, mindestens 25 Offiziere saßen beim Essen. Ich riss die Tür auf und rief: »Stalingrad ist gefallen. Ist denn hier keiner da, der dieses Schwein umlegt?« Hätte mich einer verpfiffen und hätte gesagt: »Der hat das und das gesagt«, dann hätte ich gesagt: »Ich habe den Paulus gemeint.« Dabei sprach ich von Hitler.*
Wolf-Dietrich Freiherr von Schenk zu Tautenburg, Generalstabsoffizier

ein deutsches Versorgungsflugzeug über den Ruinen kreiste, um seine Ladung abzuwerfen, fand es am Boden alles ruhig. Die Waffen schwiegen in Stalingrad.

## »Das ist das Ende«

Die Meldung vom Ende der Kämpfe in Stalingrad ging um die Welt. Stalin gratulierte seinem Oberbefehlshaber Rokossowski, Churchill gratulierte Stalin. War der Angriffskrieg der Wehrmacht im Winter 1941/42 vor Moskau gestoppt worden, so musste sie in Stalingrad ihre erste große Niederlage hinnehmen. Moskau 1941/42 markierte das Ende des Anfangs, Stalingrad 1942/43 war der Anfang vom Ende. Deutschlands Kriegsgegner, ja fast die ganze Welt, hofften nun auf ein baldiges Ende des Schreckens in Europa. Auf der Konferenz in Casablanca, wo sich Winston Churchill und Franklin D. Roosevelt vom 14. bis zum 26. Januar 1943 getroffen hatten, um das weitere Vorgehen gegen das »Dritte Reich« zu besprechen, hatte der amerikanische Präsident die Forderung nach einer bedingungslosen Kapitulation erhoben. Die Formel »unconditional surrender« griff die nationalsozialistische Propaganda auf, um damit die eigenen irrwitzigen Phrasen vom »Siegen oder sterben« zu rechtfertigen. Goebbels persönlich gab in seiner berüchtigten Rede im Berliner Sportpalast am 18. Februar 1943 in einer perfekt inszenierten Veranstaltung dem aufgeputschten Publikum im Saal die Antworten.

»Seid ihr entschlossen, dem Führer in der Erkämpfung des Sieges durch dick und dünn und unter Aufnahme auch der schwersten persönlichen Belastungen zu folgen?«

Die hysterische Masse brüllte fanatisch: »Ja« – während 58 000 Soldaten gefallen, erfroren, verhungert in den Trümmern Stalingrads lagen.

»Ist euer Vertrauen zum Führer heute größer, gläubiger und unerschütterlicher denn je?«

Die Menge erhob sich und skandierte die Parole, die an selber Stelle schon vor Kriegsbeginn geprägt wurde: »Führer, befiehl, wir folgen!«

Auf dem Höhepunkt des Propagandaspektakels

---

**Es hörte einfach auf. Es wurde nicht mehr geschossen. Es gab keinen Befehl. Wir wussten nur, wir hatten weder Munition noch irgendetwas zu essen. Wir sind einfach am nächsten Morgen aus den Bunkern rausgekrochen, haben uns mit den Nachbarn verständigt und sind dann in die Gefangenschaft gegangen. Fertig, aus.**
Gottfried von Bismarck,
Leutnant der 6. Armee

**Ein deutscher Soldat irrte zwischen den Trümmern herum. Ich sprach ihn an, er konnte kein Russisch. Dann streckte er mir einen Zettel entgegen, auf dem stand nur: »Wo ist hier die Gefangenschaft?«**
Michail Poselskij,
Kameramann der Roten Armee

»Wollt ihr den totalen Krieg?«: Fanatische Zuhörer im Berliner Sportpalast während der Rede von Propagandaminister Goebbels.

> Es gibt keine Kapitulationsurkunde von Stalingrad. Paulus hat auch keine unterschrieben. Er hat gesagt, er geht nur persönlich in Gefangenschaft. Aber ein Oberbefehlshaber einer Armee kann nicht persönlich in Gefangenschaft gehen.
>
> Philipp Humbert, Offizier der 6. Armee

stellte Goebbels schließlich die entscheidende Frage: »Wollt ihr den totalen Krieg? Wollt ihr ihn, wenn nötig, totaler und radikaler, als wir ihn uns heute überhaupt noch vorstellen können?«

»Ja, wir wollen ihn!«, schallte es dem Propagandaminister hysterisch entgegen. Sie sollten ihn bekommen. Die Menschen in Stalingrad hatten bereits erfahren, was »totaler Krieg« bedeutete. Er sollte noch 27 Monate andauern. Mehr als zwei Jahre furchtbarer Zerstörung, grausamer Kämpfe, sinnlosen Sterbens warteten auf die Deutschen. Den Anfang markierte der Untergang der 6. Armee:

»Das ist das Ende«, hatte der sowjetische Leutnant Fjodor Jeltschenko gesagt, als er am 31. Januar 1943 Paulus gefangen nahm. Es war zunächst das Ende der 6. Armee. Knapp 300 000 Deutsche waren angetreten, Stalingrad zu erobern. Nach 72 Tagen erbitterter und verlustreicher Kämpfe, nach zweieinhalb Monaten Hunger und Kälte hielten noch rund 100 000 Soldaten in den Ruinen der zerstörten Stadt aus. 25 000 Verwundete oder Spezialisten hatten das Glück, noch rechtzeitig ausgeflogen zu werden und damit dem Inferno zu entkommen. Doch die anderen lagen erschossen, erfroren oder verhungert auf dem Schlachtfeld. Und jene Soldaten, welche sich nach dem Ende der Kämpfe noch im Kessel aufhielten, waren mehr tot als lebendig. Eine letzte bittere Erfahrung mit der Armeeführung machte Martin Wunderlich am Tag nach der Kapitulation der 6. Armee. »Wir standen in einer riesengroßen Schlucht im Freien. Dort hat sich General Paulus verabschiedet und ist dann abgefahren mit dem Auto. Eine herrliche Erkenntnis«, kommentierte er bitter.

Manche hatten, als sich der Ring immer enger zog, in ihrer Verzweiflung zur Pistole gegriffen. »Nach Sibirien wollten wir nicht. Als es in der Nacht der Feuerpause hieß: Morgen früh kommen sie und holen uns ab, da haben welche abgeschlossen mit ihrem Leben«, erinnert sich ein Veteran. Ein anderer sieht es so: »Ich wollte mein Leben nicht so wegschmeißen. Das kann's ja nicht gewesen sein, habe ich gedacht.« Das bevorstehende Ende der Kämpfe und die drohende Gefangenschaft führte zu völlig unterschiedlichen Reaktionen. In die Erleichterung über das Ende der blutigen Kämpfe mischten sich Furcht vor der ungewissen Zukunft

> Ich habe eine Zeit lang auch an Selbstmord gedacht. Es ist ja reihenweise Selbstmord verübt worden. Neben mir hat sich einmal der gesamte Stab eines Bataillons in die Luft gesprengt. Andere haben sich auf Befehl erschossen – ganze Stäbe.
>
> Heinrich Meidinger, Offizier der 6. Armee

Oben: »Die Generäle wurden dann abgefahren«: In Gegensatz zu den einfachen Soldaten mussten die gefangen genommenen deutschen Offiziere nicht durch Schnee und Eis marschieren.
Unten: »Von den Strapazen gezeichnet«: Ein Rotarmist führt einen jungen deutschen Soldaten ab.

> *Damals hatten wir kein Mitleid mit den Deutschen, weil sie uns zu viel angetan haben. In meinem Zug waren Soldaten, die zwei Gefangene einfach abknallen wollten. Ich stellte sie zur Rede, und sie sagten mir: »Genosse Oberleutnant, hatten die das Recht, mein Haus abzubrennen und meine Eltern zu erschießen?«*
> Gamlet Dolokjan, Soldat der Roten Armee

und eine erstaunliche Reaktion, von der Heinrich Meidinger berichtete: »Es klingt komisch, aber Neugier war auch dabei. Was passiert mit uns?«

Etliche waren zuversichtlich, wie der Oberleutnant Zank: »Ein gewisser Trost für viele war es, gemeinsam mit den Kameraden in Gefangenschaft zu gehen. Da kann uns ja eigentlich nicht viel passieren, dachten wir.« Erste Verhöre bestätigten zunächst diese Auffassung. Die sowjetischen Offiziere versprachen den Deutschen ärztliche Versorgung, Verpflegung und das Recht, dass Offiziere eine Waffe behalten durften. Dann häuften sich die unangenehmen Erfahrungen: »Wir kamen in eine Art Holzverschlag, wo im Keller Pritschen standen. Dort langen verwundete und kranke Soldaten. Vier Wochen sind wir in diesem Keller gewesen, von den 30 Mann, die mit mir reingegangen sind, kamen nach vier Wochen nur noch drei lebendig wieder raus.« Es gab kaum Essen, keine ärztliche Versorgung, und bald grassierten Epidemien wie Fleckfieber, Typhus und Ruhr.

Fast die Hälfte der gefangen genommenen Soldaten überlebte die ersten Wochen der Gefangenschaft nicht. Ein Teil fiel spontanen Racheaktionen der Rotarmisten zum Opfer, die in wilden Exzessen ohne Anweisungen oder gar Urteile ihre Gefangenen an Ort und Stelle erschossen. Plünderungen, wie sie Oberfeldwebel Konrad Drotleff erlebte, waren keine Ausnahme: »Die Russen nahmen uns die Stiefel, die Mäntel und was sie sonst noch brauchen konnten. Ich musste mit ansehen, wie viele meiner Kameraden geschlagen wurden, weil sie sich wehrten, ihre Kleider herzugeben. Einer von uns fragte einen russischen Offizier, warum sie das machten. Ohne eine Wort mit ihm zu wechseln, zog der Offizier seine Pistole und streckte ihn mit zwei Schüssen nieder.«

Dann rächte sich, dass die sowjetische Führung keinerlei Vorbereitung getroffen hatte, um Gefangene in solchen Mengen zu versorgen, zu bewachen oder unterzubringen. Zum Teil mag es an den schlechten Witterungsbedingungen gelegen haben, zum Teil sicher ebenfalls daran, dass die Versorgungssituation insgesamt schwierig war. Auch die Zivilbevöl-

»Ein endloser Zug«: Eine Kolonne gefangener Deutscher auf dem Weg in eines der Gefangenlager.

kerung und die Soldaten der Roten Armee hatten wenig zu essen, unzureichende medizinische Versorgung – und die Stadt selbst war bis auf die Grundmauern zerstört. Es dauerte, bis wieder Ordnung in das Chaos Einzug hielt. Für die deutschen Soldaten brachte die neue Ordnung keine Erleichterung. Sie mussten die Stadt verlassen.

Rund 100 000 deutsche Soldaten traten den Weg in die Gefangenschaft an. Ausgehungert und erschöpft sollten Tausende von ihnen allein die langen Fußmärsche durch die eisige Steppe nicht überleben. »Die Russen hatten sehr einfache Methoden: Wer gehen konnte, musste losmarschie-

> *Ich habe die Gefangenenkolonnen gesehen. Es war eine furchtbare Kälte. Die Deutschen fragten: »Wohin mit uns?« – »Sibirien«, war die Antwort. Sofort verbreitete sich das Gerücht in der Kolonne von einem zum anderen: »Sibirien – Sibirien – Sibirien…« Wenn es in Stalingrad schon so kalt war, dann konnten sie sich denken, dass es in Sibirien noch kälter sein würde. Sie hatten Angst vor Sibirien.*
> Fedor Kutschurin, Soldat der Roten Armee

> Die russische Führung als solche, zumindest auf unterer Ebene, war nie so, dass sie gesagt haben, wir bringen euch um – im Gegenteil: Teilweise hat man sich um Kranke und solche bemüht. Nachdem natürlich schon Tausende im Himmel waren. Aber es war keine Absicht.
>
> Walter Baschnegger, Soldat der 6. Armee

> Die Leute taten einem Leid, einfach nur Leid. Sie waren halb erfroren, ausgemergelt, halb verhungert. Viele von ihnen weinten. Sie begriffen, was ihnen bevorstand. Im Prinzip hätten sie alle ins Krankenhaus gehört. Alle waren krank. Gesunde deutsche Soldaten habe ich keine gesehen.
>
> Michail Poselskij, Kameramann der Roten Armee

ren. Wer das nicht konnte, wurde erschossen oder ohne Nahrung zurückgelassen«, berichtete ein Leutnant, der die Strapazen überlebte. In endlos scheinenden Kolonnen schleppten sich graue Gestalten durch die weiße Schneewüste. Manche Einheiten, die sich geschlossen auf den Weg gemacht hatten, schrumpften von 1200 auf 120 Mann.

Wie einfach es sich die Rote Armee mit den Gefangenentransporten machte, erlebten die beiden Fährmänner Andreij Sokolow und Michail Treswjatskij: »Zu 100 oder 200 Mann wurden die Gefangenen getrieben, bewacht nur von einem Soldaten. Wohin sollten sie auch fortlaufen? Die Zeit war brutal. Wenn ein Gefangener nicht mehr weiterkonnte – was sollte man mit ihm machen? Er wurde mit einem Kopfschuss getötet und in seinem Blut liegen gelassen. Die Kolonne zog weiter.«

Wer die Gewaltmärsche überstand und in einem der Gefangenenlager wie Beketowka, Krasnoarmeisk oder Frolow ankam, war noch lange nicht gerettet. Allein im berüchtigten Lager Beketowka kamen innerhalb eines Jahres 45 000 Soldaten ums Leben. Eine offizielle russische Untersuchung stellte in einem anderen provisorischen Lager, in dem über 700 Gefangene vor sich hinvegetierten, eine Sterberate von durchschnittlich 18 Mann pro Tag fest. Es war eine einfache Rechnung, wann es den letzten Insassen dahinraffen musste.

Die Situation in den Lagern war kaum besser als im Kessel von Stalingrad. Auch wenn der Kampf gegen Scharfschützen beendet war, die Auseinandersetzung mit Hunger und Kälte ging weiter. Von Entbehrungen gezeichnet, litten die Gefangenen unter einer Vielzahl an Mangelkrankheiten und Seuchen: Skorbut, Tuberkulose, Typhus, Gelbsucht, Diphtherie, Fleckfieber. Die Wachmannschaften nutzten die Situation, ihre wehrlosen Opfer zu erniedrigen. Oberleutnant Zank erlebte eine dieser Demütigungen: »In einem Lager haben die Russen einen Offizier gesucht, der nachts die Latrinen leerte. Dafür gab es dann einen halben Liter Suppe als Belohnung. Aus meiner Division meldete sich ein Oberst freiwillig, der sich nachts vor den Scheißkarren spannen ließ.«

Zu Beginn der Gefangenschaft gab es immer wieder eine Vielzahl von

»Nach der Schlacht«: Nur ganz langsam hält in den Ruinen Stalingrads das normale Leben Einzug.

> **70 bis 80 Prozent der Gefangenen glaubten, selbst nach Stalingrad, immer noch an einen deutschen Sieg. Und selbst die, die nicht mehr an Hitler glaubten, die glaubten immer noch, er könnte den Krieg gewinnen.**
> Heinrich Graf von Einsiedel, Kampfpilot über Stalingrad

> **Stalingrad war der Wendepunkt des Krieges, denn wir merkten, dass man die Deutschen durchaus besiegen konnte.**
> Boris L. Ginzburg, Soldat der Roten Armee

Gerüchten. Die einen wussten zu berichten, die Deutschen würden schon bald wieder bis zur Wolga vorstoßen und die Gefangenen befreien. Die anderen setzten ihre Hoffnungen auf das amerikanische Rote Kreuz. Unbelehrbare Nazis glaubten noch immer an den »Endsieg«, wieder andere arrangierten sich stattdessen mit den Siegern. Die Rote Armee hatte starkes Interesse daran, ihre ehemaligen Gegner zu Verbündeten zu machen, die im Rahmen der künftigen Propagandakampagnen ihre deutschen Landsleute zum Kampf gegen Hitler aufrufen sollten. Doch großen Zulauf hatte der »Bund Deutscher Offiziere« oder das »Nationalkomitee Freies Deutschland« in den Gefangenenlagern nicht. Neben der prinzipiellen Abneigung gegen die von Kommunisten dominierten Organisationen nannte Oberleutnant Zank einen Grund, warum er, wie viele, auf entsprechende Ansinnen mit Ablehnung reagierte: »Wir sind hier völlig machtlos. Solange ich in Gefangenschaft bin, lehne ich jede politische Tätigkeit ab.«

Gleichwohl hingen die Überlebenschancen stark vom Dienstgrad ab. 95 Prozent der einfachen Soldaten und Unteroffiziere überlebten Stalingrad und die Folgen nicht. Auch die Hälfte der Offiziere starb während der Kämpfe oder in der Gefangenschaft. Doch immerhin 95 Prozent der höchsten Offiziersränge kehrten lebend in die Heimat zurück. Von 24 Generälen starb nur einer in Gefangenschaft. Auch »Scherbenkarl«, der schneidige Kommandeur der 76. Infanteriedivision, der im Kessel jeden zum »Schweinehund« erklärt hatte, wenn er sich nicht von sowjetischen Panzern überrollen lassen wollte, gehörte zu den wenigen, wel-

---

*In Stalingrad die Frage nach Gott stellen heißt, sie zu verneinen. [...] Ich habe Gott gesucht in jedem Trichter, in jedem zerstörten Haus, an jeder Ecke, bei jedem Kameraden, wenn ich in meinem Loch lag, und im Himmel. Gott zeigte sich nicht, wenn mein Herz nach ihm schrie. Die Häuser waren zerstört, die Kameraden so tapfer und feige wie ich, auf der Erde war Hunger und Mord, vom Himmel kamen Bomben und Feuer – nur Gott war nicht da. Nein, Vater, es gibt keinen Gott.*
Feldpostbrief aus Stalingrad

»Im eisigen Winter erfroren«: Der Tod war für die Männer der 6. Armee allgegenwärtig – auch nach der Kapitulation.

che die Kämpfe und die Gefangenschaft überlebten. Er war einer von 6000, die Jahre später wieder nach Deutschland zurückkehrten. 6000 von 350000...

# Anstelle eines Nachworts

»Die Säuberung der Stadt Stalingrad von konterrevolutionären Elementen verlief in der Weise, dass die deutschfaschistischen Banditen, die sich in Erdhütten und Schützengräben versteckt hielten, bewaffneten Widerstand leisteten, nachdem die Kriegshandlungen schon abgeschlossen waren.

Dieser bewaffnete Widerstand dauerte bis zum 15. Februar und in einzelnen Gebieten bis zum 20. Februar. Die meisten bewaffneten Banden waren im März liquidiert.

In diesem Zeitraum haben die Brigadeeinheiten in bewaffneten Auseinandersetzungen mit den deutschfaschistischen Banditen 2418 Soldaten und Offiziere getötet und 8646 Soldaten und Offiziere gefangen genommen, die zu den Lagern begleitet und abgegeben wurden.

[...]

In der Nacht zum 5. März 1943 überfiel eine Gruppe von deutschen Offizieren am Kontrollpunkt der Patrouillenkompanie im Woroschilowskij-Bezirk der RK WKP(b) einen vorbeigehenden Oberleutnant sowie einen Sergeanten der Roten Armee. Durch den Überfall wurde der Oberleutnant verwundet, doch es gelang ihm, zum Kontrollpunkt zu kommen. Bezüglich der geflohenen deutschen Offiziere wurden durch das im betreffenden Gebiet stationierte Erkundungsbataillon der 64. Armee Fahndungsmaßnahmen eingeleitet, in deren Verlauf acht deutsche Offiziere, die mit Pistolen bewaffnet waren und eine Funkstation besaßen, getötet wurden.«

NKWD-Bericht über die letzten deutschen Soldaten in Stalingrad
März 1943

# Ausgewählte Literatur

Beevor, Antony: Stalingrad. Berlin 1999.
Beyer, Walter R.: Stalingrad – Unten, wo das Leben konkret war. Frankfurt/Main 1987.
Bullock, Allan: Hitler und Stalin. Parallele Leben. London 1991.
Cartier, Raymond: Der Zweite Weltkrieg. München 1967.
Ericksen, John: The Road to Stalingrad. London 1975.
Ebert, Jens: Stalingrad – eine deutsche Legende. Reinbek 1992.
Epifanow, Aleksandr E.: Die Tragödie der deutschen Kriegsgefangenen in Stalingrad von 1942 bis 1956 nach russischen Archivunterlagen. Osnabrück 1996.
Förster, Jürgen (Hrsg.): Stalingrad – Ereignis, Wirkung, Symbol. München 1992.
Golovchansky, Anatolij, u.a.: »Ich will raus aus diesem Wahnsinn.« Briefe von der Ostfront 1941–1945 aus sowjetischen Archiven. Wuppertal/Moskau 1991.
Heer, Hans (Hrsg.): Vernichtungskrieg – Verbrechen der Wehrmacht 1941–44. Hamburg 1996.
Keegan, John (Hrsg.): Atlas Zweiter Weltkrieg. Augsburg 1999.
Kehrig, Manfred: Stalingrad – Analyse und Dokumentation einer Schlacht. Stuttgart 1974.
Knopp, Guido: Entscheidung Stalingrad. München 1992.
Paulus, Friedrich: »Ich stehe hier auf Befehl!« Lebensweg des Generalfeldmarschalls Friedrich Paulus. Frankfurt/Main 1960.
Piekalkiewicz, Janusz: Stalingrad – Anatomie einer Schlacht. München 1977.
Salisbury, Harry E.: Die Ostfront – Der unvergessene Krieg 1941–45. Wien u.a. 1981.
Seydlitz-Kurzbach, Walther von: Stalingrad – Konflikt und Konsequenz. Erinnerungen. Oldenburg/Hamburg 1977.
Stratowa, Wulf: Kein Friede in Stalingrad – Feldpostbriefe 1941/42. Wien 1995.
Wette, Wolfram/Ueberschär, Gerd (Hrsg.): Stalingrad – Mythos und Wirklichkeit einer Schlacht. Frankfurt/Main 1993.
Zank, Horst: Stalingrad – Kessel und Gefangenschaft. Herford 1993.

# Personenregister

*Kursive Seitenangaben verweisen auf Abbildungen.*

Adam, Wilhelm 44, 292
Appelt, Albrecht 116, 192

Baier, Herbert 66
Behr, Winrich 15f., 21, 45, 103, 132, 140, 147, 152, 176, 190, 232
Beyer, Wilhelm Raimund 223, 230, 249, 281
Bidermann, Gottlob 39, 90
Bismarck, Gottfried von 17, 63, 73, 113, 142, 157, 162, 166, 185, 189, 194, 233, 255, 262, 264, 266, 298
Blaskowitz, Johannes 52
Bock, Fedor von 27, 31, 66, 70, 78, 80, 84
Boeselager, Philipp Freiherr von 23, 27, 59, 94, 97, 214, 251, 265
Brauchitsch, Walther von 27, 52f., 220, 209, 244, 259, 274, 304
Burkowskij, Albert 105, 114, 169, 249
Busch (Generaloberst) 55
Bussche, Axel Freiherr von dem 58

Canstein, Raban von 29, 216, 219, 226, 237
Chartschenkow, Wladimir 136
Chocholow, Garja 143
Chruschtschow, Nikita 120, *121*, 132f., 276
Churchill, Winston 298

Daniels, Edler von 203, 266, 281, 285
Dengler, Gerhard 91, 109, 120, 132, 161, 189, 193, 197, 204, 232, 244, 248, 261, 272, 281, 290
Denikin, Anton Iwanowitsch 20
Dietz, Günther 231, 243f., 246, 248, 250f., 253
Doerr, Hans 140
Dolokjan, Gamlet 108, 197, 302
Dorner, Alois 287
Drotleff, Konrad 302
Dschugaschwili, Jossif Wissarionowitsch s. Stalin, Jossif
Dumitrescu, Petre 183

Einsiedel, Heinrich Graf von 251, 275, 306
Eismann (Major) 261

Ellinghoven, Wilhelm 269
Engel, Gerhard 92
Erl, Anton 96

Fiebig, Martin 102, 144, 211, 216, 238
Filippow, G.N. 200
Fink, Hermann 147
Freytag von Loringhoven, Bernd 66, 112, 131

Galtschenko, Raissa 219
Gebele, Bruno 194
Gehlen, Reinhard 186
Gehlert, Edith 53, 77, 250, 252
Gersdorff, Rudolf-Christoph Freiherr von 47
Ginzburg, Boris L. 306
Girgensohn, Hans 246
Goebbels, Joseph 43, 58, 92f., 94, 103, 122, 138, 140f., 161, 166, 168, 171, 207, 209, 225, 271, 289, 295, 298, *299*, 300
Goebel, Walter 242, 281
Goldberg, Werner 60
Golikow, Filip I. 70f.
Goncharow, Nikolaj 122
Göring, Hermann 19, 29, 114f., 216, *217*,

218, 223, 225, 239, 292, 293, 294
Götzenauer, Gottfried 39, 41
Griesemer, Vincenz 75, 141f., 164, 207, 240, 242, 246f., 269
Groscurth, Helmuth 54, 55f., 96, 140, 151, 226
Groß, Hans-Jürgen 234, 256
Guderian, Heinz 27, 220

Halder, Franz 23, 27, 29f., 32, 34f., 52, 65, 69, 72, 83f., 92, 101, 151f., 154f., 178
Hampe, Hellmuth 36
Hannusch, Willi 57
Hassel, Ulrich von 52
Heim, Ferdinand 185
Hein, Willi 51
Heitz, Walther 212, 291
Hellen, Johann Nikolaus von 133
Heusinger, Adolf 28
Hewelcke, Georg 60
Heydrich, Reinhard 51f.
Himmler, Heinrich 49, 52
Hitler, Adolf 9f., 13, 15ff., 17, 20f., 23ff., 27, 28, 29f., 32–38, 42, 44ff., 49, 51ff., 55f., 62, 66, 68ff., 77f., 80, 82ff., 87, 93, 100, 103, 113, 115, 117f., 120, 128ff., 132, 134, 138, 140, 144, 146, 151f., 154f., 159, 161, 166, 171, 175ff., 180, 185ff., 190, 192, 195, 204, 209ff., 214ff., 217, 218f., 221ff., 230, 239, 258ff., 263, 265, 272, 276, 284f., 289f., 292, 294, 295, 297, 306

Hoepner, Erich 29, 220
Höfer, Fritz 64
Holl, Ilse 168, 294
Hoth, Hermann 30, 71, 73, 83, 87, 100, 104, 108, 131, 258ff., 262ff.
Hube, Hans 101, 113f., 212, 239, 284
Humbert, Philipp 300

Iwan der Schreckliche 20
Iwanowa, Jekaterina 109

Jaenecke, Erwin 101, 212
Jahnke, Günter 263
Jány (Generaloberst) 71
Jeltschenko, Fjodor 300
Jeremenko, Andrej I. 101, 104, 113, 120ff., 132, 188, 260
Jeschonnek, Hans 215f., 218
Jodl, Alfred 29, 92, 93, 154, 215, 218

Karpow, Wladimir 149
Keitel, Wilhelm 29, 30, 47, 51, 53, 93, 154, 215, 218
Kerr, Walter 169
Kesselring, Albert 154
Kielmannsegg, Johann Graf von 29
Kleist, Ewald von 31, 66
Klemperer, Victor 264
Kohler, Franz 53f.
Koskull, Josepha von 294
Krasnow, Pjotr Nikolajewitsch 21
Kremser, Hubert 74, 117, 142, 165, 170, 204, 246, 250, 257, 264, 268f.
Kurth, Arthur 15, 271, 294
Kutschurin, Fedor 77, 121, 151, 164, 232, 303

Larbig, Oskar 249
Lascar, Mihail 193
Leeb, Wilhelm Ritter von 27, 53
Lehar, Franz 112
Lenin, Wladimir Iljitsch 126
Lewinski, Erich von s. Manstein, Erich von
Linsenmayer, Erhard 51
List, Wilhelm 80, 92f., 154
Loos, Walter 51, 75, 85, 97f., 133, 140, 142, 144, 164, 197, 208, 239, 258, 268, 281
Lopatin, A.J. 132

Mai, Günther 104, 249, 275
Maizière, Ulrich von 13, 18, 24, 215
Mann, Thomas 146
Manstein, Erich von 29, 37ff., 42, 43f., 59, 78, 80, 215f., 219, 239, 206ff., 265, 285, 289
Masniza, Nikolai 189
Matthies, Joachim 27, 218, 220, 231, 234ff., 255, 257
Meidinger, Heinrich 111, 184, 222, 259, 263f., 294, 300, 302
Meisel, Alfred 94, 105
Menzel, Hubert 261
Miethe, Erich 131, 233
Moltke, Helmuth Graf von 48
Mroczinski, Hans 94
Müller, Emma 294
Müller, Karl-Heinz 251

Necula, Nicolae 192, 199

Nekrassow, Viktor 19, 117
Nerlich, Werner 274
Nowikow, A.A. 233

Orlow, Nikolai 19

Pabst, Herbert 162
Palm, Kurt 74, 97, 168, 248, 254, 256
Panikako, Michail 165
Pauli, Alfons 80
Paulus, Friedrich 15, 20, 28, 31, 35, 44f., 63ff., 66, 68, 71, 82, 87, 96, 100f., 113, 132, 134, *134*, 138, *139*, 152, 154f., 157, *172*, 185f., 190, 192, 209ff., 216, 221ff., 233, 238, 258, 260ff., 276, 284f., 288f., 290ff., *295*, 297, 300
Pawlow, Jakob 147f.
Peter, Karl 129
Petrow, Iwan J. 43
Plakolb, Max 111, 258
Popow (Generalleutnant) 207
Popowa, Anna 118
Porzig, Joachim 71, 80, 89, 109, 112, 181
Poselskij, Michail 113, 284, 298, 304

Raus, Erhard 263
Rebentisch, Ernst 73, 195, 199, 202
Reichel, Joachim 69
Reichenau, Walter von 44, 46, 53, *54*, 55ff., 59, 64, 68
Renoldi (Generalstabsarzt) 254
Reubner, Kurt 200, 266
Richthofen, Wolfram von 102, 114, 170, 184, 192, 215, 226, 230, 239
Riefenstahl, Leni 94
Rodimzew, Alexander 134
Roes, Wilhelm 71
Rokossowski, Konstantin 188, 282f., 298
Romansewitsch, Ludmilla 116, 151, 265
Roosevelt, Franklin D. 298
Roques, Franz von 53
Rostewitz, Hans 287
Rundstedt, Gerd von 27, 45
Ruoff, Richard 31

Saizew, Wassilij G. 141, 143
Sauerbruch, Ferdinand 244
Schaaf, Josef 44, 59, 75, 98, 240, 273
Schaposchnikow, Boris 65
Schenk zu Tautenberg, Wolf-Dietrich Freiherr von 78, 202, 297
Schipowalowa, Klawdija 90, 116, 118f.
Schmidt, Arthur 87, 185, 190, 213, 262
Schmidt, Karl 270
Schmieder, Hans 242
Schmundt, Rudolf 87, 154f., 290
Schnez, Albert 23, 29, 97
Schönbeck, Hans E. 110, 118, 133, 196. 208, 247, 268, 274, 284
Schöneck (Panzerkommandant) 104
Schuhmann, Heinz 228
Schukow, Georgi K. 38, 43, *65*, 175, 178, 187
Schumilow, Michail 101

Selle, Herbert 87
Semler, Rudolf 104
Seydlitz-Kurzbach, Walther von 101, 130, *135*, 172, 186, 211ff., *212*, 219ff., 225, 274, 291
Sima, Wladimir 106, 110, 118
Simonow (sowj. Schriftsteller) 118
Sodenstern, Georg von 214
Sokolow, Andreij 304
Soldatowa, Anna 118, 121f., 266
Sorge, Richard 70
Sponeck, Hans Graf von 29, 220
Stalin, Jossif Wissarionowitsch 21, *65*, *68*, 69ff., 80, 87ff., 101, 112, 118, 120, 122f., 132f., 138, 144, 152, 175, 178, 180, 192, 214, 260, 275, 282, 298
Stefanovici, Paul 114, 184, 194
Stepantschuk, Iwan 120
Stöck, Gerhard 189f., *189*
Strachwitz, Hyazinth Graf 109, 131
Strecker, Karl 53, 143, 162, 212, 292, 294f.
Stumme, Georg 69f.

Tewes, Ernst 55
Timoschenko, Semjon 31, 65f., 68, *68*, 73, 87 101
Tolbuchin, Fedor I. 101
Tresckow, Henning von 47
Treswjatskij, Michail 304
Trofimenko, A.I. 43
Trufanow, N.I. 101

**315**

Tschuikow, Wassilij 101, 126, 130, 133f., 137, 138, 143f., 157, 161, 171, 178, 181, 210

Ulbricht, Walter 249, 273, 273, 275f.
Urban, Hans 126

Warlimont, Walter 32
Wassilenko, Walentina 118, 122
Wassilewski, Alexander 175, 178
Watutin, Nikolai 188
Weichs, Maximilian Freiherr von 28, 71, 80, 84, 152, 211, 213, 215, 223
Weinert, Erich 249, 272, 275
Weißelberger, Karl 269
Wester, Karl 170
Wiedemeier, Ferdinand 80
Wiesel, Elie 10
Wietersheim, Gustav von 113
Wilczek, Gerhard 55
Winkler, Walter 43
Winkler, Willi 41
Wolff, Günter 15, 144, 218, 226, 236, 253, 255, 257
Woronow, Nikolai 283, 285
Wunderlich, Martin 108, 128, 192, 197, 199, 208, 221f., 228, 259, 264, 268, 275, 300

Zank, Horst 142, 157, 188, 204, 222, 276, 294, 302, 304, 306
Zeitzler, Kurt 154f., 209, 214f., 218, 223, 239, 262
Zieger, Werner 257
Zitzewitz, von (Major) 262, 289
Zygankow, Alexander 143

# Orts- und Sachregister

Abganerowo 131, 202
Akimowski 203
Aksai 260
AOK 6 57f., 100, 152, 216
Armavir 81
Astrachan 132
Ausbruchversuch 26, 261, 264f.
Auschwitz 10

Babi Yar 60, 62, 64, *61*
Baku 20, 34
Balkan 161
Barentssee 23
Barrikaden (Geschützfabrik) 19, 119, 161, *163*, 164, 170ff., 192
Barwenkowo, 66
Bassargino (Flugplatz) 226, 237
Batumi 34
BBC 158
Beketowka 119, 304
Belgien 44
Benelux-Staaten 77
Berchtesgaden 208f.
Beresina 203, 264
Berlin 17f., 116, 138, 178, 189f., 209, 244
Bjelaja Zerkow 53f., 56
Blitzkriege 33
Bolschewismus 47f., 51, 122
Brüssel 45
Bund Deutscher Offiziere 306

Casablanca 298
Charkow 31, 34f., 65f., 68, 258

DDR 273
Demjansk 219f., 238
Dnjepropetrowsk 65
Dom Pawlowa 147ff., *148*
Don 21, 30f., 34f., 71ff., 81ff., 87, 88, 89ff., 100, 103f., 106, 112f., 122, 130, 151, 175f., 183ff., 187, 190, 192, 194, 199f., 205, 208, 210f., 214, 220, 258, 261f., 264, 282, 285
Donez 30f., 34, 65, 69, 71, *95*
Dserschinski (Traktorenfabrik) 19, 129, 159, 161, 192, 221, 297

Einkesselung 66, 73, 88, 90, 113, 131, 175, 188, 192, 194, 207–220, 223, 225f., 228, 230f., 232ff., 237ff., 244, 246ff., *253*, 254, 258f., 260, 261ff., 266, 268, 270ff., 274, 276, 278, 280, 282ff., 287ff., 291f., 294, 297, 300, 306
England 10
Erfrierungen 244, 246, 254, 288

Erster Weltkrieg 16, 109, 140
Evakuierung 121f., *127*, 128, 254
Exekution 126

Fall Blau 2*8*, 33, 36, 44, 69ff., 78, 80, 82, 130, 132
Fall Rot 33
Fall Siegfried 32
Fall Weiß 33
Fallschirmtruppen 105
Feldherrnhalle, Marsch zur 13
Flüchtlinge *127*, 162
Fort Maxim Gorki 41
Frankreich 33, 38, 44, 59, 77, 158, 161, 259, 275
Fridericus I (Militäroperation) 65
Frolow 304
Frontbegradigung 66

Gawrilowka 131f.
Georgien 78
Gestapo 51
Golubinskij 202, 210
Grosny 20, 30, 80f.
Guernica 114
Gumrak (Flugplatz) 130f., 210, 237, 260, 287, 291

Haager Landkriegsordnung 46

**317**

Henschel 24
Hunger 239, 240 ff., 247, 251, 264, 273, 275, 280
Hygiene 250

IKH 180

Isjum 65 f.
Juden 47, 50, 53 ff., 58, 60, 62 f.

Kalatsch 87, 89 ff., 100, 200, 202, 204 f., 210
Kalmückensteppe 194
Kannibalismus 243, 290
Kapitulation 180, *241*, 273, 282 ff., 288 ff., 292, 294, *296*, 297 f., 300
Kaspisches Meer 23, 30, 34
Katjuschas 181 f., 188, 204
Katschalinskaja 21
Kaukasus 10, 30 f., 34 ff., 39, 77 f., 80, *81*, 84 f., 87, 92, *93*, 151, 154, 263, 284 f.
Kertsch 36 ff., 50, 78
Kessel s. Einkesselung
Kiew 30, 45, 53, 59 f., 62 f., 62, 91, 194, 265
Kinder 54 ff., 60, 123, 126, 128, 165
Kindersoldaten 129
Kletskaja 176, 184, 190
Kommunismus 46 f., 51, 94, *95*, 97 f., 128, 306
Komsomol (Jugendorganisation) 129
Kotelnikowo 202, 213, 259
KPD 274
Krasnoarmeisk 304
Kremenskaja 187
Kreml 70, 80, 90, 101, 175, 205

Kriegsgefangenschaft 63, *67*, *156*, *160*, 205, 249, 275 f., 297 f., 300, 303 f., 306
Krim 29, 36 ff., 43, 78, 92, 220
Kriwo Muschanskaja 202
Kuban 81
Kursk 9, 30, 34

Lataschamka 221
Läuseplage 228, 230
Leipzig 209 f.
Leningrad 11, 30, 34, 80
Lugansk 238
Lutschinsiki 205

Maikop 30 f., 78, 80 f.
Mamai-Hügel 21, 114, 132, 134, 138, 141, 147, 170, 175
Medikamente 249
Morosowskaja-West 238
Morphium 249
Moskau 9 f., 17, 21, *22*, 27, 30, 33, 65 f., 70 f., 77, 80, 122, 131 f., 134, 148, 155, 158, 178, 184, 195, 215, 272, 298
Münchner Bürgerbräukeller 13, 17, *17*, 171
Murmansk 26
Myschkowa 260, 263

Nachschub 162, 164, 171, 187, 194, 200, 210, 213, 239, 242, 262, 268
Nahrungsmittelzuteilung 240 ff.
Nationalkomitee Freies Deutschland 274, 306
Nishne-Tschirskaja 210
Noworossisk 31
Nowotscherkask 238
NSDAP 15, 44

NS-Propaganda 18, 43, 58, 68, 91 f., 94, 105, 272, 278, 298

Oberkommando der 6. Armee s. AOK 6
Oberkommando der Wehrmacht s. OKW
Oberkommando des Heeres s. OKH
Obersalzberg 208
OKH 48, 85, 87, 100, 161, 172, 210 ff.
Oktoberrevolution 126
OKW 16, 32, 47, 90, 147, 155, 190, 208, 226, 261, 285
Ölfelder 77, 80, *81*, 84, 132
Olympische Sommerspiele 189
Operation Donnerschlag 262
Operation Feuersturm 170
Operation Feuerzauber 80
Operation Ring 282
Operation Taifun 195
Operation Uran 134, 175, 177 ff., 182, 187, 205, 226
Operation Wintergewitter 260, 262
Orel 30, 34 f.
Ostpreußen 82
Ostsee 80

Paris 109, 154
Partisanen 53, 58, 60
Partisanenhinrichtungen 52
Partisanenüberfall *46*
Paspopinskaja 202
Perelasowski 199
Pferde 240, *241*, 242, 264
Piskarow-Friedhof 11

Pitomnik (Flugplatz) 226, 233, 238, 253, 286f.
Polen 33, 44, 52, 59, 77, 158, 161
Porsche 24
Proletarskaja 31

Rastenburg 186, 209f., 214
Reichssicherheitshauptamt 51
Rostow 30f., 34f., 38, 81, 83f., 89, 194, 253, 263, 265, 289
Rote Armee 10, 18f., 21, 22, 23, 25, 30ff., 34, 36, 38f., 41, 43, 47f., 58, 63, 65f., 67, 71ff., 76, 80, 81, 83, 85, 87, 89ff., 94, 102, 105, 112ff., 121, 125, 126, 129f., 133, 138, 140f., 143f., 146f., 161f., 164ff., 169, 171, 176ff., 177, 182ff., 187, 189f., 192, 194, 197, 199f., 201, 202f., 205ff., 206, 211, 213, 215, 221, 231, 233, 246, 251, 258f., 263f., 273f., 276, 282ff., 286ff., 286, 291, 294, 302ff., 306
Roter Oktober (Stahlgießerei) 19, 119, 141, 158, 161f., 164, 180, 243, 268, 286
Ruhr (Krankheit) 96
Russland 33, 46, 49f., 56ff., 65, 78, 82, 87, 94, 97, 103, 118, 128, 133, 138, 147, 264
Rüstungsfabriken 24, 121, 123, 129, 132
Rynok 109, 113, 130

Salsk 238, 289
Säuberungsaktionen 57
Scharfschützen 140ff., 164
Schützengrabenfüße 155
Schutzstaffel s. SS
Schwarzes Meer 31, 38, 80f.
Schwerindustrie 20
SD 51, 60, 89
Selbstverstümmelung 254
Serafimowitsch 175
Serschinski 170
Sewastopol 37ff., 40, 41, 42, 43f., 78, 80, 194
Shitomir 59
Sicherheitsdienst s. SD
Smolensk 265
Sommeroffensive 24, 32f., 36, 65
Sowjetski 206
Sowjetunion 15, 18ff., 23, 36, 46, 57, 65, 70, 73, 77f., 82f., 120, 130, 178, 274
Spartakowka 112f.
SS 29, 52ff., 60, 63
Stalingradski (Flugplatz) 291
Stalinorgel s. Katjuschas
Standgerichte 124
Swerewo 226, 238

Tazinskaja (Flugplatz) 238, 258
Tokio 70
Treibstoffmangel 26, 75f., 98, 185, 195, 199f., 232
Tschir 87, 210, 259, 263
Tundutowo 131
Typhus 96

Ukraine 19f., 60, 74, 82, 95, 98, 154
Ukrainische Miliz 53f., 58

Univermag (Kaufhaus) 294
Unternehmen Barbarossa 10, 23, 30, 32f., 38, 45, 47, 57, 70, 83, 219
Unternehmen Braunschweig 82
Unternehmen Störfang 39
Unternehmen Trappenjagd 37
USA 77

Verkehrsknotenpunkt 20
Vernichtungskrieg 49
Versorgung 21, 24, 69, 111, 129, 171, 194f., 199f., 202, 213, 216, 218, 220, 225, 231, 235, 237ff., 244, 259, 277, 284, 291
– Bomben 231ff., 268
– medizinische 248ff., 288, 302f.
– Schwierigkeiten 75, 85, 97, 100, 280
Verwundetentransport 253ff.
Völkermord 50, 53, 64
Völkerrechtsbruch 48

Waffen-SS 51, 53, 62
Warschau 45
Wasserversorgung 98, 126
Wassiljewka 260
Wehrmacht 10, 15, 19, 21, 22, 23ff., 29ff., 40, 45–53, 49, 57ff., 63, 69ff., 73, 76, 82f., 86, 102f., 128, 134, 140, 144, 154, 158, 168, 172, 175, 178, 196, 204, 209ff., 215, 220, 237, 251, 265, 277, 282, 292, 298
Weihnachten 265ff.

**319**

Weiße Garde 21, 175
Werwolf 82, 175, 186
Westeuropa 24, 130
Winniza 82, 134, 186
Winterausrüstung 195 ff., 244, 246
Winteroffensive 65
Wolfsschanze 21, 62, 186, 209, 284
Wolga 13, 31, 34, 73, 82, 84, 87, 90, 92, 100, 103 f., 106, 109, 112, 114 ff., 118, 120, 128, 130, 132 ff., 136 f., 151, 157, 161 f., 164, 170 ff., 175, 180, 182 f., 186, 192, 199, 209 ff., 219, 221, 235, 259, 275
Woronesch 30 f., 34 f., 71, 73 f., 78, 82, 84, 176, 183
Wotschansk 66
Zariza-Schlucht 132, 136, 138
Zarizyn (später Stalingrad) 21
Zigeuner 60
Zivilbevölkerung 43, 46 f., 51, 53, 57, 60, 75, 97 f., 114, 116 f., 119, 121 f., 126, 128 ff., 169, 226, 266, 302
Zwangsarbeit 72

# Bildnachweis

Archiv für Kunst und Geschichte (AKG): 26, 49, 50, 52, 68 r., 121, 125 o., 150 o., 150 u., 153 o., 153 u., 201 u. 241, 279

Bildarchiv preußischer Kulturbesitz (bpk): 74, 111, 127 u., 135 o., 135 u., 137, 139, 163, 177, 227 o., 227u., 256, 286, 295

Bundesarchiv: 20 (183/B22651), 54 li. (146/97/17/20), 54 r. (183/L7015), 72 (101/217/465/32A), 75 (101/81/3285/20), 79 o. (101/778/9/25A), 79 u. (101/218/502/32), 88 (183/1991/0221/503), 96 (101/217/492/9), 115 (101/646/5188/17), 125 (183/R130/330), 127 o. (101/617/2574/3), 141 (183/1985/0125/313), 145 (101/688/156/34), 146 (183/R76599), 148 (183/R98436), 172 (183/B22531), 201 o. (101/776/49/25A), 203 (101/538/347/18), 229 u. (101/236/1023/8A), 253 (101/329/2984/15A), 296 u. (183/W0506/316), 301 o. (183/B0125/40/4), 301 u. (183/E0406/22/11), 305 (101/218/523/17)

Corbis Stockmarket: 68 li.

DIZ Sv-Bilderdienst: 17, 40 o., 42u., 63, 160, 167 o., 198, 224

Hessisches Hauptstaatsarchiv: 61, 62

Hulton Getty Archive: 40 u., 107 o., 123, 217, 245, 296 o.

Janusz Piekalkowicz: 22 o., 46, 81, 95 u., 167 u., 191 u., 267o., 267 u., 307

Russische Archive: 86, 191 o., 303

Ullstein Bilderdienst: 28, 93, 95 o., 107 u., 156, 189, 206, 212, 229 o., 273, 293, 299

ZDF: 22 u., 67

Alle Karten: Adolf Böhm, Aschheim